老年社會工作

生理、心理及社會的評估與介入

Kathleen McInnis-Dittrich　著

林萬億　審定
洪明月　譯

五南圖書出版公司 印行

Social Work With Older Adults
(Third Edition)

Kathleen McInnis-Dittrich

本書的規劃

　　本書第一章是以人口統計學來概述21世紀初的老年以及嬰兒潮世代出生的人邁入老年20年之後的情景。在這一章中說的是老年學社會工作的各種社會與醫療的場域。第三版【編案：係指原文書版次】廣泛地討論老化領域的鉅視社會工作角色，以及發展中的實務領域，例如，法律服務與退休前規劃。本章大部分是針對與這個人口群一起工作時的個人和專業上面對人口結構變化的挑戰。

　　第二章則深入探討隨著正常老化伴隨而來的身體變化，或是感染人類免疫缺陷病毒與愛滋病等身體變化的挑戰。本章呈現的「麥克阿瑟老齡化研究」以及「哈佛成人發展研究」，都是用來找出與「成功的」老化有關的因素。

　　第三章談的是在老年人身上觀察到的因應社會心理模式，包括延緩認知失調、智力衰退，以及預防社會隔離的因素。本章也包括討論「處方式」和「描述式」的老化社會理論的差別。

　　第四章則把學生帶入評估過程的技術，以前面的教導和理論為基礎，包含決定評估的目的、廣泛評估的內容、評定認知和社會情感特性的工具，以及與老年人一起工作所需的特別調適。在第三版的最新之處，內容包含了老人社會孤立的評估工具，其乃是個人福祉最有力的預測因子之一。一般常見與老化有關的社會情感與認知失調問題，如憂鬱、失智、譫妄和焦慮等不同評估和診斷方法，會在第五章提到。個案研討（case studies）用來協助學生加強他們在不同情況的評估技巧。傳統的處遇方法，比如認知行為療法、確效療法、懷舊療法、生命回顧和團體工作，則會在第六章探討。與高－低功能的老人一起工作的其他方法，譬如利用音樂、藝術、治療性娛樂和寵物等特殊療法，會在第七章說明。

　　第八章會就老年人對於酒精與藥物濫用的情形，長期或是後來才成癮的狀況予以深入釐清及介入。當然也會談到老年人因為未加以治療的憂鬱以及長年的酒精與藥物濫用所引發的高自殺率問題。第九章則檢視

了老年人的受虐與疏忽問題，以及社會工作者在評估老人虐待所扮演的角色。第三版中還增加一份簡要的個案故事，說出社會工作者在面對自我疏忽的老年人時，所碰到的倫理的兩難。

第十章中談的都是精神與信仰對老年人生活的重要性，並將傳統的執行與評估和介入方法，比如精神祖譜、生態圖，以及時間軸等加以結合並詳細的描述。新加入第三版的還有健康照顧組織聯合鑑定委員會。在這一章裡面也包含了社會工作者覺察他或她自己靈性的重要性。

第十一章討論的是社會工作者在臨終照護、垂死、喪親的角色，以及事先指導有力的方法可以讓人在任何年齡都能更有效的作出面臨生命盡頭的決定。第十二章則論述在設計介入方案時，如何動員老人的支持系統。第三版中，亦有對隔代教養的問題做深入的探討，這是一個值得注意的老年社會工作問題。

第十三章則是第三版新加入的內容，包括了所得支持方案、健康保險的選擇，以及老年人的現有居住方案。本章可以幫助學生們學會如何去確認在他們所在地區可以提供老年人的特定支持服務。雖然本書大部分在於指導和評估老人和他們的特定需求，這個章節可以協助學生找到現有的服務以滿足那些需求。

致　謝

　　謹此感謝對本書加以複審的：潘蜜拉・傑・寇瓦克斯，維吉尼亞州立大學，馬沙・施比諾，芝加哥的羅耀拉（Loyola）大學，凱西・埃爾伯斯，南印第安那大學；以及初稿時給予協助的：瑪麗安・Ａ・阿及拉，奧斯丁的德克薩斯大學；瑪拉・伯格─威格，聖路易大學；派翠莎・可拉，匹茲堡大學；還有依麗莎白・克拉瑪，威斯康辛─麥迪森大學。同時我也感謝蘇珊・愛得尼，金斯柏洛社區學院；洛易司・費其，佛羅里達國際大學，感謝他們的不吝賜教，以利第二版更臻改善。尤其感謝皮爾遜培根公司（Pearson / Allynb & Bacon）的助理編輯克特尼─西亞，感謝她在出書過程中，從初期的概念一直到圖片的選用上所給予的持續協助。這段期間，我們互相學習成長了許多！

　　特別感謝我在波士頓社會工作研究學院的學生們，他們勇於對第二版的老年社會工作使用在老年學課程上面的喜好表達意見。個人特別感謝麗滋・羅斯威爾、艾密麗・費爾拜倫、瑪莉亞・凱靈頓，以及麗莎・衛德卡夫，他們給了我獨特的意見，放在改編第三版的內容中。同時也要感謝我的助理研究員瑪麗莎・衛斯在資料蒐集與提供非常重要的協助。教學是學術生涯中最大的喜悅，而往往是最謙卑的。

　　個人最深摯感激的是我的丈夫比爾・底特瑞奇這些年來所給予的耐性和支持，他的愛就如同我生命中的船錨。正如羅伯特・布郎尼形容的，「與我一起變老，最好的還沒到呢！」

凱瑟琳・馬克伊尼斯─底特瑞奇
K.M.-D.

第三版加入哪些新內容？

全書：「Elder」（年長者）在本書中已全部改用「older adult」（年長者）。相關統計數字也隨著嬰兒潮世代出生的人老化現象的發展而持續更新。

每章都有「問題討論／活動」，讓學生們可以活用每一章的新內容。

團體工作的章節已經併入第六章（社會工作的介入）。

第一章：更深入的討論嬰兒潮世代出生的人的人口統計，鉅視以及老人醫學社會工作者，例如，法律服務處、退休前規劃、法定政策等所扮演的新角色。

第二章：增加哈佛成人發展研究所發表的「健康老化」。

第三章：依照2007年出版的《國家社會生活健康與老年計畫》追加並更深入的探討老年性方面的問題。因時效而取得老齡化理論與描述性老齡化兩種理論的修正，包含女同性戀者、男同性戀者、雙性戀者、跨性別者（LGBT）和有色人種的老年議題。

第四章：增加「呂本量表」來評估老年人的社會孤立狀況。

第五章：把老年人積聚物品的行為當作是一種情緒或認知問題。

第六章：確效方案的理論和方法作更深入的討論。對治療老年人情緒與認知問題的集體方案，皆涵蓋在本章中一併討論。

第七章：深入討論以創作性藝術當作支持老年社會工作方案的效果。娛樂性的治療也增列為一種新的「選擇方案」。

第八章：密西根酒精篩選試驗－老年版（MAST-G）也是一種被用來鑑定老年人的酒精問題的方法。簡要的治療方法還包括激發性的訪談和A-FRAMES模式（A—評估、F—回應、R—責任、A—忠告、M—手冊、E—移情、S—自我勝任感）也一併加入來對應老年女性的酒精問題。

第九章：一份案例報告舉出面對自我忽視的老年人時，道德上的兩難。

第十章：健康照護組織聯合評鑑委員會提出評估老年人精神照護方面的一些問題。

第十一章：主題已經改為層面較廣的「臨終照護」，內容也延伸到哀悼摯愛的工作、預先指導（存活意志、不進行心肺復甦術）與法律諮詢（長久的健康照護委託書）方面的討論，並分成兩個不同的部分。在本章中提到老年人執行預先指導所遇到的障礙有哪些，以及如何提出那些問題。

第十二章：由支持系統擴展到深入的祖父母養育孫子女的隔代教養問題。

第十三章：老年人的收入、健康保險、支持系統與住屋選擇，都加入在本章中，同時也針對個別地區適用的機制加以討論。

序　言

老年社會工作無疑地是目前最熱門的社會工作實務領域之一。

當年嬰兒潮世代出生的人，現在都已經邁入中年，而這群人口結構所造成的社會結構的快速變化，迫使專家學者們發展出創新的社會工作方法來因應。

隨著這群人口生命週期的進展，社會機構也必須隨著做調整。教育、保健事業、工作場所，以及家庭生活，都隨著這個世代的需求和利益而有所改變。同樣的，社會工作者與其他的專業人士也能預期這個團體的人打造出「成功老化」的新模式。因此，學習老年學社會工作乃是令人興奮的時刻。

約翰・哈特佛（John A. Hartford）基金會的老年再教育計畫大力支持，美國各地的社會工作方案都被鼓勵並設立有關老化的全部課程內容。

近年來，「哈特佛老年教育關係計畫方案」（HPDAE）更支持實習教育課程方案，讓學生們透過循環方式而擁有更廣泛的經驗。這些計畫不再將老化當成個別或無形的社會工作教育，而是提供許多資源以整合人類行為和社會環境、社會福利政策研究，以及社會工作實務和實習教育有關老化的內容。

謹代表波士頓大學社會工作研究所，獲得老年再教育與HPDAE贊助經費，本人感謝基金會將社會工作列入專業項目，進而在改善老年服務品質上扮演了重要的角色。

這幾年來，本人很幸運地能夠跟一個卓越的團隊在老年議題上作深入的研究。我母親的祖母是以一種活潑快樂的態度來面對老年，我個人在不久後便瞭解老化不是只有挑戰，同時還有喜悅。就算遭遇到個人的悲傷，她都是用積極正面的態度來面對人生，從她身上我學習到面對並無懼於年老的珍貴觀念。

在我的專業生涯中，我已看到了老人這種非凡的力量——從紐奧良居住方案、肯塔基州阿帕拉契山，以及威斯康辛州美國印地安保留區。

堅忍和剛毅幫助老年人從嚴峻的貧窮與極度的壓迫中成為真正的倖存者。一杯咖啡的時間，讓我從這些老年人身上明白到——失去罹患阿茲海默症親人至痛的感覺、祖父母生涯的喜悅，或是第一次面對學習收支平衡的挑戰——這些就如同我從其他專業文獻中學到的。

這本書所呈現的是一種老年學社會工作方面的全面性的回顧，從基礎與老化有關的生物社會心理改變、結合老化過程時能力的評估與設計，到執行解決問題能力的挑戰。本書是為大學生和研究生在研讀老年社會工作所寫的，著重在個別的老年人、及其支持系統與老年團體的介入。書中的內容包含基礎的主題，如激勵老年人學習面對憂鬱、失智或譫妄等複雜的不同評估診斷過程。本書所含括的主題則是有關於社會服務機構、護理之家、聚集和輔助生活設施與成人照護單位的實務工作者皆有相關。

有別於其他的老年社會工作內容，本書係就個別議題做綜合性的討論。以對老年行為評估與計畫性介入為基礎，探討社會環境中人類行為的重要性。本書內容包含傳統與非傳統的介入方案，以便認知老化人口的奇特異質性。

從許多方面來看，本書可以當作是一個方便快捷的老年學社會工作的「一次購足服務」，其內容的多樣性有性別、人種、種族特性以及性向等，各章節的內容都與主題相關。如此一來則可以幫助學生們體現這個重要的敏感議題，而不只是以回顧的方式看待老年社會的問題而已。

CONTENTS
目 錄

本書的規劃　001

致　謝　003

第三版中加入哪些新內容　005

序　言　007

第一章　老年社會工作的實務背景　　　　　　　　　　　1

二十一世紀的老化　1

老化的人口統計學　3

出生世代的重要性　9

老年醫學社會工作的場域　11

發展中的直接服務領域　19

老年醫學社會工作者的鉅視設施　21

與老年人工作的個人與專業議題　23

總結　28

問題討論／活動　28

第二章　老年人的生理性改變和生理福祉　　　　　31

為什麼身體會老化？　31

隨著老化而產生的生理變化　34

與年齡相關生理變化對於老年社會工作實務的意涵　46

失禁　48

人體免疫缺陷病毒（HIV）／愛滋病（AIDS）與老年人
52

哪些因素促進健康的老化？　58

總結　61

問題討論／活動　62

第三章　老化的社會心理調適　67

隨著老化而產生的心理變化　68

老化的社會理論　78

「成功的」社會心理老化　83

社會心理改變對老年社會工作實務的意涵　84

總結　87

問題討論／活動　87

第四章　建立生物社會心理評估　91

何謂評估？　91

什麼是生物社會心理評估的目的？　92

評估老年人的特殊考量　94

建立評估的條件　97

綜合性評估的要素　99

綜合性的評估範例　115

總結　120

問題討論／活動　120

第五章　老年人認知差異性評估及診斷與情緒問題　123

診斷和差異評估　123

老年人的憂鬱　124

失智症　131

譫妄　138

憂鬱、失智和譫妄之間的差別　140

焦慮症　146

總結 153

問題討論／活動 154

第六章　老年人的社會情緒和認知問題的個別和團體介入 157

介入的過程 157

介入與處置老年的障礙 160

與老年人發展關係 162

認知行為治療 164

生命回顧 169

驗證療法 176

團體工作的好處 179

總結 191

問題討論／活動 192

第七章　老年社會情緒問題的另類介入方法 195

傳統與另類介入 195

藝術創意對老年人的好處 196

音樂的療癒使用 197

藝術當作一種治療的活動 202

娛樂治療 207

動物輔助治療 209

總結 214

問題討論／活動 215

第八章　預防老年人的物質濫用與自殺防治 219

物質濫用與老年人 219

老年人的飲酒使用與酗酒 220

治療老年人的飲酒問題　231

藥物的濫用與依賴　236

老年人的自殺　241

總結　249

問題討論／活動　250

第九章　辨識和預防老年人虐待與疏忽的社會工作實務　255

提升對老年人虐待與疏忽問題的關注　255

老年人的虐待與疏忽的發生率　256

什麼原因造成老年人虐待或疏忽？　258

老年人虐待與疏忽的相關風險因子　263

瞭解虐待老年人的原因　266

老年人虐待、忽視、或自我忽視的評估　268

設計預防虐待或疏忽的介入方法　273

護理之家中的虐待與疏忽　276

當老年人拒絕保護性服務時　278

總結　280

問題討論／活動　281

第十章　老年人社會工作與靈性　285

社會工作實務的靈性與信仰　285

社會工作專業的取向―避免和靈性有關係　287

靈性與老年社會工作的關聯　290

老年女性以及有色人種生命中的靈性　292

結合靈性與老年社會工作實務　297

總結　307

問題討論／活動　307

第十一章　老年人的臨終照護　　　311

　　臨終照護是老年學社會工作的一部分　311

　　死亡的過程　312

　　社會工作者在瀕臨死亡的過程中所扮演的角色　315

　　喪親與悲傷　318

　　安寧照護　325

　　喪親老年人的社會工作介入　327

　　預先醫療指示（醫療授權書）　329

　　死亡與瀕死的倫理兩難　335

　　醫療輔助自殺　337

　　總結　339

　　問題討論／活動　340

第十二章　與老年人的支持系統共事：配偶、伴侶、家人與
**　　　　　照顧者　　　　　　　　　　　　343**

　　老年人的支持系統　343

　　配偶與伴侶　344

　　老年夫妻的支持性介入的目標　346

　　老年夫妻的治療性介入　348

　　家族會議　351

　　隔代教養　353

　　把照護者當成老年人的支持系統　357

　　以性別當成照護與接受照護的一個因素　357

　　照顧的壓力　360

　　照顧者的社會工作介入　363

　　總結　367

　　問題討論／活動　368

第十三章　在地老化：老年人的所得方案、健康保險

　　　　　及支持服務　　　　　　　　　　　373

　　在地老化　374

　　老年人的健康保險制度　379

　　老年人的支持服務　381

　　房屋抵押（逆向抵押貸款）　385

　　退休持續照護社區　387

　　將面對什麼挑戰？　389

　　問題討論／活動　391

| 第一章 |
老年社會工作的實務背景

二十一世紀的老化

　　二十一世紀最大的挑戰之一，就是大幅增加了65歲以上的人口數量。由於在嬰兒潮世代出生的人（大約於1946至1964年間出生的人）的老化，以及健康醫療照護的改善，邁入「第三年齡」（the third age）群的人口數量將頗為可觀。

　　社會機構，包含健康照護系統、教育、所得維持以及社會保險項目、工作場所、特別是社會服務，勢必都將有所轉變。現在與未來的老年世代，無疑的會逐漸形成新的老化過程新方法和需求。

　　身為老年人以及其家屬的主要服務提供者，社會工作者必須具備多方面的技能與資源才能符合需求。因此，與老年人有關的業務，是社會工作中成長最快速的部分。

　　依照國家老化研究所的預估，約需要有六萬至七萬名新的社會工作者，方能因應老年人口成長的需求。本書係以老化過程為基礎，提供紮實的知識，並介紹實務工作者廣泛的評估與干預技術。

老年人口的多樣性

　　認知並容納現在與未來邁入老年族群之間的多樣性，是老年社會工作的重要要素。

　　老年人如何適應伴隨著老化而來的無數生物心理社會模式上的改

變，就如同老年人各有其自己的獨特性一樣。比如說，儘管身體隨著老化而呈現一定型態的改變，但是個人基因構成的差異、生活型態的選擇、甚或是面對老化過程的態度等，都會影響到每位老年人的生物變化與衰老。有些人因關節炎引起的跛行或是心臟疾病等慢性病所苦，但也有人是健康且充滿活力的活到九十幾歲。心理與認知上的改變，對所有的老年人來說大致是相同的，但是並非每個老年人都會面臨寂寞、憂鬱或是智力衰退等現象。在內文中也會不斷強調與老化過程有關的所有生物心理社會模式的改變中，存在著客觀與主觀的要素。

在所謂的老年人口中分辨清楚其中的差異性，便有其重要性。65歲被認為開始邁入老年，是因為它是一般性的退休年齡，而不是有什麼特別的社會或生物原因而認定65歲之後便已邁入老年。介於65到74歲之間的人口，通常被稱為「年輕老人」型。許多老當益壯的人並不認為自己是老年人。這些「年輕老人」型的人可能仍在工作或是剛退休，他們的健康狀況還沒有什麼大問題，而且依然活躍於社交生活中。當他們卸下了養育家庭或維持事業運轉的責任後，或許會將他們的興趣延伸到寫作、繪畫、音樂或旅遊上；此外，他們更可能以志工的方式繼續活躍於社區或政黨活動中。

75到85歲之間的老年人，稱為「中老人」，他們開始面對健康方面的問題會比年紀較輕的人來得多。此外，他們會面臨一些行動上的限制，也會更公開的被認定為是老年人。這群人大都已經遠離工作環境，也經歷了喪失人生伴侶或配偶的傷痛。在他們的生活中，這方面的支持協助有增加的需要。然而，超過85歲的「老老人」在這方面的需求更大，他們日益退化的健康狀況需要更多樣性的個人照護，例如，沐浴、更衣、如廁或行走等等。

老年人之間也存在著明顯的差異。文化、族群、性別、性向，以及社會經濟狀態等，加諸於個別老年人的老化經驗亦各有不同。老年人口之間的差異，對社會工作者來說是很大的挑戰。剛退休而且健康情況仍佳的老年人，持續過著有動力而且具有生產性的生活是可預期的情形，他們的需求跟孱弱的老年人因迫於日漸衰退的健康情況，不得不住進特殊生活機構的需求，肯定是不一樣的。介於剛退休而且健康情況仍佳的老年人與孱弱的老年人之間，則是屬於老年人口中比率較高的部分，這

些人依然獨立，生活上也不需依賴他人，但是他們需要的是特定的社交、健康或心理健康方面的幫助，以便維持並增強其獨立性。

本章的重點

這一章是用來讓你瞭解美國人口學中老年人口的特性，同時也探討出生世代的意義。出生時間以及所經歷的事件，深深影響到人們的年齡背景。本章同時也對社會工作角色在直接提供服務與宏觀層面設定上，有許多方面的闡述。直接提供服務的角色包括：老年學案例處理、社區服務的設立、居家健康照護機構、成人日間健康環境、獨立與協助生活社區、醫院、護理之家、預先退休規劃、合法診所與醫院。宏觀層面的角色有：當地、州以及地區性規劃、法律明文規定者、公共教育、研究、教育並成為工商業界的諮詢者。這些角色與社會工作在實務上的挑戰和收穫，隨後都將在本章中作深入的探討。

老化的人口統計學

老年人口的成長

2006年時，有八分之一的美國人超過65歲，也就是說有12.4%的人口超過65歲。到了2030年，當最後一批嬰兒潮世代出生的人到了65歲時，有超過20%的美國人已成為老年人，也就是有七千兩百萬的美國人邁入老年（2005年美國人口普查局的資料顯示）。

依照圖1.1，老年人口成長最快速的是有色人種的老年人，到了2030年時將會有25%的老年人口，相對於2000年時則只有18%（聯邦機構之間論壇衰老相關統計，2006）。參看圖1.2，成長幅度的提高是因為幼兒時期健康照護的改善，也就是對生命週期之間的傳染性疾病予以控制並加以治療。然而，隨著年齡增長而罹患慢性疾病的經濟挑戰也成為預期中的事。對於有色人種的老年人來說，活得久並不代表活得好，有色人種年老後所面臨的特殊問題與挑戰，是本書中常出現的主題。

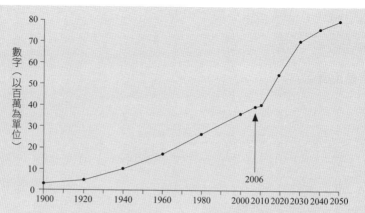

圖1.1　1900-2050年間，65歲以上的老年人口數字（數字是以百萬為單位）
資料來源：美國人口普查局，美國人口關於年齡、性別、種族和西
班牙裔來源計畫，1995-2050。列表G，「1990-2050依
年齡分配比率的現階段人口報告」，p.25-1130，1996；
1900-1990普查資料。

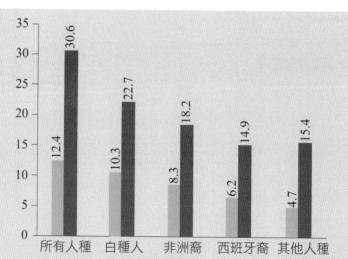

圖1.2　超過65歲的人口比率：依照種族和西班牙裔來源，2006和2050
資料來源：2006年的資料是來自老化管理（2006）。美國老年人的
概況，2006。華盛頓：美國衛生與公眾服務。2050年的
資料是來自於美國人口普查局，美國人口關於年齡、性
別、種族和西班牙裔來源計畫，1993-2050。現階段人口
報告，p.25-1104，1993。

預期壽命與婚姻狀態

2004年出生的小孩，預計可以活到76.5歲；相較於二十世紀初出生的人，其預期壽命則是49歲（聯邦機構之間論壇衰老相關統計，2006）。女性的預期壽命是79.4歲，男性則是73.6歲。這種男性壽命比較短的原因，一度被認為是來自工作壓力，因為他們在工作中過度使用體力。然而，出生後第一年的女嬰死亡率比男嬰死亡率低，這可能是女性有比較強的生理結構，足以適應生命週期中身體與心理上的變化（Legato, 1997）。1960年之後，女性即以終生工作者之姿進入勞動市場，一直到現在才出現同樣與工作有關的壓力。只有時間可以分辨出生物優勢，以及像抽菸喝酒，還有與工作有關的因素對於女性預期壽命所造成的影響。

2005年時，男性老年人的結婚率比女性老年人高，比率分別為72%與42%，這種現象反應出不同性別在平均壽命上的差異（聯邦機構之間論壇衰老相關統計，2006）。

雖然那些無婚姻狀態的男性和女性可能大都是喪偶的人，截至2005年，離婚和未婚人口從5.3%至10.8%呈雙倍增加，想必到了二十一世紀，單身的老年人口數量也同樣會增加，屆時，有沒有家庭支持系統對老年人維持獨立生活能力的影響就會非常大。

生活安排

根據2005年非官方統計，有三分之一的老年人獨自生活，有三分之二的人則是在家庭結構下生活，也就是與配偶、伴侶或是其他親屬同住（聯邦機構之間論壇衰老相關統計，2006）。2006年時，52%的老年人分別居住在九個州：加州、紐約州、佛羅里達州、德克薩斯州、賓夕法尼亞州、俄亥俄州、伊利諾州、密西根州，以及新澤西州。其中有30%的老年人住在所謂的「市中心區」，45%的老年人住在郊區，其餘四分之一的老年人口則分布在鄉下地區的小城市。鄉下地區的小城市對老年人口健康照護的設施比較不足（聯邦機構之間論壇衰老相關統計，2006）。

依照美國老人事務局（2006），雖然90%的護理之家中住的都是超

過65歲的人，但他們所代表的也只是老年人口中的4.5%而已。這個小小的比率卻挑戰了一般的概念，也就是說，大多數的老年人最後都將因為健康情況退化而住進護理之家。其中女性就占了護理之家人口的75%，其所反應的另一個層面是她們較長的預期壽命（國家健康照護中心統計，2004）。近年來老年人在生活安排上最明顯的改變之一，是祖父母隔代教養孫子女問題，這種情況通常是由於老年人子女的死亡或失能。有超過兩百萬的祖父母與孫子女同住，其中42%還得負擔同住的孫子女們的經濟責任（美國人口普查局，2003）。這些數據在非裔美國人、美洲印地安人或是阿拉斯加土著，以及西班牙裔老年人族群中呈現等比例的增高，這些人已處於低收入以及健康狀況不佳的高風險中。

貧窮

1972年以補充保障收入取代援助老年的改變，以及政府對於老年健康照護計畫的延伸，全面降低了老年貧窮的現象。在1960年的時候，65歲以上的老年當中，有30%的收入是低於貧困線（政府規定維持最低生活水平所需的收入標準）（席勒國際大學，1998）。

儘管如此，2006年時，有將近四分之一老年人的收入仍然被列入貧窮或近貧。收入低於貧困線的老年人之中，65至74歲之間的有9%，75至84歲之間的有11%，85歲以上的人則有13.8%（聯邦機構之間論壇衰老相關統計，2006）。

詳細研究貧窮統計資料後發現，工作生涯中收入較低的人，持續擁有較低收入的可能性比較高，晚年甚至會落得貧窮的下場。老年女性貧窮的比例介於12.5%左右，但是老年男性貧窮的比例卻只有7.3%（老化統計，2006）。老年女性比起她們的男性伴侶更可能面臨喪偶或獨居，因此她們對於收入的依賴相對而言就更大。但是，貧窮對許多女性來說並不是一種新的經驗，因為女性一生當中可能面臨單親媽媽養育子女、職場上存在已久的男女勞資不均、或是選擇低收入職業等（Smolensky、Danziger與Gottschalk等人於1988年發表與貧窮相關的資料）。

在有色人種的老年人中，有不成比例的高貧窮率，其中23.7%的非洲裔美國老年的收入低於貧困線。西班牙裔和亞太平洋島上居民的老年

的貧窮率，分別是14.3%與19.5%（老化統計，2006）。終其一生處於低收入的女性和有色人種，退休後也反應出了較低的社會福利優勢。因為有限的收入不足以累積個人資產，比如財產或是個人儲蓄帳戶，低報酬的工作很少有養老金或是以個人儲蓄來搭配養老金的退休計畫。當一個低收入的工作者退休後，不論是男性或女性，都沒有經濟來源以確保他們的收入可以高過貧困線。相對的，高所得的工作者則擁有較高的社會福利，累積的財富更多，還可獲得私人養老金或是因工作得來的退休基金。因此，老年人的退休所得反映出的是他們畢生的收入。

工作

目前的人口中，大約有14.4%的老年人雖然過了65歲退休年齡卻仍然還在工作，其中超過一半是兼職性質，他們若不是因為經濟因素，就是對工作仍有興趣（聯邦機構之間論壇衰老相關統計，2006）。嬰兒潮世代出生的人留在工作場上的人數，會比目前這群老年人還高，「有四分之三在嬰兒潮世代出生的人，會在退休後找一些工作做」（美林證券公司，Merrill Lynch，2005）。然而，他們想找的是「填補空檔的工作」，因為那種工作的時數較少，可以讓他們的工作時間更有彈性，因為他們是處於完全退休前的轉型期（Cahill, Giandrea, & Quinn, 2006）。

在社會福利制度下，退休年齡的改變、保障退職養老金的數目減少、為了退休而準備的個人儲蓄數目減少等，都歸因於嬰兒潮世代不論是因為經濟或興趣而在工作場上停留較長的時間所致（Munnell, Webb, & Delorme, 2006）。

健康狀態與失能

到了85歲時，超過半數的老年都需要一些協助來進行移動、洗澡、準備餐飲或是其他的一些日常活動（疾病控制與預防中心 & 默克基金會，2007）。然而，在2005年時，卻有四分之三在65到74歲之間的人，以及三分之二的75歲以上的人，仍自評自己的健康為良好或非常良好（疾病控制與預防中心 & 默克基金會，2007）。儘管慢性病症狀在這些人身上發生的比率很高，但他們還是這樣認為。心臟病、癌症、腦血管疾病、慢性肺部阻塞、還有糖尿病等，是最常見於發生在65歲老年人

的慢性疾病（聯邦機構之間論壇衰老相關統計，2006）。老年人比未成年人更常需要去看醫生或住院，這就說明了老年人慢性保健問題是一種普遍的現象。

經濟福利和健康狀況跟人口有著複雜的關聯。長期的貧窮限制了使用優良品質的醫療照護，助長了營養失調並且造成心理壓力，這些都會影響到個人的健康狀態。對於低收入有色人種的老年人來說，他們的生活就等同於終生將無法獲得足夠的醫療照護。慢性疾病讓人愈來愈無行為能力，因為有限的經濟來源、醫生開的處方藥籤，以及臨櫃藥品都無力取得，使得貧窮的老年人只能在食物與藥物之間作抉擇。

急性或慢性病的負擔足以壓垮中產階級老年的經濟來源，使他們很快的從有經濟保障變成貧窮，而這都是因為老年人的經濟健康照護技術問題所造成的。醫療補助計畫這個為低收入者所提供的健康保險計畫，也適用於那些符合低收入與有限資產的老年人。低收入的老年人也有資格將醫療補助計畫與醫療保險計畫合併使用，聯邦政府的健康保險計畫支付65歲以上老年人95%的保險，而且不需調查申請補助者的經濟情況。雖然對低收入的老年人來說，取得健康照護服務仍然是個問題，但有了這兩種保險計畫的結合，大部分的主要健康照護便都已包含在內了（Cohen, Bloom, Simpson, & Parsons, 1997）。

醫療保險計畫只包含老年人健康照護的部分費用，並未提供足夠的保險項目。醫療保險計畫經常都是用所謂的補充保險政策來作補充，也就是以私人保險來支付醫療保險所不包含的醫療費用。對那些不符合醫療補助資格又無法負擔私人補充保險的老年人來說，保險範圍的缺口便出現了。依國家健康中心統計資料顯示，幾乎有10%的老年人大都是窮困的，女性以及有色人種不足的健康照護部分，則是因為醫療保險制度的缺口所造成的（Cohen et al., 1997）。這些人口很少做例行性的身體檢查，以便讓他們免於感染流行性感冒和肺炎，或提早檢測糖尿病和高血壓，服用藥物以預防病症更進一步的嚴重發展，因此當疾病發生時，通常都已經很嚴重了。慢性病的預防費用比治療費用低，然而部分的老年人族群卻無力負擔預防措施的費用。

概觀人口老化的統計顯示，65歲以上的人口正在增加當中，並且會在二十一世紀期間快速的增加。除了好發性較高的慢性病問題以外，大

多數的老年人既非屍病、不貧困也沒有住在護理之家。為數眾多的老年人雖然受非經常性的健康問題所苦，卻依然活躍並投入成為社會的生產性成員，拒絕成為刻板的生病、孤立而悽慘的老年人。

在美國，經濟情況對有色人種、女性，以及老年人可說是最嚴峻的考驗。如果這種情況持續下去，老年人雖然會活得更久，但卻不一定會更健康——除非對普遍的貧困及不適當的保健情形提出改善的方法。

出生世代的重要性

種族、性別和社會經濟階級的不同，是審視老年人獨特出生族群的重要因素。

出生族群的定義是指在歷史上某一特定時間出生及成長的一群人。現階段的老年人指的是後經濟蕭條時代出生的一群人。當這一個世代的人去世後，能夠記得經濟蕭條時期艱困情況的人便愈來愈少了。緊接著經濟蕭條時代而來的是後第二次世界大戰時代，此時經濟繁榮，科技迅速發展，對大多數人來說，認真工作才能擁有財富，會比受教育來得重要，但或許有色人種是例外的情形。那時就算是一般收入的家庭都可以夢想擁有自己的房子，他們找一份工作、結婚、生子、努力工作，主要的是他們負責自己的生活。家庭成員照顧年老的家人，就像是家庭結構的一部分。那時的人有「困難」都自己解決，並堅持拒絕向家庭以外的管道尋求協助。這種經驗和信念定義出目前的族群是極度捍衛自己的能力而獨立生活，就算有需要也拒絕求助的老年人。

當今嬰兒潮世代的經驗就大不相同了。嬰兒潮世代出生的人數，會對教育、政治與經濟產生影響。他們經歷了越戰、搖滾樂的出現、公民權力進展、兩性革命，以及女性角色的改變等，這些對年輕人和中年人的生活都產生了很深的影響，這個共同的歷史框架也影響了他們的老年經驗。這個世代的離婚率較高，而且家庭成員也比較少。當這些嬰兒潮世代出生的人變成老年人時，家庭支持的網絡相對就更小了。

這個世代的組合式家庭比以前多，它創造出一個妻／夫與前夫／前妻所生子女、複合式祖父母、前任配偶與伴侶的複雜網絡。然而，這個世代的人年老時獲取的家庭支持並不是來自家庭中的成員，而是與其地

理位置上較接近的孝順子女。離婚會嚴重破壞家庭的忠誠，離婚後家人往往會分散各處，以致家庭成員就更難提供真正的照護給年老的家人。

　　一直以來，對嬰兒潮世代出生的人都有一種錯誤的刻板印象，因為他們都屬於中產階級、受良好教育、體能狀況佳、在職場上工作的時間可以更久，因此幾乎不會去注意老化的影響。如果所有世代的老年人都是如此，那麼對某些個人來說，這就是事實。但是有一個值得我們注意的重點是，有69%的嬰兒潮世代並未接受大專教育，現在我們就得來考量教育水準低的人如何獲得足夠的經濟來源（大都會成熟市場研究院，MetLife Mature Market Institute，2007）。儘管有事業以及雙薪家庭的加持，然而就算是受過最好教育的嬰兒潮世代當中，也只有一小部分的人有足夠的儲蓄以確保得以安穩的享受退休後的生活。持續的工作通常是為了經濟因素，而不是個人興趣。大多數在嬰兒潮世代出生的人仍然繼續在和失業與低收入奮戰，這就嚴重影響到他們普遍的經濟狀況，以及退休後所能得到的社會保險制度福利的程度。

　　雖然一個健康的生活型態可以影響老年人的生活品質，但卻無法阻止自然的老化過程。這個世代的人有他們自己必須承擔的慢性健康狀況與醫療問題。阿茲海默症就是一種無法治癒的疾病，這也意味著除非醫療上有重大的進步，否則約有一千萬嬰兒潮世代出生的人可能會罹患這種疾病。這個世代的人得以不需嚴守酒精與藥物的禁令，然而早期的生活型態往往會延伸到老年人，而這往往就是造成他們身體老化的不幸要素。

　　它也是一個用不同態度來面對問題發生時尋求協助的世代，這種現象也對應出社會工作，以及其他專業協助的成長。當情緒出現問題時，尋求心理健康的專業協助是很常見的事。學校的社工人員與心理學家便成了小孩們面臨學習與調適問題時生活的一部分。尋求專業協助，像是老年醫學照護經理人鑑定並來協助年老的父母，通常是子女與父母因居住距離而造成不便時的解決之道。這個世代的人能更確定的找到符合他們需要的資源。由於嬰兒潮世代人口數量眾多，個人問題也因此變成了公共議題。

　　出生世代對於老年人的影響更為顯著，尤其是有色人種以及女同性戀、同性戀或跨性別者。目前這群有色人種的老年人記得的是當年未

受法律保護的公民權利,這種情況就只是因為膚色便否定了他們居住、受僱或受教育的權利。當時有色人種的年輕人通常都無法接受良好的教育,因此也不可能獲得高薪的工作。這種經驗限制了他們得到經濟上的回饋,進而幫助他們在未來建構健全的經濟基礎。長期的貧窮與低於標準的居住空間,影響到的不只是他們的健康,還有他們的子女。世代的貧窮取得的保健、次級學校教育,以及低收入工作,使得這群比例的人口年老時,所得到的社會經濟條件也不會比他們的父母來得好。

目前這一代跨性別的老年人,他們的性向並不被當時的社會所接受。在當時,同性戀被認為是可以用精神病理學加以治癒的現象(Dorfman, Walters, Burke, Hardin, Karanik, Raphael, & Silverstein, 1995)。即使有些例外的情形,但對於同性戀和女同性戀成為家庭伴侶,在社會與法律上的認同依然是有限的。

許多的跨性別或有色人種的老年人擁有中級或上層階級的社會地位,不管他們的出生族群的因素,讓他們成就的是對自己的堅持,而不是社會政治的支持架構。然而,次級公民心理層面上的傷痕,會一直持續影響他們直到年老。就算在經濟上對他們沒有造成什麼衝擊,但在精神上還是有影響的。瞭解老年人的出生族群因素,對於社會工作的執行便成了很重要的一部分。

老年醫學社會工作的場域

老年人對社會服務工作的需求有很大的連貫性。同樣的,社會工作者的角色從傳統的仲介、法律顧問、專案經理或治療師,到非傳統性質的像是運動教練、瑜伽老師和精神顧問。護理之家和醫院是最常被認為是老年醫學社會工作執行時最熟悉的設定場所,但這種設定意味的是社會工作者對老年人口的需求缺乏熱情與瞭解。只有4.5%的老年人口居住在護理之家、老人病院、社會服務機構、居家照護單位、成人日間照護機構、獨立與協助生活單位、合法診所,以及預先退休規劃等,是最常設的直接服務或診所照護。社會工作者在以宏觀層面來設定老年人服務機構上,也扮演很重要的角色,比如,社區組織與大眾教育、當地、州,以及區域規劃機構,還有立法提倡的組織等。老年社會工作者的未

來角色就在於從業者的想像和創新。

老年醫療照護管理

　　二十一世紀的家庭面臨的是對全職照護需求的增加、手忙腳亂的家庭行程，以及與老年人成員距離相隔遙遠等問題。依慣例，已成年的女兒是提供年長父母與親戚們照顧的人，但現在她們卻更想外出工作，以便讓自己少提供一些直接照護年長者的可能性。她們有的也會尋找支持服務以符合年長者的特殊需求。同樣的，已成年的兒子也會讓人不解的開始為年老的雙親尋找千里以外的照護機構。由於這種現象持續的增加，老人醫學照護管理便成了老人醫學社會工作中，最新且增加最快速的專業管理之一。

　　大多數的老人醫學經理人都是社會工作者、護士、其他特殊訓練人員、或是健康照護工作者，他們有些獨立開業，有些則與健康照護設施或社會服務處合作。老人醫學經理人提供家屬或是照護服務單位大量為老年人服務的規劃、執行，以及協調服務（Morano & Morano, 2006）。這些專業具有特殊的知識來評定老年人生物心理社會模式的需求，並從社區中找到適當的服務以符合老年人的需要。

　　給予最適當生活安排的建議，並確認提升老年人福利所需的支持服務，是老年醫學照護經理人全部的責任。其工作內容，簡單的可能像是幫一位輕微中風的老年人安排監控健康的服務，也可能是複雜一點的像是將老年人轉移到輔助生活設施或是護理之家。老年醫學照護經理人提供的是評估與找尋、安排，以及監控在家照護的協助、提供諮詢支持給老年人及其家人、支持危機干預，甚至當家人對於年老父母的需求及想法有衝突時，可提供家人反省並解決衝突的服務。他們也可以當作是遠在他鄉親人的聯絡窗口，向他們報告老年人的健康狀況，或者是在老年人的身體、心理、經濟或社交健康情形發生改變時，向家庭成員提出警訊（國家老人照護經理人專業協會，2007）。

　　老人醫學照護的費用介於每小時60至90美元之間，收費的依據是依照型態、複雜度，以及服務地點與照護經理人的證照而分的（Stone, Reinhard, Machmer, & Rudin, 2002）。雖然照護經理人認定的這個居家健康照護的支持服務費用，係屬於公立或私人保險給付的一部分，然而

這些照護費用通常都不在醫療保險（尤其是指老人保險）與醫療補助計畫，以及一般私人健康保險的承保範圍內。

社區社會服務機構

社會服務機構業務在社會工作上的角色，是緊密的與母機構結合在一起的。在大的社區裡面，社會服務機構業務提供了廣泛的諮詢服務、倡導、個案管理，以及保護等專為老年人設計的服務。這些服務在一些機構中會設置，諸如老人諮詢、老年人區域機構處、社會服務部門，或者是由教派單位提供，如天主教社會服務、路德會社會服務、猶太家庭及兒童服務等等。與他們所信仰的宗教所設立的分支機構接洽，會讓老年人本身以及他的家人感覺更有信心。在小社區或是鄉下地區，則是由地區機構充當地區高齡服務機構（AAA），或者由有專門知識及技術的社工人員提供服務給老年人。地區老齡機構的目的和組織在第十三章會有詳細的討論。

跟社會服務處的社工人員聯絡，通常是在家庭成員不知道該如何為家人取得社會服務的情況下開始的。除了進行評估過程以便確認適合老年人的社會服務之外，社會工作者還以照顧經理人的重要角色來跟不同的服務單位聯繫。就某些案例來說，家庭中屢弱的老人就變成了案主。雖然家庭成員也能提供很好的照護，但他們對於支持團體或是教育團體喘息服務提供服務的責任與結果還是會有所猶豫。

對許多老年人和他們的家人來說，老化的挑戰促使他們首度與社會服務系統接觸。因為這個接觸通常是由危機所促成的，家人與老年人需要安心、支持，以及確實的資料來穩定混亂無序的情況。

居家健康照護機構

例如「造訪護理協會」，通常都以老年醫學社會工作者為組織團隊來提供服務給老年人。雖然他們健康照護的主要工作是提供與健康有關的服務，比如量血壓、手術後更換衣物、或是替糖尿病老年患者觀察血糖；更重要的是，社會工作者還可以提出老年人的心理社會需求。一位中風的老人需要健康照護者替他觀察血壓，但在整理家務、準備餐飲和交通方面也需要協助。這時，社會工作者就可以安排並協調完備的照護

規劃。因為慢性健康問題而必須閉門在家的老年人通常都極度孤立，這時由老人電話關懷服務定期打電話或是由志工去作拜訪，對老年人都會有所幫助。從事老年醫學的社會工作者通常都會提供心理上的治療諮詢服務，或是安排社區中其他機構來提供該項服務。

　　社會工作者也會協助老年人為居家照護的支出作財務規劃。為了主張老年人能從私人保險、醫療保險、醫療輔助計畫中取得保險支付，其中牽涉到無數的電話聯繫，但這要由一位生病的老年人來做是很困難的事。當老年人無法從現有的保險給付中獲得需要的服務時，這時就需要開拓以取得其他財務來源，包含與老年人家屬商量，或是另外找尋老年人負擔得起的低費用社區服務。如果一位老年人的病情讓他變得更加虛弱，這時社會工作者就必須跟老年人討論，以便尋求提供更好支持的安排，像是生活協助服務或是成人日間健康照護。社區服務與協助財務規劃是社工應具備的知識，同時也是居家健康照護的重要資產。

成人日間健康照護

　　設定介於獨立生活與訓練有素照護之間不同需求的是成人日間健康照護。成人日間健康照護可以為屠弱的老年人提供個別設計的日間醫療，以及社會服務。與家人或其他照顧者同住，甚或是住在半獨立居住機構而有一些身體、認知、情緒或社會功能喪失的老年人，都是典型的成人日間健康照護的需要者。這些老年人不需要全天候的醫療照護或是協助，但有某些日常生活上的活動則需要協助。這種型態的照護，對於提供照護的人來說也能有暫得舒緩的好處，而不需全天候提供服務。如果能在他們白天去上班的時候得到協助照護，而可暫時舒緩照護老年人的工作，子女們也會願意跟老年人一起居住（Dabelko & Gregoire, 2005）。

　　大多數的成人日間照護中心只收能夠自我管理日常活動，並且是自己同意進住到照護中心的老年人。這種類型的照護著重在老年人自己的選擇與自我管理照護。有少數的照護中心只收罹患失智症的老人，包括阿茲海默症，這些老年人比較無法參與作決定的過程。

　　從廣泛的過程轉換到執行服務規劃，社會工作者參與了老年人的照護規劃。社會工作者與老年人一起探討老年人的需求和喜好，以便在成

人健康照護中心挑選適當的復健和娛樂服務。一位老年人可能會需要身體或專業治療，以彌補因為中風或心臟病發所喪失的行動機能；有些老年人則需要有人協助他們服用藥物。

在成人日間照護中心的社會工作者，就是在協助孱弱的老年人能夠得到行動上的幫助。在這個過程中，社會工作者的功能就好比是照顧管理者。團體工作是社會工作者在日間健康照護中心不可或缺的部分。大部分的照護中心，老年人屬於某個特定團體，這讓他們可以就共同面對的問題一起討論。他們討論的內容包括家庭與照護者的問題、對朋友與照護中心成員的關心，或是更有建設性的主題，像是營養、足部護理或是關節炎。這個團體便成了成人日間照護中心的重心，它給了老年人一個維持社會技能的機會，或是重拾已經疏離的社會技巧。這個團體能幫助老年人感覺受到歡迎，並讓他們瞭解中心的作用。

除了經營一個治療性的團體，以及多樣性的社交娛樂活動之外，社會工作者還針對個別老年人的需求而給予諮詢、建議或解決問題。這種個別的關注維護了老年人的尊嚴，比用團體設定來監控老年人的精神和心理健康情形還要重要。有時候老年人會不想跟其他的團體成員分享深入的個人議題，比如家庭問題、憂鬱與大小便失禁，這時與社會工作者私下討論，效果會好一些。

當老年人不跟他們的團體成員或社會工作者接觸時，通常他們都會結合自己的特殊需求而跟更多元的活動團體聯絡。體能運動、音樂、教育、時事、藝術與工藝，以及創作寫作，都是在日間健康照護中心會看到的社團。

獨立與協助生活設施

在社區中為老年人特別設立獨立生活區，像是低收入或中低收入住所，通常都有社會工作者來提供這類服務。確保老年人外出或購物時的交通安排、社交活動，諸如遊玩與音樂會，以及其他的現場活動等，獨立生活中心的社會工作者都會加以安排。當老年人的健康情況有變化時，社會工作者也會協助老年人為自己的支持照護服務增減來作決定。

社區中有另外一種提供給老年人的新服務型態——生活協助中心。生活協助的定義是住宅式設計，以提供孱弱老年人長期獨立生活居

住的居家支持服務（Zimmerman, Munn, & Koenig, 2006）。介於完全獨立生活與提供密集專業照護的護理之家之間者，都適用於協助生活模式。有些協助生活設備就是我們所知道的大型聯合設施的一部分。老年人可以在自己還能獨立生活的時候購買或承租公寓，但是當他們的健康狀況有變化時，就可能得搬進聯合設施中的半獨立、甚或是需要專業照護設施的區域。

提供予老年人獨立生活的協助設施，在品質與數量上有很大的不同（美國協助生活聯會，2007）。其中有些實際上應該稱為「提供飲食和社交活動的地產社區」，有些則是提供給老年人更大範圍的體能、健康與社交生活的高品質支持服務（Franks, 2002, p.9）。雖然它們的目的是用來照護或協調社會工作的執行，但這種協助生活企業不需要也沒有規定得僱用專業的社會工作者。

高品質的協助生活設施主要是著重在能夠自我管理的住戶。能夠自我維護日常生活的住戶擁有個人的衛浴、一些設備，還有一間小廚房。每月的費用包括房租、用品、餐費，以及清潔費等。其他的服務還有洗衣服、個人服務，以及依個人需要的交通安排等全面照護規劃。因為協助生活照護的收費並不便宜，通常是介於每個月美金兩千元到五千元之間，所以只有中上收入的老年人負擔得起（美國協助生活聯會，2007）。但是有些州政府正在設法證明讓低收入者使用協助生活，比讓他們使用專業照護設施省錢的結果，以取得醫療輔助（Salmon, Rolivka, & Soberson-Ferrer, 2006）。

協助生活中心承擔了治療環境的發展。也就是說，協助生活的目的就是透過許多活動的選擇和控制，以幫助老年人維護並改善他們的心理社會功能。社會工作者用評估的方式來檢視即將入住的老年人在醫療、行動與心理上的強弱狀況。評估的步驟很重要，因為可以用來確定老年人是否需要額外的服務，像是幫他跑腿處理雜務、協助沐浴更衣、或是幫他安排社交活動以解除孤立的感覺等。

家人們與老年人都需要資訊和協助，才能皆大歡喜的住進設施。下定決心離開自己的家，甚至只是搬進一間個人公寓，對一位老年人來說都是一種創傷，有人甚至需要專業的協助才能走出那種哀傷和憂鬱（Edelman, Guihan, Bryant, & Monroe, 2006; Feinberg, 2002）。協助生活

中心可以提供一些具有挑戰性的社交娛樂活動，讓老年人覺得中心就像自己的另一個新家一樣。

幫助老年人在個人時間與社交活動之間找到平衡點，是社會工作者另一項重要的任務。在協助生活中心的社會工作者，他們的作用通常就像是一支具備多重訓練技能的團隊，這支團隊的組成包含了護士和職能、體能與娛樂治療師（Vinton, 2004）。

醫院

超過三分之一的住院病人年齡都在65歲以上，這些人主要都是因為慢性病問題而住院，他們每天使用了44%醫院設施（DeFrances & Podgornik, 2004）。醫院社工人員因此得參與醫院中複雜的慢性病復原過程。醫院社工人員提供多項服務，包含危機介入、病人意見、病人教育、家庭協調、照護管理，以及出院規劃等（Volland & Keepnews, 2006）。

住院對任何年齡的人來說都是一種危機，但是對老年人來說那可是一種通往護理之家或墳墓的途徑。老年人會擔心即將面臨的手術，也會害怕聽到像謎語般的醫療術語。他們會考慮到當他們手術之後，獨自在家的復原過程會不會發生什麼問題。家人們會關心他們的摯愛得到的照護太少，或是違反他們的意志而施以維生器具。總之，醫院對於老年人和他們的家人來說，都是一個混亂的環境。

設立於醫院中的危機諮詢，是用來協助老年人與家人重新建立情緒上的平衡，讓他們開始瞭解醫療的情形、優先處理的順序，並研議出一個短期的行動計畫。醫院中社工人員的主要工作是協助老年人的社會心理需求，而醫療人員則盡責的照護他們的身體健康（Cowles, 2000）。

倡導病人權益是另一項醫院社工人員面對老年人的適當角色。老年人對於醫院中冷酷、不牽涉個人情感的氣氛會感到害怕和困惑，他們需要有人協助他們表達自己的需求，或是代表他們發表意見。比如一位華人婦女可能需要翻譯人員、特殊的飲食、或是想找一位中草藥的治療師。

社工人員可以跟其他專業的健康照護者合作，找出病患想要而且也是醫療系統可以接受的最佳安排。對於病患的教育也是病患意見的一部

分，讓老年人與其家人瞭解疾病的實際狀況，以及治療過程。病患教育主要是教授給老年人，因為老年人對於自己的病情愈瞭解，他們的自我控制就會愈好。當他們感覺自己是醫療過程中的一分子時，就會愈主動的參與自己的治療。

社工人員同時也是住院老年人與其家人的聯絡人。老年病患的家人需要瞭解老年人的狀況、疾病預後的情形，以及住院之後的步驟為何。對於許多家庭來說，跟社工人員聯繫便成了他們與社會服務系統接觸的第一步。在此之前，他們可能疲於奔命的用自己的方式來照顧病人，因為他們不知道什麼是適合他們的社區服務項目。在出院的過程中，社工人員的另一項重要任務是參與並協助出院後的支持服務。送餐服務、居家照護、代行雜務，以及家務整理等，這些都是提供給老年人維持獨立生活的重要協助。

社工人員可以用教育及支持的方式，協助老年人及其家屬作出難以抉擇的臨終決定。幫助老年人在面臨必須仰賴生命維持系統時，是否要選擇急救或是由誰來替他作決定。在醫院的社工服務工作中，與病患及家屬討論這種問題是最困難的工作。

護理之家

老年人最大的恐懼之一是最後得住進護理之家。這種恐懼可以從為什麼老年人如此努力的維持自己獨立生活的能力上看出來。護理之家意味著是一個老年人等死的地方，到了那裡的老年人會覺得自己被家人忽略或遺忘。雖然對於有些老年人來說，這種恐懼是合理的想法，但是護理之家對於照顧孱弱的老年人則是扮演了一個很重要的角色。當老年人已經無法獨自生活，而且需要更多的護理與照護時，護理之家可說是最適合的服務處所。

隨著老化人口的增加，護理之家的數目也會呈比例成長。然而，在1995年到2004年之間，護理之家實際上卻減少了16%。病床數是增加了9%，這意味著目前護理之家的規模比以前大，而且是少數地區提供護理之家的照護服務（國家衛生統計中心，2004）。護理之家總體數量的減少，反映出老年人健康照護的選擇性提高了，因為老年人可以藉由花費較少的專業醫療居家服務選擇來延長住在自己家中的時間。

在護理之家中的社會工作者，主要是擔任教育與支持老年人及其家屬的雙重任務（Vourlekis & Simons, 2006）。在登記入住護理之家之前，社會工作者會開始跟老年人與家屬聯繫，比如安排入住前的參觀、評估最適合老年人需求的服務，並進行經濟上的安排。護理之家照護每個月的花費可能超過美金五千元，而且通常無法由個人醫療保險取得給付。有些老年人只會在一個專業的照護機構上待幾個月時間，比如像急性的疾病或是手術後的休養，所以，社工人員的工作還必須包含出院安排等。

護理之家的社工人員同時也擔任了入住者與其朋友們及家人間的支持角色。將一位家庭成員安排住進護理之家，通常會讓其他的家庭成員們產生愧疚與憂慮。因為他們會覺得自己遺棄了他們，雖然這是他們在嘗試了各種方法之後，不得不作如此的決定。與入住的老年人維持互動關係、確定入住的財務來源、處理伴隨著入住後所產生的矛盾情緒等，都是護理之家社工人員的責任（LaBrake, 1996）。

發展中的直接服務領域

儘管我們已經提過有些最典型的地區需要社會工作者，但隨著老年人口的增加，其他老人服務相關的直接服務，也需要更多的社會工作人員。兩個需要大量社工人員協助的是法律服務與預先退休規劃，公私部門都需要有社會工作者的協助。

法律上的服務

法律和社會工作有一段頗有淵源的紛亂歷史。雖然共同解決問題是專家們的一致目標，但是在解決問題上，兩造專家之間的意見協調便成了最主要的挑戰。法律是以嚴格的現行法律先例來解釋適用規則，而社會工作者則傾向於注重影響其個案的生物心理社會模式發展的因素（Maidenberg & Golick, 2001; Taylor, 2006）。但是，一旦他們各自的專業得以釐清，這些專家們是可以有效地合作的，這對老年人法來說更是有利。幫助一位老年人以及他或她的家人做出合於恆久性的健康照護授權，或是決定失智老年人的行為能力，就是社會工作者與律師們通力合

作的最好證明。當一位老年人仍具有行為能力，但卻需要有人協助處理資產或財務時，律師和社工人員就是一個很重要的團隊來協助設立（並解釋）監護權（Joslin & Fleming, 2001）。

另一個例子就是當老年人面臨住宅上明顯的社會與法律問題時。有時候老年人或許因為一時疏忽而忘記繳房租，以至於演變成要被趕出住所。這時候以即時的法律行動阻止老年人搬離居住處所，便是律師應該採取的行動。社會工作的部分則包括居住危機的長期解決方法，像是設法補繳房租、確定另外一方成為財務機構者，或是考慮搬遷到另一個更安全、更有建設的居住環境。另外一項發展最快速的老人法案部分，則是祖父母養育孫子女的法律議題。獨立孫子女們的監護權、經濟來源，以及住屋上的區別等，是他們必須面對的社會法律挑戰（Wallace, 2001）。律師是兒童福利法的重要領航者，而社會工作者則做好更好的準備，以便處理社會的心理健康挑戰來面對這些老年人以及他們的獨立孫子女們。而這些挑戰最好的解決方法，便是來自於專業間的團隊合作。

預先退休規劃

預先退休規劃通常是指財務計畫；然而，一份足夠的收入來源只能算是一半的挑戰而已。當第一批嬰兒潮世代出生的人面臨退休時，便很容易看出預先退休規劃服務需求的重要性。預先退休規劃最不為人注意到的是其社會心理層面，這個層面指的就是從全時段照護過渡到下一個階段。

對於那些有工作使命或是樂在工作的人而言，退休對他們可說是一項非常嚴竣的挑戰。退休之後要做什麼呢？他們要如何重新定義他們的生活，且如何在為娛樂而工作並持續有生產力之間取得平衡？當他們退休後如何面對整天與配偶相處，這與還在工作時有各自的生活可是不一樣的。最重要的是，就算是面對慢性疾病也不能輕言退休的個別挑戰有哪些？這些問題正是社會工作者在面對個人心理社會的福利專長所在。社會工作的專業性這才開始被定義，通常是在公共與個人方面的協助就業規劃。社會工作者如何促成一個健康的退休調整規劃，將由下一個世代的老年醫學社會工作者來加以形塑。

老年醫學社會工作者的鉅視設施

社會工作者的直接服務角色設定已經很明顯，但是老年醫學社會工作的鉅視設施也扮演一個很重要的角色，像是社區服務、規劃、立法，以及政策上的倡導。美國有一個完善的聯邦老年人服務和規劃網絡，由1965年美國老年法以不同條文授權實施，包括全國性、區域、州，以及地方結構來規劃並實施廣泛的老年服務，以及將來可能需要的系統規劃與立法等。有些社會工作者的實務角色便直接涵蓋到這個網絡中。這個老年服務網絡與規劃展望，在第十三章會有詳細的討論。其他的老年醫學工作者的實務工作則包括私立與公立地區機構的規劃，以及有關老年利益的立法提倡等。

社區實務

社區實務的主要焦點是讓老年人動員並增權於自己問題的解決，並強調共同關心這個社區，而不只是一次解決一個人的問題而已。老年人的社區工作包含了廣泛的設定。「社區」意味的是特定的住屋集合，廣義來說可以是一個城市或是一個鄉鎮。在比較小型的社區，主辦者會讓老年人改善公共通道、成立一個犯罪守望網絡、或是協助清除門前積雪等。社會工作者還可以動員老年人請求市政府給予免除財產稅、透過社區發展中心改善衛生及社會服務、或是推展與氣候或健康有關的緊急維護計畫。

鉅視社會工作的另一項作用則是公眾教育，例如處方藥計畫。老年醫療保險（Medicare Part D）在2006年實施時，老年人急迫的想以清楚易懂的方式得知這個計畫的內容。那時，社會工作者有責任不管是以個別教育或是社區宣導的方式來提供老年人該計畫的內容，因為他們很清楚老年醫療保險的內容，也知道老年人需要及關心的是什麼。同樣的，社會工作者最近還提供一些教育性的宣導，包含人類免疫缺陷病毒／後天免疫缺乏症候群（HIV／AIDS）、詐欺、預防財務濫用、居家安全，以及預先指導措施，這些稍後都會在本書中提到。公共教育不只是「告訴」老年人他們需要知道的事情，它代表的更是訊息本身的重要性，以

及老年人對於議題的關心與耐性。

規劃

社會工作者也存在於地區高齡機構（AAA）。社會規劃包含對於地區的需求與資產的探討、執行計畫的進行，以及對未來及現行政策與規劃的評估（Long, Tice, & Morrison, 2006）。對於逐漸增加的嬰兒潮世代老化人口比例加蓋一些新的老年人中心，並非解決之道。真正的危機是在於像發展選擇性住所、健康與休閒規劃，這也反映出一種不同的老年人世代需求。規劃作業涵蓋了全面性需求評估、深入瞭解人口學的變化，並瞭解新的與現存服務項目將獲得怎樣的資助。都市中的老年人與鄉間的老年人，需求有何不同？萬一碰到天然災害、傳染病或氣候危機時，要設計什麼樣的緊急規劃來滿足老年人的需求？對於那些仍然需要工作但是必須是彈性工作，或是需要訓練才能勝任的老年人，又需要推展什麼樣的規劃？這些都是公共事務規劃官員必須面對的挑戰，他們不是只知道現在要做什麼，還要知道將來需要做什麼。

立法和政策

社會工作實務的教條是倡導和增權，不論是代表個人或是特定案主群的政治競合都一樣。大多數的老年規劃與服務都是依照聯邦和州政府基金來設立的，因此它們既需要立法上的支持，也需要有行政上的運作才能執行。社會工作者在立法上的角色，就是讓老年人認知到影響他們的懸而未決的法案，並促使老年人督促立法者代他們發聲。立法的過程很複雜，而且也會讓老年人感到困惑，國家社會工作者協會（NASW）中的州政府篇，便集合了心理健康承保、免除貸款、移民法、年齡與性別歧視，以及財產稅減免等議題。

國家社會工作者協會的政治行動候選人選舉協會（PACE）這個機構，便為候選人提供一些社會福利的支持策略。該協會在競選期間以籌募基金、贊助活動，以及為公共事務背書等方式來支持候選人（國家社會工作者協會，2007）。社會工作者在立法與政治宣導方面的專業部分是結合當地、州，以及國家的力量，其作用主要是宣導並促成老年人直接去影響相關的政策架構。

與老年人共事的個人與專業議題 🐝

　　雖然在個人與專業上有很大的收穫，但社會工作者在與老年人接觸的過程中需要一種高層次的自覺。在所有介入的努力過程中，工作者將自己的情緒帶進其中。然而，在老人醫學工作上，這個議題是很複雜的。不同於面對酒精中毒、濫用藥物、家庭功能不良或是家庭暴力等社會問題層面，這些或許會也或許不會影響到工作者，而每個人最終都會面臨自己或家人的老化和死亡的經驗。老化並不是一種社會問題，而是一種發展狀態，這種普遍性的老化經驗影響了老年社會工作者的預設與潛意識層面。在許多明顯議題當中，工作者將面對的是複雜的終生社會影響與個人對於老年人的年齡歧視和反移情（countertransference）的感覺，以及圍繞在獨立與依賴之間的矛盾議題。

年齡歧視者個人與社會的態度

　　年齡歧視者指的是對於老年人年齡的偏見與刻板印象（Butler, 1989）。這種刻板印象通常是持負面的態度來表達老年人是無價值的人類，因而給予較差的或是不平等的對待。這種態度是源自於小時候來自父母、媒體，以及社會對待老年人的觀察結果。父母可能不自覺地透露出年老的父母與祖父母是令人討厭的並需要被照顧的訊息。即使只是單純的說「我希望自己將來不會跟祖母一樣」，或是「當我年老的時候，就讓我安樂死」之類的話，都可能對小孩造成影響。每次當父母有病痛時就說「我一定是老了」，這些都很清楚的在表達年老時一定免不了會有疼痛和虛弱的訊息。

　　年齡歧視除了阻礙一個人面對正常老化現象的調適能力之外，同時也破壞了老化的社會正當性。年齡歧視主義以不再維持生產力為理由，將老年人逐出就業市場，而無視於老年人無法再以工作為生活中心的後果為何。年齡歧視主義以合理分割生活安排、低標準的健康照護，以及貶抑的態度來對待老年人。喧雜粗魯的種族主義者或是性別歧視者的論調以及公開的歧視，都已不見容於現今的企業或社會，但年齡歧視者的態度與意見卻很少受到質疑。

年齡歧視對於老年醫學社會工作者職業生涯的影響

雖然老年社會工作是發展最快速的專業領域之一，但是卻很少看到有人在這方面進行臨床的研究探討。最常聽到的回應是「我絕不與老人共事」。國家社會工作者協會定期從會員處蒐集這方面的執行資料。雖然老年人口幾乎占總人口數的13%，但是國家社會工作者協會當中只有6%的人把老人醫學社會工作者當成是他們主要或是次要的執行項目；但相對的，以精神健康為執行項目的則有30%（Gibelman & Schernish, 1997）。

減低老人的疼痛是對老年工作者的一般性認知，但是在本章的前段部分提到的還有很多為老年醫學設立的社會工作項目。從事老年社會工作可能被認為是「高尚的」，但是卻不被認為是一份有聲望或需要高技巧的工作（Curl, Simons, & Larkin, 2005）。這種信仰和態度會內化到社會工作者的心中，其過程發展就像持反對態度的人一樣（Pinderhughes, 1989）。換句話說，社會工作者可能會開始相信他們所聽到的對老年醫學社會工作的社會破壞性訊息。

這本書的目的之一是挑戰將老年醫學社會工作者當成是職業生涯中「第二順位」的說法。老年工作包含了與各年齡層互相影響的技術，包括與老年人的成年子女、孫子女、朋友們都可能是促成一個照護計畫的重要因素。仔細觀察老年自己的自覺，並與其家人作出共同認知的決定，是一個很複雜的過程，這需要高度的介入與家庭技巧來完成。以音樂和藝術療法來說，替代性的完整介入就必須有廣泛的知識背景為基礎。老年社會工作者必須既是專家，也是全才。老年社會工作比起其他方面的社會工作需要更多的技巧。

年齡歧視與死亡焦慮

對於老化過程抱持著負面態度，會造成老年人之間普遍存在的「死亡憂鬱」。死亡憂鬱是一種讓人心亂的情緒反應，它喚起了人們對於死亡與垂死的討論（Greene, 1986）。老年社會工作讓社工人員自然的想到生命週期的必然發展——從年輕到年老到死亡。美國社會對於死亡或任何有關死亡的討論，做得並不好。小孩被呵護著不去碰觸到

老年社會工作：生理、心理及社會的評估與介入

24

摯愛的人或寵物不可避免的死亡問題，大部分的人也都儘可能避免談論死亡。一些常用來形容死亡的辭彙，像是「逝世」、「氣絕」、「到另一個國度去了」，以及一些不太禮貌的形容，不論那些用詞是如何的真誠，所反應出來的仍只是一種憤世嫉俗、退縮與自衛的態度來隱藏失去家人或摯愛時的傷痛。

面對圍繞著死亡的不同狀況，始終是老年社會工作者不可避免的一部分。許多老年人對於死亡並不害怕，他們眼見自己的朋友與家人過世，終其一生，他們已經想過死亡對他們的意義是什麼、是否相信有來世，以及他們的一生所為何來。如果他們得以免於讓人難受的慢性疾病之苦，他們會覺得自己很幸運。例如生活在失能或痛苦的情況，他們寧可希望死亡帶給他們解脫。老年人通常都會想起談到葬禮的安排，或是如何處理他們的私人財物。儘管老年人的家屬們不願面對疾病可能導致死亡，醫院的做法則是同時會請家屬作出困難的臨終決定。所有的過程都讓我們看到，在認知與處理死亡的過程中，社會工作者所面對的不只是老年人這個案主，還有自己的自我察覺。

社會工作者對於死亡的焦慮會浮現成許多不同的反應。一種典型的反應是避免有強烈瀕死可能的案主群或是個別案例。在介入的過程中害怕失去這位案主，以及伴隨著老年人逐漸接近死亡境界的不舒服感覺，在在都說明了有些社會工作者不想接觸老年社會工作的原因。即使是轉換成老年醫學社會的社會工作者，也會受困於無覺知的死亡焦慮議題。比如像是對瀕死案主的一通電話或是居家拜訪，可能永遠都無法做到了。跟即將死亡的案主聯繫的次數會愈來愈少，因為他已經更加的接近死亡。這可能是社工人員避免與案主接觸的方法，因為面對死亡的事實對社會工作人員來說實在是很痛苦。當老年人與其家屬在最需要社工人員協助時，社工人員可能一點忙都幫不上。

反轉移

當年齡歧視的態度內化到社會工作人員時，此時，反轉移的作用便可能對這種專業產生嚴重的威脅。反轉移的定義指的是不實情況的呈現，以及對於案主不當的情感投射，這些都會造成專業關係的曲解（Greene, 1986; Woods & Hollis, 1990）。工作者依照過去的關係來投注

感情、態度或反應在案主身上，而不是根據案主真正的特性。

　　可惜的是，社工人員往往在反轉移作用湧現而且已經破壞關係時，才會發覺到反轉移現象的存在。這種態度可能是負面的反應出對老年人的嫌惡感。這種負面的感覺（在意識與無意識之間）會阻止社工人員投注在專業關係上，甚或是對老年人產生焦躁或偏執的想法。反轉移也可能對老年人投以不適當的同情與照顧，以至於使他們提早失去自我行為能力。同情也會對治療行為造成傷害，破壞了老年人獨立行為能力的發展。

獨立與依賴之間的掙扎

　　老年人最渴望的目標之一是儘可能維持他們的獨立行為能力，這也是社會工作者極力促成老年人保有自我察覺與個別尊嚴的期待。表面上看來，這其間並無衝突，但實際上，維持老年人獨立生活需要的支持服務會愈來愈多，存在於老年人家庭以及社工人員之間的理解需求是不可避免的。工作人員讚賞老年人竭盡所能的努力留在自己的家中居住生活，但是當老年人對於上下樓梯感到吃力，或是生活環境變差，並且無力執行日常簡單生活活動時，專業與個人間的兩難挑戰便產生了。最終由誰依老年人的行為能力來決定讓他或她住在自己的家裡？誰來判斷一位老年人已經對自己的財務無判斷能力？什麼時候保護服務得介入，並不管受虐或被忽視老年人的反對而讓他們搬離家中？什麼時候家屬的意願會取代老年人本身的意願？這些都是很難有答案的困難問題。

　　有些老年人則假裝依賴並變得被動且抗拒，呈現一種所謂的「習得無助」。他們不再為自己的獨立行為奮戰，放棄對自己的照護作決定。雖然放棄作決定可以讓工作者與家屬更容易作規劃，但這種情況卻會帶來其他更複雜的問題。社會工作實務最基本的概念之一，就是案主對於介入目標的選擇，以及他們對目標的投入。例如，一位社會工作者可以決定一位老年人必須參加聚會，以便減低他的個人獨立行為。儘管老年人是出於對社會工作者的感激而不反對，但如果他們並不想去參加聚會，就還是不會去。雖然老年人不會吵鬧的拒絕，但仍會找藉口不去參加。儘管他們的意圖明顯，但社會工作者決定了老年人的目標，那是社會工作者的目標，而不是案主的目標。一開始當老年人想辦法拒絕接受

工作者與家屬所做的安排時，不免會讓人產生憂鬱的感覺。

放棄獨立行為的過程是一種必須慎重處理的開端，即使是那些真的希望由他人來幫他們作決定的老年人也是一樣。老年人在他們的人生中從此變成反應者，而不是參與者。有感於對自己的生活已經沒有太大的掌控能力，老年人會陷入憂鬱並放棄自己獨立的生活。家人以及照顧者會發現，老年人放棄了一些他們還有能力的活動，而反應出憤怒和敵意。這時，社會工作者的角色就是協助老年人與家屬尋得利益與目標上的共同觀點，以利於促成自主能力並尋求需要的服務項目。

自覺和督導

面對由於畏懼自己的年老與死亡所衍生的年齡歧視態度，是本書中與老年社會工作挑戰的重點，但是對於這些議題也有解決方法。經由專業來發展自我察覺，社會工作者可以有效的面對這些議題。他們在本文中清楚的被討論，以便讓大家可以瞭解他們所執行的工作項目。發展自我察覺的過程需要時間並持續挑戰專業，可能得花一輩子時間來與老年人（及其家屬）接觸，才能找出自己面對難以解決情感問題的契機。

工作者必須用嚴格的觀點來面對他們在專業上所遇到的挑戰。一名在老年人的配偶、父母或祖父母的需求之間尋求平衡的社會工作者，會感到這種自己想要有效的處理老年人議題的過度需求是不可能做到的。雖然這種經驗可以幫助工作者發展對老年人家屬的憐憫之心，但也可能在介入過程中產生反效果。

在發展老年人的自我察覺過程中，保持直覺水準的能力是最重要的其中一種。對於個案、家庭成員以及專業品質的感覺，是工作者自己情緒問題的重要線索。督導可以幫助工作者分辨那只是工作，以便平息工作者因接觸案例而產生情緒性的介入。接觸完全依賴型或是罹患阿茲海默症老年人時，即使是最有調適能力的工作者，也會感到極大的壓力。

大部分的老年醫學社會工作者，包含本書作者，都強調從事老年工作者可以獲得很大的回饋。分享老年人有趣的往事是一種職業與個人的愉悅。從老年人身上看到了精神力量，他們努力並繁衍家庭、打拚事業，還有在晚年時重新塑造生命的意義和目的，這些對任何專業都是正面與活力的經驗。他們可能是樂觀幽默、憂鬱固執、驚人的堅毅，但也

成長並滋潤了他們的人生。

總結

　　二十一世紀超過65歲人口數目的增加，是社會工作最大的挑戰之一。雖然嬰兒潮世代出生的人會想出新方法來符合「第三齡」（中年—老年人，指的是55至70歲之間）的需求，但健康照護的品質、有生產力的退休生活、足夠的財務來源等，對老年人來說都是艱難的挑戰。對一些老年人婦女與有色人種的老年人來說，貧窮與低於標準的健康照護會一直持續到他們年老時，這些是最容易受到傷害的老年人族群。

　　老年醫學社會工作者的前景是光明的，但並不是因為開業者特殊訓練需求的增加，而是因為社會工作者需求種類的增加，比如醫院和照護家庭，社會工作者也可見於社區機構與法定處所中，這些設施需要特殊技術以及有關自我察覺的投入。從事老年社會工作會觸動對死亡的強烈感受，並對年長的家庭成員伸出援手，然而這些年長者對社會工作者也會產生很大的回報。

問題討論／活動

1. 雖然嬰兒潮世代出生的人對於老化服務和其他社會機構來說是一種挑戰，但是這個世代的人對於老化過程帶來什麼正面的結果？他們對於改善老年人生活品質有什麼貢獻？

2. 想想你自己的「出生族群」，並確認自己的年代對老化過程有什麼影響？你認為自己的年代的正面影響是什麼？它呈現的挑戰是什麼？

3. 什麼因素促使你投入老年社會工作？你對於這個工作的預期是什麼？本章中未提到的挑戰有哪些？當你表示有意參與老年社會工作時，你的同事有什麼反應？

4. 什麼是本章未提及的有關社會服務、行業，以及產業等，有助於老年醫學社會工作者的專業與技術？

參考書目

Administration on Aging. (2006). *A profile of older Americans, 2006*. Washington, DC: U.S. Department of Health and Human Services.

Assisted Living Federation of America. (2007). *What is assisted living?* Alexandria, VA: Author. Retrieved September 1, 2007 from http://www.alfa.org

Butler, R. N. (1989). Dispelling ageism: The cross-cutting intervention. In M. W. Riley & J. W. Riley, Jr. (Eds.), The quality of aging: Strategies for interventions. *Annals of the American Academy of Political and Social Science, 503*, 163–175.

Cahill, K. E., Giandrea, M. D., & Quinn, J. F. (2006). Retirement patterns from career employment. *The Gerontologist, 46*(4), 514–523.

Centers for Disease Control and Prevention and the Merck Company Foundation. (2007). *The state of aging and health in America 2007*. Whitehouse Station, NJ: The Merck Company Foundation, 2007.

Cohen, R. A., Bloom, B., Simpson, G., & Parsons, P. E. (1997). Access to health care, Part 3: Older adults. *Vital Health Statistics, 10*(198). Washington, DC: U.S. Department of Health and Human Services, Centers for Disease Control and Prevention, National Center for Health Statistics.

Cowles, L. A. F. (2000). *Social work in the health field: A care perspective*. New York: Haworth.

Curl, A. L., Simons, K., & Larkin, H. (2005). Factors affecting willingness of social work students to accept jobs in aging. *Journal of Social Work Education, 41*(3), 393–405.

Dabelko, H. I., & Gregoire, T. (2005). The role of social support in adult day services utilization. *Journal of Social Work in Long Term Care, 3*(3/4), 205–221.

DeFrances, C. J., & Podgornik, M. N. (2006). 2004 National hospital discharge survey. *Advance Data from Vital and Health Statistics, 371*.

Dorfman, R., Walters, K., Burke, P., Hardin, L., Karanik, T., Raphael, J., & Silverstein, E. (1995). Old, sad, and alone: The myth of the aging homosexual. *Journal of Gerontological Social Work, 24*(1/2), 29–44.

Edelman, P., Guihan, M., Bryant, F. B., & Munroe, D. J. (2006). Measuring resident and family member determinants of satisfaction with assisted living. *The Gerontologist, 46*(5), 599–608.

Federal Interagency Forum on Aging-Related Statistics. (2006). *2006 Older American update: Key indicators of well-being*. Washington, DC: U.S. Government Printing Office.

Feinberg, R. K. (2002). The increasing need for social workers in assisted living. *Journal of Social Work in Long Term Care, 1*(3), 9–11.

Franks, J. (2002). Social workers need to know more about assisted living and vice-versa. *Journal of Social Work in Long-Term Care, 1*(3), 13–15.

Gibelman, J., & Schernish, P. H. (1997). *Who we are: A second look*. Washington, DC: NASW Press.

Greene, R. R. (1986). Countertransference issues in social work with the aged. *Journal of Gerontological Social Work, 9*(3), 79–88.

Gropper, R. (1986). Strategic one-upmanship: A technique for managing the uncooperative client. *The Clinical Gerontologist, 6*(2), 25–27.

Joslin, K., & Fleming, R. (2001). Case management in the law office. *Journal of Gerontological Social Work, 34*(3), 33–48.

LaBrake, T. (1996). *How to get families more involved in the nursing home: Four programs that work and why*. Binghamton, NY: Haworth.

Legato, M. L. (1997). *Gender specific aspects of human biology for the practicing physician*. Armonk, NY: Futura.

Lerer, G. (1995). Helping the irascible patient in long term care: Towards a theoretical and practice design. *Journal of Gerontological Social Work, 24*(1/2), 169–184.

Long, D. D., Tice, C. J., & Morrison, J. D. (2006). *Macro social work practice: A strengths perspective*. Belmont, CA: Brooks/Cole.

Maidenberg, M. P., & Golick, T. (2001). Developing or enhancing interdisciplinary programs: A model for teaching collaboration. *Professional Development, 4*(2), 15–24.

Morano, C., & Morano, B. (2006). Geriatric care management setting. In B. Berkman (Ed.), *Handbook of social work in health and aging* (pp. 445–456). New York: Oxford University Press.

Merrill Lynch. (2005). *The Merrill Lynch new retirement survey*. New York: Author. Retrieved September 1, 2007, from http://www.totalmerrill.com/retirement

MetLife Mature Market Institute. (2006). *Living longer, working longer: The changing landscape of the aging workforce: A MetLife Study*. New York: MetLife Mature Market Institute, DeLong, D., & Zogby International. Retrieved September 1, 2007 from http://www.metlife.com/WPSAssets/93703586101144176243V1LivingLonger.pdf

Munnell, A. H., Webb, A., & Delorme, L. (2006). *A new rational retirement risk index. An Issue in Brief: June 2006.* Boston: Center for Retirement Research at Boston College. Retrieved September 1, 2007 from http://www.bc.edu/crr

National Association of Professional Geriatric Care Managers. (2007). *What is a geriatric care manager?* Tucson, AZ: Author. Retrieved September 1, 2007, from http://www.caremanager.org/gcm

National Association of Social Workers. (2007). *PACE: Building political power for social workers.* Washington, DC: Author. Retrieved September 1, 2007 from http://www.socialworkers.org/pace

National Center for Health Care Statistics. (2004). *Data from the 1995 National Nursing Home Survey* (PHS 97-1250). Washington, DC: U.S. Government Printing Office.

Pinderhughes, E. (1989). *Understanding race, ethnicity, and power.* New York: Free Press.

Salmon, J. R., Polivka, L, & Soberon-Ferrer, H. (2006). The relative benefits and cost of Medicaid home and community based services in Florida. *The Gerontologist, 46*(4), 483–494.

Schiller, B. (1998). *The economics of poverty and discrimination* (7th ed.). Upper Saddle River, NJ: Prentice Hall.

Smolensky, E., Danziger, S., & Gottschalk, P. (1988). The declining significance of age in the United States: Trends in the well-being of children and elderly since 1939. In J. L. Palmer, T. Smeeding, & B. B. Torrey (Eds.), *The vulnerable* (pp. 29–52). Washington, DC: The Urban Institute.

Stone, R., Reinhard, S. C., Machemer, J., & Rudin, D. (2002). *Geriatric care managers: A profile of an emerging profession.* Washington, DC: AARP Public Policy Institute. Retrieved September 1, 2007 from http://www.aarp.org/research/work/employment/aresearch-import768-DD82.html

Taylor, S. (2006). Educating future practitioners of social work and law: Exploring the origins of interprofessional misunderstanding. *Children and Youth Services Review, 28*(6), 638–653.

U.S. Bureau of the Census. (1993). *Population projections of the United States by age, sex, race and Hispanic origin, 1993–2050.* Current Population Reports, P25-1104. Washington, DC: U.S. Government Printing Office.

U.S. Bureau of the Census. (1996). *Population projections of the United States by age, sex, race and Hispanic origin, 1995–2050,* Table G, "Percent Distribution by Age 1990–2050. Current Population Reports, P25-1130, 1996; Census data 1900–1990.

U.S. Bureau of the Census. (2003). *Children's living arrangements and characteristics, 2002 population characteristics.* Table 1. Washington, DC: US Bureau of the Census. Retrieved November 7, 2007 from http://www.census.gov/prod/2003pubs/p20-547.pdf

Vinton, L. (2004). Perceptions of the need for social work in assisted living facilities. *Journal of Social Work in Long Term Care, 3*(1), 85–100.

Volland, P. J., & Keepnews, D. M. (2006). Generalized and specialized hospitals. In B. Berkman (Ed.), *Handbook of social work in health and aging* (pp. 413–422). New York: Oxford University Press.

Vourlekis, B., & Simons, K. (2006). Nursing homes. In B. Berkman (Ed.), *Handbook of social work in health and aging* (pp. 601–614). New York: Oxford University Press.

Wallace, G. (2001). Grandparent caregivers: Emerging issues in elder law and social work practice. *Journal of Gerontological Social Work 34*(3), 127–136.

Woods, M. E., & Hollis, F. (1990). *Casework: A psychosocial therapy.* New York: McGraw-Hill.

Zimmerman, S., Munn, J., & Koenig, T. (2006). Assisted living settings. In B. Berkman (Ed.), *Handbook of social work in health and aging* (pp. 677–684). New York: Oxford University Press.

第二章

老年人的生理性改變和生理福祉

　　自然老化過程的生物變化，是老年人意識到自己正由中年邁入老年的訊號。雖然身體上的改變是老化不可避免的現象，但延伸的慢性疾病或逐漸衰弱的身體功能卻很明顯。有許多老年人到了80歲還能維持良好的體能狀態，只是在聽力、視力或關節方面有一些比較不方便的感覺而已；有些人則是在60歲時便飽受慢性疾病折磨之苦，到了70歲時更已成孱弱之身。其中的差別是由許多因素造成的，包括基因構造、平常的健康狀況，最重要的是生活型態的選擇，包括營養和運動。

　　本章將探討與老化過程有關的正常與非正常改變，包括因細胞的改變而造成人體心理社會系統老化的理論討論。有尿失禁問題的老年人則需要給予特別的考量，因為這會影響到他獨立生活的能力。老年醫學社會工作者與健康照護者對於老年人之間HIV／AIDS發生率的增加，也同樣必須加以關注和討論。本章所討論的便是營養和運動對老年人健康的影響，因為這兩者對於老年人的健康影響很大，不論是遺傳性容易感染的疾病或是因為老化自然的身體變化，都需要營養與運動。

為什麼身體會老化？

　　在瞭解伴隨著老化過程而來的生物變化之前，探討科學家們為何相信生物老化的發生是很重要的。如果科學可以決定老化的原因，那麼過程是不是可以停止？人們是不是真的想延長壽命？這是從想要瞭解人類

為何會老化而衍生出來的社會問題。這些生物方面的問題，主要是著重在延緩老化的方法，包括降低疾病的發展並改善老年人的生活品質。科學團體並不贊同生物年齡的老化過程是由哪種特定因素開啟的，但主要的理論被歸納為三類：基因編程、交聯細胞與自由基，以及免疫系統的改變。這些理論並未推翻最近所有有關老化過程的理論，但卻代表了在嚴密推就下的科學探討。

基因程式

提倡「磨損」理論的人認為老化只是身體使用過度，它反應的是一種基因組合的決策過程。在這種理論之下，人體有其最大生命期限，而主要的心理社會系統會以相對設定率逐漸走下坡（Finch, 1991; Hayflick, 1994; McCormick & Campisi, 1991）。細胞是以有限的數目分類來編程，過程中會製造新細胞並替換受損細胞（Harvard Gazette Archives, 2001）。這種惡化的現象會隨著環境與生活型態因素而加速，但其實基因已經都預定了。與老化有關的疾病，像是青光眼、阿茲海默症、晚發性糖尿病，都可能已被遺傳標記所設定了。遺傳標記足以證明為何有些疾病是家族遺傳。有明確的證據顯示，長壽（沒有疾病）家族是因為有好的基因與健康的生活組合而成的。但是老化的基因編程理論並非是生物變化造成老化的唯一解釋。

交聯細胞與自由基

細胞生物學家認為老化是由於組織內的細胞和分子產生不良反應，但是這種改變並不一定是因為基因編程而引起的。根據這種說法，身體內的分子產生交聯作用，並與其他分子產生細胞的物理與化學變化（Aldwin & Gilmer, 2004）。細胞會累積膠原蛋白，這種膠狀的物質會在聯結組織中產生，進而減少組織的彈性。這種累積現象的發生，是因為身體無法辨識並消除交聯細胞。在軟骨組織、血管，以及皮膚細胞中都可以發現這種累積現象（Grune & Davies, 2001）。軟骨組織若缺乏彈性，便會導致因為老化所產生的關節僵硬、血管變硬，以及皮膚產生皺紋。

另一種對於老化分子的解釋是自由基理論（Grune & Davies,

2001）。自由基是因為細胞氧化代謝所產生的不穩定養分子，這些分子會附著在身體的蛋白質，進而損害健康細胞的功能。當交聯細胞與自由基累積時，便會對身體造成傷害，因此也會造成細胞結構的損壞。自由基被認定會破壞身體對抗癌症的能力、降低皮膚受損細胞的修復，並阻止低密度脂蛋白附著在動脈壁。添加抗氧化劑可以促進自由基的穩定，進而延緩細胞受損並提高治療功能（參見表2.1，可以看到更多的抗氧化劑資料）。

免疫系統的惡化

免疫系統具有負責對抗疾病，並且幫助身體對抗外來物質的功能角色。為了完成這個任務，免疫系統會產生抗毒物質來攻擊病毒、細菌與異常細胞，像是由癌症造成的異常細胞。免疫學理論認為老化是因為免疫系統對抗疾病的功能隨著年齡而減弱（Effros, 2001）。異常細胞在未察覺的情況下更容易孳生，所造成的慢性疾病最後則演變成身體主要生理系統功能的惡化。另外一種學院派的說法是，免疫不足會造成身體的自體免疫，此時，身體會慢慢的排斥自己的細胞製造抗毒物質，甚至連正常細胞都加以破壞。關節炎和糖尿病就是人體自體免疫反應的例子（Effros, 2001）。

表2.1　**什麼是抗氧化劑？**
抗氧化劑指的是維他命和營養補充品，它們已經被認定是具有化學特性的物質來穩定自由基含氧細胞，因為它們可以降低細胞受損的程度。三種最普遍的抗氧化劑是β胡蘿蔔素、維他命C和維他命E，它們大量的蘊含在一些大家熟知的水果與蔬菜當中。

抗氧化劑	食品來源
β胡蘿蔔素	黃、橙、紅色的蔬菜與水果（例如：黃南瓜、胡蘿蔔、南瓜、羽衣甘藍、菠菜、桃子、橘子和番茄）
維他命C	柑橘、草莓、羅馬甜瓜、鳳梨、布魯塞爾豆芽、番茄、菠菜、羽衣甘藍、高麗菜、蘿蔔
維他命E	蔬菜油、小麥胚芽、全麥、堅果

資料來源：國際食品信息委員會，2006。

沒有任何一種理論被認為是「真正」造成人體老化的原因，但每種理論都讓我們對於老化的過程有更進一步的瞭解。三種理論都提出老化乃是起因於細胞的改變，而這些改變會逐漸累積，最後便呈現在老年人身體上的變化。本章稍後將會討論到非細胞的影響，像是營養、飲食控制，以及環境等所造成的影響。下一段會探討正常老化的改變過程，並確認在每一個主要生理系統會產生哪種疾病狀態。

隨著老化而產生的生理變化

　　人體隨著正常生理變化的過程，就是所謂的衰老現象。身體上的老化現象既非病理學，也不是一種疾病。在老年階段發生的某些生理變化，都傾向於疾病的發展。但在衰老階段產生的身體變化，並不一定都是不良的健康狀況。在這一章裡將探討的是所有生理系統的生理變化是如何加以定義的。不同的個體有不同的老化速度，而生理系統的變化也是因人而異的。然而，身體上的變化，意指的是可以觀察得到的老化現象。

皮膚、毛髮與指甲

　　身體的皮膚病學系統包含皮膚、毛髮和指甲。老化現象最明顯的身體變化是皮膚上的皺紋，那是由於皮下脂肪的流失以及皮膚表皮下水分不足所造成的。這種老化過程也會造成皮膚細胞中彈性纖維的流失。當年紀增長時，皮膚就會變薄並缺乏彈性（Spirduso, 1995）。陽光的曝曬也是造成手部與臉部色素沉澱的主要因素，也就是所謂的「雀斑」。種族特性、皮膚保養習慣，以及健康狀況，都會影響皮膚的變化。過度曝曬於日光下的人，可能30歲出頭皮膚便出現皺紋，非裔美國老年人則可能到5、60歲才有皺紋產生，這是因為他們皮膚油脂的差異所造成的。

　　從30到70歲之間，皮膚的修復能力會減少50%（Tabloski, 2006）。老年人的皮膚比較脆弱，而且修復受損皮膚細胞的能力也比較低，這就說明了為什麼老年人比年輕人更容易瘀傷。摔跤或跌倒所造成的瘀傷會比受傷來得嚴重，尤其是年紀很大的人更是如此。當身體老化以後，皮膚表面的血液循環功能會變慢，循環系統的效率下降，因而減緩了受傷

皮膚的復原過程。如果受傷，老年人比年輕人需要多出50%的復原時間（Aldwin & Gilmer, 2004）。

　　皮膚表面減弱的血液流通功能，會影響老年人對冷與熱的感覺。老年人比較不會有揮汗如雨或冷得打哆嗦的反應，也就是說，一般來說，老年人對於體溫比較無法調節。老年人可能需要用三至五台電暖氣才會感到舒適（Hooyman & Kiyak, 2002）。老年人無法調節身體溫度是一個很嚴重的潛在問題。身體因為長時間處在低溫狀態，可能會導致中風、大腦損傷、甚至死亡。高溫、身體長時間接觸過熱的溫度，可能會造成熱中風，若未加以治療則可能會致命。因此，冷熱溫度的變化對老年人來說尤其危險，因為他們對於溫度的反應需要比年輕人更長的時間才有感覺（Senior Care Management, 2004）。當老年人在夏天不使用電扇或冷氣，或是冬天因為省電而將電暖氣轉弱，這時已經讓他們的身體置身於危險當中了。

　　頭髮開始灰白則是另一種老化的正常現象，雖然有些人是例外的少年白。灰白頭髮的產生是因為頭髮毛囊黑色素的流失，這種色素存在於毛髮與皮膚中。這種灰白的過程是逐漸發生的，所以有的人是全白，有些人仍然保留部分原來的髮色。頭髮從40歲開始便會變得比較稀少，這是因為身體減少了雌激素與睪丸脂酮（男性荷爾蒙）的製造，而且頭皮修復掉髮的功能也降低了。男性會呈現部分禿頭的現象，這是一種基因現象，而不是老化過程。當頭髮變得稀少的同時，事實上毛髮會增生在男女性身體的其他部位。更濃密的鼻毛、耳毛和眉毛，便說明了荷爾蒙不足而以不同的方式反應在身體的部位上（Hayflick, 1994）。

　　當身體老化時，指甲也會變薄，且通常會呈現泛黃或灰色。變薄褪色並凸出在指甲床，便成了最常見的受真菌感染的手指甲與腳趾甲症狀（Tabloski, 2006）。雖然受真菌感染並不會威脅生命，但是卻可能造成穿鞋不適，進而限制了老年人的行動。關節變硬以後，老年人照顧自己的趾甲便會有困難，特別是造成足部問題，像是指甲內長、細菌感染，而循環不良則可能是由於關節炎或糖尿病所造成的（National Institute on Aging, 2000）。

神經系統

　　正常老化所造成的神經系統變化，會影響人體的生理系統。神經系統包含大腦，以及人體內部的神經支持網絡。人體雖然因為液體的流失，到了75歲時，大腦的重量會減少10%，但是這種重量的改變並不會影響到大腦的功能（Young, 2001）。人類的大腦有種異常的能力，可以藉由路由重建來修復結構上的改變，特別是對於智能與認知作用的掌控。器官失序或受損對於大腦的實際損害（如果有的話），是永遠無法預測的。

　　老化最值得注意的變化是神經傳遞素效能的減低，這是一種傳遞大腦與身體其他部位之間的化學訊號。當身體老化時，電氣傳導系統上穿梭於神經細胞間的突觸，會讓脈動變慢（Hill-O'Neill & Shaughnessy, 2002）。那時，神經系統就需要長時間來傳遞訊息到大腦，獲得回應後再回傳訊息。這就是為什麼老年人需要比較長的反應時間來接受某種刺激（Aldwin & Gilmer, 2004）。例如一位老年人碰觸到熱的東西，他或她需要比較長的時間才能由腦部傳遞訊息叫他或她把手移開；或者是開車時，老年人需要久一點的時間才能前進或緊急煞車。老年人的認知功能或許依然完整，只是需要長一點的時間來加以反應。降低效率的神經系統部分地說明了前面提到的高溫與低溫現象。

　　睡眠型態的改變，被認為是與正常老化有關的神經系統的改變。老年人比較無法感受「有效的」睡眠，意思是說他們沉睡的狀態比較少，並且在睡醒時會感到休息不夠。這是因為腦波的變化，以及晝夜節律（正常的睡眠與清醒模式）改變所致（Eliopoulos, 2005）。年輕人通常每天睡七到八小時，而保持十六小時的清醒。老年人則可能只睡六小時，但是整天都處於打盹的狀態，他們的晝夜節律比較像嬰兒，而不像大人，這也是老年人往往很早就寢但半夜就清醒的原因。當老年人利用白天小睡來彌補夜間睡眠不足所造成的疲憊時，問題就來了。這時，晚一點就寢可以幫助老年人穩定他們的晝夜節律，並儲存好品質的睡眠。

　　有關神經系統異常的兩種失序的睡眠狀態，必須加以討論。睡眠呼吸中止，就是在睡眠時停止十至十五秒的呼吸，足以造成流回心臟的血液不足，長久下來，可能造成心臟疾病。這種狀況通常可以採取抬高

床頭，或是利用塑膠呼吸片（像專業運動員使用的那種）來保持鼻道暢通。其他則有人是夜間肌陣攣，這是一種睡眠中無意識的腿痙攣所造成的神經失序現象（Hayflick, 1994）。雖然這並不是嚴重的症狀，但通常會影響睡眠。

另外，出現在老年人身上的兩種現象是中風和帕金森氏症。中風是由於腦部缺血，因為腦部的阻塞與出血造成血管受損所引起的。85%的腦血管疾病發生在65歲以上老年人身上（Young, 2001）。雖然有些中風是致命的，但有些則會嚴重損害到身體、認知或是溝通能力。大多數的中風一開始都有短暫性腦缺血發作現象（TIAs），這就是所謂的小中風。短暫性腦缺血發作症可以使人暫時喪失語言能力、半邊身體無力、視力改變、或是記憶喪失（Hill-O'Neill & Shaughnessy, 2002），這些減損的功能只會持續一小段時間，很快的便會一一恢復。然而，短暫性腦缺血就是中風的警訊。還好短暫性腦缺血是可以治療的，因此得以避免中風與毀滅性的損傷。

帕金森氏症是第二種常見於老年人的神經疾病。帕金森氏症是一種行動上的失序，可見於手指、腳、嘴唇與頭部的顫抖，並逐漸演變成臉部與軀幹肌肉的僵直（Young, 2001）。罹患這種疾病的老年人可能會有吞嚥上的困難，或是行動功能受阻。但若是早期發現，便可對該疾病投以醫藥上的治療。

心血管系統

當身體老化時，心血管系統、心臟和血管的功能便會變弱，堆積的脂肪和膠原蛋白會聚積在心肌上，降低心臟的輸出量（Aldwin & Gilmer, 2004）。如此一來，心臟的閥門會變得比較僵硬，增加心臟的負荷。這個受限的血流便說明了為何老年人在做完運動後，比較容易感到疲憊。因為運動時，老年人會需要更大的流通效率，而他們的身體卻無法提供。

所有主要的血管一輩子下來因為脂肪的堆積，都有某種程度的動脈粥狀硬化現象。這種堆積會讓心臟更困難、更無效率的輸送體內的氧氣（Young, 2001）。堆積的脂肪會減少輸送血液到大器官的大動脈的彈性，譬如胃、肝臟和大腦中。血液減少，這些器官的功能就會減弱。

心血管系統比體內任何系統都更能藉由多加運作來提升它的功能。即使老年人只做一點點運動，都可以改善心血管的功能。只要老年人保持運動的習慣，心臟就能維持比較年輕的狀態。雖然心臟病跟遺傳與生活型態有關，但是運動等於是決定心臟年齡的一個重要因素（Hayflick, 1994）。

兩種主要的心血管疾病是造成老年人死亡的主要因素（Young, 2001）。第一種是冠狀動脈疾病，會發展成動脈粥狀硬化型態，造成動脈硬化或動脈粥狀硬化。冠狀動脈心臟疾病會限制血液流動到心臟，導致心肌受損，這就是所謂的心肌梗塞或心臟病。老年人心臟病擴散症狀比年輕人高，並有較高的不適與疲憊感，而不只是密集的胸痛感覺而已。如果心臟未能將足夠的血液運送到全身，就會造成心臟無法充血。老年人會有慢性疲勞、衰弱或水腫，就是液體堆積在關節的結果。水腫引起的不適感往往會造成老年人必須久坐，進而加重循環困難並導致其他像是肺炎的情況。

第二種嚴重的心血管疾病是高血壓，這並不只侷限於老年人。非洲裔美國老年人罹患高血壓的機率，比白種人高出兩倍之多（Aldwin & Gilmer, 2004）。高血壓沒有徵兆，同時被稱為是「隱形殺手」，它可以透過簡單的測量血壓來加以監測。高血壓會損害動脈，造成血栓，這就是中風最常見的原因。透過藥物的控制，高血壓得以有效的治療，以利預防傷到動脈系統（Young, 2001）。

肌肉與骨骼系統

由於脊椎受到壓縮，上了年紀的人會變矮一些。雖然男性和女性都會變矮，但由於骨骼變化加上雌激素流失後的更年期症狀，女性會比男性矮三寸（Tablosk, 2006）。由於脊椎變得比較彎曲，人們會誤以為老年人變矮是因為頭肩部逐漸垂下的關係。老化是由於細胞肌肉萎縮，以致肌肉失去了力量與耐力，進而使得肌肉組織喪失彈性纖維。彎曲的脊柱與肌肉失去力量，致使老年人無法維持平衡。他們可以利用稍微校正肌肉來讓身體得以站穩。如果老年人覺得無法站穩，他們便會走得更慢以控制平衡。有些老年人會限制自己的行動，以致惡化了肌肉的強度與協調。

牙齒與下巴的咬合結構也被認為是肌肉骨骼系統的一部分，這個部分的功能不一定會隨著老化而變壞。沒有好好照顧牙齒或是未使用含氟產品來清潔牙齒的老年人，比較有可能冒年老之前就失去牙齒的風險。65歲以上的人最常見的失去牙齒的原因，是牙周病以及支撐牙齒的下巴與牙齦受到感染（Administration on Aging, 1999）。這些感染症狀通常都是由牙結石所造成，而結石可以利用定期洗牙來加以清潔。一旦老年人失去了本來的牙齒而戴上一副假牙時，他們的下巴結構可能會有變化。假牙不合，嘴巴就會萎縮。假牙如果不合，老年人就不想配戴，進而加速萎縮。這種循環過程可能會造成咀嚼十分的困難，甚至痛苦。

與老化有關最常見的肌肉骨骼疾病，是讓四千三百萬至六千萬美國人深受其苦的關節炎（Arthritis Foundation, 2007）。超過75歲的人很少沒有骨關節炎問題，這種情形是因為逐漸變差的軟骨組織伴隨著關節表面的骨刺所造成的（Aldwin & Gilmer, 2004）。骨刺的惡化是因為長久使用的自然結果，或是關節受傷所造成。雖然罹患關節炎很痛苦，但是這個疾病造成的最嚴重後果是讓老年人的行動力逐漸衰退。

老年人可能會因為行動困難而避免參加一些社交活動，如此一來便增加了社會隔離的可能性（Militades & Kaye, 2006）。移動手臂或膝蓋的疼痛會讓老年人減少活動量，但是透過規律的骨關節運動則能夠有效的改善疼痛的情況（Arthritis Foundation, 2007）。一種更嚴重的關節炎——類風溼性關節炎，則是一種與老化無關的疾病，它是種各個年齡都會感染的自體免疫疾病，也就是骨質疏鬆症，這個病症會讓骨頭變細並破壞骨頭的完整。停經後的骨質疏鬆症是因為缺乏雌激素，以致造成更年期。並非每個婦女都有骨質疏鬆症。表2.2說明了個性致使女性罹患骨質疏鬆症的情況。

影響女性與男性的老年性骨質疏鬆症，被定義成是與年紀更長的老年者有關的骨密度惡化情形。當骨頭變得更細而且脆弱的時候，髖部與腕關節會容易碎裂。雖然我們通常都認為老年人的髖部斷裂是因為跌倒造成的，但最近有更多的研究顯示，髖部有可能是自行斷裂才造成跌倒（Baum, Capezuti, & Driscoll, 2002）。有些婦女會有脊柱後凸症（駝背），也就是所謂的「太后拱」（譯註：上背椎骨異常向外彎曲，亦即

| 表2.2 | 骨質疏鬆症：你是否有風險？ |

遺傳決定論的高風險因子
・女性
・有骨質疏鬆症的家族史
・北歐或亞裔
・骨架小或太瘦
・髮色鮮明，如金髮或紅髮，皮膚好或有雀斑
・早發更年期
・乳製品吸收不良

其他高風險生活型態或醫療因素
・十幾歲便懷孕
・失去卵巢或長期停止卵巢功能的醫療史
・飲食失調、慢性腹瀉，以及腎或肝臟疾病
・缺乏運動或過度運動
・飲酒過量、低鈣飲食或缺乏維生素D
・咖啡因攝取過量，以及抽菸

資料來源：疾病控制與預防中心，2007。

前半部脊椎壓縮，導致後半部的脊椎彎曲而造成背部隆起的現象。主要是由於骨質疏鬆所導致的胸椎改變，可發生於男性或女性）。其他的脊椎變形則是我們知道的脊柱側彎，這會很痛而且會嚴重影響到行動。一旦這些症狀發生在老年人身上時，現在的醫學也無法加以導正。但是，補充鈣質與定期運動可以幫助停經後的婦女穩定並預防骨質流失。

腸胃系統

人類的腸胃系統包括食道、胃、肝、大腸和小腸。有些人在中年之前便有消化不良的老化現象，有些老年人則是因為味覺和嗅覺的感覺喪失而降低食慾，並不是真正的消化系統有了改變。失去了牙齒或下巴骨骼形狀的改變，都會造成咀嚼困難，這是消化過程的第一步。咀嚼不佳的食物無法在消化系統的過程中被吸收。食道就是從嘴巴通往胃的消化管，當身體老化時，食道會變窄或失去彈性（Eliopoulos, 2005）。結果，食物便需要較長的時間才能到達胃部。老年人往往只吃一點東西就覺得飽，這是因為他們胃裡面的消化液變少，所以會有慢性胃炎的現象，也就是退化性胃炎（Aldwin & Gilmer, 2004）。症狀有良性的胃灼

熱，也可能是嚴重的胃潰瘍。隨著年紀的增加，大小腸的重量會因為水分的流失而減少，這就是老年人經常便秘的原因。

食慾不佳或消化問題，導致老年人體重嚴重下降（Tabloski, 2006）。如果消化與排洩不順，他們就會不想吃東西。不良的節食習慣、抽菸與遺傳特性，會增加老年人罹患胃癌與結腸癌的機率。這兩種類型的癌症都可以在發病初期予以檢測及治療，但重點是要早期發現（Miltiades & Kaye, 2006）。內視鏡就是用來內診食道與胃部，或是內診結腸的結腸鏡檢查，老年人與醫護人員對於進行內視鏡的檢查往往都會猶豫不決，他們不是因為出於害怕，就是掉以輕心。

呼吸系統

對心臟來說，呼吸系統真正的老化因素是生活型態和環境。事實上，很難去分辨呼吸系統的改變是因為毒物與污染，或是正常的老化過程所造成的。一般說來，呼吸系統的老化，指的是操控肺部的肌肉失去了彈性與力量。失去了力量便會減損了老年人深呼吸、咳嗽，以及清除肺部黏液的能力。肺部裡面的纖毛與毛狀物數量的減少，會使得肺部無法獲取足夠的氧氣（Tockman, 1995）。年紀一大，肺部的反轉功能減弱，於是呼吸會變得比較慢而淺（Aldwin & Gelmer, 2004）。由於氧氣吸入不足，也就造成身體其他部位含氧量的不足。

雖然這種變化十分誇張，但如果沒有其他的肺部疾病，老年人只要休息便能感受正常的呼吸。只有從事活動需要更多的氧氣時，這種變化才會更明顯。活動時稍作休息或是放慢速度來活動筋骨，老年人便不會有明顯的呼吸道系統功能障礙。

然而，習慣性的氧氣不足會讓循環系統的功能變弱，並損害到心臟。無力以咳嗽排除肺部物質，會造成老年人的肺氣腫、慢性支氣管炎或是肺炎（Tockman, 1995）。肺炎是第五種造成老年人死亡的疾病（Centers for Disease Control and Prevention & The Merck Company Foundation, 2007）。許多老年人的肺部疾病都是因為抽菸或環境污染所造成的。

泌尿系統

對許多老年人來說，尿路系統的變化包含腎臟、輸尿管和膀胱，這是他們最困擾的事。腎臟主導了身體的兩大主要功能，腎臟從血液中過濾水分與廢棄物質，並以排尿的方式將廢棄物質排出體外。腎臟同時在過濾血液返回血流之前，修復血液中的離子與礦物質的平衡。

當身體老化時，腎臟在執行這兩種功能的作用便減少了50%（Eliopoulos, 2005; Hooyman & Kiyak, 2002）。包括抗生素等一些藥品便成了對老年系統比較有用的治療藥物，因為這些藥物較少自然地被腎臟過濾出來。因為腎臟無法吸收葡萄糖，所以老年人多半都有嚴重脫水的現象。

兩邊的輸尿管就是連結腎臟到膀胱的管道，還有膀胱可能因為失去肌張力，以致無法排空膀胱中的尿液。如果膀胱無法排空尿液，老年人就有可能會發生尿道感染。因為膀胱比較無力，所以老年人排尿的頻率比較高，尤其若常常發生在夜間時就會影響到睡眠（Tabloski, 2006）。除了頻尿，老年人因為神經系統反應不良的關係，所以他們感應需要排空膀胱的感覺會比較遲鈍。膀胱無力與延遲反應造成了大小便失禁的結果。這種現象尤其會出現在女性身上，這是因為生產後骨盆肌肉鬆弛所造成的。

男性的尿路問題會因為前列腺問題而更加嚴重，那是一個像甜甜圈形狀的腺體環繞著尿道並產生尿液在精液中。前列腺肥大還會導致排尿與收尿的困難，造成無法排空膀胱中的尿液，或是有頻尿的衝動（Aldwin & Gilmer, 2004）。前列腺肥大並不是一種病症，除非尿道系統感染或是轉變成前列腺癌變。年紀大和家族病史都會增加前列腺癌的風險。

老年人出門在外想到上廁所不方便，便會減少水分的攝取以降低排尿的次數，於是便造成了老年人脫水與膀胱感染的危險性。

內分泌與生殖系統

人體功能的運作是由內分泌系統製造的荷爾蒙加以嚴密調控。荷爾蒙調節再造、生長、製造能源，以及大致的身體自我平衡狀態。老化後

兩種主要的荷爾蒙變化在本章會加以討論，這兩種變化就是胰臟調節胰島素的能力與女性雌激素和男性睪丸脂酮（男性荷爾蒙）的減少。

胰臟製造胰島素來調節血液中的葡萄糖。葡萄糖就是食物中糖類的一種，代謝後會產生能量。有些老年人的胰臟無法製造足夠的胰島素，所以葡萄糖就無法被代謝，結果便造成血糖過高。當人體內的胰島素長期不足時，便會產生成人型糖尿病。老年人可能不會出現一般的糖尿病症狀，如疲勞、食慾增加、虛弱、復原緩慢，以及頻尿等。糖尿病通常都是在檢查其他疾病時才會被發現。糖尿病如果沒有治療，會造成經常感染、腎衰竭，以及血管損害。非裔美國老年婦女與西班牙裔婦女特別容易感染糖尿病，其中有一部分原因是由於遺傳基因加上營養不良、活動量不足，以及其他普遍存在於老年人的其他疾病（Tabloski, 2006）。

女性的內分泌系統變化會產生更年期症狀，屆時，大多數婦女的月經週期在40及50歲時會終止。卵巢停止運作後會停止製造雌激素與孕酮。有了雌激素的保護作用，女性到了50歲時，罹患心臟疾病的風險會比男性低一些。

雌激素與其他老化有關的生物變化，會導致婦女泌尿生殖器的萎縮（Tabloski, 2006）。於是她們的陰道壁會變得比較薄而乾，以至於在性交過程中會有疼痛的感受。這種不適的感覺可以藉由人造潤滑液加以改善，而不應被解讀為老年婦女沒有能力享受性愛。

男性老化之後，生殖能力的變化比女性來得緩慢。更年期就是一種很明顯的現象，會造成女性失去生育能力，而男性可能會減少一些睪丸脂酮（男性荷爾蒙），這可能會減低性慾，但卻不是一種普遍的現象。男性可能需要更直接的刺激或時間才能勃起，然而，男性的性慾與性行為表現受到前列腺問題影響的程度比荷爾蒙不足還要大（Styrcula, 2001）。

感覺系統

所有的感覺系統到了70歲時會出現某些變化。大多數的老年人會喪失一些視覺、聽覺、味覺與嗅覺的敏銳感，但對於觸覺卻有一種較高的臨界感（對刺激的敏感度）。如果身體沒有其他病症，這種變化會逐漸發生，而老年人也會找到彌補的方法。

觸覺。由於神經傳遞素（通過神經腱傳遞脈衝的化學物質）效能的減緩，大多數的老年人需要更高的臨界點來感受疼痛，不然就是對疼痛有不一樣的感受（Timaris, 1988）。而且老年人對於疼痛的感受不同於年輕人，甚至不易加以診斷（Tabloski, 2006）。由嚴重的心臟疾病所引起的疼痛被視為是習慣性但不明確的不適感，那種感覺不如年輕人經歷破碎性疼痛來得強烈（Legato, 1997）。老年人不常反應灼傷或皮膚傷害，所以當他們感到不適時都已經太慢了。這可能跟他們的感覺比較不靈敏有關。老年人可能會分辨何時該緊握身邊的物體以免跌倒。他們的感覺神經需要較長的時間才能讓平衡感傳送訊息到肌肉來維持平衡。

視覺。人類到了30多歲時，視覺會開始有老花的現象，也就是在看近距離影像時，無法改變水晶體的焦距。像是電話簿、報紙，以及印刷字體比較小的刊物，在距離較近的情況下很難看清楚。這種視覺上的改變是因為眼睛的形狀有了變化。眼睛的水晶體變得比較無彈性，以致無法快速的調整遠近距離的焦距。這時瞳孔變小而固定，對於光線的改變反應較差，因此，老年人需要更多的光線才能看清楚。瞳孔本身無法自動放大以便讓更多的光線進入，同樣的，瞳孔也無法收緊來限制進入眼睛的光線，所以，光線太強或不足對老年人來說都是很難調適的情況。光亮的表面，特別是地板，對老年人來說尤其危險，因為眩光會讓他們幾乎完全看不見。老年人會逐漸喪失他們的周邊視力，雖然他們依然會保有他們的中央視力。對眩光敏感以及逐漸減弱的周邊視力，會造成嚴重的老年駕駛問題（Stuen, 2006）。

水晶體的黃眼會降低老年人對於顏色的靈敏度。雖然人類的眼睛直到老年都能保有對紅色、黃色和橘色的辨識能力，但是藍色、藍紫色和綠色卻成了老年人最難辨識的顏色（Eliopoulos, 2005）。這種對於顏色辨識能力的降低都是因為知覺深度的喪失，以致造成老年駕駛的風險。

雖然這種視覺上的改變會造成老年人的不便與困擾，但都屬於正常的老化視覺變化。白內障是一層覆蓋在水晶體上的薄膜，便不屬於正常的老化現象。有了白內障時，通常都需要藉由拆除式或永久式的隱形眼鏡的裝置來改善視力。白內障比較常見於非裔美國籍人士身上（Stuen, 2006）。白內障的發生往往是因為缺乏抗氧化劑，例如維生素A、C、E，高熱量和高碳水化合物飲食往往都缺乏這些維生素。另一種更嚴重

而會導致失明的眼疾是青光眼，是由於過多或不足的眼液造成眼壓異常，如果不加以治療，會造成管狀視覺。青光眼是造成非裔美國人失明的主要原因。驗光師和眼科醫師透過簡單的檢查便可以測出，並透過醫療加以有效治療。第三種常見於老年人的眼部疾病是黃斑病變，它會慢慢的喪失中央視力。罹患此疾病的老年人仍保有部分的周邊視力，但卻喪失了看見前方物品的能力。

聽覺。隨著身體的老化，聽力會有正常的變化，但是也有些人可能在年輕時就因為某種原因而損壞了他的聽力。長期暴露在音量大的工作環境中，像是建築工地、工廠，以及鑽孔機操作，可能提前在20幾歲時便喪失了聽力。其他的非年齡因素聽力受損，則是由於音樂會巨大的音響以及隨身聽造成的。耳朵偶爾可以藉由接觸損壞性音域來修補受損的神經，但是若經常暴露在損壞性音域而造成的聽力受損，人體也無法予以修復。隨著上述器材的增加，將來聽力受損的老年人數目勢必會顯著增加。

漸進式的喪失聽力與無力辨識音頻之間的差異，就是所謂的老年性耳聾。這種現象是因為年齡的增加，造成了掌管耳內聲音的骨頭有了變化，並伴隨著腦神經的細胞損失所造成的（Gulya, 1995; Hayflick, 1994）。聽力損失不在於聲音是否夠大讓人聽見，而在於那個人是否可以辨識那些聲音。那時，對話會變得模糊不清或是有些混亂，因為某些音頻無法被加以辨識。一個聽力受損的人透過背景雜音來過濾聲音的能力會降低，加大音量則會讓問題更加惡化。音量並不是重點，辨識聲音的能力對他們才有意義。演講特別是如此。某些聽力的喪失則是因為耳垢塞住了耳道。

味覺與嗅覺。這兩種感覺連結在一起，因為他們互相作用的影響很大。人體的味蕾會例行的消失，這不是因為年齡的關係，但即使是年紀很大的人，他們的味蕾也可能得到改善。雖然味蕾會再造，但老年人還是經常說他們的味蕾臨界點變弱了（Aldwin & Gilmer, 2004）。老年人的口味重是因為那樣他們才能嚐出食物的味道，或是要夠鹹或夠甜才能引起他們的食慾。然而，失去味覺可能是造成老年人失去嗅覺的元凶。嗅覺接受器的數目雖然會修復，但卻會隨著年紀而逐漸減弱。接受器修復的速度趕不上損壞的速度。無法聞到食物的味道會降低食慾，因此會

減少吃東西所帶來的樂趣。老年人若嚴重喪失食慾，會導致他們無法藉由味覺或嗅覺來享受食物。嗅覺的喪失對於老年人來說是很危險的，因為他們聞不到瓦斯漏氣、煙霧與火花、或是食物壞掉的味道。

　　每一個主要的生理系統都會因為老化而產生一些變化，這些變化不一定是疾病或無行為能力。其中有些變化是不容易察覺到的，像是味覺與嗅覺的改變。其他像是心肺功能的降低，則會嚴重影響老年人的日常生活功能。與老化有關的主要生理變化總結在表2.3。

與年齡相關生理變化對於老年社會工作實務的意涵

　　廣泛討論與年齡有關的生理變化，可以讓我們瞭解隨著年齡增長過程中的一些正常身體變化，以利我們認知哪一種是屬於正常現象，而且需要尋求醫療協助。但是對於身體組織的基本認知並不能取代醫師作的醫療評估，社會工作人員也不能自詡為醫療專家。精神狀態的改變、經常跌倒、疼痛、眩暈、或是突然喪失一些行為能力，對老年人與其家庭來說都是一種警訊，而且必須立即尋求醫療協助（Amella, 2004）。許多跟年齡有關的變化都跟基因結構有關，並且是由於環境壓力累積而成，比如陽光曝曬、抽菸與飲食生活型態的選擇，以及健康照護的保護措施等。然而，老年人逐漸減弱的體能狀態和高度好發的惱人慢性疾病，都是老人醫學社會工作的重要指標。

以老年人的身體健康為一種社會標記

　　對於那些飽受慢性疾病所苦的老年人來說，他們日復一日的健康狀態變成是他們生活中的主導原則。身體上的感覺影響了他們是否願意出門參加社交活動，並與他人進行互動。有些老年人覺得自己的身體簡直就是一座監牢，就算他們想更積極的活動，決定性因素仍在於他們的身體狀況而不是他們個人的意願。對社會工作的實務來說，評估與介入兩者都變得很重要。當一個老年人感覺不舒服而無法完成正確的評估作業時，應該等到他更有意願進行評估作業時再進行。如果有涉及健康情形，就算評估作業已經完成，介入工作也很難作出具體結論。老年人都會規避參與未來的活動，就算很想參加，但他們比較可能會說「好

表2.3	與年齡有關的生理變化

皮膚病學系統（皮膚、毛髮、指甲）	皮膚皺紋、頭髮稀疏變白、手腳指甲變厚。老年人更容易感染低溫或高溫症。受傷時得多出50%的癒合時間。
神經醫學系統（大腦、神經系統）	對於刺激的反應變慢。睡眠型態效率較低。老年人比較容易罹患心血管疾病，造成小或大中風。
心血管系統	若有動脈硬化症或動脈粥狀硬化情況時，心臟功能會減弱。大都可能有高血壓。
肌肉骨骼系統	老年人會變矮並失去肌肉的力量，關節地方可能併發關節炎。女性則有骨質疏鬆症，會造成骨折、駝背或脊椎側彎。
呼吸系統	肺部功能降低。老年人運動後比較容易傷風，容易感染肺炎。
尿道系統	腎臟過濾毒素並修補血中離子平衡的功能減弱。膀胱失去運作，並可能變成泌尿道感染。有些老年人甚至會有失禁現象。
內分泌／生殖系統	有些老年人代謝葡萄糖的功能降低，以致演變成晚發性糖尿病。更年期後雌激素流失，更加劇了骨質疏鬆的發生。
感覺系統	
觸覺	老年人疼痛感的臨界點變高，容易好發高溫／低溫症狀，也會產生平衡問題。
視覺	老花眼是普遍現象。眼睛需要更多的光線來聚焦，並對眩光很敏感。老年人辨別顏色的能力減弱。有些人則會產生白內障、青光眼或是黃斑病變。
聽覺	聽覺的敏銳度降低50%，而且也有辨識聲音的困難。
味覺／嗅覺	生活環境的損害造成嗅覺嚴重受損。味覺則受到嗅覺的影響，老年人可能聞不到瓦斯、菸味或是食物腐壞的味道。

吧，那天再看看」。這並不代表拒絕，而是一種比較實際的方式來應付他們不確定的衰弱健康情形。

　　大多數的老年人總認為隨著年紀變大，疼痛及搔癢的不適是難以避免的情形，他們可能默默忍受痛苦與不適的感覺。老化的過程並非是疼

痛的同義詞。老年醫學社會工作的重要前提，就是讓老年人儘可能得到身、心理的舒適感，社會工作者的任務就是鼓勵老年人在疼痛時尋求醫療人員及醫藥的救助。社工人員扮演一個重要的角色，幫助老年人更能讓醫療人員以及健康照護瞭解並提供他們所需。

個人目的變成公共事務

跟社工人員談論自己身體的不適，對老年人來說是一種不舒服的感覺。要一位個性害羞的老年婦女跟一個陌生人提及膀胱與腸胃問題，會讓她感到尷尬；同樣的，要一個老男人跟社工人員討論勃起和泌尿問題，也是有困難的。社工人員與其他的助人專業該如何配合將私人功能問題轉變成公共事務。儘管具體的瞭解老年人的健康問題，對於一個介入計畫的進行是必要條件，但是顧及個人感受的討論方式也很重要。

適應環境必要性

如果社工人員對於老化所產生的身體變化能有充分的瞭解，他們對於家庭與照護機構在設計適合那些改變的環境及設備上，將會有很大的幫助。例如，在樓梯與走道加裝扶手，對行走不穩的老年人會有幫助。利用鮮明的顏色來分別每一層階梯，並採用沒有眩光的地板表面，都可以幫助視力衰退的老年人避免跌倒。大大的標示並用顏色顯示的門，可以讓老年人在不熟悉的環境中很快的適應。老年養護中心要避免吵雜的音樂，以利老年人能集中精神在彼此的對話，而不需去過濾令人分心的噪音。在新的環境中減少身體感受上的限制，則有助於避免事故發生，讓老年人不論是在家中或公立養護機構，都能感受到更多的信心。

失禁

維持老年人獨立生活最明顯的健康指標之一，是老年人的膀胱和腸胃功能。這個部分提到的是小便失禁，亦即不由自主的失去控制排尿的功能。失禁曾經被認為是人體老化的一種正常現象，但現在卻有醫學研究發現事實並非如此。隨著身體老化而產生的生理變化，有可能讓老年人有失禁的風險，但老化本身卻不是造成失禁的原因。

失禁的普及率現象

據估計，8%至34%的社區中老年人都曾有失禁的經驗（Melville, Katon, & Newton, 2005; Umlauf & Sherman, 1996）。這個數據大致包含非機構住宿者，超過65歲以上的三分之一女性與五分之一男性（Assad, 2000; Ouslander, 2000）。居住在護理之家的老年人，這個數據則提高到50%。失禁的發生率很難加以測量。這種緩慢發生的失禁現象，會由於個人不好意思承認，而造成評估及診斷上的困難。健康照護提供者不可能發現他們的病人有這種現象，也無法期待病人會開始跟他們討論這個問題。安姆羅夫（Umlanf）和舒曼（Sherman）（1996）便發現，有低於25%的老年人會在看醫生時被問到失禁的問題。但是也有低於三分之一有失禁經驗的老年人，會向他們的健康照護者提出這個問題（Specht, 2005）。

這種失去控制膀胱能力的感覺，以及害怕因此被送到護理之家而喪失獨立的生活，使得老年人默默地承受著失禁的痛苦。老年人擔心過早被送往照護機構是合理的，因為失禁是最常被認為需要送到長期照護中心的理由之一（Duslander, 1983; Umlauf & Sherman, 1996）。不幸的是，有太多的老年人以及他們的家屬認為失禁是沒有任何對策的。如果老年人向照護者反應他們有失禁的現象，他們所得到的可能是一些「防範」措施或是保護性的衣著。但是，處理失禁是不同於利用一些更積極的方法來決定造成失禁的原因與治療方法。有三分之二的失禁老年人對於治療都有反應，而且就算治療無法解決失禁，但卻能真正改善病人的生活品質（Palmer, 1996; Swenson & Siegal, 1994）。

失禁的類型

當老年人常年因為失禁而嚴重影響到他們的健康狀態或認知功能時，他們可能會演變成更進一步的失禁狀態。只有20%的失禁老年人會有更進一步失禁的現象，而且他們主要都是因為嚴重的身體病狀所造成的，像是由帕金森氏症所引起的肌肉功能惡化、多發性硬化、或是膀胱與腸癌等（Brandeis, Bauman, Hossain, Morris, & Resnik, 1997; Newman & Palmer, 2003）。對於一些阿茲海默症後期或是其他大腦器官性失序的

老年人，他們的認知功能需要被警告有去排空大小便的需要。嚴重的失禁需要更密集的介入，包括手術，或者對於治療沒有反應或是其他類型的失禁，都算是嚴重型的失禁。

　　一種比較常見的失禁是短暫型失禁，它會在短時間內或暫時失去膀胱的控制能力。女性發生失禁的比例是男性的兩倍，那是因為女性的尿道系統構造不同於男性，以及因為懷孕、生小孩與更年期後所產生的生理改變所致（Specht, 2005; Swenson & Siegal, 1994）。

　　男性的失禁問題常見於腫大或是生了病的前列腺壓縮到尿道，因而減弱了正常的膀胱功能。有大約8%的短暫型失禁可以治療，而三分之二的病例是得以治癒的（Brandeis et al., 1997）。剛開始的短暫失禁，可以由一些疾病的發生追查到，例如，處方藥或是臨櫃藥品的改變、飲食的改變、嚴重便秘、或是心理壓力等。這種形式的失禁，通常來自壓力、衝動、滿溢或功能等四種主要類型的其中一種。

　　壓力型失禁。壓力型失禁指的是在突然的活動下增加了腹部或膀胱的壓力，以至於產生尿失禁的現象。打噴嚏、咳嗽、大笑、揮手打高爾夫球或網球，還有跑步，這些都是會造成突然尿失禁的活動（Swenson & Siegal, 1994; Tabloski, 2006）。這種型態的尿失禁是因為無力控制括約肌和尿道所造成的。

　　整個膀胱的壓力超過了控制膀胱頸肌肉的壓力，因而造成不自覺的排放尿液。這種現象女性比男性多，而且是發生在年輕而不是老年的時候。在生產的過程中，陰道的肌肉必須擴張好讓嬰兒通過，這時壓力便會強加在尿道和下骨盆腔上。雖然陰道肌肉在生產過後會恢復原狀，但肌肉的強健卻要一段時間才能恢復。伴隨著更年期而來的雌激素流失，會造成陰道與尿道壁變薄。這種肌肉減弱現象加上久坐的生活型態，便會造成好發於女性間的壓力失禁。

　　衝動型失禁。衝動型失禁指的是突然感覺緊急需要排尿，而事前竟然毫無感覺膀胱已經漲滿。這是一種不正常的現象，因為正常的流程是會漸漸有尿量增加，以致必須進行排尿的感覺。這種衝動的強度可能來不及走到廁所就尿出來了。夜尿或是攝取少量水分便有尿意，就是常見的衝動型失禁。老年人的衝動型失禁更常見於當他們聽到流水聲音或是在公共廁所排隊上廁所時，就會有強烈排尿的衝動（Palmer, 1996）。

衝動型失禁比壓力型失禁更常發生在男性身上，但是65歲以上的婦女則合併了壓力型與衝動型失禁的罹患困擾。

在尿液聚積階段，膀胱肌肉的官能不良是這類型失禁的最佳解釋。不當的膀胱感染或神經受損，會造成膀胱不穩定或痙攣。有時這類型的失禁也被稱為「反射性尿失禁」。過於活躍的膀胱神經會造成經常性的膀胱感染，這種不由自主的膀胱行為會發生在脊髓或腦部受傷、多發性硬化症、帕金森氏症或阿茲海默症，或是腹部、泌尿手術時神經受損的人身上。

滿溢型失禁。滿溢型失禁指的是在膀胱滿載的情況下，在轉換姿勢或突然站起來時便產生漏尿的情形。如果尿液沒有完全被排除，膀胱很快又會填滿尿液，所以老年人便不知道又該去排尿了。糖尿病以及其他的疾病都可能讓膀胱的肌肉變弱。膀胱結石、腫瘤、前列腺問題都會阻塞尿道，以致膀胱無法排空尿液，造成經常性的輕微漏尿。有些滿溢型失禁則是由於糞便的擠壓，嚴重性便秘也會壓迫到膀胱。

功能型失禁。功能型失禁指的並不是身體問題所造成，而是因老年人在需排尿時無法自己走到洗手間。功能型失禁是由於日常活動功能變壞而產生的，特別是移動、行走、更衣、或是如廁等日常活動（Brandeis et al., 1997）。坐輪椅的老年人便需要由他人協助去使用洗手間。如果沒有照護人員在場，就會有失禁的情形發生。其他還有一些無法表達想要排尿的老年人，例如，中風、行動困難的帕金森氏症、阿茲海默症患者。功能性失禁也會發生在重度憂鬱的老年人身上，因為他們會提不起興趣或意願去上廁所。功能型失禁偶爾也會發生在對照護者懷有敵意的老年人身上，尤其是在公設的照護機構，但這種情形並不是造成功能型失禁的主要因素（Palmer, 1996）。

尿失禁的治療

一旦確立了失禁的型態，健康照護者便會建議許多治療的方法（參見表2.4）。本章所提的治療方式是用來教育社會工作者當成宣導者，以便幫助老年人瞭解並治療失禁問題。通常老年人及其家屬都認為治療失禁的唯一方法就是手術，連照護者也會同意這是最後的選擇。知道有哪些治療的選擇，可以幫助老年學社工人員加強讓老年人去探索比

較溫和的治療方式。有時候只要稍微調整生活型態與行為，就能立即讓情況獲得改善。

表2.4	尿失禁的治療選擇總結	
失禁型態	**治療選擇**
壓力	做骨盆體操 執行生物反饋療法 採用荷爾蒙替代療法 定期攝取水分 排除咖啡因與酒精 穿戴保護衣著
衝動	檢查膀胱結石與腫瘤 調整醫藥 行程表，膀胱快速排泄 改善走到廁所的行為能力 移除障礙物 使用外用雌激素（女性）
滿溢	取得糖尿病或脊髓病變的醫療診斷書 調整醫藥 檢查糞便嵌塞情形
功能	調整醫藥 避免服用咖啡因或酒精 移除使用廁所的障礙物或提供安裝在椅子、箱子上的室內用便器或尿瓶 穿著容易上廁所的衣著 必要的話，註明知覺的限度或調整拘束病人的活動 裝設需要排尿的警示訊號，讓照護者辨識

人體免疫缺陷病毒（HIV）／愛滋病（AIDS）與老年人

老年醫學社會工作者與健康照護者對於美國逐漸增加的中老年感染HIV與AIDS現象感到憂心。自從1980年初以來，我們比較致力於預防、診斷，以及治療年輕人的HIV與AIDS問題，而這種疾病是在當時首度引起大眾健康團體的注意（Crisologo, Cambell, & Forte, 1996; Poindexter & Emlet, 2006）。醫療團體花了好幾年時間，才改變HIV與AIDS是「同

性戀男子」（Shilts, 1987）的疾病的想法，轉而認知這是威脅到全人類的疾病，而且是無關性別傾向、藥物注射或是年輕的因素。依據美國的診斷結果，大約11%至15%超過50歲的人罹患此症，而其中三分之一則超過65歲（Centers for Disease Control and Prevention, 2005）。這個比例在非裔美國人、亞太平洋島嶼，以及美洲印度安／阿拉斯加土著間的成長速度尤其快速。

　　HIV/AIDS是經由一些高風險的行為傳染的，包括未加防護的同性戀或是異性戀性行為、與已經感染HIV/AIDS的人共用針筒、輸血、或是從HIV/AIDS患者身上移植器官（Poindexter & Emlet, 2006）。HIV是一種血生病菌，意思是藉由體液交換，特別是血液和精液，於是造成病毒的傳染，而不是偶爾接觸到感染，人便會致病。AIDS是病毒感染的最終階段，它致使身體喪失抵抗任何病毒的能力。致命的原因是由於肺結核、投機者感染、或是由HIV/AIDS引起的癌症。

　　若能早期發現並積極治療，HIV/AIDS很少造成年輕患者立即死亡。藉由使用疊氮胸甘（AZT，azidethymidine，一種抗腫瘤藥物）以及其他藥物進行「雞尾酒」療法，年輕的HIV/AIDS患者存活的時間會延長，並可得到更好的生活。許多的HIV/AIDS患者已經從急性傳染病轉成慢性醫療狀態（Bachus, 1998）。

　　疾病控制中心（2005）估計，1981年至1993年間，78%的65歲以上HIV/AIDS患者是經由未經篩檢（1985年的篩檢防護機構）的輸血或器官捐贈者，經由輸血與器官移植而感染疾病的風險，明顯降為四十二萬例中僅有一例（疾病控制中心，2003）。HIV/AIDS的「灰色」地帶，部分是由於老年人在年輕時因為共用了販賣毒品的配備（如盛裝海洛英的透明袋，或是用來稀釋毒品的粉末），或是未使用保護措施的男對男性行為等而染病，經由醫療行為一直存活到老年。

　　但是自1993年以來，50歲以上老年人罹患HIV/AIDS的數目卻持續上升，而快速增加的HIV/AIDS感染來源竟然是異性戀者（Emlet, 2006a; National Institute on Aging, 2007）。

為什麼老年人比較容易感染HIV/AIDS？

　　缺乏HIV/AIDS教育。流行病學家與大眾健康機構都把HIV/AIDS與

高風險的行為連結在一起，而不是著重在高風險的人口族群，像是男同性戀或注射藥物使用者，他們會積極的利用教育計畫鎖定性行為頻繁或接觸藥物注射的年輕族群（Strombeck & Levy, 1998）。HIV/AIDS的教育內容常見於中學、高中、大專院校，以及社區醫藥診所。儘管HIV/AIDS的教育者立意良善，但這份教育內容卻很少在男同性戀社區以外的老年社區出現過。有限的資料來源、年輕族群對於HIV/AIDS教育的需求，以及年齡歧視者認為老年人不可能會有高風險行為等種種因素，造成了老年人缺乏對HIV/AIDS的瞭解（Nazon & Levine-Perkell, 1996; Poindexter & Emlet, 2006）。老年人感染疾病的風險高，是因為他們對於高風險行為、安全性行為、或早期發覺疾病的知識都不足。直到最近才有組織團體採用積極的方法來教育老年人認知到HIV/AIDS。

　　社會態度。老年人之間缺乏正確的HIV/AIDS資訊，造成了一種「它絕不可能發生在我身上」的社會態度。老年人總認為只要他們不跟有開放性性行為或雙性戀男子或自己施打藥物注射的人進行性行為，便絕不會被傳染（National Association on HIV over Fifty, 2007）。老年人可能會跟他們認識很久的人產生性行為，並且對伴侶的性行為與藥物歷史作出危險的臆測。一生都奉行一夫一妻制的老人在喪偶後，可能不會想到他們目前的伴侶可能曾經有過外遇，或是過去曾有經常性賣淫的情形。

　　來自國家AIDS行為研究學會的資料顯示，高風險的老年人（指那些至少具有一種高風險行為的老年人）中，有六分之一的人會使用保險套，這個比例就如同高風險的20幾歲年輕人一樣（Stall & Catania, 1994）。老年人自己或伴侶使用保險套會感到不舒服，Bachus稱之為是一種缺乏「保險套協商」，通常是用來宣傳HIV/AIDS的一種特殊教育計畫。由於老年人缺乏保護性的教育，以至於不知道使用保險套的重要，也不會要求伴侶使用保險套。

老年人的生理變化容易感染HIV/AIDS

　　不只是未保護的性行為讓老年人感染HIV/AIDS，隨著老化所產生的生理變化也讓老年人更容易感染到這種疾病。他們很容易受到感染，而且不容易被正確的加以診斷。

更年期引起的改變。更年期後的婦女因為雌激素的流失，導致陰道壁變薄（在這一章的前面有提到）。陰道壁變薄便容易造成小傷口，增加病毒進入身體的機會（Bachus, 1998）。對於一些使用荷爾蒙替代療法來減緩更年期症狀的婦女，多餘的荷爾蒙可能會使她們更容易感染HIV。荷爾蒙雌激素與黃體激素已經被認為是免疫抑制劑，它們會降低人體本身免疫系統的功效。

免疫系統的改變。由於老化造成的免疫系統功能改變，讓HIV更快速的在老年人身上發展成完全成熟的AIDS（Aupperle, 1996; Nokes, 1996）。就算沒有感染HIV，老年人也比較有可能發展成肺炎、某種癌症，以及一連串的感染機會。已經受到危害的免疫系統，碰上了HIV，會更加速的惡化。HIV發展成AIDS，一般的潛伏期大約十年（Schmidt, 1989）。老年人的潛伏期則更短。超過80歲的老年人之中，有37%的人在確診為HIV/AIDS後一個月內死亡（Zelenetz & Epstein, 1998）。

HIV/AIDS症狀與年齡有關的改善。HIV/AIDS並沒有特定的初期症狀，像是疲倦、沒有食慾、體重減輕、慢性疼痛、呼吸疾病、皮膚搔癢、體力減弱，以及其他的認知能力減低（Poindexter & Emet, 2006）。健康照護者會考慮讓有上述症狀的高風險者接受HIV檢測。但是，這些症狀通常都是老年人經常抱怨的症狀，他們可能還有其他的慢性疾病，包括糖尿病、心血管疾病、消化不良，甚至是初期的失智症（Aupperele, 1996; Bachus, 1998; Strombeck & Levy, 1998）。健康照護者會認為上述症狀是與年齡有關的現象，而不會特別想到是HIV/AIDS。老年人本身否認可能有感染HIV/AIDS的可能，加上照護者無法或是不願意考慮HIV/AIDS的存在，因而造成了致命的連結。等到老年人被確診是HIV/AIDS時，藥物治療已經不再有反應了。

有色人種的老年人感染HIV/AIDS的狀況

超過50歲以上的HIV/AIDS男性案例當中，非裔美國人占30.8%，西班牙裔占15.1%，這個數目遠超過他們的人口比例（Administration on Aging, 2003; Brown & Sankar, 1998; National Institute on Aging, 2007）。疾病控制中心（2003）把這種高HIV/AIDS致病率，歸因於這些人的男對男性行為與藥物注射事件。這個數目呈現出有色男性人種的毀滅性悲

劇，這群人的死亡率本來就比跟他們相同年齡的白種人來得高。然而，過去十年間，有三分之二的新增HIV/AIDS案例是50歲以上女性有色人種，這是一種驚人的增加率（Centers for Disease Control and Prevention, 2003; National Institute on Aging, 2007）。疾病防治中心把這種現象歸因於沒有採取保護措施的異性戀性行為，以及女性有色人種與HIV/AIDS感染者之間共用了醫藥設備所致。

　　如果這種感染率維持不變的話，有色人種的老年人口會因為感染HIV/AIDS而大量銳減。

　　社會經濟與健康。有色人種老年人的社會經濟狀況，比同年齡的白種人低。終其一生的較低收入，造成了不足的健康照護與疾病的高罹患率。長期的健康問題，加上伴隨著老化的免疫系統而來的感染疾病增加率，使得有色人種的老年人容易感染HIV/AIDS（Levy-Dweck, 2005）。一旦他們呈現HIV陽性反應，通常都不太可能去尋求醫療救助，部分原因是很難取得醫療照護服務，而且也不太信任白人的醫療機構（Brown, 1997）。

　　HIV/AIDS造成的汙點。儘管50歲以上有色人種的HIV/AIDS數目驚人，但這種現象卻依然深深烙印在這群人口當中，主要是因為男同性戀性行為所致（Emlet, 2006b）。在非裔美國人當中，同性戀性行為依然被視為是一種汙點行為，這種烙印比較不存在於白種人，原因是由於文化上對於男性生殖力的觀念的影響。因為傳統的黑人教堂仍把同性戀當成是不聖潔的行為。西班牙裔美國人也是同樣的情形，他們害怕讓家族蒙羞，因他們與男同性戀性行為跟HIV/AIDS有關聯，一旦暴露自己是HIV/AIDS的狀況，對非裔美國人與西班牙裔美國人風險特別高，因為他們的家人和朋友可能會因為這個疾病而排斥他，並且不支持他（Emlet, 2006b）。

社會工作實務可能造成的影響

　　改進預防教育。社會工作者扮演一種舉足輕重的角色，來規劃並推展老年人的HIV/AIDS教育計畫。目前針對非同性戀社區的老年人所做的努力是不夠的，這是由於老年人對該疾病的認知，以及深信這種高風險行為不會存在於老年人的錯誤假設所造成的（Poindexter & Emlet,

2006）。老年社區以及社區的健康照護中心都是宣傳老年人HIV/AIDS教育的最佳場所。蘿絲（1996）發現，在閒聊的環境下可以讓老年人更真誠坦白的討論如何透過安全的性行為來避免感染HIV/AIDS。經由與感染HIV/AIDS患者的接觸，可以加強老年人對於疾病傳染途徑的警覺（Rose, 1996）。在某種氣氛下宣導HIV/AIDS教育，加強正確的知識，不僅可以鼓勵老年人從事安全性行為，還能讓老年人更加瞭解疾病是如何影響到其他人，例如，成年子女、孫子女，以及朋友們。傳播疾病的正確知識，並且鼓勵大家以一種富有同情心的態度來面對HIV罹患者，也是預防教育的重要一環（Emlet, 2006; Ley-Dweck, 2005）。

即時的診斷與治療。曾經從事高風險行為或是有輸血或器官移植的老年人，及早發現並治療是必要的。早期HIV所呈現出來的非特定症狀，以及健康照護者誤以為那些是老化所造成的現象，讓老年人置身於被誤判或延遲治療的高風險中。在生物心理社會模式的評估過程當中，就照護的部分以及照護老年健康系統角色來說，社會工作者必須讓老年人瞭解HIV/AIDS的高風險因素與症狀（National Institute on Aging, 2007; Poindexter & Emlet, 2006）。讓老年人知道自己是屬於高風險行為者，會讓他們更能與健康照護者合作以防禦HIV/AIDS，而不是搞到筋疲力竭後才求助於HIV的治療。否認感染HIV/AIDS的可能性，對任何人都是一種致命的錯誤，尤其是老年人，因為他們的身體狀況會讓他們無力對抗這個疾病的感染（Levy-Dweck, 2005）。

擴展感染HIV/AIDS老年人的社會網絡。感染了HIV/AIDS的老年人，用來對抗疾病所需要的支持系統與年輕人不同，因為老年人面對的是不同的社會與社會心理挑戰。感染HIV/AIDS的老年人會認為「不同」於其他的致病者，尤其是與男同性戀或是男雙性戀或藥物注射使用者有接觸的人（Solomon, 1996）。老年人會因為害怕這種烙印仍然存在，而未能早期尋求專業救治。

這種罪惡與羞愧的感覺，使得他們不敢向家人與朋友透露，直到最後面臨死亡（Emlet, 2006b）。對於那些未曾讓家人知道他們的同性戀傾向，或是曾經有召妓或婚外情的人，直到HIV/AIDS後期才透露病情，將更具風險。當社會支持殘酷的情況下，他們會認為自己完全被家人與朋友所排斥（Scrimshaw & Siegel, 2003）。來自於配偶、伙伴、子

女或孫子女的疏離，就如同疾病本身所帶來的社會心理孤寂一樣。

　　罹患HIV/AIDS的老年人，其家人和朋友需要特別的協助與機會來處理不一致的感覺，以避免老年人的排斥。HIV/AIDS老年患者的家人與朋友的支持團體，可以在教育、鼓勵，以及加強這些團體的力量上來協助維繫老年人與社會的聯繫（Poindexter & Emlet, 2006）。坦承自己染病後卻無法得到或是失去支持系統的老年人，則需要由社工人員協助以取得社區支持服務。雖然老年人需要一點時間來哀悼失去家人與朋友的支持，但他們更需要的是持續的醫療與經濟和社會支持。

哪些因素促進健康的老化？

　　雖然體能上的老化是一個人年紀增長後無可避免的現象，但失能與疾病卻不是。「健康老化」的主要目的並不是延長壽命，相反的，醫療與老年醫學的目的是要達到「壓縮發病率」的目的，也就是減低老年人晚年時疾病的長度與嚴重性。自1980年初期，老年學與醫療團體便轉而將他們的研究著重在如何維持老年人的健康。兩種最有名的研究就是麥克阿瑟老年研究計畫，以及哈佛成人發展計畫。

　　1984年時，John D.和Catherine T.麥克阿瑟基金會從各處召集一些學者們，針對老化過程以及那些成功老化的人進行一項長期的研究計畫。綜合來自醫師、生物學家、遺傳學家、精神醫師、社會學者，以及其他人的眾多研究計畫，便是所謂的麥克阿瑟研究計畫。計畫的主要用途是瞭解什麼是構成成功老化，以及什麼是促進個人晚年擁有良好的身體與心理健康必須做的事（Rowe & Kahn, 1998）。

　　根據兩份重要發現，麥克阿瑟研究計畫挑戰了社會與醫療認定老化造成健康與能力下滑的論述（Rowe & Kahn, 1998）。

　　第一，老年人透過調整飲食和運動，已比以前更能妥善的照顧自己的健康。第二，醫療服務知道如何更有效的治療慢性疾病——肺炎和其他感染，如何幫助老年人降低造成虛弱的慢性疾病——關節炎、心臟病，以及由於老化所造成的聽覺與視覺老化。研究發現雖然遺傳關係著某些疾病的發展，像是高血壓和心臟病的確會影響老年人的健康，但生活型態的選擇卻更顯重要（Rowe & Kahn, 1998）。換句話說，遺傳因

素會造成一位老年人到60歲時有心臟疾病的風險，但是，飲食控制、運動，以及其他選擇則會真正決定並影響到他的健康情形。

George E. Valliant醫生是哈佛成人發展計畫的主要調查員，他利用來自三個族群在1939年到1999年之間蒐集到的健康與福利資料，得到了類似的結論。Valliant和他的同事們發現，可以預測讓人健康活到80歲的許多因素，50歲之前便已經確立了（Valliant, 2002）。該研究顯示，家族性長壽、50歲時的膽固醇指數、非致命性的慢性疾病、童年時的經驗與性格、還有一般社會技能，都不能用來預設一個人的壽命長度。菸草與酒精的使用、正常體重、運動、擁有一個快樂的生活伴侶、面對人生各種挑戰的正面態度（研究計畫稱之為成熟的防衛），才是健康老化的最佳指標。好消息是，這些因素大都可以由個人選擇來加以控制。

飲食控制造成的影響

隨著人的年紀一大，他們的代謝率就會因為精益肌肉（瘦肉）的喪失而降低，意思是說，相同的日常活動所耗損的卡路里變少了。如果沒有多加運動，老年人就算吃了與年輕時同樣份量的食物，體重還是不可避免的會增加。Valliant（2002）發現，50歲時的正常體重與80歲時的正常體重有關。肥胖是由於不良的飲食與運動所造成的，不只是加劇健康問題的存在，還促進心血管問題的發展。傾向於吃下更多身體所需要的食物，就是不良的飲食習慣所造成的，不然就只因為無聊而吃東西，而不是因為餓了才吃。

麥克阿瑟研究計畫發現老年人需要藉由低脂高碳水化合物與高蛋白質的食物來平衡他們的飲食，以維持良好的健康（Rowe & Kahn, 1998）。雖然這個發現與營養學者所認知的健康飲食一致，但是老年人卻有不知如何攝取正確食物來維持健康的風險。老年人可能會攝取過多的加工食品，像是白麵包、烘焙食物、糖果等，而在豌豆、豆類，以及扁豆中的綜合碳水化合物則攝取不足。綜合碳水化合物有助於腸道健康，並且避免便秘以及其他的腸胃道問題。老年人比年輕人需要更多的蛋白質，常見於肉類、魚、家禽、蛋或乳製品中。老年人比較不可能攝取到足夠的蛋白質，因為那些食物比較貴，而且他們也有咀嚼與吞嚥上的困難，維他命與礦物質補充品可以用來促進幫助老年人的健康，因為

他們不像年輕人可以從日常的食物中獲取足夠的維生素。本章稍前討論過的抗氧化劑，特別可以幫助老化細胞對抗損壞的自由基，並修復因為疾病而受損的細胞組織。

這個發現建議老年人要積極採用富含蛋白質與綜合碳水化合物的維他命飲食，以預防與年齡老化有關的身體衰弱。令人感到振奮的是，就算老年人終其一生都採用不良的飲食習慣，並且相信身體的傷害已經造成，但是只要改變飲食，身體便會立即有反應。只要營養改善，身體狀況馬上會有明顯的改進。社會工作者與營養師互相配合提供健康諮詢教育，讓老年人可及時改善他們的健康情形。研究中同時也建議藉由餐飲網站和移動餐飲計畫來推廣低油、高蛋白質飲食，讓老年人能獲得飲食規劃的最佳照顧。

運動與身體活動

麥克阿瑟研究計畫與哈佛成人發展研究都發現，不論他們當時的健康或精神狀態如何，運動與身體活動對於老年人都是很重要的。肌肉功能在人體老化時會變弱，人於是會變矮，進而影響到身體的健康、感覺的平衡與移動能力。促進並維持老年人的身體狀態，並不是要他們在70歲時去打籃球，而是如何維持他們舒服並安全的行走、上下樓梯、墊高拿取廚櫃上的東西，以及執行日常活動而不會受傷。不幸的是，有些老年人因為無力而減少身體的活動，於是造成了身體情況的下降。「用盡廢退」──使用它，不然就會失去它，這句諺語便是最有力的說明！

運動可能是用來降低心臟病以及高血壓發生率的兩種最有用的方法，這兩種是造成老年人身體健康的主要問題。增加運動再加上養生飲食和醫療，便可以對抗大腸癌、第二型糖尿病和骨質疏鬆症。雖然有些人相信急切的運動會造成關節炎，但麥克阿瑟研究計畫則發覺適度的定期運動可以緩解關節疼痛，並促進骨頭接合處的彈力與身體健康。麥克阿瑟研究計畫發現有兩種運動對身體老化的改善具有很明顯的效果。

有氧運動。快走、柔軟體操、慢跑、跳舞、或是使用某些健走器材，都屬於有氧運動，它們都可以增加心跳速度並增強心臟的肌肉。一個強有力的心臟更能有效並改善循環與持久力。定期參與有氧運動的老年人，其體能狀態會比久坐的中年人來得好（Rowe & Kahn, 1998）。

專為老年人需求而設計的有氧運動，對老年人來說更為安全，因為它不會有造成身體嚴重傷害的可能。研究人員發現即使是久坐的老年人，只要一個禮拜做數次四十五分鐘的走路運動，一年內體能的持久力便會有改善（Rowe & Kahn, 1998）。哈佛成人研究發展計畫發現「某些運動」，像是持續的走路或游泳，都能讓老年人的體能更強健（Nalliant, 2002）。老年人不需要定期上健身房，他們只要持續的做一些日常運動就可以了。

體力訓練。重量訓練已經很普遍並有效的恢復老年人的肌肉力量。麥克阿瑟研究發現，即使是最屎弱的老年人也對重量訓練有反應。透過重量訓練可以強化肌肉，增加老年人的代謝率。力量訓練已經證實可以增加肌肉力量，所以增加的不僅是一般的肌肉力量，同時也改善了老年人的平衡、步伐，以及健康（Seguin, Epping, Buchner, Block, & Nelson, 2002）。麥克阿瑟計畫的研究員未曾預期到的副作用之一，是重量訓練對於老年人的精神健康所造成的正面影響。

體能運動與活動的重要，在於降低老化的衰弱結果，這對社會工作者與其他參與干預計畫的人都是很大的鼓勵。任何干預都包含讓老年人開始（或繼續）從事他們有興趣的體能活動，這便是社會工作者扮演的教練角色！促成老年人參與體能活動，讓他們有機會加強自己的體能，並且還能與其他人互動，對於他們的身心都有幫助。

總結

老年學社會工作者的工作，就是檢視每一位老年人生物心理社會模式的內容。在這一章所提到的是與老化過程有關的生物改變，有些是普遍的老年現象，有些則被視為是病理學上的改變。所有的主要生理系統都受到老化過程的影響，因為身體已經無力修補老化或受損的細胞。與年齡有關的改變有視力、神經系統、胃腸道系統、尿道系統，而遺傳疾病則包括心血管、皮膚病、呼吸道，以及聽覺，則會因為個人累積的生活習慣而加速變化的程度。

尿失禁並不是一種老化的正常過程，但老年人會比年輕人更常經歷到這個問題。如果沒有治療，失禁可能導致社會隔離、醫療併發症，

以及失去獨力行為能力，這些都是老年醫學社會工作必須注意的重要問題。當大多數的失禁案例都能獲得有效的治療時，專業的社會工作者讓其他老年人瞭解失禁並鼓勵他們尋求積極的治療，便變得很重要。

老年人口中逐漸攀升的HIV/AIDS新病例，促使社會工作加緊進行老年人的預防教育工作。利用預防教育讓感染不再發生，鼓勵進行及早診斷與治療，並依年齡別推展HIV患者的社區支持系統，這便是以富有同情心與有效的方法來回應老年人口中的HIV/AIDS危機。

從麥克阿瑟研究計畫與哈佛成人發展計畫可以看出，降低身體功能變壞的因素歸因於健康的老化。透過飲食規劃和運動，老年人可以預防並阻止身體因為年紀大而造成功能的退化。社會工作在營養諮詢和體能活動上的協助與其他的介入計畫，亦同樣重要。

問題討論／活動

1. 可以在西北財務互助網站上做壽命測驗，www.nmfn.com/tn/learnctr--lifeevents--longevity。你的預期壽命為何？跟你家族的預期壽命比較有什麼不同？哪些改善可以增加你的壽命？

2. 目前的兒童肥胖警訊對於他們年老時的健康與身體功能的影響有哪些？該怎麼做才能加以改善，以利他們在年老時可以獲得較高的生活品質？

3. 打電話或去拜訪提供生活協助或復健設施給老年人的機構，詢問他們是否有提供住民加強訓練的規劃？使用的是哪一種加強訓練？從加強訓練中看出老年人有哪些進步？老年人喜歡這個訓練嗎？他們的反應為何？

4. 從你自己的營養與健康習慣預測自己老化的情形會是如何？有哪些立即與長期方法可以改善你年老時的健康情形？

參考書目

Administration on Aging. (1999). *National Institute on Aging age page: Taking care of your teeth and mouth.* Washington, DC: Author. Retrieved August 2, 1999, from http://www.aoa.dhhs.gov/aoa/age/agepages/teemou.html

Administration on Aging. (2003). *A view close-up: AIDS & older Americans.* Washington, DC: Author. Retrieved April 1, 2003, from http://www.aoa.gov/aids/aidsandaging.html

Aldwin, C. M., & Gilmer, D. F. (2004). *Health, illness, and optimal aging: Biological and psychosocial perspectives.* Thousand Oaks, CA: Sage.

Amella, E. J. (2004). Presentation of illness in older adults. *American Journal of Nursing, 104*(10), 40–51.

Arthritis Foundation. (2007). *Osteoarthritis: What is it?* Retrieved August 3, 2007, from http://www.arthritis.org

Assad, L. A. D. (2000). Urinary incontinence in older men. *Topics in Geriatric Rehabilitation, 16*(1), 33–53.

Aupperle, P. (1996). Medical issues. In K. M. Nokes (Ed.), *HIV/AIDS and the older adult* (pp. 25–32). Washington, DC: Taylor & Francis.

Bachus, M. A. (1998). HIV and the older adult. *Journal of Gerontological Nursing, 24*(11), 41–46.

Baum, T., Capezuti, E., & Driscoll, G. (2002). Falls. In V. T. Cotter & N. E. Strumpf (Eds.), *Advanced practice nursing with older adults: Clinical guidelines* (pp. 245–270). New York: McGraw-Hill.

Brandeis, G. H., Bauman, M. M., Hossain, M., Morris, J. N., & Resnick, N. M. (1997). The prevalence of potentially remediable urinary incontinence in frail older people: A study using the Minimum Data Set. *Journal of the American Geriatric Society, 45,* 179–184.

Brown, D. R. (1997). *Cultural mistrust among African Americans: Results from the AIDS Awareness and Behavior Survey.* Detroit, MI: Wayne State University, Center for Urban Studies.

Brown, D. R., & Sankar, A. (1998). HIV/AIDS and aging minority populations. *Research on Aging, 20*(6), 865–885.

Centers for Disease Control and Prevention. (2003). *HIV/AIDS populations-at-risk: The elderly.* Rockville, MD: Centers for Disease Control, National Prevention Information Network. Retrieved November 18, 2003, from http://www.cdcnpin.org/scripts/population/elderly.asp

Centers for Disease Control and Prevention. (2005). *HIV/AIDS surveillance report 2004* (Vol. 16). Atlanta, GA: Author.

Centers for Disease Control and Prevention. (2005). *Bone health: Osteoporosis.* Rockville, MD: Centers for Disease Control and Prevention. Retrieved January 22, 2008, from http://www.cdc.gov/nccd-php/dnpa/nutrition_for_everyone/bonehealth/

Centers for Disease Control and Prevention and the Merck Company Foundation. (2007). *The state of aging and health in America 2007.* Whitehouse Station, NJ: The Merck Company Foundation.

Crisologo, S., Campbell, M. H., & Forte, J. A. (1996). Social work, AIDS, and the elderly: Current knowledge and practice. *Journal of Gerontological Social Work, 26*(1/2), 49–70.

Effros, R. B. (2001). Immune system activity. In E. J. Masoro & S. N. Austad (Eds.), *Handbook of the biology of aging* (pp. 324–353). San Diego, CA: Academic Press.

Eliopoulos, C. (2005). *Gerontological nursing* (6th ed.). Philadelphia: Lippincott, Williams & Wilkins.

Emlet, C. A. (2006a). You're awfully old to have this disease: Experiences of stigma and ageism in adults 50 years and older living with HIV/AIDS. *The Gerontologist, 46*(6), 781–790.

Emlet, C. A. (2006b). A comparison of HIV-stigma and disclosure patterns between older and younger adults living with HIV/AIDS. *AIDS Patient Care and STDs, 20,* 350–358.

Finch, C. E. (1991). *Longevity: Senescence and the genome.* Chicago: University of Chicago Press.

Grune, R., & Davies, K. J. A. (2001). Oxidative process in aging. In E. J. Masoro & S. N. Austad (Eds.), *Handbook of the biology of aging* (pp. 25–58). San Diego, CA: Academic Press.

Gulya, A. J. (1995). Ear disorders. In W. B. Abrams, M. H. Beers, & R. Berkow (Eds.), *The Merck manual of geriatrics* (2nd ed., pp. 1315–1342). Whitehouse Station, NJ: Merck Research Laboratories.

Harvard Gazette Archives. (2001). Scientists identify chromosome location of genes associated with long life. *Harvard University Gazette.* Retrieved August 5, 2007, from http://www.news.harvard.edu/gazette/2001/08.16/chromosomes.html

Hayflick, L. (1994). *How and why we age.* New York: Ballantine.

Hill-O'Neill, K. A., & Shaughnessy, M. (2002). Dizziness and stroke. In V. T. Cotter & N. E. Strumpf (Eds.), *Advanced practice nursing with older adults: Clinical guidelines* (pp. 163–181). New York: McGraw-Hill.

Hooyman, N., & Kiyak, H. A. (2002). *Social gerontology* (6th ed.). Boston: Allyn and Bacon.

International Food Information Council. (2006). *Functional foods fact sheet: Antioxidants.* Washington, DC: Author. Retrieved August 3, 2007 from http://www.ific.org/publications/antioxidantsfs.cfm

Legato, M. L. (1997). *Gender specific aspects of human biology for the practicing physician.* Armonk, NY: Futura.

Levy-Dweck, S. (2005). HIV/AIDS fifty and older: A hidden and growing population. *Journal of Gerontological Social Work, 46*(2), 37–49.

McCormick, A. M., & Campisi, J. (1991). Cellular aging and senescence. *Current Opinion in Cell Biology, 3,* 230–234.

Melville, J. L., Katon, W., Delaney, K., & Newton, K. (2005). Urinary incontinence in U.S. women: A population-based study. *Archives of Internal Medicine, 165*(5), 537–542.

Militades, H., & Kaye, L. W. (2006). Older adults with orthopedic and mobility restrictions. In B. Berkman (Ed.), *Handbook of social work in health and aging* (pp. 41–51). New York: Oxford.

National Association on HIV over Fifty. (2007). HIV/AIDS and older adults. Boston: Author. Retrieved August 3, 2007, from http://www.hivoverfifty.org

National Institute on Aging. (2000). *Foot care.* Washington, DC: Author. Retrieved August 3, 2007, from http://www.medhelp.org/NIHlib/GF-40.html

National Institute on Aging. (2007). *HIV/AIDS and older people.* Age Page. Washington, DC: Author. Retrieved August 8, 2007, from http://www.nia.nih.gov/Healthinformation/publications/hiv-auds.htm

Nazon, M., & Levine-Perkell, J. (1996). AIDS and aging. *Journal of Gerontological Social Work, 25*(1/2), 21–31.

Newman, D. K., & Palmer, M. H. (2003). State of the science on urinary incontinence. *American Journal of Nursing, 3,* 1–58.

Nokes, K. M. (1996). Health care needs. In K. M. Nokes (Ed.), *HIV/AIDS and the older adult* (pp. 1–8). Washington, DC: Taylor & Francis.

Ouslander, J. G. (1983). Incontinence and nursing homes: Epidemiology and management. *The Gerontologist, 23,* 257.

Palmer, M. H. (1996). *Urinary continence: Assessment and promotion.* Gaithersburg, MD: Aspen.

Poindexter, C., & Emlet, C. (2006). HIV-infected and HIV-affected older adults. In B. Berkman (Ed.), *The handbook of social work in health and aging* (pp. 91–102). New York: Oxford University Press.

Rose, M. A. (1996). Effect of an AIDS education program for older adults. *Journal of Community Health Nursing, 13*(3), 141–148.

Rowe, J. W., & Kahn, R. L. (1998). *Successful aging.* New York: Pantheon.

Schmidt, R. (1989). HIV and aging-related disorders. *Generations, 13,* 6–15.

Scrimshaw, E. W., & Siegel, K. (2003). Perceived barriers to social support from family and friends among older adults with HIV/AIDS. *Journal of Health Psychology, 8,* 738–752.

Seguin, R. A., Epping, J. N., Buchner, D., Block, R., & Nelson, M. E. (2002). *Growing stronger: Strength training for older adults.* Washington, DC: Centers for Disease Control and Prevention and Tufts University.

Shilts, R. (1987). *And the band played on: Politics, people, and the AIDS epidemic.* New York: St. Martin's.

Solomon, K. (1996). Psychosocial issues. In K. M. Nokes (Ed.), *HIV/AIDS and the older adult* (pp. 33–46). Washington, DC: Taylor & Francis.

Specht, J. K. P. (2005). Nine myths of incontinence in older adults. *American Journal of Nursing, 105*(6), 58–68.

Spirduso, W. W. (1995). *Physical dimensions of aging.* Champaign, IL: Human Kinetics.

Stall, R., & Catania, J. (1994). AIDS risk behaviors among late middle-aged and elderly Americans. *Archives of Internal Medicine, 154,* 57–63.

Strombeck, R., & Levy, J. A. (1998). Educational strategies and interventions targeting adults age 50 and older for HIV/AIDS prevention. *Research on Aging, 20*(6), 912–937.

Stuen, C. (2006). Older adults with age-related sensory loss. In B. Berkman (Ed.) *Handbook on social work in health and aging* (pp. 65–77). New York: Oxford University Press.

Styrcula, L. (2001). Under cover no more: Plain talk about mature sexuality. *Nursing Spectrum, 11*(12DC), 16–17.

Swenson, N. M., & Siegal, D. L. (1994). Urinary incontinence. In P. B. Doress-Worters & D. L. Siegal (Eds.), *The new growing older: Women aging with knowledge and power* (pp. 300–314). New York: Simon and Schuster.

Tabloski, P. A. (2006). *Gerontological nursing.* Upper Saddle River, NJ: Prentice Hall.

Timaris, P. S. (1988). *Psychologic bases of geriatrics.* New York: Macmillan.

Tips for preventing hypothermia in older adults. (2004). *Senior Care Management, 7*(12), 139–141.

Tockman, M. S. (1995). The effects of aging on the lungs: Lung cancer. In W. B. Abrams, M. H. Beers, & R. Berkow (Eds.), *The Merck manual of geriatrics* (2nd ed., pp. 569–574). Whitehouse Station, NJ: Merck Research Laboratories.

Umlauf, M. G., & Sherman, S. M. (1996). Symptoms of urinary incontinence among older community-dwelling men. *Journal of Wound, Ostomy and Continence Nurses Society, 23*(6), 314–321.

Valliant, G. E. (2002). *Aging well: The Harvard study of adult development.* New York: Little, Brown and Co.

Young, J. B. (2001). Effects of aging on the sympathoadrenal system. In E. J. Masoro & S. N. Austad (Eds.). *Handbook of the biology of aging* (pp. 269–296). San Diego, CA: Academic Press.

Zelenetz, P. D., & Epstein, M. E. (1998). HIV in the elderly. *AIDS Patient Care and STDs, 12*(4), 255–262.

| 第三章 |

老化的社會心理調適

　　第二章檢視的是與老化過程有關的生理改變，這些都是身體老化時最明顯的訊息。這種身體變化的程度所造成的功能變弱，是由於基因優勢、罹患疾病與生活型態的選擇等綜合因素所形成的。本章探討的是由生理的改變所產生的心理變化——認知功能的調適、智力能力，以及決定年老後如何思考與行動的社會行為能力。老年人之間心理與社會型態的調適，有很明顯的不同。有些人活到90歲，記憶不僅沒有減退，執行複雜工作的行為能力也沒有減少，他們仍然維持充沛的活力與家人和朋友互動；有些人則60幾歲，記憶力便開始嚴重喪失，甚至與社會脫離，並坐以待斃。社會心理變化的過程深受與生俱來的個性、身體健康，以及老年人的人際關係等因素所影響。

　　本章一開始討論的是社會心理的變化，包括最常見於老年人的認知與智能的變化。老年人的性慾是社會心理功能的決定性層面，然而一般人卻誤以為老年人對性行為已不再感興趣。這一個段落是用來檢測一些老化的社會理論，這些理論可用來推測當老年人適應新的而且是不熟悉的社會角色與關係時，可以從他們身上觀察到的一般的行為模式為何。一旦這些調整得到認定，它們對於老年學社會工作的涵義便值得去思考了。本章也包括了麥克阿瑟研究計畫與哈佛成人發展計畫所發覺到的老化的社會心理變化，這是最近廣泛用來決定什麼是構成理想與成功老化的嘗試。

隨著老化而產生的心理變化

雖然伴隨著老化過程而產生的生理變化，是最容易被發覺到的現象（有時候也是最令人困擾的），然而，認知和情緒功能上的變化通常是老年人最害怕的。當健忘的情況一發生，中年人與老年人都會懷疑自己是不是瘋了，或者是得到老年失智症的訊號。家人會因為擔心年長者的行為能力而進行各種不同的養生方法。一位最近剛喪偶的寡婦可能會懷疑自己是不是會從此一蹶不振。這一章探討的是與年齡增長有關的認知與個性上的正常變化。跟老化有關的心理和情緒失序，會在第五章中加以討論。

認知上的改變，指的是發生老年人智力、記憶、學習與創造過程的變化。人是不是真的會因為年紀的增長而累積智慧與經驗？老年人是否不可避免的會忘記自己中午吃過什麼，但卻對小時候的事記得一清二楚？老年人能夠學會新技巧嗎？這是對於複雜的認知功能所提出的複雜問題，而答案既是「肯定」，也是「否定」。

智力

智力是指一個人蒐集資訊、調查分析、發展出新想法並加以運用到日常生活情況當中。智力有兩個主要層面，隨著年紀增長所累積的知識與經驗，讓他們懂得更多。像是花園的規劃設計、閱讀、烹飪，以及修理工作，便是需要由經驗來得到知識的例子。從累積資訊這方面來說，智力確實是隨著年紀而增加，或者至少維持良好狀態直到老年階段。心理學家把這種類型的智力稱為是晶體智力（Salthouse, 2000）。個人如何有效的累積知識，深受他們由教育與經驗所得來的資訊的多寡所影響。某種程度來說，遺傳優勢也有關係（Hawley, Cherry, Su, Chiu, & Jazwinsk, 2006）。在累積知識方面，老年人確實會變得比較聰明，他們知道的事情的確比年輕時來得多。這種隨著年齡增加而累積過去的學習與經驗的知識和理解，稱為晶體智力。

然而，決定如何在特定期間適應使用單一收入過生活，或是一輩子都自己開車，現在卻得改搭大眾運輸系統……，這種因為生活型態改變所帶來的挑戰，比如像是退休或是喪偶，就需要另外一種的智能技巧

來面對。這種學習新資訊並結合過去的知識來解決問題的能力，則稱為流體智力（Salthouse, 2000; Sachaie, 1996）。老年人不做評估解決問題能力，或是執行連續動作的智力測驗，是因為並無確實的證據顯示老化說明了智力測驗的不良表現。許多智力測驗都是有時間限制的，老年人因為通過神經腱傳遞脈衝的神經傳遞素逐漸減弱，使得反應比較遲鈍，這就是我們前面提到的老化的生理變化。如果測驗時沒有時間限制，那麼老年人與年輕的受試者之間就沒有太大的差異（Hawley et al., 2006; Salthouse, 2000）。

有助智力的因素。造成老年人比較有智慧的因素有很多種，其中有些跟年紀的增長毫無關係，因此，遺傳能力可能是最重要的決定因素（Waldstein, 2000）。在其一生中表現出高智能反應的個人，比較有可能在他們的晚年持續維持智能反應。較高的教育水準以及選擇有挑戰性的工作，有助於維持或提升老化後的智能（Snowdon, 2001）。一般來說，天生的能力加上後天的智力練習，足以預見到智能良好運作的持續時間。

跟智力有關的主要智力能力，有口語理解、空間關係、推理，以及一些基本的語音和數字的流暢感，這些是所有老年人最重要的日常活動項目，這些活動的能力會持續提升直到30幾歲與40幾歲。如果沒有什麼疾病，即使到了60幾歲也還看不出有什麼老化的現象（Waldstein, 2000）。有些人的老化現象到了70幾歲才比較明顯，但也有些人是看不出來的。

與老化有關的身體健康、感覺靈敏度、營養與憂鬱表現上的改變，也會影響到智能作用的下降。血液流通不良所造成的心血管疾病，就跟老年人無法從事複雜的解決問題活動有很明顯的關聯（Waldstein & Elias, 2000）。雖然傳達腦部訊息到全身神經的效率會因為身體老化而變弱，但是不良的血液循環也是影響腦部健康運作的重要關鍵。視覺與聽覺的感官接收，是處理訊息的一個很重要步驟，當這些功能減弱時，老年人的認知能力也會受到影響。老年人對於談話內容與活動會出現無法領會的情形，因為他們正逐漸失去重要的刺激環境。比較難處理的情況是，老年人不知道自己正逐漸喪失這種輸入功能，而堅決否認他們面對的問題。

營養。營養不良會導致智能作用的下降（Leventhal, Rabin, Leventhal, & Burns, 2001）。食道與胃的生理變化讓老年人很快就有飽足感，這種情形會造成他們卡路里不足而導致維生素缺乏的現象。沒有足夠的營養，大腦便無法有效的運作。與他人共同用餐的社會互動，加強的不只是老年人的食慾，還有他們的心情、智能反應，以及福利。「餐飲滋養的是我們的心理、精神、靈魂，以及我們的身體」（Snowdon, 2001, p.170）。因為口渴的感覺降低，或是為了怕常上廁所而限制流體的攝取，以致老年人比較容易有脫水的現象。營養不良與脫水的危險性，在第五章中對腦部譫妄（暫時性的精神錯亂）會詳加討論。

環境。環境是解釋老年人使用其認知能力的重要因素之一。老年人在他們熟悉的環境中，比如自己的家裡，所得到的認知測驗結果會比在實驗室或其他測試場所來得好。終究，老年人面對日常生活中各種挑戰的解決能力，對於瞭解老年人的認知功能是很重要的。研究指出，對於問題能夠立即加以解決的老年人，他們依然維持著所熟悉的認知來源（Wahl, 2001; Willis, 1996）。同樣的研究也發現，維持獨立是老年人找到解決問題的方法的最大動力。如果維持獨立附帶的是實行複雜的養生處方，老年人會使用便利貼來提醒自己每天服用藥物的時間。在廚房中貼滿便利貼，可以幫助自己記得關瓦斯與門窗。這種行為模式對於曾與老年人共事的人來說是很熟悉的，它也代表著一位老年人彌補認知能力流失所付出的努力。熟悉的環境也說明了為何老年人會在不熟悉的環境中頓時失去認知能力的原因，例如像是在特別看護中心或是護理之家。

個性

個性是一個由天生與後天習得的情緒與認知作用所合成的行為因素，它決定了個人如何與環境產生互相影響。個性包含了情緒、心情、應對行為，以及一種主觀的意識。從出生開始，個人即展現了各自獨一無二的個性。有些人天性隨和、活潑並討人喜歡，但有些人則是緊張、防衛、甚至不合群。雖然人類無法選擇自己的個性類型，但是卻可以控制自己的行為。就某種意義來說，個性既是結構，也是過程。結構使人的個性終其一生維持相對的穩定，過程則是不斷的改變以適應環境。幼

兒期、青春期與青壯年期的個性很有彈性，並在成熟的過程中持續的與環境作調適。到了成年期，成熟的個性就變得比較穩定，如果沒有生病的話，基本上就不會有太極端的改變（Ryff, Kwan, & Singer, 2001）。

社會心理任務。Erik Erikson相信人的一生中對於環境所反應出來的社會心理任務，會影響個人與環境的發展（Erikson, 1963）。從一個小孩首度面對周遭環境的信任與不信任反應中，Erikson看到了遺傳因素的個性與環境因素之間的影響作用。對於成功度過每個人生階段的人來說，他相信對於現階段的心理危機必須加以解決。因為他認為如果未能解決當前的危機，心理功能上的問題就會出現在未來的人生中。例如，如果人沒有在嬰兒期學會信任，那麼在他往後的人生中就很難跟其他人發展親密的關係。在Erikson的研究中，他認為人生的最後階段就是要來解決自我完整性與自我絕望之間的危機。到了這個階段，個人必須學會接受所有發生在他們身上的一切，並且瞭解他們的人生意義是什麼。有時這個過程包含妥善處理未完成的事業，以及改變可以改變的狀況，比如像修補損壞的關係；有時則要學會放手無法改變的事情。

Menninger（1999）把老年社會心理任務的討論，延伸到更多的特定挑戰上。這些挑戰包括接受老化所造成的身體改變、接受失去同輩和與他人的不同、面對失去獨立的可能性，以及解決退休前與退休後自己行為的不協調。成功的完成這些任務，就是發展自我完整性過程的一部分。克服環境是一輩子的過程，同時也是瞭解人類個性動力來源一個很重要的部分。

應付壓力。面對老年的社會心理任務，會讓老年人產生壓力。一個人如何處理壓力，深受其天生的人格特性與一生中面對壓力事件所習得的行為模式所影響（Ryff, Kwan, & Singer, 2001; Valliant, 2002）。

Ruff等人（2002）確認六種有利心理健康的行為因素，有助於老年人處理並面對精神方面的壓力。其中的三種因素——接受自我、確認自己生命目的之能力，以及個人成長機會明確地根植於個人的性格中。而另外三種因素——與他人的正面關係、主導環境的能力、自主感（有能力跟隨自己的意志，而不是一味的當個追隨者），則是附帶的老年與社會環境認知關係。這六種因素得以預知老年人會用悲觀或樂觀的反應來面對壓力事件（Manopoli, Vaccaro, Christmann, & Badgett, 2000）。

Lazarus與Cohen（1977）發現了老年人反應壓力的四個要素。第一個是對於情況的「認知評估」，也就是老年人是否察覺到情況的壓力。對於有些老年人來說，報紙晚一點送來便足以毀了他們一天的心情；然而有些老年人則需要有攸關生死的事件，才會引起他們的焦慮。有些老年人懂得「不需為小事抓狂」，但有些老年人卻總是小題大作。第二個要素是老年人喜歡或討厭壓力事件。有人會把裝置人工關節當作是結束慢性膝蓋疼痛以獲取最佳結果的復原過程，但有些人卻無法忍受得到更舒適關節運作之前的過渡痛苦階段。每個人對於相同事件的看法與反應，會因為個性上的差異而不同。第三個老年人如何適應壓力的要素即是支持系統。那些有伴侶或親朋好友支持網絡的老年人，比較能面對並處理壓力，因為他們覺得自己不是孤軍奮戰。有了他人的精神支持，似乎可以減輕壓力對他們所造成的影響。第四個要素則是人們對於壓力的控制力。Ruth與Coleman（1996）發現老年人在日常生活事件上面臨了更大的壓力。家庭的維繫、面對身體疾病所造成的限制，以及獨自進食等，都是造成他們壓力增加的因素，而這些也都是生活上重大轉變的壓力事件。

記憶

如果不生病，人類大腦的記憶功能幾乎是沒有限量的。記憶的容量不會因為年齡的增長而改變，相反的，人類身體老化的過程卻會被記憶下來（Craik, 2000）。有三個元素建構成了記憶。感覺記憶是人類察覺並透過感覺予以記憶，一首喜歡的歌曲、新鮮的烤麵包香味，以及美麗的夕陽西下，都是感覺記憶的例子。人們不會刻意去記住這些事件，但是這些影像卻會被感覺記憶記住。感覺記憶是透過五種感覺中處理接收訊息的第一個步驟。語言與影像是透過視覺首先被看到的，聲音則是透過視覺影響而被聽到。

新鮮麵包的氣味不需視覺或聲音即可被記憶所喚起。五種感覺中的最後一個——觸覺，則扮演了協助老年人察覺布料的質地或是溫度的重要角色。雖然認知這些感覺影像的能力可能會因為與年齡有關的改變而逐漸變差，但感覺記憶並不會因為年齡的老化而受到影響。老年人聽不出一首歌曲是因為他們聽不清楚，無法聞到新鮮的麵包香味則是因為他

們聞不到。嗅覺是一個很強的記憶刺激因素，這會在本書稍後的老年記憶療法中加以討論。透過環境得到的感覺，可說是一種覺察記憶訊息的前驅（Craik, 2000; Craik & Jennings, 1992）。

另一種記憶元素叫作初級記憶，或是所謂的個人工作記憶。最初記憶需要個人將記憶予以儲存（Craik, 2000）。就好比是讓你像學生般接觸資訊所形成的最初記憶，為了能在往後的日子裡運用這些資訊，你必須瞭解它、記住它，並連同相關訊息加以儲存。這不僅是一種意識的過程，當愈有動機去記住訊息，就愈能認真努力的去記住它。但是，所記住的訊息則更有可能會變成第三種記憶元素——次級記憶。次要記憶是將記憶累積並加以儲存，直到經由懷舊再予以恢復。如果將訊息予以增強，便可成為一個人的長期記憶。

對許多老年人來說，並不是因為年紀讓記憶力變弱，而是記憶來源的過程導致重新記憶。認知速度的減慢，使得他們無法像年輕時那樣可以在相同的時間內處理訊息（Smith, 1996）。例如，當醫護人員快速的檢視一些處方籤時，年紀大的病人便無法將他們的聽覺與視覺連結到他們的用藥需知上。是藍色的藥丸需要每天飯用服用兩次，還是白色藥丸？對許多老年人來說，快速的資訊來源無法有效的透過記憶運作功能來促成次要記憶。這些來不及吸收的資訊，便造成了老年人無力去記憶，這並不是他們的記憶力減低，而是他們在將資訊處理成記憶的過程中遭遇了困難。

記憶的動機。記住資訊的動機在老年人的記憶過程中，扮演了很重要的角色（Willis, 1996）。為什麼老年人會忘記中餐吃了什麼，但對於五十年前的家庭聚會卻記得一清二楚？午餐吃什麼會短暫的停留在感覺記憶，除非有特別值得記住的特定意義，否則便不會被記住（即使是年輕人也一樣）。

但是與家人團聚的記憶卻有其重要性，這種記憶在人的一生中會經常被喚起與重複，而這種重要性便會加強人的記憶。當記憶被強烈的情感所增強時，它們便被深深的嵌進了次要記憶。感覺記憶與強烈情感記憶結合後，讓這種記憶更有意義，於是便更容易記住。令人遺憾的是，老年人大都認定自己記憶喪失而不去瞭解真正影響他們記憶的原因，只是一味的認為年紀大了，記憶總會退化（Rozencwajg et al., 2005）。如

果一個老年人覺得自己的記憶會退化，退化就真的會發生。

辨識特定的物件或名字，對老年人來說會比想起實質的東西來得容易。利用周遭的一些線索來幫助老年人的記性，比如像時鐘或日曆。當被問到不常使用到的資訊時，老年人比年輕人需要更長的時間從次要記憶中取得相關資訊。他們不是記不起來，只是需要較長一點的時間而已。這種「話到嘴邊卻說不出來」的現象，在大部分的人年紀還沒變大之前就經常會發生，這是處理記憶過程的效率減低所造成的結果（Willis, 1996）。

學習

成年人是以不同於小孩的方式來學習。小孩子往往被形容是像海綿般不停的吸收知識，沒有任何需要學習的理由。相反的，老年人卻因為生活上的需要而去學習更多的資訊或技能。成年人學習的動力是因為特定的需求，而不是為了記憶來訓練他們的知識（Vella, 2000）。當成年人有機會去複述新的行為或資訊時，他們的學習效率也會比較高。這兩種因素——與生活有關，以及有機會去複述新的行為——便是老年人學習能力的重要因素。老年人在進行實驗時，對於長串名詞或數字表現出記憶不良的情形，一點都不需要感到意外（Willis, 1996）。

老年人呈現出的是有區別性的學習者，並需視他們需要的是哪些相關知識。例如，剛喪偶的老年人就需要學會在沒有人幫忙的情況下，自己處理家庭財務。她並不是興奮於可以學習支付每個月的帳單與支票簿，而只是需要學會自己去處理，這就是一種強力的動機。個人的動機是老年人學習能力的強力預測。

記憶力是另一個老年人學習能力的重要因素。假如新的資訊未能從感覺接收，經過記憶運作，並儲存在次要記憶，則學習的作用就不會發生。如果老年人無法聽到指令或看到具體的物質，學習新資訊就會變得更困難。老年人的學習效率也會比年輕人低一些，快速的呈現太多的資訊並無法被老年人的心智所接收，因此便無法進入次要記憶中。

老年人的性教育

老年人心理社會福祉的一種必要因素，是他們對於性慾的興趣與表

達能力。不論他們的身體或心理健康情形為何，性慾遠比生育能力以及性行為傳染疾病等議題的討論來得重要。在人的一生當中，這種感受溫暖的能力、關愛、身體接觸，以及與他人的接觸等，組成了一個成年人的自尊。性行為也可以用自慰的方式進行，因為有的老年人不想或不願有性伴侶。性慾對於老年人的重要性完全因人而異。性行為活躍或不活躍，並非是社會工作者所認定的正常或機能不良，而是由老年人自行感受的（Styrcula, 2001）。

如同第二章中討論到HIV（愛滋病毒）呈現陽性反應的老年人數量有增加的趨勢，但是心理與身體健康專家們卻在老年人性行為不活躍的錯誤推論下，便避免討論老年人的性慾與性行為議題。

全國社會生活健康與老年計畫（NSHAP），針對老年設立的最大研究計畫發現，在過去十二個月內有性行為的人中，65歲至74歲之間的人有53%，75歲至85歲之間則有26%（Lindau et al., 2007）。65歲以上性行為最活躍的人是已婚者（男性與女性皆是），他們回報的健康情形是「非常好」或「極佳」，由此顯示一個人身體與精神的健康關鍵不只是從事性行為的能力，還有維持性行為的興趣。

老年人之間的性行為普遍增加的現象，發生在嬰兒潮世代的人年老之後。嬰兒潮世代的成人期經歷的是安全、有效的避孕措施，因此鼓勵了頻繁的性行為。老年後的性行為少了與生育有關，而多了與自我表現和肉體歡愉的關聯。對於性更開放的態度，以及男女性對於生活期望的增加，讓性生活成為提供身心健康的顯著議題（Kingsberg, 2000）。

影響老年人的性行為因素。老年人間的性行為種類與頻率（Kamel, 2001），附帶影響了身體與社會心理兩種因素。特別是兩種身體狀況更說明了老年人無力或不想進行性行為的原因。對於男性來說，「勃起性功能障礙」或是無力與無法維持勃起，都會讓性行為變得憂鬱、困窘或是後繼無力（Lindau et al., 2007）。經常或偶發性的勃起性功能障礙，影響了50%的50歲以上男性，超過70歲以上的人則有70%會受此影響（Styrcula, 2001）。在全國社會生活健康與老年計畫（NSHAP）的研究中，有37%的男性回報有勃起困難，但只有14%的人會求助醫療來改善性功能。威而剛的發明的確大大降低了勃起性功能障礙的發生率，但是尋求處方藥品則讓老年人感到不便。該研究計畫中有25%的男性以避免

從事性行為來面對功能上的障礙，這種情況有時會打擊男性的自尊。

對女性來說則是「性交疼痛」的問題。性交過程中的疼痛，是由於更年期後所造成的陰道萎縮或缺乏潤滑液體所造成的，這種情形會導致女性無意進行性行為。合成雌激素與潤滑凝膠可有效改善這種情形，但是也得是老年婦女知道並願意使用（Gelfand, 2000; Styrcula, 2001）。這種伴隨著性行為而來的不適感，通常被稱為「寡婦綜合症」，因為它通常是發生在沒有固定性伴侶的老年人（Capuzzi & Friel, 1990）。研究計畫中大約有三分之一的女性宣稱她們是因為身體上的不適感而完全避免性行為（Lindau et al., 2007）。

身體或精神狀態不佳也是老年人性行為下降的原因，即使他們有興趣，卻也無能為力。心血管疾病、糖尿病，以及整型外科的限制，像是嚴重關節炎、骨關節更換、或是骨質疏鬆等，都會讓老年人無法安全並舒服的從事性行為。用來治療一般慢性疾病藥物的副作用，也會嚴重損壞性功能或性反應。即使許多老年人仍想持續進行性行為，卻沒有另一半可配合（Kingsberg, 2000; Lindau et al., 2007; Walker & Ephrass, 1999）。由於男女比例的不平均，男性有較多的性伴侶，而女性則比較少。女性比男性更不喜歡呈現性行為的活動，缺乏性伴侶是最常見的原因，這跟女性的壽命比她們的伴侶來得長的趨勢是一致的（Lindau et al., 2007）。男性再婚的比較多，女性成為寡婦的比例較高，這也影響了發展親密性行為的機會。

或許影響老年人性行為程度最重要的因素是態度（包括老年人本身的態度）、成年子女，以及身體與精神健康照護者（Capuzzi & Friel, 1990; Schlesinger, 1996）。有些老年人依然保有強烈的性慾，並自認自己是健康無礙的持續其規律與滿意的性交活動。

但這些都不是引起身體或精神健康專家注意的老年人。另外一組的老年人對於性生活依然保有興致，但卻面臨前面提到的勃起性功能障礙或性交疼痛症狀。這些老年人如果仍有興致的話，便必須瞭解並尋求藥物或荷爾蒙治療，以利在尊重他們的自覺性與尊嚴中重新獲得正常的性功能。在NSHAP計畫研究中，38%的男性與22%的女性在50歲之後都曾與醫師討論性方面的問題，而且數據顯示，只要有機會，都能藉由藥物介入而獲得改善（Lindau et al., 2007）。第三組的老年人可能基於前

面所提到的原因而不再對性生活感到興趣，或只是覺得性生活對他們來說已經不再重要。基於專業上的道德，對於老年人的決定都必須予以尊重，而不得給予評論。任何提升性生活表現或活力的介入，都必須是老年人對於其現狀有不滿意時才進行（Styrcula, 2001）。

　　親密關係。不論性生活是否活躍，老年人有持續擁有親密關係的需求，那是一種至少還跟另一個他人情感連結的感覺。這種感覺或許可以、也或許無法由配偶或伴侶的關係中獲得。有些人是因為習慣與親情在一起，而不是基於彼此深層的愛與承諾。他們的親密關係可能不是來自於他們的伴侶，而是來自於更深的友誼或家庭成員間的連結。

　　常見於老年女性的親密關係，是來自於陪伴她們面對喪偶而家人又不在身邊時，建立互相依賴關係的女性友人。這種類型符合女性們自己的定義，並獲得社會心理需求。依據關係理論，顯示出女性從她們出生之後與父母、兄弟姊妹、朋友、伴侶之間發展出親密關係，而男性則比較可能發展出一種強烈的獨立與個別感，這是由促成女性關係發展中分離出來的某種程度的關係（Golden, 1996）。這個理論告訴我們，女性跟男性相反，她們比較容易在其一生當中結交朋友，並將這種關係發展成她們需要的親密關係。

　　Lakritz與Knoblauch（1999）發現他們所研究的許多老年人對於愛和親密關係有更宏觀的看法，而不只侷限在與他人的親密關係。老年人把他們遭遇失去親人與痛苦的經驗跟期盼子孫們成長的希望融合在一起，當成是一種愛與親密關係的表達。他們滿意生活並積極參與，與家人和朋友保持連結關係，對於生命的利益與完成有著堅定而強烈的社會感。

　　性慾與機構化的老年人。讓居住在輔助與護理之家的老年人表達他們的性慾，對於提供心理與身體健康照護者來說是一種挑戰。老年人會持續對性生活有興趣，只是程度上會有不同，就算是老年失智症後期或是功能衰弱等疾病患者也是如此。機構中被提及的性生活問題，必須是老年人可以自己回答的（Kuhn, 2002; Reingold & Burros, 2004）。雖然確保老年人身體不會有任何危險且不會受到他人嘲弄很重要，機構中的員工與家人也必須用體貼的心態來鼓勵老年人維持性生活的興致。性慾是一種持續對愛與親密關係的表達。工作人員必須在這方面加以適

當訓練，而對於老年照護的評估作業也需加入相關的規劃作業（Kamel, 2001; Kuhn, 2002; Reingold & Burros, 2004）。居住在機構中的人要有足夠的機會跟他人接觸，以達到社會互動和激勵作用。如果無法與他人進行性關係，Kamel（2001）建議家人和朋友應該經常以擁抱或親吻來讓老年人持續感受愛的需求。

但是有些情況是不適合在機構內公開討論性行為的，比如像是公開自慰，或是在因性交而受傷的住民面前就不適合，這時就必須有員工或家庭成員的介入。對於有認知能力並且可以適當表達性行為的老年人，就無所謂了。因為有認知能力的老年人，會在工作人員或家人明白表示其行為已不被容許的情況下便自行停止。對於輕微老年失智症的老年人，則可以有效的利用口頭予以引開話題，或是將被冒犯到的異性加以隔離，直到這種行為停止為止（Kamel, 2001）。如果一位老年人很容易在公開場合對別人表達自己，加上同性的照護者給予直接的關懷，就不會讓老年人從事不適當的行為。而這些建議則保留了老年人的尊嚴，並保護了其他容易受到傷害的老年人。

老化的社會理論

在討論隨著老化而來的心理變化，很明顯的是，即使心理上的變化會因人而異，但是這種變化卻深受老年的社會環境所影響。本章在這個部分中會提出一些不同的老化社會理論。

描述不同的社會學家推論，並觀察到老年人適應與社會環境有關的老化過程，這些理論大略可分成兩種學派。第一種就是所謂的「規範理論」，亦即試圖解釋老年與社會結構如何「成功地」詮釋老年和老化的存在是一種過程。這個理論早期時便說明了老化與老年是如何「適合」大多數的社會理論。第二種理論則是「說明理論」，它只是說明了存在於老化過程中各種人群的共通性，但並未評估什麼才叫作「成功」。說明理論深受後現代主義社會構成主義學院派的影響，它假定老年人體驗了「不同的老化世界」（Kolb, 2004）。而女同性戀、同性戀、雙性戀或是跨越性別（變性），以及有色人種的老年人的老化經驗，更是十分地不同。

相沿成習的老化社會理論

角色理論。是最早試圖解釋老年人是如何調適老化的社會角色理論之一（Cavan, Burgess, Havighurst, & Goldhammer, 1949; Phillips, 1957）。這個理論聚焦在個別老年人的行為和內在，而不是將老化過程視為是受社會環境因素影響的過程。角色行為的預期型態是由個人與他人或社會機構之間的關係而定的。例如，父母的角色便是由子女之間的關係所定義而來的，學生的角色則是由更高的學習機構或教授來加以定義。角色理論認定人生是一連串的角色定義。老年人對於老年後的調適品質，則取決於從年輕、中年到老年的認定能力。與中年有關的角色，可以是父母、上班族、配偶，以及活躍的社會分子。對於老年人來說，他們的角色就變成與年齡有關的角色，像是祖父母、退休人士，以及喪偶的人。

老年人在中年時會喪失某些角色，但卻會新增一些新的角色。個人自尊與社會認定深深地賦予了這些社會角色。根據角色理論的說法，可以適度地讓自己從一種角色轉移到適合他們年齡層的老年人，便是成功的詮釋了老化的角色。無法轉換角色，或是不能認定自己已經不適合前一種角色的老年人，對於老化發展過程則無法調適（Havighurst & Albrecht, 1953）。

撤退與活動理論。撤退理論是用來把強調個別的作用轉換到社會老化的「功能」。老化是由大量的社會結構產生的，因此，要瞭解老化，就必須探討跟年輕人之間的關係。撤退理論認為個人與社會的相互脫離是由一個世代轉移到另一個世代時，社會與政治力量移轉所造成的（Cumming & Henry, 1961）。有適應能力的老化現象是發生在老年人能夠將自己從主動角色脫離到被動角色，而讓年輕人有更多領導的發展空間。這個理論強調的是適應這種相互脫離的本質。不必暗指老年人會樂見這種過程，只是他們有適應能力而已。終究，這是對個人與社會都有利的理論。

撤退理論在研究上與輿論上都受到廣泛的批評。這個從社會退縮的觀念，似乎與專家們認知的人們必須積極的保持身體與智能活力相互牴觸。身為社會工作者，我們不免會猶豫有哪些活動是適合老年人的。由於社會學與心理學團體已經對社會老化過程作了許多的研究，有效解釋

社會老化的功能於是被漠視了。但這並不代表這種撤退的形式不存在於某些老年人身上，而是以個別調適來面對老化過程，而非以全面接受或推薦的行為模式應用在老年人身上。

活動理論則是與撤退理論持相反論調的成功老化模式。活動理論預期的是與社會環境保持積極互動關係的老年人，得以獲得成功老化的結果（Maddox, 1996; Spence, 1975）。那些從事旅行、兼差或參與大量社會活動的老年人，會發現年老在他們的生命中是一件值得並令人滿意的時光。如果老年人不參與社會活動，他們對於年老便會感到憂鬱和不滿。理論上來說，很少人不會從參與社會的活動中得到個人的最大滿意回饋。每個年輕人都希望當他們退休後，還能有許多令人振奮的活動。但是，活動理論卻忘了說明老年人的身體健康問題和社會經濟限制，可能會侷限了他們參與社會活動（Fry, 1992; Lynott & Lynott, 1996）的意願。雖然這個理論依然被視為是適應老化的理想理論，它也被合理的質疑未能面對有色人種的老年人與有殘疾的老年人的現實情況。

持續理論。持續理論指的是老年人與社會終其一生持續一定程度的活動，同時也發展出一種「適應能力」來反應健康與社會經濟環境的改變（Atchley, 2000）。不同於其他的社會理論，老年人不需發展出一種全新的方法來面對他們的老化，老化反而是終其一生隨著時間的變化所必須採取的活動型態而已。老年人以一種成熟、完整的人格特性來保持他們之前最滿意的活動型態。如果人們是以主動與社會接觸的形式進入他們的中年時期，他們也會以同樣的欣喜態度來面對老年時期；如果一個人不能積極的度過他的成人階段，這種形式也會持續到他的老年時期。根據這個理論，一個人老時能不能收穫更多，端視他年輕時怎麼做。從直覺上看來，這個理論與心理學的人格特性終其一生是不變的說法是一致的，這也跟社會工作相信必要時人可以改變以適應環境的說法是一致的，它同時也加強了個性既是結構也是過程的概念。

然而，未能說明預料之外的身體健康與社會環境的改變，是這個理論最受到批評的地方（Fry, 1992）。例如，如果一位女性運動員突然因為骨質疏鬆症的威脅，而必須面臨體能上的限制時，她就是無法適應老化而注定從此不快樂嗎？或是一位男性老年人因為工作或家庭因素，終其一生沒有什麼朋友，這就代表他永遠不可能拓展社會網絡而只能當一

個退休的喪偶者嗎？對於持續理論的批評乃在於它是用一種很嚴格的看法來看待老年人因為適應新環境所作的改變，而那個新環境指的可能是與老化過程有關。

老化的規範理論是社會理論者首度形容社會與老年人如何「正確的」老化。如果社會知道老年人是該支持或是放手，而老年人知道該保持聯繫或一走了之的話，那麼對於無法瞭解自己社會功能的挑戰也許就能夠自行解決。這個理論已經因為將老化視為只是一方面的並且是固定的過程而受到質疑，因為老化應該是具有不斷變化的現象才是。將老化當成是最理想的一種固定過程的理論，也犯了沒有發覺到跨越性別（變性）的老年人，以及那些有色人種的老年人所經歷的不同老化過程。老化的說明社會理論是用更多元的方式來瞭解老化經驗。

敘述性的老化社會理論

社會建構論。社會建構論係依據各個年齡層參與日常生活所創造出來的社會意義學基礎，進而超越了角色、活動、脫離，以及持續理論的觀點（Ray, 1996）。對所有的個體來說，並無所謂的「固定事實」。人們創造自己的事實，而這些事實也隨著時間而轉換。一個年輕人看到的世界，是他對於自己的工作與家庭的責任。他對於世界的看法，讓他的活動和態度有了優先順序的排列。一位年輕媽媽覺得自己的首要任務就是她的子女，於是就命令她的活動反應在那個想法上。但是，當男性與女性到了老年時，他們的真實世界的社會結構就改變了。養兒育女之後，他們的優先順序會從為人父母轉換到配偶或是參加活動，那些活動是比較注重在個人的回饋，而不再總是為他人履行義務。人們為自己的生活建構的事實，就是他們行為的最佳解釋。假如老年人把晚年的生活看成是與社會的接觸變少了，而自己的反省活動增加的話，他們就會變成那樣。如果老年人將晚年生活當成是完成年輕時沒有時間做的事情，他們追求的就會是一種比較積極的生活。這個理論並不是在於看出老年人是否有著健康的功能，而是在於反應出每位老年人在其生命階段的個別觀點。

社會建構論者比較不注重適合的模式，他們對於人們如何定義自己的人生經驗更有興趣。利用一些特定的方法，比如個別訪問以及敘述，

社會科學專家蒐集一些老年人用來定義老化的社會資訊的線索。有些女性會把寡居時期當成是一種發展自我的機會，有些人則把守寡當成是等待自己死亡的開始，既不感到害怕，也沒有特別欣喜。有些男人退休後就癱坐在沙發上什麼也不做，有的人則利用這個時期從事一些與工作無關的休閒活動，像是高爾夫球或網球。社會結構主義把老化以及隨後的調適，看成是一個獨特的個別社會觀點。假如人們在年老時建構他們自己的社會意義，老年學社會工作者便需要去探討那些老年人的真義是什麼。瞭解了老年人對於自己社會功用的看法，將有助於社會工作者協助老年人參與社會活動，以及與他們的世界觀一致的介入。

　　Friend（1991）透過社會建構論應用在變性老年人身上的經驗，擴展了對於老化經驗的瞭解。變性老年人從社會標準範疇中所得來的訊息，開創出對於女同性戀、男同性戀、或是變性者的意義。他們從成長的社會歷史結構中建立了自己的認知與接受行為，這種認知與接受則是根據異性戀的社會訊息而來的。這些老年人所內化的負面性向印象，最終將造成大程度的自我仇恨、低自尊、低自我接受，以至於造成不良的心理健康與社會整合。對於那些確認自己性向的變性老年人，則比較能面對伴隨老化過程而來的改變過程，他們能夠發展出比較強勁的社會支持系統，以及更加完整的自我心理。變性的經驗深受內化訊息的影響，這也說明了為什麼老化經驗對變性老年人來說是如此的不同。

性別、人種、族群、階層與生命過程

　　對於老化的社會理論最主要的批評之一是，它們對於傳統外的白種、中產階級男性老化的獨特經驗感覺是遲鈍的。Stoller與Gibson（1997）提供了一種老化的人生觀點，它對於面對老化過程提出了個人傳記、社會文化因素與社會文化議題等因素。他們認為不同的人口結構皆有其可辨識的類型，例如，有色人種、女性、變性老年人，以及那些低社會經濟族群等。這些族群的成員對於自己的人生賦予了不同的個人自我意識，並對他們的一生產生影響。畢生的辨別力所造成的影響，有限地接受教育、受僱、健康照護的機會等，皆增加了老年人必須面對的挑戰。認定老年人是不是有著「成功的老化」，不是看他們是否有智慧面對障礙，而是他們處理問題的方法。因此，老化的社會理論中若缺少

多樣性經驗的深層瞭解是不夠的。這個觀點對社會工作特別有幫助，因為它可以讓從業者在規劃介入方案的過程中得知一些獨特的人生經驗。藉此，從業者必須運用老年人應付生活挑戰的力量，認知到逐漸走下坡的健康與財務狀況並不是每一位個體的不幸選擇。

「成功的」社會心理老化

除了在第二章中提到的有益維護老年人身體健康的因素，麥克阿瑟成功老齡化研究與哈佛老年發展計畫對於有益健康老化的社會心理因素也作了相關的探討。一般來說，這兩種研究都證實了老人病學長久以來認為的：老年人的認知與智能減退的規則還是有例外的情形。研究還證實一個強有力的社會支持系統網絡是調適老化社會心理最重要的預言之一。

認知與智能反應

根據麥克阿瑟研究計畫的說法，大多數因為老化而喪失功能的情形是可以避免的。雖然老年人會感受到短期記憶上的明顯改變，但是嚴重的記憶喪失卻不是常見或者是不可避免的老化現象。對於失去某些記憶功能的老年人來說，一些心智練習以及集中記憶訓練便能夠讓他們恢復記憶功能（Rowe & Kahn, 1998）。有些老年人則是利用日常生活來加強並保有他們的認知與智能作用。他們會玩填字遊戲、進行其他文字遊戲、看報紙、或是利用別的方法來訓練自己的心智。鍛鍊心智就好像鍛鍊身體一樣——使用它，不然就會失去它！

Valliant（2002）確認了一個在晚年維持健康與認知功能的重大因素，他認為智慧是「有能力和意願從一個當下抽離——不管是感情、批判、衝突，為的是得到觀點」（p.251）。這個理念受用於研究中的所有社會經濟團體，而不只是對訓練有素的參與者而已。對於人生中的經歷有能力加以處理並且判斷其重要性，有助於維持老年人的好奇心，並對周遭環境保持積極態度，以便有自行處理的能力。

到底是良好的精神功能造成個人自信，或是個人自信導致良好的精神功能，並不明確，但是這兩者之間確實是緊密相關聯的。即使是由於

老化或是其他社會系統變化所面臨的身體上的變化，讓老年人覺得自己還是自己命運的主宰，這是很重要的。

社會支持的重要性

麥克阿瑟研究計畫和哈佛老年發展計畫皆證實，社會支持是老年人滿足與情緒最重要的指標之一。Rowe與Kahn（1998）發現社會支持在老年人對各種失落所造成的危害時，扮演了一種很重要的緩衝角色。那些被稱為成功老化的老年人，通常都還維持著緊密的家庭、朋友，以及有生產力的活動關係（Rowe & Kahn, 1998）。有了家庭與朋友的支持，一位寡居的老年人可以面對失去伴侶以後所要面臨的一些生活上的新挑戰。失去了人生非常重要的人，便足以摧毀一個老年人，但是有家人與朋友的支持，便可以減低她或他的傷痛來度過那段哀傷時期。Valliant（2002）把一個重要的概念加進了幫助老年人的社會支持中，那就是衍生力。

衍生力的定義是一種對於下一代福利的責任感，是一種出自行動與情感對於年輕一代的關懷。老年人與他們的孫子女們、姪女與外甥們培養情感關係，或者是與關心他們的其他年輕人建立情感關係。這些老年人知道如何分辨哪些是他們生命中重要的事、誰是關心他們的，以及哪些活動有助於維持他們的正面自我形象。

社會孤立不只關係到認知發展與智能退化，對於身體疾病也有其風險（Rowe & Kahn, 1998）。但是，要斷定是比較健康的個體擁有比較好的社會支持系統，或是比較好的社會支持系統決定了較佳的健康狀況，仍是有困難的（Valliant, 2002）。

擁有家人及朋友關心的老年人比較會去就醫，因為有人會鼓勵他們定期去看醫護人員，進而得到醫療照護。知道有人關心他們並注意他們的健康，會讓老年人更勤勉的維持醫藥的治療。

社會心理改變對老年社會工作實務的意涵

麥克阿瑟成功高齡化研究與哈佛老年發展計畫發現，與老化過程有關的社會心理改變有助於某一種專業的社會工作，對老年人具有積極具

體的幫助。年紀變大，不一定會伴隨著喪失記憶、認知能力亦或是智能降低的反應；年紀增長，也不是意味著老年人必須面對世界與他們疏離的狀況。這些發現提供了許多重要的意義供老年社會工作的執行，藉此得以協助專業人士能夠提供機會給老年人把他們的社會心理功能作最大的發揮。

提供機會但尊重選擇

持續挑戰心智並保持智能探索活力的老年人，可以保有較久的認知能力。提供機會給各個收入階層的老年人繼續受教育、社會與文化經驗，以及獲得新技能，是成功老化的重要部分。確保別讓一些障礙限制了老年人學習的機會，則是社工人員很重要的工作，比如因為財務困難或是身體上的不便或交通問題等。老年人是否知道有教育課程或是學習機會？他們可否利用這些資源？這些機會是否吸引老年人？如果所有的答案都是「是」，社會工作者如何幫助老年人接觸這些活動？

在許多社區，尤其是護理、日間照護中心，以及集合住宅生活中心，都有設立老年人活動，但最令人憂鬱的是，在規劃了這些教育活動後，卻發現老年人沒有興趣參加。

聽到老年人常抱怨沒事做，但是他們卻幾乎都不參加規劃的活動。如果把障礙排除又提供後續協助作業，而老年人還是不肯參與的話，那就只能尊重老年人的意願，即使社工人員認為這是老年人需要的。但就專業立場來看，還是必須尊重他們的選擇。

凡事都更加費時

只要身體沒什麼疾病，老年人仍然保有執行複雜動作或是記起重要事件的能力，只不過他們需要花費更多的時間。基於工作量與照護時間的限制，社會工作人員通常都是匆匆進行評估作業，或是為了要多花一些時間來解釋複雜的計畫而感到憂鬱。慢一點！多給老年人一些時間來消化他們所聽到的。必要的話，可以用不同的方式來說明訊息。人們對於與自己生活有關之訊息的學習與參與過程最積極，催促之下只會讓老年人產生抗拒。

社會心理健康通常都伴隨著身體健康

老年人社會心理功能的品質，與他們的身體健康品質有極大的關聯。如果一位老年人有身體不適的困擾，這時鼓勵他參與社交活動或激勵他的智能反應，都只會徒勞無功。老年人在表達情緒問題時，他們也說不清是心理不舒服還是身體不舒服。因此，生物心理社會模式建議，當社工人員在描述老年人的社會心理狀況時，必須由專業醫師來給予老年人健康照護。這種生物老化過程的生物現象，在第二章中已作了明白的說明。老化帶來的生物變化既增加也降低了老年人對這個人生階段的社會心理調適。

社會疏離對老年人的致命影響

社會疏離對於老年人的危險，以及所造成的憂鬱、失智、物質濫用和虐待老人等，都是本書的主題。為了良好的社會心理健康，老年人必須與某些人或某些事保持聯繫。對有些老年人來說，這個聯繫可能是家人或朋友；對有些人來說，則可能是一隻心愛的寵物、電話交友、網路聊天室、甚或是植物都可以是聯繫的對象。老年人需要維持智能和社會功能的社會連動，這對老年人來說不只是與他人的互動感，也是一種自己還有用與尚具生產力的感覺——老年人是這樣定義的。對某些老年人來說，生產力可能是社區或學校機構中的義務工作；另外有些人則把它定義成做園藝、玩牌、照顧孫子女、整理家務、或是上網。重要的是，老年人自己去定義生產力的活動，而不是由別人來判斷。

總有改變的可能

雖然持續理論建議老年人適應老化通常都是持續他們終生的行為模式，但是老年人還是有可能改變他們的活動模式。相信人們是可以改變的，就是社會工作的支柱基礎。一輩子照顧家庭而從未完成中學教育的老年人，就可能是參加社區大學課程的最佳人選。年輕時沒有機會參與某些活動的人，並不代表年老時沒有興趣參加。同樣的，一位從未離開過家鄉的老年人，現在可能熱衷於巴士旅遊或是其他的旅遊機會。老年是一個生命階段，可以讓人有機會去嘗試新的事物。雖然持續理論提

供了一個重要的看法來觀察每個人如何適應老年，但它不是無期徒刑。老年人願意嘗試新活動的幅度，和受到社工人員的鼓勵與激勵的強弱有關。

總結

　　與一般認知相反的是，認知與智能作用的惡化並不是年紀大的必然現象。事實上，老年人的晶體智力比年輕人多，它反映出的是一種終其一生的學習與生活經驗。一個人解答複雜問題的速度，便稱為流體智力。當人年紀變大時，因為腦中神經傳遞質效率的改變，會導致流體智力的下降。若非腦部組織受損，像是阿茲海默症、憂鬱、營養不良等，老年人仍然可以保留學習新技能的能力，並保持活躍的智力。應隨時保持大腦受刺激並運用，以便保留這些認知能力。

　　不論精神或身體健康為何，老年人的性慾也是保持他或她心理社會功能的重要部分。身體上的疾病或是失能，以及缺乏伴侶，都可能會改變性慾的表現，但是親密與聯繫的需求依然是人生中重要的需求。在社區中有意或無意的障礙，以致無法持續對於性行為的連接，加上家人與專業人士的態度等，都會造成老年人的性愛憂鬱。

　　一位老年人對於老化社會的適應，取決於個人態度、社會支持網絡的呈現，以及老年人身處的周遭環境。有些老年人繼續積極的參與社會活動的設立，並為那些無法參與的人設計新的且令人感興趣的活動。這些老年人把老年當成是中年的延伸，並且甘之如飴。還有些老年人結合更適當的活動來放鬆，並享受休閒時光。

問題討論／活動

1. 訪問一位你認為是「成功老化」的老年人。他們將健康與快樂歸因於什麼？社會支持、宗教信仰、好的基因、或是持續保持生產力，在這個人的生命中扮演了什麼樣的角色？

2. 回顧生物變化與第二章中討論的老化過程之間的關聯，把這些身體上的變化與老化過程中的記憶與學習改變加以連結，大學課程

中需要什麼課程來適應老年人？

3. 規範和敘述老化理論這兩者，讓你覺得最有意義的是什麼？你見過的老年人當中，反應出這些支持理論的有哪些？

4. 你自己對於讓自己成功老化最有用的是什麼？心理與社會的挑戰有哪些？

參考書目

Atchley, R. C. (2000). *The social forces in later life*. Belmont, CA: Wadsworth.

Capuzzi, D., & Friel, S. E. (1990). Current trends in sexuality and aging: An update for counselors. *Journal of Mental Health Counseling, 12*(3), 342–353.

Cavan, R. S., Burgess, E. W., Havighurst, R. J., & Goldhammer, H. (1949). *Personal adjustment in old age*. Chicago: Science Research Associates.

Craik, F. I. M. (2000). Age-related changes in human memory. In D. Park & Schwarz, N. (Eds.), *Cognitive aging: A primer*. (pp. 75–92). Philadelphia: Psychology Press.

Craik, F. I. M., & Jennings, J. M. (1992). Human memory. In F. I. M. Craik & T. A. Salthouse (Eds.), *The handbook of aging and cognition* (pp. 51–110). Hillsdale, NJ: Erlbaum.

Cumming, E., & Henry, W. E. (1961). *Growing old: The process of disengagement*. New York: Basic Books.

Erikson, E. (1963). *Childhood and society* (2nd ed.). New York: Norton.

Friend, R. M. (1991). Older lesbian and gay people: A theory of successful aging. *Journal of Homosexuality, 20*, 99–118.

Fry, P. S. (1992). Major social theories of aging and their implications for counseling concepts and practice: A cultural review. *The Counseling Psychologist, 20*(2), 246–329.

Gelfand, M. M. (2000). Sexuality among older women. *Journal of Women's Health and Gender-Based Medicine, 9*(Supplement 1), S15–S20.

Golden, C. (1996). Relational theories of white women's development. In J. Chrisler, C. Golden, & P. Rozee (Eds.), *Lectures on the psychology of women* (pp. 229–242). New York: McGraw-Hill.

Havighurst, R. J., & Albrecht, R. (1953). *Older people*. New York: Longmans, Green.

Hawley, K. S., Cherry, K. E., Sum L. J., Chiu, Y. W., & Jazwinski, S. M. (2006). Knowledge of memory aging in adulthood. *International Journal of Aging and Human Development, 63*(4), 317–334.

Kamel, H. K. (2001). Sexuality in aging: Focus on institutionalized elderly. *Annals of Long-Term Care, 9*(5), 64–72.

Kingsberg, S. A. (2000). The psychological impact of aging on sexuality and relationships. *Journal of Women's Health and Gender-Based Medicine, 9*(Supplement 1), S33–S38.

Kolb, P. J. (2004). Theories of aging and social work practice with sensitivity to diversity: Are there useful theories. *Journal of Human Behavior in the Social Environment, 9*(4), 3–24.

Kuhn, D. (2002). Intimacy, sexuality and residents with dementia. *Alzheimer's Care Quarterly, 3*(2), 165–176.

Lakritz, K. R., & Knoblauch, T. M. (1999). *Older adults on love: Dialogues on the consciousness, cultivation, and expression of love*. New York: Parabola.

Lazarus, R. S., & Cohen, J. B. (1977). *The hassles scale, stress and coping project*. Berkeley: University of California.

Leventhal, H., Rabin, C., Leventhal, E. A., & Burns, E. (2001). Health risk behaviors and aging. In J. E. Birren & K. W. Schaie (Eds.), *Handbook of the psychology of aging* (pp. 186–214), San Diego, CA: Academic Press.

Lindau, S. T., Schumm, L. P., Laumann, E. O., Levinson, W., Muirchearaigh, C. A., & Waite, L. J. (2007). A study of sexuality and health among older adults in the United States. *New England Journal of Medicine, 357*(8), 762–774.

Lynott, R. J., & Lynott, P. P. (1996). Tracing the course of theoretical development in the sociology of aging. *The Gerontologist, 36*(6), 749–760.

Maddox, G. L. (1966). Persistence in life-style among the elderly. *Proceedings on the Seventh International Congress of Gerontology, 6,* 309–311.

Menniger, W. W. (1999). Adaptational challenges and coping in late life. *Bulletin of the Menniger Clinic, 63*(2), A4–A15.

Monopoli, J., Vaccaro, F., Christmann, E., & Badgett, J. (2000). Personality as a predictor of depression among the elderly. *Clinical Gerontologist, 21*(3), 49–63.

Phillips, B. S. (1957). A role theory approach to adjustment in old age. *American Sociological Review, 22,* 212–217.

Ray, R. E. (1996). A postmodern perspective on feminist gerontology. *The Gerontologist, 36,* 674–680.

Reingold, D., & Burros, N. (2004). Sexuality in the nursing home. *Journal of Gerontological Social Work, 43*(2/3), 175–186.

Rowe, J. W., & Kahn, R. L. (1998). *Successful aging.* New York: Pantheon.

Rozencwajg, P, Cherfi, M., Ferrandez, A. M., Lautry, J., Lemoine, C. & Loarer, E. (2005). Age related differences in the strategies used by middle aged adults to solve a block design task. *International Journal of Aging and Human Development, 60*(2), 159–182.

Ruth, J. E., & Coleman, P. (1996). Personality and aging: Coping and management of the self in later life. In J. E. Birren & K. W. Schaie (Eds.), *Handbook of the psychology of aging* (4th ed., pp. 308–322). San Diego, CA: Academic.

Ryff, C. D., Kwan, C. M. L., & Singer, B. H. (2001). Personality and aging: Flourishing agendas and future challenges. In J. E. Birren & K. W. Schaie (Eds.), *Handbook of the psychology of aging* (pp. 477–499). San Diego, CA: Academic Press.

Salthouse, T. A. (2000). Pressing issues in cognitive aging. In D. Park & N. Schwarz (Eds.), *Cognitive aging: A primer* (43–54). Philadelphia, PA: Psychology Press.

Schaie, K. W. (1996). Intellectual development in adulthood. In J. E. Birren & K. W. Schaie (Eds.), *Handbook of the psychology of aging* (4th ed., pp. 266–286). San Diego, CA: Academic.

Schlesinger, B. (1996). The sexless years or sex rediscovered. *Journal of Gerontological Social Work, 26*(1/2), 117–131.

Smith, A. D. (1996). Memory. In J. E. Birren & K. W. Schaie (Eds.), *Handbook of the psychology of aging* (4th ed., pp. 236–250). San Diego, CA: Academic.

Snowdon, D. (2001). *Aging with grace: What the nun study teaches us about leading longer, healthier and more meaningful lives.* New York: Bantam Books.

Spence, D. R. (1975). The meaning of engagement. *International Journal of Aging and Human Development, 6,* 193–198.

Stoller, E., & Gibson, R. (2000). Advantages of using the life course framework in studying aging. In E. Stoller & R. Gibson (Eds.), *Worlds of difference: Inequality in the aging experience* (pp. 19–32). Thousand Oaks, CA: Pine Forge Press.

Styrcula, L. (2001). Under cover no more: Plain talk about mature sexuality. *Nursing Spectrum, 11*(12DC), 16–17.

Valliant, G. E. (2002). *Aging well.* New York: Little, Brown and Company.

Vella, J. (2000). *Taking learning to task: Creative strategies for teaching adults.* San Francisco: Jossey-Bass.

Wahl, H. W. (2001). Environmental influences on aging and behavior. In J. E. Birren & K. W. Schaie (Eds.), *Handbook of the psychology of aging* (pp. 215– 240. San Diego, CA: Academic Press.

Waldstein, S. R. (2000). Health effects on the aging mind. In P. C. Stern & L. L. Carstensen (Eds.), *The aging mind: Opportunities in cognitive research* (pp. 189–217). Washington, DC: National Academy Press.

Waldstein, S. R. & Elias, M. F. (2000). *Neuropsychology of cardiovascular disease.* Mahwah, NJ: Erlbaum.

Walker, B. L., & Ephross, P. H. (1999). Knowledge and attitudes toward sexuality of a group of elderly. *Journal of Gerontological Social Work, 31*(1/2), 85–107.

Willis, S. L. (1996). Everyday problem solving. In J. E. Birren & K. W. Schaie (Eds.), *Handbook of the psychology of aging* (4th ed., pp. 287–307). San Diego, CA: Academic.

第四章

建立生物社會心理評估

何謂評估？

　　在前面幾章，對於老年人的生理、心理，以及社會發展變化範圍已有詳細討論，所得到的知識可以當成是一種重要的且瞭解身體、心理，以及社會改變的基礎，讓老年人知道哪些情況不是正常的老化過程。一位老年學社會工作者針對有助於老年人的介入活動作了初步推測，並依據老年人如何在老化的生物心理社會模式下設立目標。這一章將提到評估過程、社工人員對於老年人體力和挑戰造成影響的研究，以及社會環境因素所造成的影響。評估過程中蒐集到廣泛有關老年人在其生活環境中的生物心理社會功能的品質資料，不僅是以社工的觀點，同時也從老年人的看法來進行評估作業。

　　一個有建設性的老年生物心理社會評估，是一種有動力並互相影響的過程。它利用社工人員對於人類行為的專門知識以及老年人自己的能力去適應並存活於當下的環境。藉由這些資訊的蒐集獲得一份評估，被用來指出哪種服務會是改善老年生活品質最好的服務。

　　老年學社會工作者的老年評估並非是一般用來診斷老年醫學的診斷報告。老年評估通常都是由一個團隊來執行，包括醫師、社工人員、心理醫師、職業治療師、演說病理學者，以及物理治療師。由各個專業人士就其專業部分來對老年人加以評估，進而彙整出介入與治療計畫。診

斷檢查的條件大都跟深入的醫療或精神病學評估有關，事後也必須提出醫療或精神病學問題的相關證明。雖然老年學與診斷檢查對於老年的持續關懷很重要，但也都是依據本章的生物社會心理評估為基礎而來的。

什麼是生物社會心理評估的目的？

評估的基礎是指出支持或復健服務如何協助老年人維持獨立與令人滿意的生活型態。帶有教育過程的評估，同時也讓老年人與適當支持系統注意到會威脅到老年福利的高風險地帶。評估的進行通常都是在老年人的生活有所改變之後進行的，像是生重病、跌倒、喪偶、生活上的改變、或是由家人與照護者觀察到的明顯不便情形。一份坦誠與徹底的評估，同時要確認老年人能夠獨立運作與所面臨到明顯挑戰的部分。一旦受限的部分被確認，就能針對需要而提供支持、復原或替代功能的服務項目。

能力與障礙的評估

在評估的過程中，傾向關注什麼是老年人無法作是種失誤。一般社會都傾向於聚焦在老化過程中產生的身體與智能喪失，而不是去注意到了那個年紀依然保持（甚或是已有改善）的能力。評估並不是針對老年人每天面對的障礙而設的。評估也應該確認老年人依然保有或已獲得改善的力量，以協助他們彌補其他喪失的能力。比如，倘若老年人無法爬樓梯，就可將臥房改在樓下，以避免老年人從樓梯上摔下來的風險。這個過程代表一位老年人試圖將他的個人空間縮小到一個更容易處理的範圍（Rubenstein, Kilbride, & Nagy, 1992）。這在社工人員看來很像是老年人已經無法待在他住了一輩子的房間，但這卻是老年人想辦法在一個較小空間中依然保有操控自己生活的方式，而不是搬離他所熟悉的環境，這是一種力量，而不是一種弱點。

同樣的，一位老年人可能大部分時間都花在一張簡單舒服的椅子上，而周遭伸手可及的是電話、電視，以及重要的報紙，以減少他必須起身走動的次數，這便是一種調整移動與走動的方式。

將力量加諸於評估與介入，意味著社工人員必須努力協助老年人

發覺並利用他們自己的力量——移動的力量，以便協助他們解決問題，並獲得服務的目標（Chapin, Nelson-Becker, & MacMillan, 2006）。介入的目標就是要建立並評估老年人現有的力量，並藉由這個力量來克服障礙。

支持與維持現有功能的判定方法

評估的過程有助於確定老年人仍然存在的功能，只要稍微給予協助，便能讓老年人維持自給自足。老年醫學最重要的原則之一就是把老年人的獨立能力極大化，並促使他們維持自己的尊嚴。有了這個原則，評估便集中在維護老年人的獨立能力，或是藉由其他支持來達到這個目的。例如，一位年老的喪偶者可能因為持續惡化的視力而放棄自己開車。從自己與他人安全的考量來看，雖然這是一個明智的決定，但是這個決定可能會有其他後果，譬如會影響到他參與老人中心的日常活動，因為他每天都到那裡用中餐並跟朋友一起玩牌。為了維持他與外界的聯繫活動，評估作業便需瞭解到老年人需要的是交通，而不是把餐飲送到家的服務。送餐服務考慮的是營養問題，但卻剝奪了老年人與社會接觸的機會。評估作業必須正確的找出並鼓勵維持適合老年人的需求，以維持其獨立功能的方法。

修復失去功能的介入方法

在這個部分，有許多治療性介入都在強調改善喪失功能的重要性。可以利用音樂或藝術來幫助老年人減輕憂鬱，但是別指望老年人會輕易的接受這種療法。專業醫師的治療工作特別著重在老年人生病或發生意外事件後，將其能力作最大的修復。這時，評估作業將有助於找出哪些功能已經受損，而哪些支持可以用來重建那些受損的能力。例如，一位剛喪偶的寡婦一直都依賴丈夫載她去購物和看醫生，這時她就需要學習搭乘公共運輸系統來開始她的獨立行為。一位因為循環問題剛截肢的糖尿病患者，則必須學習如何使用義肢讓她不需要依賴輪椅來穿梭在自己的家中。

修復失去功能的替代方法

評估作業也被用來找出老年人需要哪些協助來替代失去的功能。例如，一位輕微中風的老年婦女便需要評估她是否適合返回自己的家中休養。評估要做的是決定她是否有能力處理日常生活起居，像是在家中走動、獨自使用浴廁，以及自己調理食物，但她卻需要有人協助她每週數次的洗澡以及送餐服務。一份完善的評估在確認失去部分能力的同時，也需瞭解個案仍然保有的獨立運作能力。利用支持服務來補足現存的運作功能，以替代失去的功能，可以幫助老年人加強自己維持獨立行動的能力。

有時，評估過程可以幫助家人及支持系統瞭解病患是有能力獨立生活的。眼看著心愛的家人逐漸孱弱是很讓人心痛的，以至於不願面對必須尋求專業協助的需求，尤其是當老年人也不願接受協助照護時。由評估作業蒐集的資料提供了重要依據，讓家人及老年人之間可以作出雖然是艱困但卻誠實的決定。

評估老年人的特殊考量

評估是社會工作的實務中，對所有案主群例行且重要的部分，但是在與老年人互動間卻有許多特殊的考量。

獨立與依賴之間的平衡點

到此為止，本章強調的是一份建設性的評估，乃是綜合了社工人員的印象與觀察，以及老年人對於自己行動能力程度的看法。由老年人本身來確認自己的不足，並接受支持性服務以提升日常生活功能是有道理的。但是，對於失去獨立能力而被迫離家的那種根深柢固的恐懼，不論如何隱藏，通常都會讓老年人不想知道也不願承認自己行為能力上的受限。這種恐懼與顧慮是如此的強烈，以至於老年人會盡最大的力量來否認或隱藏自己遭遇到的問題。讓老年人搬到更好活動的生活空間，很容易因為害怕被遷移到療養機構而不惜一切維持獨立能力的現象，是否認能力問題的重要決定因素。當社工人員或健康照護者在進行評估作

業時，老年人最怕的是認定他們行為能力減弱的結果。評估人員注意到這種恐懼是很重要的。在介入老年人生活時，可能會呈現對老年人的威脅，於是老年人便會試圖去維持獨立與依賴之間的不確定性的平衡。

評估的原因

在正常的情況下由個人或家人自動要求社會服務機構協助時，社工人員可以認定個案是否是自發性的想要尋求支持性服務來改善他們的生活品質。如果一位老年人需要的協助在於特定範圍，像是整理家務、做雜務或送餐服務，評估過程則被視為是一種幫助老年人既得到所要的服務，又讓他人認為合適的服務作業。

在這種情況下，所要的評估與介入便是依照案主要求而做的。這時，老年學社會工作者就能夠期待客戶可以更積極的參與評估過程。由老年人自己接洽提供服務的過程，可以讓他們積極地參與任何服務計畫的自我決定的過程。老年人可以決定介入與服務程度的多寡。

然而，在老年學社會工作中，評估與介入作業的要求往往都不是來自於老年人本身。如果由其他成員提出評估要求時，譬如家人、照護者、鄰居或公家機構人員，像是警察，這時情況便複雜多了。在這種情況下提出評估的理由和目標，就不是很明確了。此時，社工人員在評估過程中找出提出評估人的目的便很重要。老年人本身同意由社會服務機構介入嗎？由社會服務機構介入，是否違反了老年人的意志？老年人是否有能力拒絕介入作業？家人與照護者想要得到怎樣的評估結果？這些期待中與社會工作者承諾的自我決定意識原則一致嗎？這些問題都需要在評估作業進行之前加以考慮，以利社工人員與老年人都可以對評估的目的有著清楚的共識。

倘若評估作業是在老年人不願意配合的情況下進行，就好像是跟一個非自願案主合作一樣，社工人員得到的一定是抗拒。小孩或是青少年對於接受治療較少有選擇權，因為他們的權力尚未成熟。但是，老年人對自己的自決權力卻擁有完全的自主能力，除非法律明文限定他有被監管的需求，否則老年人的家人或照護者都無法取代老年人本身的自決權力。

老年人口的異質性

在內文中所強調的是，老年人口本質是很多元的，因此，社工人員所作的評估過程就應該因人而異。大多數的老年人都能很誠實地積極參與評估過程，因為那關係他們自己的能力與需求。有些人則既不積極參與，也不願面對自己能力受限的問題。嚴重聽力與視力受損的個案便無法採用一般的評估工具，甚至連使用語音溝通都非常困難。有些老年人甚至連最基本能力的檢測都會因為極度的焦慮而無法或不願參與，有些則是在失智症或憂鬱的踐躪下，讓評估者無法進行評估作業。

這種情況就需要社工人員採用傳統的評估來找到過程中的認知與障礙。可確保任何有助於老年人的設備都可使用，比如助聽器、眼鏡、一副假牙或移動輔助器具等。讓老年人利用放大鏡或加強光線來接觸印刷或書寫的東西、以更口語化的語調來緩和測試氣氛，進而減少憂慮現象的出現，讓老年人覺得跟你在一起很自在，他是以自己的步調而不是以你的步調來作評估。避免使用專業術語，因為那會讓老年人感到害怕和困惑，並應儘量解釋為何你要問那些問題。老年人有權力知道你要尋求的是什麼，以及為何要作評估作業。

尊重個人的隱私

社會工作最重要的價值之一，是確保個人的隱私。多數的社會服務個案中，每個案例都會被問及一些非常私密的個人議題。社工人員如果以個案願意透露的個人資訊來評斷介入作業的接受性是不恰當的。願意配合的個案，他們被認為是配合的；但如果他們拒絕跟剛見面的社工人員討論個人資訊，通常會被貼上拒絕合作的標籤。這兩種標籤都是不正確的。個人隱私必須受到保護，對一個從未接觸過社會服務的老年人來說，社工人員試圖打探個人隱私會被解讀為是冒犯、不恰當，以及魯莽的行為。

評估工作需要社工人員問到個人健康、社會關係、財務，甚至令老年人無法回答的特殊問題。縱使社工人員知道失能所造成的健康風險，也瞭解這種情形可以被有效的治療，但要老年人願意主動討論如廁的問題卻是不可能的事。跟一個陌生人坦承自己有尿失禁問題，對老年人來

說是令人無法忍受的困窘。同樣的，社工人員縱使知道早期失智症偶爾的記憶減退是可以被治療的，但老年人會因為恐懼而否認他們的問題。因為不記得今天是星期幾以及總統的名字，可能會導致老年人變得抗拒或好於批評時政。老年人最敏感的莫過於財務問題，如果一個人終其一生都不跟別人討論他們的財務，也不希望別人問及個人的經濟情況，這時，社工人員要跟他討論錢就變得非常困難。這點對於沒有錢跟很有錢的人來說都一樣。

建立評估的條件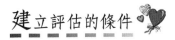

物理的環境

最理想的評估環境是老年人的家中，因為在他自己的地盤可以減少不可避免的焦慮與心不在焉。在居家進行評估也可以讓社工人員證實或考驗老年人自稱的行為能力。更進一步可以從老年人家中注意到的細節，在本章稍後討論評估內容時會有更詳盡的說明。社工人員對於在醫療或療養機構中進行的評估作業，並無太大的掌控能力；然而，讓老年人在熟悉的居家環境，還是比將他們遷移到不熟悉的地點來得好。

但是不管是居家或在設定機構，有些基本的評估條件還是可以加以控制的。只要確保老年人能夠使用所有的協助器材，譬如助聽器、眼鏡、假牙，或是移動器具，像是助步器或枴杖。此外，還要有足夠的光線讓老年人可看清楚所拿到的書面資料，以便對社工人員進行的評估有全面的瞭解。

儘量減少因為開門、後院雜音或惱人眩光所造成的分心。收音機和電視也要關閉，以確保老年人能夠清楚的聽到與看到評估者，而不會受到任何的干擾。

如果評估會涉及特定資訊的取得，例如醫療紀錄、財務資料等，就應該給老年人足夠的時間準備相關資料，以便在訪問時可以使用。老年人在瞭解了評估過程細節的情況下，會比較有信心接受訪談。

雖然家庭成員、鄰居、醫療人員可以協助取得評估所需的資料，但仍可以先跟老年人單獨進行初次的評估作業，因家庭成員與配偶在場會

提升由他人替老年人回答問題的可能性。

功能的最佳狀態

應選擇在老年人不會感到疲倦或不舒服的時候進行評估作業。對於有嚴重健康問題的老年人來說，疲倦可能會讓他們無法進行冗長的問卷作答。如果評估作業既冗長又詳細，可以分開採取多次的短時間進行訪談。腦部受損的老年人對早上與傍晚的時間會產生混淆，所以可以在這些時段內檢測他們認知功能的正確性。

對於影響社工人員與老年人之間介入品質的文化與性別議題，要有敏感度。如果英語不是受評估老年人的母語，最好安排一位熟悉評估過程的專業翻譯人員，而不只是找個會說相同語言的人而已。有些西班牙裔與亞裔美洲女性便覺得與男性社工人員討論私人問題，令人非常不舒服。

評估目的的闡述

由家庭成員提出對老年人進行評估的要求，卻又要求社工人員不要洩漏資料給老年人，是常見的情形。進行這種欺騙性的行為是不道德而且是不正當的。老年人必須清楚地知道評估的特殊目的，以及是誰提出評估的要求，還有評估發現的結論會有什麼結果。評估老年人能力與挑戰的作業，必須得到老年人的同意才能進行。取得老年人同意是社會工作者最基本的道德原則。

如果有些案例的老年人無法表達自己的意願，或是沒有能力瞭解評估的目的，那麼所有的作為都必須以保護老年人的權利與自尊為原則。即使老年人無法完全瞭解評估過程，社工人員也應該花時間向他們解釋。這個解釋的過程便是社工人員的保護措施，確保他或她清楚地知道尊重老年人意志的努力的目的。家庭成員以及指定的照護者必須徹底明白評估過程的動力，以及當老年人的認知能力受限時，誰可以得知結果。

保密議題

社工人員必須讓個案知道他或她所說的事都將絕對被保密。在老年

人的評估過程中，不能也不可以將它當作是一種鼓勵老年人分享個人資料的方法。資料是用來解決適用於老年人的許多支持與復健服務，醫護人員可以因此而得知適合老年人的醫療資訊。如果老年人要申請補助，社會福利機構會檢查他的財務情形。音樂或藝術治療師則是因為憂鬱或失智的資料而給予介入的協助服務。讓老年人明白他們的資料只會提供給對他們的特定需求有幫助的單位，老年人需被保證他們的資料是受到特定團體所保護的。誠實的解釋保密的規範，便是社工人員的義務。

綜合性評估的要素

老年功能評估的特定層面，取決於評估的目的。對於那些沒有明顯身體或醫療問題而只呈現嚴重憂鬱情形的老年人來說，社工人員便只需針對精神健康作評估。那些無情緒或認知問題，而只是受到日常生活行動所困的老年人，行動功能的評估則是他們所需要的。有八種主要的廣泛評估要件，包括：身體健康、精神與情緒狀態、性行為、社會功能、靈性、日常活動能力、經濟來源，以及環境安全。因為各個機構有其標準格式，所以應沒有一套制式的評估標準可供參考。其他適當的評估工具有助於社工人員提供進一步的評估確效。而本章所要討論的是一般的評估作業，接下來的其他章節則會進一步探討特定的精神健康與社會關係。

社會工作者可以進行的最重要工作是自發性的觀察，儘可能的由觀察當中蒐集資料，進而讓老年人願意繼續參與評估過程。請張大你的眼睛仔細看，打開你的耳朵用心聽。

人口統計學的基本資料

首先必須取得基本的人口統計資料，因為基本資料中的老年人姓名、地址、出生年月日，以及婚姻狀態等紀錄，都將有助於後續的評估作業。取得資料的過程可以讓老年人有機會與社工人員接觸，而不至於讓老年人有被「考試」的感覺。取得老年人更進一步的個人資料，有助於瞭解他的家庭成員，包括兄弟姊妹和孫子女，如此便開始了支持系統的建立。另外還要詢問他們的受僱情形、服役歷史，以及教育情況。開

始準備好聆聽比你進行評估所需要的更多其他資訊。老年人也會利用這個機會來測試你是否有意願聽他們講話，或是誇耀他們自己或家人的成就。

多花一點時間讓老年人放鬆並覺得跟你在一起很自在，是值得的。討論老年人的嗜好與興趣，可以讓你更完整的瞭解他。另外也可以問他關於種族與族群認同的意見，這會有助於讓你知道「認同」在老年人的生命中所扮演的角色。

身體的健康

利用你對於老化造成的正常變化的認知，並仔細觀察有哪些身體上的變化會影響到老年人。你對於老年人健康的第一個印象是什麼？他們有行走困難、無法站起來、或是呈現肢體協調困難嗎？你有看到顫抖或癱瘓的情形嗎？有任何中風前的跡象嗎？像是言語不清或身體半邊無力的情形？短暫性腦缺血發作（小中風）的老年人會呈現拼字的不完整。

老年人知道自己有心臟問題嗎？老年人是否有呼吸困難，或稍微動一下就喘氣的情形呢？在問到老年人有關高血壓時，有些老年人會以血壓高來形容高血壓的情況；同樣的，有些老年人會將糖與糖尿病聯想在一起。如果你對於老年人描述健康情況的條件不是很清楚時，就要再一次跟他釐清。

老年人的聽力是否受損？有些喪失聽力的老年人會以點頭來表示有聽到你講的話，但卻無法正確回答問題，或者對於你的問題不予理會。電視機開得很大聲，或是聽不到電鈴或電話響的聲音。聽力喪失會導致溝通困難，如果老年人無法聽到你的問題，那麼評估作業便無法期待有正確的答案。還有，有些老年人會否認自己的聽力受損，以至於讓溝通過程令人感到憂鬱。表4.1中有些建議可以幫助你更有效地與聽力喪失的老年人進行溝通。

老年人是否有視力明顯受損的情形，對於評估作業的影響也很大。視力受損的人在聽別人講話時可能會瞇著眼看，或是斜著看跟他講話的人，因為他們要試圖找出聲音的來源，以及說話人的位置。視力受損的人要伸手拿東西時會有不確定的樣子，因為他們必須去感覺東西的所在，而不是看到物品才伸手去拿。有些老年人對於辨認顏色有困難，

表4.1	與聽力受損老年人說話的建議

- 面對他大聲說話。
- 站在光線好的地方，同時降低背景聲音。
- 緩慢且清晰的說話。
- 別在說話時用手擋住嘴巴、東西或是嚼口香糖。
- 利用臉部表情或手勢給予提示。
- 必要時需重述你的問題。
- 有耐心，保持肯定與放鬆。
- 詢問對方如何才能讓他更瞭解你的問題。
- 在公開場合使用麥克風講話。

來源：國家老化研究所，2002。

以致穿搭不協調色調的衣服。對於喜歡閱讀的老年人，也會因為視力問題而無法享受閱讀的樂趣。看著一位老年人在房間走動的情形，便可以讓社工人員瞭解他視力受損的情況。視力受損的老年人會在一覽無遺的視覺下碰到牆壁，或是在平坦的地面被地毯絆倒。視力受損的老年人在吃飯時，也可能無法從餐盤上以叉子來取得食物。視力受損的老年人通常都會打翻杯盤（美國盲人協會，2007）。

你是否在屋內聞到過危險的氣味，像是瓦斯、煙味，而老年人卻沒有察覺？同時也要注意室內的溫度，過熱或過冷都可能是老年人置於低溫或是過熱風險的警訊。你自己觀察到的現象，對於所提問的健康狀態是很重要的附帶資訊。

雖然只要一位醫師或護理人員便能專業地評估一位老年人的健康，但從老年人身上取得的基本醫療資料也是評估過程很重要的一部分。什麼是老年人的醫療問題？過去和現在的問題又是什麼？他們是否接受醫師的定期照護？誰是醫護與健康照護的提供者？老年人是否接受其他的健康照護，譬如手療法醫師、中草藥療者或針灸師？老年人是否有使用草藥或不用處方籤的藥物而未告知健康照護者？

詢問老年人的醫療保險，也有助於判定他們的經濟和接受醫療照護的情形。老年人服用的處方用藥是什麼？是用來治療什麼疾病？不用處方籤的用藥也是個問題，因為老年人不覺得那些也算是藥品。必須要求查看所使用的藥物瓶子，以確認處方的正確性，另外也要查看已經過期的藥品。同時還要觀察有哪些協助器材是必需的，例如眼鏡、助聽器或

行走器具。

　　跟老年人討論他們的飲食習慣，可以判斷他們的營養是否足夠，以及老年人是否有能力自己準備餐飲。徵求他們的同意去檢查碗櫃與冰箱，藉此可以得知屋內的食物是否足夠，同時也有機會檢查腐壞的食物。如何以沒有威脅性的方式以及誠實的反應來詢問老年人有關菸酒的使用情形，也很重要。

　　詢問老年人自行及時使用洗手間的能力，是另一個需要探索的部分。浴室的設備是否方便老年人的起居空間？是否有令人刺鼻的味道或是污染衣物等失禁的情形？家具是否潮濕或有污漬，代表有失禁情形？這些都是非常敏感的問題，而老年人也會因為困窘而否認。這時就得利用環境的線索來幫助你直接得到訊息，以便降低威脅性。這方面在第二章中曾詳細說明過。

　　詢問老年人如何給自己的健康打分數也很重要。他們認為自己健康嗎？什麼是他們認為的主要健康問題？健康問題阻礙他們從事想做的事情嗎？有其他的家人表達對他們健康的關心嗎？對於自己的慢性疾病調適得宜的人會認為自己很健康，最近剛發生一點輕微健康問題的人則認為自己是不健康的。有些因為健康情形而限制了他們日常活動的老年人，則會評定自己的健康為不良或是普通。

　　老年人是否有健康照護代理人？他的朋友或是家人被指定在他們沒有能力時，代為決定他們的健康照護嗎？在某些州有所謂的健康照護委託。在第十一章中討論到瀕臨死亡時，會對這個委託文件作進一步的說明。每年有一、兩百萬的老年人在身體、心理或其他形式上遭到虐待（全國老年虐待中心，2005）。從老年人身上可以看出受虐的痕跡。老年人身上是否有可疑的瘀傷或受傷的痕跡，而他們又不願去談論？在評估過程中，老年人是否有不斷改變受傷過程的說法？老年人的皮膚比年輕人容易受傷，所以年輕人輕微受傷的程度，就如同老年人的嚴重瘀傷。如果老年人有照護者，便可以在照護者離開房間時，詢問老年人那些可疑瘀傷與受傷的原因。假如發現老年人有受虐的情形，應當立即透過當地的社會服務部門向成人保護服務機構通報。如何探測老年人的虐待與疏忽問題，會在第九章中加以討論。

　　最後，在你跟老年人探討了許多問題之後，老年人所說的健康情形

與你所觀察到的有一致嗎？如果老年人沒有抱怨聽力或視覺上的問題，但你的觀察結果也是如此嗎？要是老年人否認有行動上的困難，這跟你的觀察符合嗎？

評估是一個動態的過程，透過由社工的觀察與老年人的觀點形成最後確認的問題。如果你的觀察與老年人的反應有很大的不同，想想其中的原因何在。是不是老年人害怕被迫離開自己的家？你對於老年人仍然有足夠運作功能的預期是否不切實際？如果老年人未曾接受定期的健康照護時，應建議他們去做身體檢查，並協助他們安排預約，對他們也會有所幫助。獲得允許去瞭解最近所做的任何醫療檢測，有助於評估老年人的健康情形，但這應該是與將來所要追求的服務規劃有關的部分。由醫護人員的探視以及居家照護的協助，可以得到更專業的醫療上的新發現。

社會心理的功能

彙編老年社會心理功能的正確圖像，就從你跟他們接觸開始。開始跟老年人談論心理的健康時，你便可以大略知道他們會如何回答問題、回想真實的資訊，並繼續一個有條理的對話。評估心理運作功能的目的包括：個性、智力、記憶、失智，以及譫忘（暫時性的精神錯亂）。

個性。個性是一個人心理功能的一部分，它讓我們看出一個人如何看待世界，以及面對壓力。你如何形容這位老年人的個性？問他或她跟年輕時有什麼不同？他們人生中所面臨的最大壓力來源是什麼？假如老年人提到一個特定的壓力事件，例如，一場重病或者家人、朋友的死亡時，要去探討他們是如何應付壓力的。所得到的答案可以讓你得知老年人解決問題能力的內在想法。你是否感覺老年人有掌控自己命運的能力，亦或只是在事件發生時去面對它而已？老年人對於自己生命的主控權是情緒健康最佳的指標之一（Rubenstein, Kilbride, & Nagy, 1992）。

智力。你對於老年人智力最基本的評估是什麼？老年人如何保持智力活躍，是藉由閱讀、填字遊戲或其他智力活動？教育程度並不是用來評定老年人智力能力最正確的指標，而是看他們如何運用智力來解決問題，或是維持與生活的連動。沒受什麼教育的老年人也有可能有很好的創意來維持自己生活環境的主控權。

記憶。老年人對記憶的評估，對於瞭解他們記憶功能惡化的程度有其重要性。老年人近來是否對於最近以及以前的事有想不起來的問題？你是否注意到老年人有刻意努力去想起某些事情，或是以「我不記得了」來回答大多數問題的情形？老年人是否在評估過程中不自覺的重複某些部分？從個案的情形要判斷老年人有沒有覺察記憶的喪失，或只是認命地認為那是老化過程的一部分。

失智。失智指的是老年人逐漸減退處理並表達對事情看法的能力，對於時間和空間沒有概念，也無法想起最近和以前的事情。存在於老年人之間最熟知的是阿茲海默症，在第五章會有詳細討論。心理評估的目的不是讓社工人員來診斷失智症的本質，而是將症狀記錄下來以利建議後續的認知功能減弱測試。失智症係因為大腦的生物變化所造成的，而且是漸近而非突然發生的。雖然深受失智症所苦的老年人仍然呈現出正常的睡眠模式、食慾，以及精力狀態，但對方向與日常活動卻又出現迷惘的感覺。他們對於從事基本的智能活動產生困難，例如，無法記起常見事物的名稱、不能確認正確的年月日，同時也無法集中精神或作出簡單的決定。這種不足的現象出現在認知與智能反應，而不是嚴重的心情改變或是影響。老年人可能會也可能不會察覺到這種認知功能上的不足，然而，有某種程度失智症的老年人還是能夠閒聊或作些簡單的決定，而不是只會回答「我不知道」。這是一種意識或無意識的嘗試來減低認知功能的喪失。

一個簡單又通用以確認失智現象的工具是小型精神狀態檢查，參見表4.2（Folstein, Folstein, & McHugh, 1975）。

 表4.2 Folstein簡易精神狀態檢查（MMSE）

　　1.對於時間的認知
　　　「今天是什麼日子？」
　　2.登記
　　　「仔細聽，我將說出三個字。等我停止後，你就倒過來說出它們。準備好了嗎？開始了……
　　　蘋果（停頓）銅板（停頓）桌子（停頓）。現在倒過來說出這些字。」
　　　（重複做五次，但只對第一次打分數。）

3.説出「這是什麼？」
（指向一枝鉛筆或筆）
4.朗讀「請讀出紙上面説什麼並照著做」。
（以刺激方式讓受試者看到這些詞句）閉上眼睛。

這個檢查是用來幫助評估者決定是否有認知認定上的限度。老年人會被問到時間與方向，以及基本的認知功能測試，比如像短期記憶、說出熟悉的事物、閱讀並跟隨一些簡單的指令，以及重新畫出簡單線條等。這個測驗大約費時十分鐘，測驗的結果可以給社工人員一個判斷認知功能不足的底線以斷定癡呆情形。這個測驗並非是認定失智的指標，而只是讓評估者在過程中對於老年人的認知功能有初步的瞭解。如果老年人得到的分數很低，就得建議再作進一步的認知功能測驗。

譫妄（暫時性的精神錯亂）。不同於失智，譫妄是一種急性、暫時的類似失智症狀。譫妄的症狀有：缺乏方向感、困惑、無法作決定、敏捷度降低，這些便是譫妄的症狀。最主要的差異在於譫妄的開始是急速的，而且跟辨認與危機事件有關，比如藥物中毒、脫水、營養不良、感染、戒除酗酒、或是低溫症等（美國精神病學協會，2000）。

罹患譫妄的老年人會有認知上的波動，而且會出現失序思考與嚴重的記憶惡化。情緒與智能的穩定性都將隨之惡化，老年人因此會有幻覺與迷惑的感覺。在老年人經歷了疾病或其他事件之後，家人會注意到老年人這種突然的功能變化。譫妄需要立即施以醫療救助，以減低造成永久性傷害的可能。醫療上的建議與評估作業對於老年人的譫妄是沒有幫助的。第五章會對譫妄作詳細的討論。

情感的幸福感

憂鬱。評估老年人的情緒，必須視老年人的情緒狀態是否穩定而定。例如，老年人是否呈現憂鬱，或是口頭上表示他或她大多時間都感到哀傷與無精打采？每個人都有感到憂鬱或哀傷的時刻，但若是哀傷的狀態持續延長，就不是正常的老化過程。試著發掘老年人最近是否有喪偶、失去親人或摯友的情形。在這種情況下，哀傷就不應該視為問題，除非這種憂鬱的情緒已持續很長一段時間。嚴重憂鬱有兩個主要特性，

憂鬱的心情和對日常活動失去興趣，然而對於日常活動的興趣卻是老年人的歡樂來源（美國精神協會，2000）。第二個特性包含一種非常悲傷的感覺、經常想哭，以及混亂的睡眠模式，可能造成不眠症或過度嗜睡。憂鬱的人通常會表示有慢性疲勞與沒有體力的感覺。老年人比較會去注意他們無法做的事，而不是去注意隨著老化與疾病過後依然保有的力氣與能力。有明顯失智症的老年人，他們不會用討論的態度，而是不假思索的對許多問題以「我不知道」來回答。憂鬱的老年人通常連最簡單的決定也不做，像是想吃什麼或想做什麼。在訪問憂鬱的老年人時，不難發現他或她對生活已經不在意，也失去了重新振作與參與任何活動的活力（Mosher-Ashley & Barrett, 1997）。

有一種常用來作初步憂鬱認定的是老年抑鬱量表（GDS）。老年抑鬱量表被廣泛地用三十道簡單的是非題來判定老年人的輕度到重度憂鬱程度。

表4.3便是老年抑鬱量表。這個檢測有效的對於老年人認知能力作廣泛的評估，是公認具信效度的測量方法（Yesavage et al., 1983）。量表中許多問題的答案有助於社工人員確認老年人的特定支持協助。光就一次量表結果並無法正確地診斷憂鬱程度，必須做超過一次的量表才夠。因為單次的結果可能是在最近的喪親事件或其他事件下進行的，所以該結果不足以作為長期憂鬱評估指標。

表4.3	老年抑鬱量表（GDS）		
	1.你對你的生活方式感到滿意嗎？	是	否
	2.你是否放棄了許多活動與興趣？	是	否
	3.你覺得生活空虛嗎？	是	否
	4.你常感到無聊嗎？	是	否
	5.你對未來感到有希望嗎？	是	否
	6.你腦中有揮之不去的煩惱嗎？	是	否
	7.你大多時候都有好心情嗎？	是	否
	8.你是否害怕有不好的事情要發生在你身上？	是	否
	9.你多數時間都感到快樂嗎？	是	否
	10.你常感到無助嗎？	是	否
	11.你常煩躁不安嗎？	是	否
	12.你寧願待在家中也不想外出嘗試新的事物嗎？	是	否

13.你常為未來感到憂心嗎？　　　　　　　　　　　　　是　　　否
14.你覺得自己的記憶問題比其他問題嚴重嗎？　　　　　是　　　否
15.你覺得自己現在仍活著是很棒的事情嗎？　　　　　　是　　　否
16.你常感到憂鬱與憂鬱嗎？　　　　　　　　　　　　　是　　　否
17.你覺得現在的自己很沒用嗎？　　　　　　　　　　　是　　　否
18.你常為過去煩惱嗎？　　　　　　　　　　　　　　　是　　　否
19.你覺得人生很有趣嗎？　　　　　　　　　　　　　　是　　　否
20.你對於從事新的活動有困難嗎？　　　　　　　　　　是　　　否
21.你感到精力充沛嗎？　　　　　　　　　　　　　　　是　　　否
22.你覺得自己的情況毫無希望嗎？　　　　　　　　　　是　　　否
23.你認為別人的情況都比你好嗎？　　　　　　　　　　是　　　否
24.你常為小事生氣嗎？　　　　　　　　　　　　　　　是　　　否
25.你常有想哭的感覺嗎？　　　　　　　　　　　　　　是　　　否
26.你有集中精神的困難嗎？　　　　　　　　　　　　　是　　　否
27.你喜歡早上醒來的感覺嗎？　　　　　　　　　　　　是　　　否
28.你會選擇避免社交聚會嗎？　　　　　　　　　　　　是　　　否
29.作決定對你來說是件簡單的事嗎？　　　　　　　　　是　　　否
30.你的思緒跟以前一樣清晰嗎？　　　　　　　　　　　是　　　否

得分：每一題得一分

1.否	6.是	11.是	16.是	21.否	26.是
2.是	7.否	12.是	17.是	22.是	27.否
3.是	8.是	13.是	18.是	23.是	28.是
4.是	9.否	14.是	19.否	24.是	29.否
5.否	10.是	15.否	20.是	25.是	30.否

正常：0-9；中度憂鬱：10-19；嚴重憂鬱：20-30

來源：取自《精神研究期刊》，17(1)，37-49。

J. Yesavage, T. Brink, T. Rose, O. Lum, O. Huang, V. Adley, & V. Leirer，「老人抑鬱量表的發展與確認：初步報告」。版權 Elsevier（1983）。經核准印製。

自殺意念。一個憂鬱的老年人可能會覺得自己已經沒有用而不斷地湧現死亡或自殺的念頭。自殺是65歲以上老年人第十種死亡的原因（Busse, 1992）。老年人的自殺風險比年輕人高出50%（Osgood & Thielman, 1990）。

近期經歷生活變故的老年人特別有自殺的風險，如喪偶或搬離住了大半輩子的住處。獨居且健康狀況不佳，社會經濟地位低而獲得較少社

會支持的白色人種的老年人，也有自殺的高風險。

　　有自殺風險的老年人，必須對其情緒狀態加以審慎的評估。評估過程有些問題應該被提及，以利判斷老年人的自殺風險是否有立即介入精神病學評估的必要。問題包括：

> ・你是否感覺已經不值得再活下去？如果是的話，什麼時候會有這種感覺？
> ・你有想過結束自己的生命嗎？如果是，什麼時候會有這種想法？
> ・你現在仍有那種想法嗎？
> ・你有想過要怎樣結束生命嗎？
> ・你有想好一個計畫了嗎？
> ・是什麼原因阻止你執行你的計畫？

　　這些問題應該被列入每一個老年學評估作業，即使不是依據你所觀察到的老年人對於憂鬱的情緒反應。在第八章中對老年人的自殺有更廣泛的探討。自殺的感覺是不容忽視的，只要發現老年人有自殺的風險就該立即採取行動。

　　焦慮與不安。長久以來，憂鬱一直被認為是一種哀傷與無助的感覺，而焦慮則被定義為是一種慢性的內在不安、令人畏懼、一種有壞事即將發生的深層自覺，所伴隨的是身體上的換氣過度、緊張、頭痛或顫抖等症狀（Mohlman et al., 2004）。老年人似乎很容易為即將發生或不會發生的事情感到憂慮，他們無法集中精神在簡單的事情上面，他們的焦慮狀態降低了回想真實事件的能力。阿茲海默症與荷爾蒙失調所造成的焦慮症狀，也應該在認定老年人罹患焦慮症之前加以釐清。焦慮很容易被誤認為是憂鬱。憂鬱是跟可識別的事件有關，老年人們往往都能夠確實的知道他們所憂慮的是什麼事（Diefenbach et al., 2003）。憂慮本身並非是一種病理反應，而是一種對健康與安全考量的情緒反應。進行評估的時候要能分辨出兩者之間的區別。

性功能

如同第三章所提到的，性慾與性行為對於老年人可能是重要也可能是不重要的事。在急性健康照護危機，比如像末期失智症、重度中風或身體上的疾病等，在危機尚未解除之前，不宜詢問老年人對於性行為的看法（Robinson & Molzahn, 2007）。然而，在危機過去後也不宜與老年人討論性行為，因為所談的通常都是疾病對於老年人的性行為造成了什麼影響。醫師與健康照護者應該用敏感的態度來探討這個議題，所用的詞句應是不具威脅性的，諸如：「不管健康上的問題，許多老年人依然有性行為，這對你來說是重要的嗎？」假如老年人對於這個問題給的是否定的答案，或是回答說已經寡居很久了，這時，社工人員便可以安全的假設性行為對這位老年人來說並不是個問題，也可能是老年人謹慎的決定不跟社工人員討論這個問題。如果老年人的回答是肯定的，那麼有一些後續的問題便有助於社工人員作社會心理作用方面的評估。

Wallace、Boltz與Greenberg（2007）建議詢問老年人如何表達性慾、是否對於滿足性需求有問題或擔心、與伴侶的性關係是否改變，以及社工人員如何提供訊息幫助他們滿足性需求。這些問題雖然不是很詳盡，但可以讓社工人員有開始與老年人討論並確認符合老年人需要的協助計畫。未經訓練的社工人員別把自己當成是這方面的專家，但卻可以用老化所造成的身體變化來回答老年人的性行為問題，或是透過荷爾蒙療法與醫藥的介入。

社會功能

社會功能評估的目的是判定老年人參加或想要參加哪些活動，以及哪些社會支持會讓他們有聚集的感覺。

生活型態。問一位老年人在一天之內要做什麼事是有觀察性的問題，因為所得到的答案有助於讓你分辨那位老年人所建構的什麼樣的世界觀，這是瞭解老化過程的重點。由社會老化理論的活動、撤離與連貫，可以斷定出老年人獨特的早期生活方式的保留與丟棄的活動型態。他們是否仍然維持一樣的生活，或是變得退縮？有任何事情迫使老年人採取較不活躍的生活方式嗎？如果是的話，老年人是否試圖以不同的活

動來替代那些損失？

　　社會疏離。老年人是否感到孤寂而想與他人有更多的互動？老年人多常離家去拜訪朋友或家人、上教堂或參與其他社會活動，像是老人中心、教會活動、打牌俱樂部、購物或參加演唱會？老年人可以使用的交通工具是什麼？老年人是否更常待在家裡？如果答案為「是」，是什麼原因造成的？並非所有的老年人都想整天忙於社交活動，應尊重老年人想要獨處的希望。這些問題的答案沒有對錯，但是可以看出老年人是否對於現狀不滿意而想要有更多的社會接觸。有些老年人喜歡獨處而不認為自己是寂寞的。Townsend（1968）便將「孤立」與「孤寂」加以分辨如下：情緒上的孤立取決於習慣性的生活型態選擇（孤立），是否相對於加諸於老年人情緒或身體上的損失（孤寂）。有些老年人選擇獨來獨往，有些老年人則是因為生活中的事件造成他們成為獨自生活的人。

　　Vanderhorst與McLaren（2005）發覺到很少有社會支持是關係到憂鬱與自殺意念的。社工人員必須能辨別並確認老年人生命中所遭遇到的損失。社會角色，比如像配偶、工作者、社區成員或朋友，可能在年老時喪失而且永遠無法取代。這種損失會嚴重影響到老年社會介入活動的數量與品質。

　　Lubben與Gironda（2003）研發了一種六個問題的簡短方式，呂本社會網絡量表（LSNS-6）是用來評估不同於朋友和鄰居，而是來自家庭成員的量表。在表4.4中可見此量表。因為老年人可能不便將個人的感覺與他人分享並尋求特定的協助，但是朋友與鄰居卻可以提供最重要的支持，一般的社會接觸不是由家庭成員完成的。這份量表可協助社工人員確認對於老年人有利與有弊的社會支持網絡。

　　工具性與情感性支持。工具性支持指的是老年人可以得到的任何外在協助，比如財務支持、協助做家事或跑腿。詢問老年人如果有的話，是誰在這方面協助他們。對於這種安排，老年人與提供服務者雙方都感到滿意嗎？有什麼事情是老年人無法找到幫忙的人而無法做的？這些問題的答案有助於瞭解有哪些支持系統的存在，以及需要再發展哪些支持系統。如果家人或朋友無法幫忙的話，不足的支持可以利用居家服務，如打掃或雜務服務加以協助。

表4.4	呂本社會網絡量表（LSNS-6）

1.你每個月見到或聯絡幾個親屬？
2.你可以自在的與幾個親屬討論私人問題？
3.有幾個親近的親屬是你可以求助的？
4.你每個月見到或聯絡幾個朋友？
5.你可以自在的與幾個朋友討論私人問題？
6.有幾個親近的朋友是你可以求助的？

個別數字的次量表可統計出老年人對親屬與朋友問題的反應，兩者或可合併成一份LSNS-6分數，當成社會隔離的方法（呂本，2006）。

來源：取自牛津大學出版。

情感性支持跟家人或好朋友的關聯更深。有問題時，老年人會跟誰聯絡？有需要時他們會找誰談？他們有可以分擔煩惱或困擾的人嗎？在這方面，女性就比男性更能發展並維繫社會關係網絡。即使只有一位親密的好友，就足以幫助一位老年人撫平痛苦與寂寞，而繼續的認為自己是與他人有接觸的。

靈性層面

一位老年人的靈性層面關係到他或她是否可以面對老化過程的生物心理社會模式的改變。一個健康的靈性層面關係的是心理的健康、克服生活事件的能力，以及增進的自尊（Nelson-Becker, Nakashima, & Canda, 2006）。靈性層面的角色在老年社會工作，包括特定用來協助老年人認定自己角色的工具，會在第十章作詳細的探討，在這裡也會被當成評估作業的一個重要過程。靈性層面不光是指一個人的宗教信仰，雖然那可能是老年人定義自己靈性層面的一部分。靈性層面的概念包括超越個人、尋求解答，以及與他人的連結。

靈性層面的評估通常都是以老年人的信仰或宗教為開始。老年人目前的信仰是否與他們小時候不同？老年人參加的是哪種宗教活動，像是教堂、猶太教堂或清真寺？這些機構對他們的日常生活有什麼幫助？這種宗教連結對老年人造成什麼重要的影響？

即使是沒有宗教信仰的老年人，他們個人的靈性層面也是一種重

要的支持來源。Dudley、Smith與Millison（1995）便以非宗教性的問題來探討一個人的靈性層面：這個人如何形容他或她的人生哲學？這個人如何表達他或她的靈性層面？當他或她感到害怕或需要特別的協助時，是什麼幫助了他們？是什麼東西給這個人希望？這些問題是幫助老年人認定自己靈性層面在他們的生命中所扮演的角色，並以這個靈性層面當作是評估提供老年介入服務的依據（Nelson-Becker, Nakashima, & Canda, 2006）。

日常生活的活動能力

日常生活活動量表（ADLs）。從一個老年人的日常活動能力可以決定他或她執行基本自我照護的能力，譬如進食、如廁、移動與搬遷、沐浴、穿衣和打扮。這些行為能力受到身體與心理狀態的影響，進而關係到他或她日常生活的需求。

日常生活活動的主要缺點就是指出老年人必須獲得支持服務才能生活。老年人可以自己餵食，或是需要協助將食物切成小塊才能入口嗎？老年人能夠在需要的時候自己去上廁所並控制自己的排泄嗎？老年人可以行走於居住空間，不需協助便能下床或從座椅上起身嗎？老年人能夠自己在浴缸中沐浴、淋浴或用海綿洗澡嗎？老年人是否可以獨立選擇搭配衣物，完成裝扮，如梳理頭髮或完成基本的牙齒照護嗎？

工具性日常生活活動量表（IADLs）。工具性日常生活活動量表就比日常生活活動量表複雜，但仍保有基本的獨立居家生活，如使用電話或準備三餐。失去執行日常生活工具的能力，便是老年人認知能力開始下降的開端，或者是健康問題已開始惡化。典型的日常生活工具包括：

1. 使用電話，包括撥號與接聽電話。
2. 購物，包括列出並採購清單的能力——如果有交通工具的話。
3. 準備食物，包括不需協助即能擬定菜單，也能做好菜餚。
4. 打掃的能力，包括粗重的工作，像是洗擦地板或基本的家庭雜務，如除塵或鋪床。
5. 獨立使用交通工具，如搭車、公共汽車或計程車。
6. 醫藥管理，包括不需旁人提醒即可以按時服用藥物。
7. 財務管理，包括開立支票或按時繳納帳單。

這些活動的評分通常分為三級：完全獨立地完成工作、需要協助來完成部分工作、完全無法自行處理。工具性日常生活活動能力情況逐漸變壞，不代表老年人就無法獨立生活。他們會建議由支持服務來協助老年人儘可能地維持獨立的能力。一個有效的評估需要有老年人對於問題的回應，以及社工人員的觀察合併而成。你有什麼證據來證實或反駁老年人自己的評估？不是建議老年人作出不實的回應，而是著重在老年人是否因為害怕失去獨立而作出對於日常活動不實的評估。要老年人向他人承認自己已經無法像從前一樣執行日常生活的活動，是很痛苦的。

經濟來源

想要正確的評估，可以詢問老年人的財務來源。雖然財務情形對老年人來說是個敏感的議題，但還是可以用比較間接的方式來問。老年人是否擔心有足夠的錢支付平常的生活開銷？老年人是否因為錢不夠而無法獲得處方藥或購買食物？有錢可以供急用嗎？探討老年人的財務來源，可以知道老年人的其他財務或他有資格取用的其他來源，例如，社會安全生活補助金（SSI）、醫療補助或是急難救助。如果老年人相信你的問題是用來幫助他們改善其生活水準，對於錢的問題的答案就會得到更多，因此，尊重老年人的個人隱私是很重要的。

環境因素

評估老年人的環境，包括觀察一般的住家修繕、沒有危險的居住空間，以及基本的安全保障，以確保老年人在環境內的身體安全。有個檢測老年人居住安全問題的清單，如表4.5所示。

表4.5　老年人居家安全清單

利用清單來檢視老年人居住空間的安全問題。用「是」或「否」回答問題，然後再看需要採取哪些改正措施來加以改善。

	是	否
1.燈、延長線，以及電話線是否暴露在走道上？	是	否
2.電線是否完好，有磨損或裂痕嗎？	是	否
3.延長線是否超過負荷？	是	否
4.所有的地毯是否都防滑？	是	否
5.緊急救助的號碼是否貼放在電話旁？	是	否

6.煙霧探測器放的位置對嗎？	是	否
7.煙霧探測器能正常運作嗎？	是	否
8.電熱器是否放在不會絆倒他們的地方？	是	否
9.煤油或瓦斯電熱器通風是否良好？	是	否
10.老年人是否有緊急出口？萬一發生火災有 　　其他的出口嗎？	是	否
11.走道、房間與房間之間的通道，以及其他 　　經常走動的地區，有足夠的燈光照明嗎？	是	否
12.出口與通道有保持暢通嗎？	是	否
13.浴缸與淋浴間有止滑墊嗎？	是	否
14.醫藥櫃標示清楚嗎？	是	否
15.樓梯有加裝扶手嗎？	是	否
16.樓梯井的光線充足以避免跌倒嗎？	是	否

來源：美國消費者安全協會（1999）。

　　一般修繕。老年人的住家或公寓有適當維修嗎？基本的家事有做嗎？例如，保持門窗及地板乾淨、清除垃圾、碗盤清潔？老年人會提及這些家務嗎？

　　老年人如何布置房屋？有最近掛上去的家人或朋友的照片嗎？家中有時鐘與月曆的擺設，而且是設定在正確的時間與日期嗎？大多數老年人都很滿意自己的家，不管有多簡陋，因為家不只是他們生活的地方，更是他們活出一生的舞台。有些老年人的財力與體力足以讓他們定期重新裝潢自己的家，而有些人則喜歡舊有熟悉的居家環境。

　　沒有危險的生活空間。老年人因為老化所造成的視力、聽力與平衡上的改變，造成容易跌倒的高風險。檢查生活空間中的家具、地毯、或是堆放在走道上的雜物，這些都可能會讓他們絆倒或跌倒。小心不易看見的紡織品與電線，因為它們也很容易會絆倒老年人。樓梯有沒有扶手？房屋是否裝有煙霧一氧化碳探測器？必要時，老年人有聯絡當地警察機關、消防局、或當地醫院的緊急警告設備嗎？是否有堆放可能引發火災的紙張、雜誌或書籍？老年人有囤積垃圾、食物或寵物等物品嗎？老年人堆放物品的問題會在第五章中加以詳細討論。

　　安全上的注意。老年人在同一個地點住了好久，而周圍的鄰居卻經常更換。鄰居對老年人安全的影響？街上有行人或是這個區域已荒蕪

了嗎？老年人在家感覺安全嗎？雖然鄰居的社會經濟階層對老年人來說不是什麼問題，但是知道老年人對於居住地區的感覺則有助於將來的規劃。房屋的門窗有足夠的門鎖嗎？太少？太多？過多的門鎖顯示老年人曾經害怕或是擔心將來有人闖入的問題。

專業直覺

最後是你對於老年人參與評估作業的看法如何？評估作業讓你「感覺」如何？有前面沒提到但是你覺得有需要警覺的項目嗎？你對於老年人的功能有什麼專業上的直覺？相信你的專業直覺，那是促使你繼續研究的重要部分。假如你覺得自己無法從老年人身上得到足夠的資訊，這時你就必須轉而接觸其他的旁系親屬，以便幫助你的老年功能運作作出具體的評估結論。

利用旁系親屬或其他來源蒐集更多的資料

假如老年人有認知或溝通上的困難，這時就有必要接觸其旁系親屬，例如，家人、朋友、或其他的服務提供者來進行評估作業。得到老年人的允許能從其他人那裡取得評估作業的資訊，是很重要的。如果家人經常與老年人聯繫，他們便有助於判定老年人的哪些功能是否喪失已久，而哪些是最近才失去的功能。老年人最近半年與一年來的改變是什麼？是否有什麼事件，比如像一場重病或喪親，造成了問題的惡化？家人注意到心情、認知能力、或社會接觸上有什麼變化？但是得小心長久以來的家族事件，可能會扭曲了反映的正確性。任何介入的計畫對家人也會造成影響。其他的人，如畢生好友、醫生、牧師、甚至是郵差，都可能有助於社工人員釐清老年人面對日常生活上的利與弊。

綜合性的評估範例

進行廣泛的評估包含取得大量的資訊，總結出來的資訊不只對社工人員非常有用，對於其他跟老年人有所接觸的醫生或專業的精神健康照護者也很有用。寫出一份有意義的評估報告，其重點是以有組織、真實、著重在介入計畫的利與弊而寫的報告。愛莉絲‧金斯頓太太的敘說

評估包含了所有範圍，涵括了一個廣泛的生物心理社會模式評估，包括了愛莉絲‧金斯頓太太對於任何介入計畫的個人目標。

愛莉絲‧金斯頓太太是一位76歲的非裔美國婦女，她與丈夫查理在一個平凡的房子裡住了五十五年。經由她的允許，依照老年服務，她因為中風而被轉住進紀念醫院。輕微的中風使得她右邊無力，並且有語言上的困難。雖然她的丈夫照顧她並為她準備三餐，但這卻不是長久之計。金斯頓先生有自己的健康問題而無力照顧他太太。

金斯頓太太有四個成人子女，他們都住在離她五哩內的地方。她有七個孫子女與兩個曾孫，她幾乎每個禮拜都可以在他們回家聚餐時見到這些孫子女們。金斯頓太太在家照顧孩子，直到最小的上學後，才重新返回職場做全職的兒童圖書館館長。她一直都在工作，直到十年前與丈夫一起退休。她每週兩天在當地的學校擔任義工，一直到她生病為止。

身體健康

金斯頓太太是一位嬌小而迷人的老太太，看起來比實際年齡年輕。當她坐著的時候看不出中風對她造成的傷害。她可以走路，只是有點不穩，而且會拖著右腿走路。中風後她的右半邊臉下垂，但是她有靈活的雙眼與可人的笑容。她講話有點含糊，但只要她慢慢地談，人家還是聽得懂。雖然金斯頓太太有高血壓的毛病，但她一直認為自己很健康，直到最近發生的中風事件。她有內科醫師的定期照護。她的手和肩膀有關節炎，但她不認為那會影響她照顧孫子、整理家務、或做任何她想做的事。金斯頓太太的聽力有點受損，但是她沒有（也不想）戴助聽器。看書或做較近的工作時，她需要戴眼鏡，但是她沒有青光眼或白內障。她也沒有注意力不集中的問題，只要給她足夠的時間，她便可以回答所有的問題。以她的語言障礙來看，她的發音算是很清晰的。她的穿著得宜，只是不論房內的溫度如何，她總是穿著一件毛衣。

在中風之前，金斯頓太太是靠阿替洛爾（Atenylol）來控制她的高血壓，現在則使用藥物立普妥膜衣錠（Lipitor）來降低膽固醇，而低劑量的帕羅西汀（Paxil）則用來治療她所說的「她的神經」。她拿到的是片裝的藥劑，讓她知道什麼時候該吃藥。她知道哪種藥物是吃什麼症狀，以及何時需要服藥。金斯頓太太自己準備兩個人的早餐與午餐，女

兒則每天晚上幫他們帶來晚餐。金斯頓太太的營養是足夠的，一點都沒有被疏忽或受虐的現象。

社會心理健康

雖然中風造成了一些傷害，但金斯頓太太的個性很好而且又有幽默感。中風只造成她有混淆的感覺。她每天跟丈夫散步大約半小時，而且按時吃藥。她只是不瞭解自己為何會中風，並且想趕快讓事情都能回歸原來的狀態。在接受訪問的時候，金斯頓太太的右手握著一顆橡膠球來改善手部的力量，那是醫院的醫師建議她這麼做的。

金斯頓太太很喜歡看書，現在卻因為中風而無法拿著書本，而且視力也因為中風而受到影響。她的醫師認為視力會隨著中風症狀的減輕而恢復正常，所以她希望很快又可以恢復閱讀。光看電視讓她覺得很無聊。金斯頓太太承認自己有點憂鬱（她的老年抑鬱量表為10分），但是她把她的「不佳心情」歸因於體能及語言上的受限。她比較關心的是丈夫對她的疾病的反應。

她的丈夫非常謹慎與小心，而且絕不讓她單獨在家。他縮減了所有與朋友和家人的活動，全心全力照顧她。當被問到她是否有想結束自己生命的想法時，她笑著回答說：「親愛的，沒那麼糟啦！」顯示出她並未有自殺意向。

在簡易精神狀態檢查上，金斯頓太太得到29分，因為右半邊的無力讓她有複製五邊形設計上的困難。她的長期記憶非常好，短期記憶也很不錯。她對時間、空間和人都有認知感。

性功能

金斯頓太太中風以後，依然有興趣與她的丈夫進行性生活，只是她承認她不再感到那麼「有趣」了。她笑著說她先生做愛時比她還要緊張，他把她當作是一個「易碎的娃娃」，不過她知道他是擔心她的健康情況。這對夫妻展現了充滿深情的互動行為。

社會功能

在訪談中，我們明顯看出在中風之前，他們與朋友和家人的互動

比較頻繁。自從金斯頓太太生病以後，家人便不再每個星期日來家裡晚餐，但是孩子們還是經常打電話並過來探望他們。金斯頓太太想念教會裡的朋友，以及她每週參加的賓果遊戲。雖然醫生允許她上教堂並做任何她想做的事，但是因為中風造成的無力，使她無法坐上他們的座車。她只能在自家門前做短距離的行走，如此，她便可以在天氣好的時候去看看鄰居們。她又擔心起她的先生因為她的病情而變得與人隔絕，他以前經常跟老同事碰面（他是一位退休的教師），一起喝咖啡，也會到理髮廳與朋友閒聊。她無法說服先生她可以一個人短時間在家。

金斯頓夫婦的成人子女與孫子女們是最佳的協助來源，除了幫他們帶晚餐之外，他們的大女兒還會幫他們洗衣服與打掃。子女們提供所需的雜務，但卻因為全職的工作與忙碌的家庭而有時間上的限制。但是，金斯頓太太覺得不適合跟子女們談起她顧慮先生的問題，因為她認為那是他們夫妻倆的事。她是這麼回答社工人員的：「他們沒問，我也沒說！」當被問到她如何處理這些顧慮時，她嘆了口氣回答：「我常禱告。我們經歷過比這更艱難的時光。」

日常生活活動能力

金斯頓太太日常生活最大的受限，是需要有人協助她沐浴、穿衣和移動。她不喜歡依靠先生去做這些事，但是她右邊無力，使得她不得不接受協助。她可以使用電話並自己服藥，但卻無法準備餐飲、做任何家事、或自行移動。金斯頓太太自己評估的能力與社工人員觀察到的相符，這顯示出她極度需要協助。

靈性評估

金斯頓太太是位虔誠的信徒，她依賴信仰度過了生命中許多艱難的時刻。她是一位活躍的聖心堂會員，那是一個大型的不同文化的聚集組織。生病之前，她會定期參加彌撒以及聖經研讀班。她深信自己深受丈夫與家人的愛護。然而，她也掙扎在種族歧視的社會議題中，因為她經歷的是首次年輕黑人女性在1940年晚期上大學的社會評斷。她努力灌輸子女們驕傲與尊嚴的感受，並鼓勵他們積極參與社區活動，以便讓所有的種族都有受教育與任職的機會。她認為這就是她真正的精神哲學。

經濟來源

除了社會安全保障制度的支付外，這對夫婦也從學校系統中得到一些退休金。金斯頓夫婦有醫療保險，並透過退休教師協會購買了另外的健康保險。他們有足夠的來源以維持一個舒適但不奢華的生活型態。但是，協助金斯頓居家的支持服務卻會讓他們的財務吃緊。

環境安全事宜

居家環境井然有序，而且看不到明顯的雜亂。家人的照片擺滿了家中每一個角落，而且金斯頓太太也急於指認照片中的家人。這是一層樓的房子，浴室與臥房都在一樓。

社工人員的印象

雖然身受中風造成的傷害，但金斯頓太太仍是一位主動的評估作業參與者。她積極地參與治療、服用藥物，並樂於參與自己的復原規劃。她的主要目標是儘快恢復體力，以便解除她先生的家庭照護責任，讓他可以更常外出，還有就是找到替代方法讓她能定期外出，以便儘可能地延長她在家居住的時間。如果她能夠回復一些體力並開始獨立穿衣及沐浴，而金斯頓先生的健康情形不惡化，這對夫婦的預後情況便會開始回歸正常，雖然仍有些受限，但卻是很棒的生活型態。要是體能恢復的進度有限，或是兩人的健康情況出問題，這時就得考慮諸如協助生活的支持安排了。

可以協助金斯頓太太達成目標的服務項目

1.在家體能治療，需取得她的治療師認可。
2.家庭服務與送餐服務，以解除金斯頓先生的工作。
3.尋找合適的交通工具，讓金斯頓太太每週上一次教堂。
4.使用錄音書或是閱讀服務，讓金斯頓太太開始獨立閱讀。
5.監看金斯頓太太的輕微憂鬱情況。

總結

　　一個對於老年生物心理社會模式功能的廣泛評估作業，是協助老年人取得服務及資源以改善生活品質並維持獨立生活的首要步驟。有力的評估技巧需要社工人員眼耳併用的仔細傾聽。瞭解生物心理社會模式與正常老化過程相關的改變，有助於評估處理並面對期間所造成的慢性身體或心理上的健康問題。有力的評估過程係由社工人員與老年人共同找出老年人在自家環境中，按照自然規律的體能、心理、性慾、靈性、社交、日常生活以及財務等功能。評估的特定目標附帶的是為何要執行這個評估作業，以及社工人員與老年人下一個預期的介入規劃是什麼。

　　就本質上來說，評估作業需要老年學的社工人員詢問非常個人的問題，社工人員必須非常敏感與耐心地來詢問這些問題。社工人員應有預期老年人會拒絕承認身體功能、性行為、家庭關係，以及個人財務等高度敏感的個人問題。這些部分只有在他們要求協助時才可被探詢。如果老年人問起為何你要知道這些事情時，你就要有所準備的回答他們。雖然社工人員習慣問一些深入的個人問題，但是老年人不見得想要討論這些議題。

問題討論／活動

1. 本週利用你專業的眼耳功能，花十五分鐘到公立的社福機構觀察老年人的生活功能。他們有跟他人互動嗎？你從他們身上看到的力量與挑戰分別是什麼？

2. 回答成人壓力量表上的問題。量表上的哪些項目是專為老年人設計的？哪些項目可以應用到其他年齡族群的壓力評估上？什麼情況下會有誤認一個人是假性憂鬱的可能？什麼情況下會誤認一個憂鬱的人為假性不憂鬱？

3. 在老年評估過程中，社工人員會面臨許多道德兩難上的挑戰。當你討論到下述的道德兩難問題時，可以參照全國社工協會的道德準則（socialworkers.org/pubs/code/default.asp）。

(1)一位老年人不願意讓她的子女們知道她的經濟問題，因為她覺

得那已不再是他們的問題。她的經濟情況很糟，但是她會要求你別告訴她的子女。

(2)家庭成員不希望老年人知道醫生已經診斷出他罹患末期前列腺癌，而且在你的評估作業之後即將把他送到寄住中心。老年人需要被告知嗎？

(3)當你訪視一位輕度失智的老年人，而她告訴你她的照護者一直在偷她的錢。她目前沒有家人照顧，而且要求你別通知警察或告訴那位照護者時，你該怎麼做？

參考書目

American Foundation for the Blind. (2007). How to recognize vision loss in older people. New York: Author. Retrieved August 3, 2007, from http://www.afb.org

American Psychiatric Association. (2000). *Diagnostic and statistical manual of mental disorders: DSM-IV-TR* (4th ed.). Washington, DC: Author.

Busse, E. W. (1992). Quality of life: Affect and mood in late life. In M. Bergener, K. Hasegawa, S. I. Finkel, & T. Nishmura (Eds.), *Aging and mental disorders: International perspectives* (pp. 38–55). New York: Springer.

Chapin, R., Helson-Becker, H. & MacMillan, K. (2006). Strengths-based and solutions-focused approaches to practice. In B. Berkman (Ed.), *Handbook of social work in health and aging* (pp. 789–796). New York: Oxford University Press.

Diefenback, G. J., Hopko, D. R., Feigon, S., Stanley, M. A., Novy, D. M., Beck, J. G., & Averill, P. M. (2003). "Minor GAD": Characteristics of subsyndromal GAD in older adults. *Behaviour Research and Therapy, 41*(4), 481–487.

Dudley, J. R., Smith, C., & Millison, M. B. (1995). Unfinished business: Assessing the spiritual needs of hospice clients. *American Journal of Hospice and Palliative Care, 12*(2), 30–37.

Folstein, M. F., Folstein, S. E., & McHugh, P. R. (1975). Mini-Mental State: A practical method for grading the cognitive state of patients for the clinician. *Journal of Psychiatric Research, 12*, 189–198.

Lubben, J. (2006). Abbreviated and targeted geriatric assessment. In B. Berkman (Ed.), *Handbook of social work in health and aging* (pp. 729–735). New York, NY: Oxford University Press.

Lubben, J. E., & Gironda, M. W. (2003). Measuring social networks and assessing their benefits. In C. Phillipson, G. Allen, & D. Morgan (Eds.), *Social networks and social exclusion* (pp. 20–49). Hants, England: Ashgate.

Mohlman, J., DeJesus, M., Gorenstein, E. E., Kieber, M., Gorman, J. M., & Papp, L. A. (2004). Distinguishing generalized anxiety disorder, panic disorder, and mixed anxiety states in older treatment seeking adults. *Journal of Anxiety Disorders, 18*(3), 275–290.

Mosher-Ashley, P. M., & Barrett, P. W. (1997). *A life worth living: Practical strategies for reducing depression in older adults.* Baltimore: Health Services Press.

National Center on Elder Abuse. (2005). *Elder abuse prevalence and incidence.* Washington, DC: Author

National Institute on Aging. (2002). *Age Page: Hearing loss.* Washington, DC: Author. Retrieved August 9, 2007, from http//www.niapublications.org /agepages/hearing.asp

Nelson-Becker, H., Nakashima, M., & Canda, E. (2006). Spirituality in professional helping interventions. In B. Berkman (Ed.), *Handbook of social work in health and aging* (pp. 797–807). New York: Oxford University Press.

Osgood, N. J., & Thielman, S. (1990). Geriatric suicidal behavior: Assessment and treatment. In S. J. Blumental & D. J. Kupfer (Eds.), *Suicide over the life cycle: Risk factors, assessment, and treatment of suicidal patients* (pp. 685–733). Washington, DC: American Psychiatric Press.

Robinson, J. G., & Molzahn, A. E., (2007). Sexuality and the quality of life. *Journal of Gerontological Nursing, 33*(3), 19–27.

Rubenstein, R. L., Kilbride, J. C., & Nagy, S. (1992). *Older adults living alone: Frailty and the perception of choice.* New York: Aldine de Gruyter.

Townsend, P. (1968). The emergence of the four-generation family in industrial society. In B. L. Nuegarten (Ed.), *Middle age and aging: A reader in social psychology* (pp. 255–257). Chicago: University of Chicago Press.

U.S. Consumer Product Safety Commission. (1999). *Safety for older consumers, home safety checklist* (CPSC Document #4701). Washington, DC: Author.

Vanderhorst, R. K., & McLaren, S. (2005). Social relationships as predictors of depression and suicidal ideation in older adults. *Aging and Mental Health, 9*(6), 517–525.

Wallace, J., Boltz, M., & Greenberg, S.A. (2007). Sexuality assessment for older adults. *Annals of Long Term Care, 15*(1), 15–16.

Yesavage, J., Brink, T., Rose, T., Lum, O., Huang, O., Adley, V., & Leirer, V. (1983). Development and validation of a geriatric depression screening scale: A preliminary report. *Journal of Psychiatric Research. 17.* 215–228.

第五章

老年人認知差異性評估及診斷與情緒問題

診斷和差異評估

　　這一章將著重在非正常老化過程的認知與情緒，並且對某些老年人的代表性病理現象作深入探討。對於不同型態的認知與情緒問題的分辨過程，稱為不同的評估與診斷。釐清憂鬱、失智、譫妄與焦慮，對於找出合適的介入規劃是很重要的。這些症狀可以很容易的在年輕族群中加以分辨，但老年人們有時會有類似症狀，但卻需要作進一步的診斷才能確診是哪一種病症。有失智症的老年人往往也會受憂鬱所苦，罹患譫妄的老年人會呈現失智的現象，憂鬱的老年人也會感到焦慮。初期的症狀可能會產生混淆，確認各種疾病的現象並辨識它們之間的相似與差異，便是老年病學社會工作的重點。

　　憂鬱、失智和譫妄會在本章中首先加以討論。症狀開始持續的時間、構成各種症狀的必要特色，以及每個症狀發展所伴隨的風險因素，都將被加以討論與比較，以便確認它們的特性——這便是不同評估作業與診斷的重點。焦慮通常都連結了憂鬱與譫妄，但我們會將它們分別討論。焦慮是老年人們普遍的現象，撇開認知與情緒上的問題，真正的焦慮失序是很少見的。強迫性的貯藏物品的跡象雖然不是老年人獨特的行為，但也是少數老年人之間一種值得注意的行為表現。

老年人的憂鬱

　　根據估計，有8%至20%的社區居住老年人，與超過三分之一的機構性老年人居民有憂鬱的現象〔美國衛生與人類服務（USDHHS），2001〕，這些數據還只是預估而已。憂鬱是老年人問題中最診斷不足與未充分被治療的精神健康問題的其中之一。在有憂鬱情形的老年人之間，真正臨床確診為憂鬱的人不到5%，那種現象通常會週期性的嚴重影響到情緒上的妥協與身體功能（USDHHS, 2001）。臨床憂鬱是一種逐漸使人衰弱的現象，老年人們會漸漸變成完全的失能。真正的憂鬱發生率會隨著年齡的增加而減少。更輕微或是更普遍發生於老年人之間的憂鬱型態，便是所謂的失序輕鬱症或是被列為輕度憂鬱。雖然輕度憂鬱的老年人會呈現憂鬱的心情、精力不足、負面性自言自語、食慾與睡眠失序，這些是典型的臨床憂鬱特性，但是他們依然保有功能。許多的憂鬱症狀合併發生，便會造成失能的主要憂鬱。

　　許多老年人便深受調整失序的憂鬱心情所苦。調整失序伴隨著的特定事件，會促使情緒產生極度的反應。對於老年人來說，憂鬱的現象會發展成他們晚年時一些主要的生活改變，比如像是失去伴侶或配偶、退休或是身體疾病的發展。這種類型的憂鬱係以一種複雜的生物、心理與社會改變網絡發生於老年人階段。這些現象會與其他生活上的改變事件併存，並且促使老年人與健康照護者接受憂鬱是不可避免的老化傾向。通常老年人們自己會把哀傷和憂鬱的感覺歸因於老化現象，而不去尋求治療。此時，社工人員便需把這種因為失去親人或身體上的疾病所造成的憂鬱事件，當成是一種可以醫治的精神疾病。

　　憂鬱並不是正常的老化過程，如果未加以治療，老年人們會因為憂鬱而降低生活品質，飽受更大的情緒與精神痛苦，甚至出現比沒有憂鬱傾向的老年人更早喪命的可能。老年學社會工作者要能夠辨認，並指出哪些是讓老年人陷入更大憂鬱的風險因子，進而幫助老年人得到妥善的介入計畫。

老年人憂鬱的風險因素

基因與家族史。憂鬱會毀了一個家庭。老年人的一等親家人中，如父母或兄弟姊妹之間有人有憂鬱問題時，他們的人生當中就存在有某一段時間會變成有憂鬱的風險。如果是由於生物化學不均衡造成的憂鬱，可以用藥物加以治療。精神健康的從業人員近期已開始去瞭解憂鬱是如何在生命期間復發的。最近一群老年人們可能經歷了他們人生的憂鬱時期，但卻不能確診為憂鬱。艱難的時刻與家庭悲劇通常都被視為是可忍受的事件，端看個人能否把自己從人生的憂鬱事件中抽離出來。近期的精神健康研究幫助了確認青少年的憂鬱，並得以立即給予早期的介入治療，希望每個人的一生中得以免於受憂鬱之苦。

但是，有一種晚發型的憂鬱和早發型憂鬱不同，而且深深地影響到老年人的憂鬱症狀。憂鬱通常被定義成是一種極度的冷漠與漠不關心（USDHHS, 2001）。有晚發型憂鬱的人，通常都經歷過不佳的社會關係或情感不穩（Gellis, 2006）。有憂鬱情況的老年人更容易顯現執行力逐漸惡化（執行連續性活動的能力），以及記憶力嚴重衰退的情形，這種現象在其他年齡層中是不常見到的。

性別。憂鬱比較常好發於各種族群的女性（Christison & Blazer, 1988; Kornstein & Wojcik, 2002; USDHHS, 2001）。這並非意味著年紀大的女性比男性容易憂鬱，而是女性比男性更可能去尋求醫療上的協助，因而進入了精神健康的通報系統。女性會尋求其他人的協助，包括家人、朋友、專業醫療人員，而男性則只會藉酒來對抗憂鬱。較長的壽命也會使得女性得面對失去伴侶或配偶所造成的社會支持網絡的縮小；此外，壽命較長也增加了面臨慢性疾病，也就是隨著憂鬱症狀發展而來的憂鬱的可能性。更明顯的事實是，女性被迫得以有限的收入來生活。長期的經濟壓力所影響到的健康照護與生活情況，是破壞性壓力的持續來源。社會經濟情況的不足，是橫跨性別與有色人種之間的有力憂鬱預測。高度的憂鬱現象與女性的荷爾蒙功能有關，尤其是那些正值生產力或過了其生產力階段的女性，但是這種推測卻未獲得科學研究的證實（全國婦女與老化政策研究中心，1998）。因此，雖然憂鬱比較好發於老年人女性而不是年輕的女性身上，但卻是生物心理社會模式因素而不

是性別因素造成的。

獨居。獨居並非是造成憂鬱的真正風險（晚年憂鬱的診斷與治療，1991）。但是，若獨居的老年人無法維繫社會接觸，或是當社交支持系統因為朋友或家庭成員的過世而縮小時，老年人便會面臨較高的憂鬱風險。社會支持系統可以提供強有力的保護作用，協助個人對抗壓力事件。重要的不是可以支持老年人的朋友與家人的數目，而是真正可以讓老年人信賴與有品質的幫助（Grewe & Chipungu, 2006）。老年人可以獨居，但不要感到孤單。即便只有一位知己，都可以降低老年人陷入憂鬱的機會。

失去同伴，諸如一位配偶、伴侶、兄弟姊妹或摯友，都跟造成老年人的憂鬱有關。長期的照顧與另一個人共同生活造成了一種與他人的連結，當這個連結被打碎時，便會造成情緒上的混亂。失去親人這段期間的哀傷，是不同於憂鬱的。哀悼親人通常會呈現出與憂鬱相同的症狀，像是長期的悲傷、失眠、食慾不振，但這些現象會隨著哀傷時間而逐漸消退（Gellis, 2006）。一位剛剛失去家庭成員或摯友的老年人，不應被判定為憂鬱，除非這種哀傷的反應持續了一段不尋常的時間，或者是伴隨著過度的愧疚與自責的感覺。

身體上的疾病。身體上的疾病會增加老年人憂鬱的風險。當老年人得知有威脅生命或慢性疾病的情況時，會變得憂鬱（Gellagher-Fhompson & Coon, 1996; Gellis, 2006; Mosher-Ashley & Barrett, 1997）。疾病與憂鬱之間存在一種循環的連結。老年人一憂鬱時，免疫系統就會受到影響並增加罹患疾病的可能（McGuire, Glaser, & Glaser, 2002）。同樣的，當免疫系統受到疾病的影響時，憂鬱就更會出現。不管是哪一種先發生，疾病與憂鬱是生物與心理的連結反應。

大多數的憂鬱所帶來的身體疾病，是由於日常生活行為能力上的改變所造成的。失去自己進食或獨立上廁所、穿衣、沐浴等行為能力，將直搗老年人自尊的核心（Jang, Bergman, Schonfeld, & Molinari, 2006; Monopeli, Vaccaro, Christmann, & Badgett, 2000）。這些行為能力的喪失會導致老年人感覺到自己的無用，並造成別人的負擔。Jang以及其他人（2006）發現一種對於生活的掌控感、為日常生活有持續決定能力，以及有信心處理自己生活的能力等，是遏止老年人產生憂鬱的最大力量，

而這些力量卻在老年人面臨慢性疾病或遷移到療養院或協助居住機構時，被嚴重的危害了。

憂鬱的現象常見於一些老年人疾病，例如，腦瘤、高血壓、帕金森氏症、充血性心力衰竭和糖尿病（Gallagher-Fhomopson & Coon, 1996; Mosher-Ashley & Barrett, 1997; USDHHS, 2001）。甲狀腺功能障礙、腸胃失調，以及內分泌功能異常等，也會造成憂鬱的現象（Husaini, 1997）。早期的阿茲海默症老年患者在知道自己逐漸失去認知能力時，經常會變得憂鬱。到底是阿茲海默症造成的憂鬱，或是知道疾病會使他們的能力逐漸衰竭而造成憂鬱，原因不明（Toseland & Parker, 2006）。阿茲海默症與憂鬱合併症是老年人心理健康上最困難的挑戰。

醫療。憂鬱是一種常見於用來治療高血壓、心血管疾病、睡眠失調與焦慮的副作用。仔細檢查老年人的用藥，將有助於老年人憂鬱的評估作業。多種藥物的使用會導致憂鬱，尤其是與酒精一起服用時。改變醫藥或是確保老年人嚴格遵守用藥時間與劑量，都有助於減輕憂鬱的現象。

種族、族群、社會經濟地位與憂鬱之間的關係

人種與族群。研究顯示，人種與族群不足以造成較大的憂鬱程度。然而，白種人確實是比有色人種更容易產生憂鬱的情形（Burnette & Mui, 1994）。雖然白種老年人常見憂鬱的情形，但是主訴輕度憂鬱的人口中有10%是非裔美洲老年人（Arean & Alvadrez, 2001）。比較低的社會經濟階級、獨居，以及終生區別效應大大增加了憂鬱的可能性，而不是種族本身造成了憂鬱的可能（Turnbull & Mui, 1995）。

當疾病與收入來源不變的狀況下，非裔美洲女性比白種女性有較低的憂鬱程度，因為她們接近更多的家人、朋友、宗教組織的社會支持系統（Dorfman et al., 1995; Husaini, 1997）。75%的非裔美洲女性老年人都是教會的成員，而93%的人宣稱她們每天禱告（Levin, Chatters, & Taylor, 1995）。投入教會活動似乎扮演一個重要的角色，以改善黑人老年人的生活滿足、情感福祉與社會接觸的感覺層面。

西班牙裔美洲老年人間的憂鬱與種族特性的關係則有所不同，但卻只有15%的西班牙裔老年人有憂鬱的現象（Arean & Alvadrez, 2001）。

墨西哥裔美洲人的憂鬱發生率與白種老年人類似，也是因為家庭網絡提供的社會支持所致（Markides & Mandel, 1987）。墨西哥裔美洲老年人間的憂鬱情況也比較少，因為他們廣泛的利用初級醫療保健或是當地的治療師，而不是利用專業的精神健康治療師。有古巴和波多黎各血統的人則比同齡的西班牙裔或非洲裔人，有更高罹患憂鬱的風險。Mahard（1989）把這種現象歸因於這個族群間的長期孤寂問題，這是因為在移民的過程中，他們離開了親戚或朋友而移民到美洲大陸所產生的孤寂感。

就像西班牙裔美洲人一樣，亞裔美洲人憂鬱的發生率也會因為各個小族群之間本質的不同而有差異。在移民到美洲之前，亞裔美洲人的社會經濟與文化經驗在他們的出生地都是極度獨立的情形。亞裔美洲人的收入一般來說是兩極化的。早期或受過高等教育的新移民，是屬於富裕型的亞裔美洲人；而最近才移民或是老年人，則是屬於財力較匱乏的亞裔美洲人。由於缺乏臨床的統計資料，所以很難判斷日本人、華人、菲律賓人、印度人、南亞人，以及白種老年人之間的憂鬱發生率。Koh、Ceca、Koh與Liu（1986）發覺標準的自我評量測驗，像是成人抑鬱量表（GDS）所得到的是極度情緒失衡的結果，並不足以反應出這些人群之間的個別訪談結論。這種不同是從亞裔美洲人「樂趣不足」與白種老年人「盲目樂觀」不同的觀點而得到的結論。亞洲人的自我觀念比較凝聚，亞洲的老年人比較不願意與訪談者分享感覺或想法，這種現象稱為「社會期待」原則（Koh et al., 1986）。Hurh與Kim利用更文化面的測試，發現了韓國人、華人、越南人、柬埔寨人與苗族人之間更高的憂鬱發生率。

不同於非裔美洲人與西班牙裔美洲人的老年人，美國的印地安老年人的憂鬱發生率較其他族群都來得高，包含白種的老年人（Manson, 1995）。不良的健康是印地安人憂鬱的最大因素。這個族群的老年人中，有四分之三幾乎都深受日常生活中因為慢性疾病由中度轉向重度惡化情形所影響，包含準備餐飲、獨立如廁、身體的移動、自我照護能力等（National Indian Council on Aging，全國印地安老人協會，1981）。Manson（1995）發現32%的印地安老年人因為憂鬱而接受治療，這個比率是一般老年人口的十倍。流行病學家認為這個天文數字還被低估了，

因為還有一些印地安老年人是拒絕尋求醫療協助的（Neligh & Scully, 1990）。從印地安人的文化來說，他們不會把疾病分成身體和精神層面，而是把精神上的疾病也歸納到身體上的疾病。

社會經濟階級。大多數的研究都把有色老年人的高憂鬱發生率與低社會經濟狀態連結在一起（Dorfman et al., 1995; Monopoli et al., 2000; Turnbull & Mui, 1995）。低的社會經濟階級是一種更明顯的老年人憂鬱風險，而不是種族或族群的成員關係。貧窮、教育低，以及健康照護造成的健康不良（尤其常見於有色人種的族群中），都是造成憂鬱的因素（Aranda, Lee, & Wilson, 2001; Mosher-Ashley & Barrat, 1997）。

一輩子的低收入反應在老年人身上的是低的社會安全給付，與幾乎不存在的退休金。嚴重的慢性疾病，像是高血壓或糖尿病在年輕時未予以治療，進而演變成老年人時的大災難，無助的感覺與缺乏希望長期下來累積成為老年人深層的無用與悲傷。這種失去控制生命的感覺與老化的壓力，徹底摧毀了老年人對於生活的滿意、選擇與信心（Burnette & Mui, 1994）。

老年人的憂鬱現象是由許多的環境因素造成的，我們可以從中瞭解造成的原因，以及需要哪種心理輔助系統。Husaini（1997）預估幾乎有90%的老年人，其憂鬱症狀是與社會心理或醫療壓力有關的。意思是說，改善健康照護並辨識低收入，以及不良的居家環境，是治療老年人憂鬱的最佳選擇。

診斷老年人的憂鬱

確認老年人的憂鬱是社工人員最基本的首要步驟：你看到了什麼，以及你聽到了什麼？這兩個主要的憂鬱症狀反應出哀傷，以及失去樂趣的現象（美國心理學會，2000）。例如，如果有一位老太太看起來很悲傷，但卻不知道悲傷的原因，然後放棄了她每週參加的牌局，而那曾經是她每週的娛樂，於是她便可能會變得憂鬱。若一位老先生突然不想跟他的朋友進行每天早上的咖啡聚會，那麼探討造成他憂鬱的原因就變得很重要。負面性的自言自語——「如果我不去也沒有人會想我」，或「對那些人來說我只是個討厭鬼」，都是明顯的憂鬱跡象。老年人通常會形容他們的世界是「空虛或乏味的」（Gallagher-Fhompson & Coon,

1996）。其他的憂鬱症狀有無精打采、無望與沒用的感覺、注意力不集中或無法作決定、沒有食慾、睡眠紊亂、週期性的想到死亡或自殺等。老年人承受這些症狀的時間長短，以及逐漸惡化的情形，是用來評估他們正面臨一種重大的壓力或只是一個壓力事件造成的重要依據。表5.1可以快速的檢查憂鬱症狀。

表5.1	憂鬱症狀量表
	_____ 持續的哀傷、焦慮或「空虛感」
	_____ 感到無望以及／或是悲觀
	_____ 感到罪惡、無用，以及／或是無助
	_____ 易怒、焦躁不安
	_____ 對以前感到有興趣的活動不再有興趣
	_____ 睡眠問題（太多或太少）
	_____ 飲食問題（無食慾、體重減輕、或體重增加）
	_____ 疲倦以及缺乏體力
	_____ 無法集中注意力或記憶
	_____ 想到自殺或自殺意圖
	_____ 沒有原因的過度哭泣
	_____ 對於治療無反應的持續疼痛

來源：全國心理健康協會，2008。

　　自我量表，像是老人憂鬱量表（GDS，在第四章有討論到）或是憂鬱量表（BDI），可以用來協助社工人員認定憂鬱的基本症狀。這些工具有助於找出困擾老年人的情緒與行為，但它們卻無法取代其他一些更徹底的評估作業。一個徹底的評估包含了健康或是醫藥造成的，乃是治療過程的第一步。

　　有些憂鬱的症狀很容易與老化混淆在一起。憂鬱與哀傷不同。老年人會為了因為必須放棄住了一輩子的家、眼看朋友與家人過世、甚或是失去心愛的寵物而感到哀傷。但是哀傷會隨著時間逐漸消退，老年人可以重新找到生活中的快樂感覺，並隨著事件的發生而自行調整改變。只要老年學的社工對於老年人憂鬱的觀察敏銳一些，與哀傷不同的空洞、絕望等憂鬱情況便會更容易被發覺。張大你的眼睛看看，打開你的耳朵傾聽。

憂鬱的老年人通常都會抱怨記憶與注意力的困難，這些就是早期的失智症現象。嚴重的憂鬱會讓老年人無法執行簡單的智能工作，在第三章中有提過逐漸失去記憶的情況。假如一位老年人正面對壓倒性的哀傷和絕望時，試圖記起一個電話號碼似乎沒多大意義。排除憂鬱是影響智能作用的原因，是正確認定癡呆的一個重要部分，本章稍後會有討論。

　　雖然睡眠與食慾的問題是年輕人憂鬱的症狀，但它們卻不是用來判定老年人憂鬱的指標（Dorfman et al., 1995）。老年人有睡眠的問題，可能是身體上的疾病或是服藥後的副作用引起的。一大早就醒來走動而且不容易再入睡，可能是因為前一晚早睡，而不是憂鬱造成的。老年人的睡眠品質比較不好，所以他們會用短暫的小睡來彌補，而那些小睡就干擾了他們的生理自然律動，這在第二章中有提到。老年人的食慾不佳，也意味著口味問題、不合的假牙、或是獨自用餐的孤寂感，而不是憂鬱的表現。

　　老年人比較會把憂鬱當成是身體的訴症，像是不明的疲倦感、疼痛與不適（Gellis, 2006; Husaini, 1997），而不是情緒上的不適。老年人主訴的身體疾病使得專家們很難辨識存在於老年人的是身體上的疾病，或者是憂鬱。所以，身體檢查便成了診斷憂鬱的重要依據。憂鬱現象只能在排除身體疾病或確診為身體疾病之後才能被認定，這時，尋求身體疾病的治療就比心理疾病的治療更能被接受。精神疾病曾經也持續給現代的老年人加上污名，因為他們情緒上的問題被當成了個人的弱點。

失智症

　　憂鬱只是一種情緒的失序，而失智症則是生理上的認知或智能功能的不足。失智症並不是一種老化的正常現象。65歲以上的人有5%至10%的罹患率，65歲之後，每五年的罹患率便呈現加倍成長（阿茲海默症協會，2007）。失智症的特性是有短期記憶的困難，無法確認時間、地點與人物，注意力不集中，無法從事複雜的工作等。老化也會造成認知功能的減慢，這是因為腦內的神經傳導素運送過程的速率改變的緣故，但只要給他們足夠的時間，大多數的老年人都能完成複雜的工作，所以並不是失去這些功能，而只是減緩而已。患有失智症的老年人就算

沒有時間限制，也無法取得他的認知能力，這些能力會嚴重的被破壞或完全的喪失。

阿茲海默症

最普遍的失智症就是阿茲海默症。截至2007年止，美國有五百萬人罹患阿茲海默症（阿茲海默症協會，2007）。到了2030年，當嬰兒潮世代的人年老時，這個數字會攀升到一千五百萬人。這個數字反應出老年人的數目，以及改進診斷科技的增加數量。70%的護理之家居民有認知退化的現象，但在美國護理之家中只有一半的居民有阿茲海默症或與失智有關的疾病（阿茲海默症協會，2007）。這對於罹病的人及其家人所造成的精神與社會成本是不可計量的。

阿茲海默症是以阿洛伊斯・阿茲海默醫師命名的。他是一位德國的精神病學家，於1906年首度發現了這個疾病。當時他在治療一位51歲的婦人，她正受困於快速降低的認知功能、偏執的幻覺、聽覺，直到最後認知與體能終於完全退化。發病後四年，這名婦人便過世了。這位婦人的年紀、她的認知與體能作用的惡化，以及她獨特的大腦病理現象，讓阿茲海默醫師警覺到她的現象並不是熟知的老化失智症。老化失智症是一種跟老年人血管硬化有關的慢性認知功能退化。婦人的解剖報告顯示出神經纖維纏結，大腦皮質神經元的細胞質之間有厚厚的纖維結纏繞。阿茲海默醫師在這個案例中，首度發現了神經纖維纏結與退化神經末端叢生──就是熟知的神經炎斑──顯示出與其他失智症不同的大腦病理學。疾病所造成的損傷並非是由於老化的改變造成的，而是因為細胞層的功能異常。這些細胞的改變是因為大腦內多巴胺、血清素和乙醯膽素的化學作用降低所致，而這些都是學習與記憶所必備的。早期，阿茲海默症主要是影響到認知功能，但最後則會造成身體功能的減退。

阿茲海默症發展的最主要風險是年齡的增加，八個超過65歲的老年人即有一個人會得到這個疾病，85歲以上的人當中有一半的人會得病（阿茲海默症協會，2007）。這並不是說一個人活得久一些，就不可避免的會罹患阿茲海默症。這是一種大腦老化的疾病。有些阿茲海默症的案例是來自遺傳染色體異常，且已被證實有些是與這個疾病或唐氏症有關的原因（Hamdy & Turnbull, 1998）。

阿茲海默症的醫療診斷。腦部的解剖是唯一診斷阿茲海默症疾病的有效方法。不幸的是，等到解剖時已無助於醫師診治疾病，也無助於需要作金錢與健康照護規劃的家庭。電腦斷層掃描（CAT scans）一開始無法診斷阿茲海默症，但卻可以從腦部的變化看出疾病的進展。到了後期，大腦會開始萎縮，大腦組織成鋸齒狀加寬，於是大腦的腦室就變大。核磁共振造影（MRI）可以檢查大腦的結構情形，藉由觀察核磁共振造影的情形，可以讓醫師們畫出健康的大腦部分，以便確認疾病對大腦造成的傷害程度。正子攝影（PET）以及單光束斷層掃描（SPECT）則是最能檢測大腦血流、代謝活動、大腦血液障礙的方法（全國精神健康協會，1996）。異常的檢測結果提供了有價值的線索來治療目前依然存活的阿茲海默症患者。在診斷的過程中，有一些症狀都被排除在阿茲海默症之外。偽失智症和譫妄這種可以治療的醫學症狀，與阿茲海默症很類似，本章稍後會加以討論。

　　幸運的是，精神健康社群對於與這種疾病的生物心理社會模式症狀已有相當程度的認識。本章中所討論的功能評估，可歸功於阿茲海默症以及其他的老年失智症早期發展過程的正確診斷。

以生物心理社會指標來診斷並評估阿茲海默症

　　症狀檢測清單。阿茲海默症協會（2005）發表了一種症狀清單，以協助身體與心理健康從業者確認早期的失智症狀，包含阿茲海默症。早期的警訊有記憶喪失，尤其是會忘記剛獲得的訊息，像是最近的事件或對話。雖然偶爾忘記名字或約會是正常的記憶喪失，但是阿茲海默症患者更常忘記並且無法回想最近剛得到的訊息。老年人可能會有困難去執行平常熟悉的有連續性的工作，像是煮飯、打掃、或平衡收支簿。患有阿茲海默症的人通常都會有語言困難，包括忘記簡單的字句，或是用不正確的字眼來取代熟悉的事物。對於時間與方向感的混亂，會導致他們容易走失或忘記自己身在何處或如何回家。判斷力變差或退化、無法集中思考，以及錯置熟悉的物品，通常都是早期阿茲海默症的警訊。疾病進一步發展之後，心情、行為與個性便會有明顯的改變。最後，患有阿茲海默症的老年人會失去主動行為的現象而變得被動，看著數小時的電視或是過度的睡覺。這些症狀在表5.2中會有總結。

表5.2	阿茲海默症的十大警訊

1. 記憶喪失可從忘記剛得到的訊息上看出來。
2. 有執行熟悉的工作的困難，特別是需要連續步驟的工作，像是煮飯或打電話。
3. 語言有困難，會忘記簡單的詞句或用難懂的字代替。
4. 對於時間與方向沒有概念，在熟悉的地方迷路或不知怎麼來到目前的地方。
5. 判斷力變差或是退化，像是穿著不當或把錢交給陌生人。
6. 無法作抽象的思考問題，像是作心智測驗或使用數目時不正確。
7. 錯置物品，像是把鑰匙放在冰箱或是把冷藏的食品放進烤箱。
8. 毫無理由出乎意料的改變心情或行為。
9. 個性改變，像是變得被動或不想做以前喜歡的活動。
10. 失去動力，比如像變得異常被動或不再從事以前喜歡的活動。

取自：阿茲海默症協會（2005）。阿茲海默症的原理：它是什麼以及你能做什麼。華盛頓州：作者。

這些症狀會群集的發生在阿茲海默症患者身上，而不只是出現單一症狀而已。偶爾放錯鑰匙不代表這個老年人有失智症。記憶困難或社交退縮也是憂鬱或譫妄的症狀，在排除罹患阿茲海默症之前，要先確診只是失智症而已。從檢查表中得到正確的訊息，有助於決定是否有進一步評估的需要。

阿茲海默症與失智症是逐步發展的，需要一至三年才會有比較明顯的行為改變。對於老年人來說，慢性疾病的發展是很緩慢的。有嚴重疾病的老年人可能在疾病還沒發展到最後之前，就因為其他原因而過世了。當失智症的症狀出現得很突然時，譫妄或其他使他發狂的情況便需要被排除（本章稍後會對譫妄作特別的討論）。有癡呆症的老年人可能會在白天時保持清醒，但到了下午當他們累了或餓了時，就會有點混亂。阿茲海默症患者會有情況時好時壞的時候，但是退化的現象則是漸進式的。功能的退化是持續的，而且疾病的進展也會更強烈。

醫藥評估。如果老年人呈現出超過一種早期失智症狀時，更進一步的評估作業就有其必要。健康照護人員都會把詢問老年人的醫療史，當成是評估作業的第一步。有關精神病歷、酒精與藥物使用、近期與先前的感染，以及其他暴露於有毒環境的毒素等，都有助於確認該症狀是由

目前的醫療問題所造成，而不是失智症的發展現象。老年人的聽覺與視覺敏銳度需要加以檢測。一份完整的體驗可以看出腫瘤的存在或損害、心血管是否阻塞或感染，這些都可能會造成類失智症現象。有早發性阿茲海默症家族史或其他基因疾病，都可能置老年人於失智症發展的高風險中。

藥物中毒是造成常見於老年人間的可逆失智症的原因。一份廣泛性的醫藥評估是醫療評估最重要的部分，包含了臨櫃的酒精與處方用藥的準備。重要的是需強調這些醫藥不會造成失智症。藥品對每個人的身體所產生的化學反應是不同的，有些會造成思考上的惡化，有些是模糊的神色呆滯的感覺，有些則會有嚴重的反應，這些都被認定是臨床試驗可能潛在的醫藥副作用。老年人就醫時應該把所有的藥物一起帶去，而不要只是靠記憶或自己列一張清單，因為這樣醫師才可以確認老年人所使用的藥物是否正確，以及是否有藥品已經過期的情形。

醫師與老年人的問診過程是最重要的醫療評估要素。老年人在想什麼？他觀察到的記憶與行動改變是什麼？基於對老年人的尊重，健康照護者得單獨與老年人進行面談，討論症狀的進展與嚴重性。然而，光靠老年人自己的功能評估是不夠的。在阿茲海默症早期階段，老年人會縮小惡化的程度並否認有任何的困難。家人與朋友的觀察也需要被用來證實老年人的評估，而這些都需要在老年人的認知下進行。所蒐集到的資訊，可用來幫助照護者評估記憶喪失的嚴重與認知功能低下的程度。

功能評估。阿茲海默症是以老年人無力執行日常生活活動（ADLs）與工具性日常生活活動功能（IADLs）的特性來定義的（這在第四章中有提到）。如果沒有其他的慢性健康問題，罹患阿茲海默症的老年人在疾病發展到後期之前，通常不會失去他們處理基本自我照顧的功能，像是吃東西、穿衣服或獨立如廁（ADLs）。日常活動功能（IADLs）最常見的功能喪失是發生在需要記憶與執行連續工作的活動，像是平衡收支簿、購物、準備餐飲、獨立旅行，以及記得約會時間等。評估老年人功能作用，主要是看他之前是否可以自己做某些事，像是付帳單，但之後卻漸漸地喪失那個能力。阿茲海默症與其他失智症的發展很慢。老年人不會因為失智症而突然失去行為能力，而是逐漸地無法完成熟悉的一些活動與工作。

精神狀態的評估。失智症最後評估的要素是著重在精神狀態的評估，在整個評估過程中會出現一個沒有組織結構的表格。在醫藥歷史與功能評估的過程中，身體與心理健康照護者可以得到老年人在方向認知與回想事物能力的情形。簡易精神狀態檢查這一種簡單精神狀態評估工具，在第四章中也有提到。評估了精神狀態之後，認知功能的損壞得以當作追蹤阿茲海默症與其他失智症發展的底線。老年人或許有短期記憶的困難，但長期記憶卻未受損傷。

但一直到疾病後期之前，簡易精神狀態檢查表都無法診斷失智症或是正確呈現老年人的認知功能。視覺、聽覺與語言上的限制，很容易讓測驗和診斷效果失敗。所以，它只能用來當成是評估癡呆症許多要素之中的一種而已。

阿茲海默症的階段。由於它是逐漸發生的，想要知道阿茲海默症真正開始的時間是有困難的，但是有三個階段可以知道這個疾病是如何逐漸惡化的（Andresen, 1992; Kuhn, 1999; Sloan, 1998）。第一個階段會持續二至四年，依照個人的健康情形以及疾病如何快速被診斷出來而定。第一個症狀是喪失近期的記憶，也就是那些剛剛才說過的話或才剛發生的事情。老年人本身可能會或不會察覺到自己忘記了事情。例如，老年人知道自己會忘記事情，因此他們會試圖製作便利貼貼滿整個屋子來提醒自己。有些人還會跟其他人討論自己的情形。他們對方向感會失去概念，以致在熟悉的環境中也會迷失方向。重複不斷的說同樣的話或句子，或是反覆做同樣的動作，像是輕敲自己的腳或打自己的嘴巴。在這個早期的阿茲海默症中，老年人會經歷輕度的個性轉變，像是喪失自發性、社會退縮或易怒。家人與朋友首先會注意到這些改變，因為老年人所呈現出來的行為已經不尋常於他們所愛的人的行為。當老年人意識到這些改變時，他們會否認或變得喜歡爭吵。

阿茲海默症的第二個階段通常會持續二至十二年，精神與身體上的逐漸損壞會變得更明顯。老年人更不容易認出他們的家人與朋友。記憶明顯喪失，也無力記住新的訊息或學會新技能。老年人會變得急躁而漫無目的遊走，特別是在下午或晚上的時候。黃昏症是用來形容發生在阿茲海默症老年人身上的方向迷失與混亂的症狀，這是由Cameron（1941）首度形容的。坐立不安的情形是由於大腦的化學反應對下午的

光線改變起了變化的緣故。

　　老年人的語言能力在第二階段時會有嚴重的退步。雖然他們還能講話，但是句子卻可能沒有意義，或是老年人對用正確的字來表達想法會有困難。老年人也可能會失去穿衣服的能力或變成失禁。他們會變得情緒激動，像是過度易怒、容易哭泣或有幻覺。

　　最後階段的阿茲海默症則完全降低了老年人的生理獨立。這個階段會持續一至三年，直到最後死亡。第三階段的老年人已不再認得家人，甚至看著鏡子也不認得自己。任何溝通、行走或坐的能力都喪失了，完全的失禁則是普遍的現象。因為缺乏活動以及臥床，會導致肺炎、尿道感染、褥瘡或昏迷，這些都是造成老年人在晚期阿茲海默症死亡的普遍原因（Sloan, 1998）。這個疾病從開始到結束一般是六至八年，雖然有人是二年，也有人是二十年，全看患者的身體健康情形與所接受的照護品質而定。

血管失智症

　　第二種最常見的失智症就是血管或多重梗塞失智症。不同於阿茲海默症的是，這種疾病會造成大腦許多部分的損害。血管失智症是由於大腦內部小範圍特定區損傷所造成的，它的出現是因為中風、腫瘤，或是因為疾病與意外損傷所造成的急性或慢性血管阻塞（Morhardt & Weintraub, 2007）。損傷的情形和造成認知及運動傷害的程度，與大腦受損的部位有關。

　　血管失智症的症狀。阿茲海默症的發展很慢，而血管失智症卻是發展相當快速的一種疾病。一旦老年人有中風或腫瘤變大足以影響血液流回大腦時，認知混淆或身體功能變弱就馬上可以明顯看得出來（Pepperberg & Croch, 2001）。老年人會出現步伐混亂，尤其會呈現曳步的走或不穩的姿勢。腸與尿道失禁會突然發生，不像阿茲海默症或其他疾病是緩慢進展的。

　　血管失智症失去認知或智能功能是步步逼近的，而不像阿茲海默症患者是緩慢減弱的（Morhard & Weintraub, 2007）。例如在阿茲海默症的病例，患者會逐漸失去辨識朋友與家人的能力，也會保留對至交好友的辨識力，不過對於剛認識的人則比較無法辨識。但是血管失智症則會

突然地失去辨識朋友與家人的能力，這是因為與認知有關的大腦組織受到損傷的緣故。罹患血管失智症老年人的情緒會從愉快與合作，變成不穩與抗拒。不明原因的哭泣或生氣是常見的現象，這種失去控制基本情緒的現象，便是所謂的情緒性失控（Tappen, 1997）。

　　診斷與治療。情緒與行為的改變，通常都是老年人罹患血管失智症的指標，這種現象可以判定是由於大腦受損所造成的。不像阿茲海默症無法用診斷器材來看出大腦受損的部分（Pepperberg & Crouch, 2001），中風所引起的腦內出血或腫瘤則可以利用這些診療器材清楚的看出來。

　　治療方法必須依照腦部受損程度與區域、老年人的健康狀況，以及老年人參與語言、體能或專業治療的積極度而定。輕微的中風會造成老年人少許殘留現象，像是跛行或輕微的語音不清，還有的話可能會有認知或情緒的受損。如果損害更嚴重的話，老年人可能會有身體局部或半邊全部癱瘓的現象。不管是哪一種情況，認知功能的喪失便足以造成老年人嚴重憂鬱。血管失智症的治療需要結合密集醫療復健計畫與後續的專業心理健康支持。

譫妄

　　譫妄是一種暫時性的情緒失序，通常會以為是失智症。罹患譫妄的老年人所出現的症狀和失智症很類似，像是情緒混淆、注意力變弱、幻覺，以及古怪的心情反應。主要不同的地方是大多數譫妄現象都是發展快速而且是可治癒的，也就是說，身體上的情緒現象一旦出現就可以被改正。因為這樣，譫妄便被稱作是可逆的失智症。

譫妄的症狀

　　不像失智症，譫妄的發展快速，而且它的症狀也是最容易被辨別出來的。本來很配合的老年人會突然變得很激動。他們會先有視覺上的幻覺，而不是聽覺上的幻覺。因為這樣，所以老年人們便會有所警覺，而不像失智症患者會經歷喪失方向感的正常現象。他們說話時前後連貫又清晰，但卻無預警的快速惡化。譫妄的現象通常伴隨著高度情緒焦慮與高亢的行為動機，老年人會變得好鬥，或與家人出現口語上的辱罵。這

種急性又躁狂的現象便是一種警訊，顯示老年人正飽受譫妄而非失智症之苦。

譫妄是一種醫療急症，它的症狀需要治療才會消失；若未加以治療，可能會致命。在沒有治療的情況下，大約有40%的老年人會因為體力衰竭或是隨後因為譫妄引起的疾病而死亡（Butler, Lewis, & Sunderland, 1998）。老年學社工人員的工作不是去治療譫妄，而是一發現有這種情形，就必須立即尋求醫療協助。

譫妄的原因

造成老年人譫妄有許多原因，通常被歸納為：新陳代謝、結構性原因或是感染（Butler, Lewis, & Sunderland, 1998）。

新陳代謝的原因。體內新陳代謝不平衡，可能是因為體內內分泌功能異常造成的中毒反應，或是體內產生的電解質造成的。藥物中毒、不定期服藥和酒精是最常見的內部因素，會加速老年人的譫妄症狀。老年人服用處方藥與非處方用藥時，可能劑量過高或在不正確的時間服藥。帶有麻醉的止痛劑或抗癲癇藥物若與少量的酒精併用，亦會引發老年人的譫妄現象。

罹患甲狀腺功能亢進或低血糖或血糖過高症的老年人，也會產生新陳代謝失衡的現象。營養不足與脫水是常見的譫妄原因，這是因為大腦內部的電解液作用所造成的結果。沒有意願準備食物、害怕獨自吃飯或無法購買營養食物，使得老年人有不良飲食習慣的風險。同樣的，如果老年人有失禁或如廁困難時，他們便會自己限制流質的攝取，不論是在自己家裡或公共場所都是如此。譫妄的行為也會造成低溫或高溫症。老年人因為皮膚與神經系統的改變，以致無法調整合宜的室內溫度。老年人還會為了節省電費，冬天時不開電暖氣，或夏天時把電風扇關掉，這樣均會威脅到他們的健康。

譫妄主要發生的時間是重大手術後的恢復期，有三分之一的老年人會有這種現象（Inouye et al., 1999）。手術後的傷口壓力合併了血流中多種藥物的使用，造成了譫妄的現象。

結構性原因。體內異常的結構發展，例如，血管阻塞、腦瘤、栓塞等等，都可能會阻礙血管的流通，造成大腦氧氣不足而引發譫妄。帕金

森氏症、多發性硬化症，以及其他破壞體內神經作用的疾病，均增加了老年人體內神經與化學失衡的風險，尤其是疾病尚未被診斷出來或是還沒被加以治療的時候更是危險（Semke, 2006）。

感染的原因。體內某部分的感染是造成老年人譫妄的第三種常見原因。肺炎、手術後感染、結核病、腦炎、梅毒，以及愛滋病有關的症狀，都可能造成精神上的混亂以及情緒上的激動狀態。尿道感染通常都是無症狀的發生在老年人身上，也有足夠的理由造成這種症狀。但是這些症狀若沒有醫療人員密集的追蹤與檢查，也是無法被發現的。

譫妄的治療

不像憂鬱那樣，老年學的社工人員可以利用許多的心理治療與環境評估，幫助老年人改善他們的情緒健康。治療譫妄的唯一方式是透過專業健康照護的介入。治療老年人的譫妄是要以他們的情況給予最適當的治療。如果代謝失衡與物品中毒被加以治療，大多數個案的精神混淆與情緒擾亂情形便得以消退。對結構性原因造成的譫妄予以適當的醫藥治療，並改善其慢性疾病症狀，可以明顯的改善老年人的身體與心理健康。根據研究顯示，利用醫院中一些環境的介入措施，可以防止40%的老年人產生譫妄（Inouye et al., 1999）。介入方法包括溫牛奶和擦背以刺激睡意，而不是利用安眠藥。

志工們念書報雜誌給住院的老年人聽，帶他們去散步以促進身體的循環，並用文字遊戲刺激他們的智力，皆是著重在少用藥物而多用認知刺激的方式來降低譫妄的發展（Inouye et al., 1999）。

在幫助家人與朋友確認老年人的譫望方面，社工人員扮演了很重要的關鍵角色。因為它的情況和失智症很像，常不會被辨識出來。家人和朋友可能會認為記憶力與心情不好都是失智症的現象。跟家人和朋友一起注意老年人最近的疾病、營養等變化，都有助於健康照護者評定造成老年人譫妄的原因。老年學的社工人員必須為譫妄的老年人尋求立即的醫藥治療。

憂鬱、失智和譫妄之間的差別

要區分出憂鬱、失智症和譫妄之間的差別，並不是件簡單的工作。

就像本章所說的，它們的症狀都很類似。比如說，某種程度的精神混亂就有可能發生在三種症狀當中。但是在憂鬱與譫妄的案例中，精神混亂現象只是暫時的。一旦老年人的心情改善或是譫妄的症狀被察覺，認知混淆便會消失。但是，失智症的認知功能都會不可避免地逐漸消失。

對於三種症狀的探討，有助於找出不同的對治步驟。

查理‧柯力先生

查理‧柯力是一位78歲的寡居男性，太太在50歲時過世後，他便獨自居住了兩年。他鄉下的房子狀況不錯，雖然需要一些局部的粉刷與修理。太太死後，這個地方就變得很凌亂，碗盤堆在洗碗槽、花圃長滿了雜草、報紙散落在起居室。根據他的大兒子湯姆‧柯力的說法，柯力先生在太太生前負責她的照護工作，而且做得很好。柯力太太罹患癌症，但可以居家照護。居家照護在柯力太太過世後仍持續的訪視柯力先生，一年多以後，他便請他們不用再來訪視他了。

柯力先生以前是社區內「愛爾蘭之子俱樂部」的活躍份子，他每週到俱樂部三次，跟其他退休人士一起玩牌並喝啤酒。俱樂部的朋友形容65歲退休的他是個愉快、外向、友善的人。他是位退休的郵差，所以他認得每一位他的路線的人，並喜歡去拜訪那些認識了一輩子的朋友與鄰居。他在太太生病後就不再去俱樂部，而太太過世後更沒有興趣再回去俱樂部了。他說俱樂部太遠而他太累，所以不能參加任何社交活動。

湯姆‧柯力很擔心他的父親都不願下床。柯力先生說他很累，因為他睡眠不夠。結果，大部分的時間他都在屋內並斷斷續續地在沙發或床上睡覺。晚上，他七點上床睡覺，半夜便開始起來走動或看電視。湯姆說他父親看起來很愛睡，而且心不在焉。他不記得自己吃過飯沒有，而且也不知道餓或飽。他不假思索地用「我不知道」來回答許多問題。他常常有想要死去以便陪伴太太的想法，雖然沒有說出要用什麼方式來結束自己的生命。湯姆說他父親已經兩年沒有見健康照

護者，但他父親覺得自己很好。太太過世後，柯力先生變瘦了。他不喜歡做菜，因而改吃速食食物。他沒有什麼不良的行為，如果專心一點的話，他對時間、地點與人物都還能夠辨識。

初步的診斷

有一些線索可用來診斷柯力先生：

- 明顯的心情或反應變化。
- 對曾經喜歡的活動失去興趣。
- 剛失去他的太太，這個他生命中最重要的人。
- 輕微的記憶喪失與注意力不集中。
- 有自殺念頭。
- 食慾與睡眠障礙。

這些症狀符合了憂鬱的基本型態。柯力太太的死促使了憂鬱事件，讓柯力先生處於哀悼之中。但是他的心情和行為卻沒有加劇，只是喪親的現象而已。他拒絕以前的社交活動，他的睡眠與飲食習慣變差，同時也因為自己的昏睡而看起來像殘廢一樣。自殺意念是憂鬱的一種明顯特性，就算社工人員不認為老年人有能力奪走自己的生命，但任何的威脅都需要被慎重的注意。如果柯力先生是因為失智症，他可能會有辨識時間、空間與人物的困難，但若清楚明確的想死就顯得不尋常了。他的認知功能的損壞可能更明顯。柯力先生並非無法從事獨立生活的活動，他只是提不起勁去做而已。

艾琳・唐德森太太

艾琳・唐德森太太是一位87歲的寡婦，她跟她的貓住在一個大城市中的一間老公寓。她的丈夫40歲時死於中風後，她便獨自居住了二十年。她跟先生結婚後便一直住在這個社區，他們在這間公寓撫養了四名子女，而今唐德森太太仍住在這裡。社區環境雖然不再像以前那麼安全，但是有許多老人還

是留在這裡，因為這裡離市區購物中心很近。最近，唐德森太太的大女兒泰瑞莎接到鄰居的電話，說唐德森太太在社區中走動說要找她的先生，她說她下班太晚，要出來找她的先生回家。鄰居若提醒說她先生二十年前就過世了，她就會變得很激動而爭辯，她說鄰居們誤會她並取笑她。雖然社區的犯罪率並未提升，但她卻焦慮的緊鎖門窗。

唐德森太太有不同的健康問題，包括心臟病與循環問題，這是因為晚發性糖尿病所引起的。她有十多種處方藥，泰瑞莎覺得母親根本不知道怎麼吃，以及該在什麼時候吃那些藥。每當泰瑞莎提到這些藥，母親就會生氣的說她是按照醫師的指示吃，並且已經有改善。唐德森太太是位退休護士，直到最近都還能控制自己的血糖並為自己施打胰島素，但現在則需要有人提醒她該怎麼做。

泰瑞莎最近注意到屋內有尿液與排泄物的味道，她還發現抽屜與床底下有髒衣服塞在那裡。她母親否認這個問題，並拒絕考慮自己可能需要一位看護。貓常常跑掉，泰瑞莎懷疑可能是因為母親忘了餵牠或是虐待牠。

初步的診斷

唐德森太太有一些重要的症狀可供試驗性的診斷：

- 在熟悉的環境中迷失方向。
- 喪失熟悉工作的執行能力（施打胰島素）。
- 失落時會被激怒。
- 就算有證據也否認失禁。
- 對於社區環境過度焦慮或進行妄想。

唐德森太太的年紀加上逐漸受損的認知混亂，顯示她有早期失智症的現象。但是由於她的不定期服藥、許多嚴重的健康問題，以及對時間無法辨識，在確診為失智症之前應排除是譫妄症的現象。如果沒有代謝失衡，無結構性問題，例如，腫瘤或是血管栓塞，以及一些不明的感染現象時，就需要作

一份完整的失智症（最類似阿茲海默症）評估檢查。認知功能的喪失，而不只是情緒或反應失序，是失智症加上憂鬱最重要的警訊。輕微的無方向感或是對處方用藥有混淆的情況，對老年人來說是常見的事。嚴重的是，由於智能的喪失，連帶的無法照顧自己與他人，伴隨著與年老有關的明顯機能變化，進而轉變成失智症，尤其是阿茲海默症。

羅莎‧馬地歐小姐

凱倫‧可蘭在美國西南部一個城市中的老年服務中心工作，她與80歲的羅莎‧馬地歐小姐共處了五年，協助她獲得輕度的家事協助，並確保護理人員到她家測量血壓及提供醫療照護，以及其他的一般照護工作。凱倫已有兩週沒見到羅莎，當她去探望羅莎時，羅莎不讓她進屋，並指控她想偷她的社會保障支票。凱倫安撫她的恐懼，並提醒羅莎說她是她的專案經理，而不是社區中專門欺騙老年人的人。羅莎冷靜下來並讓凱倫進屋。將近一小時的時間，她們討論的是羅莎擔心的呼吸疾病與抗生素的費用。羅莎用伏特加代替藥物，可能還用她有限的收入去買酒而不是食物。今天，凱倫發現羅莎好像異常的分心與激動。她起身在屋內走動，並在每次經過窗戶時偷偷的看一下外面。當凱倫問她在看什麼的時候，羅莎開始哭泣並表示有人朝她的窗裡看。她懇求凱倫帶她離開這間公寓，並把她安置在一個「那個人」找不到她的地方。當凱倫想要安慰羅莎時，她開始在言語和行為上變得很激動。

初步的診斷

在未經仔細考慮一些難以捉摸線索的情況下，精神專家會認為羅莎正受精神失序所苦，比如偏執狂或是因酒精造成的精神變態。她的行為模式與診斷一致，但還是有一些症狀需要仔細加以考慮：

- 兩週前凱倫沒看到的突發狀況是什麼。
- 最近的呼吸疾病，有或沒有以抗生素加以治療。
- 抗生素的副作用，有些就是所謂的認知混淆。
- 古怪激動心情的變換，並非是羅莎的個性。
- 覺察能力變動，但注意力不足。

種種症狀顯示出羅莎正受譫妄所苦，並需立即就醫。凱倫及早發現到這種現象是因為她定期探視羅莎，而且跟羅莎的感情也不錯。有譫妄現象的老年人需要立即施以醫藥治療，以避免他們傷害自己或其他人，並降低長期未治療的影響。如果沒有明顯的譫妄原因，就需要注意其他的心理情況。

　　有關憂鬱、癡呆症與譫妄之間的差別，表5.3有列表可供參考。社工人員需要針對呈現的症狀，以及老年人呈現的認知、情緒與體能等風險因素，讓老年人得到初步的診斷。從表5.3中可以看出三種症狀需要的不同診斷與評估方法。

表5.3　憂鬱、失智症與譫妄的不同特性

	憂鬱	失智症	譫妄
症狀	憂鬱的心情、負面的自言自語、昏睡、食慾與睡眠失序	記憶困難；對於時間、空間、人物沒有概念；智能推理與思考失能	喪失記憶、情緒問題、狂躁的行為、幻覺
發生	逐漸的；可能因為疾病、失去家人或朋友、財務或居住環境改變而引起的	逐漸的；智能逐漸喪失；混淆；失去執行以前熟悉工作的能力	突發的；隨著疾病或手術發生，功能退化的速度非常快
認知功能	認知功能喪失不常見，但老年人可能無法集中精神與作決定，可能會有輕微的記憶喪失	無法記得剛學習的事物與溝通，對於熟悉的方向與人物容易混淆，就算在熟悉的環境中也一樣	精神失序並快速的喪失方向感；功能快速惡化

情緒狀態	對喜歡的活動失去興趣；持續的哀傷、易怒、內疚與絕望；呈現嗜睡與冷淡或過度憂慮	被動與退縮；遭遇認知喪失的情況時會變得激動	激動乖僻，心情不定，焦慮，不合作；對他人有言語與行為上的攻擊行為
身體狀態	食慾與睡眠失序；無法明確反應醫療治療的結果；看起來很哀傷	看起來失落又迷惑；穿著不當或是看起來無法自我照護	有「怒目而視」的表情，而且看起來沒有判斷力，外表衣衫不整
風險因素	有憂鬱的家族史，女性，社會疏離，體弱，低收入，服用的藥物有憂鬱的副作用	有阿茲海默症或唐氏症家族史，年紀很大	服用多種藥物，有藥品與酒精疾病史，營養不良與脫水，最近的疾病或手術，阿茲海默症或多發性硬化症或一般的不良健康情形

焦慮症

　　當面臨身體上的疾病、財務憂慮，以及寂寞的痛苦時，許多老年人就會表現出焦慮的行為。他們會擔心要怎麼用有限的收入來生活，或是誰會帶他們去看醫生或跑腿。每個人在某種情況下都會面臨一些情緒上的不適感。焦慮的行為並不是一種精神疾病，而是心理與身體處理壓力的方法。情緒激動的經驗會變成一種尋求問題出口的情緒反應。擔心健康會驅使人們去尋求醫療救治，或是找到可信賴的交通方式，而不是逕自擔心小孩有沒有空可以讓他搭便車去看醫生。因為擔心財務問題，老年人可能會選擇輔助性的住所，因為它的花費不大，而且有人可以幫忙整理家務。

　　如果一種深層的害怕與憂慮持續超過六個月，並伴隨著嚴重的身體症狀，諸如頭痛、腸躁、顫抖、疲憊與不眠症等等，這時，精神健康專家便需考慮這是否就是焦慮症的症狀。焦慮症是一種強烈持續的焦慮感，即使沒有明顯的外在刺激因素也會造成。老年人則為呈現心悸、換

氧過度、昏眩或過度出汗。老年人的焦慮症不易被確認出來，因為這些症狀和一般的心血管疾病、失智或阿茲海默症很類似。

有10%的老年人且大多是女性會呈現焦慮的行為，需要加以治療（Markovitz, 1993）。雖然焦慮的行為常見於老年人，社區住宅中有20%的老年人會受到影響，而老年人口中真正有焦慮症的則低於3%（Dickey, 1999; Gellis, 2006）。Gurian與Goisman（1993）把焦慮形容成是一種老年人之間「普遍的現象和一種不尋常症狀」。老年人可能第一次在人生中經歷到焦慮症，也可能在往後的老年歲月中會持續這種焦慮的感覺。用來對抗焦慮症的情緒與體能會危及老年人的健康，這便成了老年學社會工作者合理的關切。

這個失序的情況在本章中也會提到，因為醫師通常都是在必要時用藥物來治療老年人的焦慮症，這是在老年人對於生活問題產生焦慮，而不是精神上的疾病產生了焦慮。焦慮症容易被過度診斷與過度醫療，找出真正的問題並配合支持性諮詢，可以減少用藥物對治症狀的需求。

焦慮症的風險因子

雖然並無證據顯示疾病是來自遺傳，但焦慮症卻存在於家族之間。小孩會藉由看著父母與兄弟姊妹學習面對壓力的情形，開始模仿他們從家庭環境中觀察到的焦慮。Gurian與Goisman（1993）觀察到一個存在於各年齡層女性間的更大的焦慮事件，包含非裔美洲人、已婚人士和低收入且教育程度不高的女性。對於那些財源不足、教育程度不高的人來說，如果她們焦慮持續的時間長，在邏輯上來說是可預期的情形。焦慮的結果就產生了疾病。由於長期使用藥物與酒精、阿茲海默症、氣喘、慢性肺部疾病、多發性硬化症或高血壓等發生在老年人身上的疾病所造成的神經損傷，都會讓老年人發展成焦慮症的風險。

焦慮症與憂鬱現象有一種共病存在於老年人之間（Gellis, 2006）。Fillint（1994）發現有三分之一的憂鬱老年人呈現出焦慮的症狀。這看起來好像有點矛盾，因為憂鬱是由於憂鬱情緒而造成活力低下，而焦慮卻是由於激動的情緒所致。焦慮之後就變成憂鬱。老年人會出現混合的症狀。雖然他們會出現哀傷的心情、沒有精神與典型憂鬱的記憶問題，但他們可能會經歷過度憂鬱、不眠與激動等焦慮症狀。憂鬱只要加以治

療，焦慮往往都會消失。

在這方面的一些研究中，Bergmann（1978）發現38%患有阿茲海默症的老年人也會出現焦慮的症狀。焦慮的行為，實際上是失智症的一種進展指標。隨著失智症影響的認知功能，使得焦慮的診斷變得極度困難，因為要跟病患溝通他們真正的感覺已變成了不可能的任務。專業的精神醫護人員必須依賴他們專業的觀察，並結合患者的家人、朋友與照護者的觀察結果來加以判斷。這些共病（合併症）的現象是用來正確分辨並診斷老年人症狀最重要的原因之一。

焦慮症的類型

廣泛性焦慮症（GAD）。這是一種綜合性的焦慮，它沒有特定的驚慌症、恐慌症、妄想、強迫症或受傷後壓力症等現象。患有廣泛性焦慮症的老年人會過度的憂慮和緊張，這種情形往往都不會被發現或是被注意到。他們可能會擔心金錢、健康、工作或家人，甚至為不存在的問題而擔心。這種強烈的擔憂會帶來身體上的症狀，例如，肌肉緊張、心神不寧、消化性緊張、心悸與呼吸困難。當激動與煩躁的情緒狀態變成一種慢性的生活方式時，往往會妨礙到社會關係與日常生活的運作，小小的事件就有可能變成大衝突。有廣泛性焦慮症的老年人，無法讓他們說出這些憂慮。

恐慌症。恐慌症是在沒有預警的情況下突然地感到強烈的恐懼和害怕。不論有或沒有威脅到個人或情緒安全的這些外在刺激因素，都可能產生恐慌症。有恐慌症的老年人通常的主訴包括心跳、過度流汗、暈眩或虛弱，他們會感到胸痛或一種窒息的感覺，嚴重到讓他們覺得自己快要死了。有些老年人會脹熱，有些則感到畏寒。當恐慌的感覺一來，雙手會感到麻木或有刺痛的不適感。恐慌的發生可能持續幾分鐘，甚至一個小時。當恐慌消退後，老年人會明顯的感到舒服一些，但又擔心不知道什麼時候會再度受恐慌症所苦。恐慌會無預警的來襲，而且嚴重的使人衰弱疲憊。所以，老年人們會重新調整他們的生活，避免在公共場合發生恐慌的狀況而讓自己有無助的感覺。就是這種慢性的致命恐懼造成了焦慮。

強迫症。患有強迫症的人，會深受混亂的思緒或印象所苦。為了

防止或驅散這些困擾而發展出一些複雜的儀式，叫作強迫。如果一個人受細菌與灰塵所困擾，她或他就會不停的洗手。對於有被盜取強迫症的人，則會在晚上睡覺前不停的鎖門窗。有些人會有固定的飲食習慣，像是每次都吃一樣的東西，不容許餐盤上有不同的食物，或是避免不同顏色的食物。專業棒球與曲棍球員認為在非球季時刮鬍子，運氣會不好。每個人都會對特定的事情產生困擾與迷信，但是當這種執迷對抗的想法干擾了每天正常生活的時間超過一小時的時候，這種症狀就叫作強迫症。強迫症很少發生在晚年，比較常以一種延續的精神病理學現象出現在老年人身上。

強迫性囤積。雖然這不是老年人特有的現象，但出現在老年人的強迫性囤積行為已經被證實是強迫症（美國心理協會，2000）。強迫性囤積主要的特性包括：(1)大量囤積對別人來說沒多大用處與價值的東西，而且也不願意將那些東西丟棄；(2)胡亂堆放的物品使得房間失去原有的用途；以及(3)因為堆積物品造成明顯的功能異常或逐漸衰弱（Steketee & Frost, 2007）。老年人經常出現與失智症相關的現象，但是失智症卻不會有囤積的行為。囤積的行為出現得很早，而且會影響到家人（Steketee & Frost, 2003）。強迫囤積不只是無法整理家裡，或只是一種蒐集物品的古怪興趣。症狀的區別在於蒐集物品的數量與項目，以及蒐集者是否想將物品移走。床上堆滿衣物以致找不到睡覺的地方，或是堆積的腐敗食物與垃圾造成廚房髒亂，都稱為強迫囤積。新聞中常見的極端囤積還包括寵物和垃圾的堆積。強迫性囤積通常都看不到行為造成的安全性與衛生問題，也因而使得治療相對地困難。

創傷後壓力症候群。最近有一些情緒問題比創傷後壓力症候群更受到重視。一種叫作「彈震症」（震嚇失智症）的創傷後壓力症候群，常見於從戰場返鄉的老兵身上。這些男性或女性老是認為他們如果沒有經過治療，便無法融入正常的社會。退役的老兵是這種症狀的第一個受害者，但是精神健康專家也在經歷過類似情緒問題的人身上發現同樣的現象，比如像是遭遇綁架、重大事故、性侵、天然災害，以及重大災難，如墜機或火車事故等。在經歷過威脅生命或是特殊痛苦事件的人身上可見到這種現象。再度經歷原來的恐懼與震驚的時間可能是幾分鐘，也可能是好幾天。許多創傷後壓力症候群的人會無法分辨他們並不是真正回

到原來的創傷當中。隨著創傷後壓力症候群之後，會出現嚴重的睡眠問題、重度的憂鬱、或是很容易被驚嚇。有時候原本溫柔親切的人，也會因而變得暴躁易怒而且情緒不穩。這種經驗可以在突發事件消退幾個禮拜或幾個月之後發生。對於有些人，創傷後壓力症候群會在傷害過了很久之後才出現，並且會持續影響他們後半輩子，因為這是現階段這群老年人的大災難。

偏執狂的行為。技術上這雖不能視為一種焦慮，但老年人的偏執狂行為偶爾仍會出現焦慮的症狀。偏執狂和焦慮的許多症狀相同，並加上老年人會有被他人歧視、加害或跟蹤的感覺。這種老年人會很多疑、有嚴重幻覺、或是從事囤積的行為（Butler, Lewis, & Sutherland, 1998）。

帶有偏執幻覺的老年人通常都會由警察或消防隊推薦去看精神科專家，因為他們是老年人最有可能求助的對象。例如，老年人會懷疑窗外有陌生人在偷看他，或是家人想打開瓦斯謀殺他，所以會向警察求援。消防隊也可能接到老年人的報案電話，說他有聞到煙味，但是根本就沒有起火。鄰居會通報主管機關說老年人囤積垃圾或報章雜誌，造成了環境衛生問題。這種現象比較會發生在獨居的老年人，但即使是獲得完整社會服務的老年人也會呈現偏執狂的行為。

分辨出是因為感官受限（如視覺或聽覺受損），或是由於失智症造成的偏執，是很重要的（Fliopoulos, 2001）。聽力或視力不佳的人，可能會將郵差把信件放到信箱的聲音當作是陌生人要破門而入，這是一種誤認而不是偏執的現象。除此之外，失智症的老年人並不會對撥錯電話號碼或水電公司查水電表，有認知上的誤解。排除掉這些老年人的思考邏輯之後，就能避免偏執的誤診。

老年人的焦慮評估

醫療鑑定。焦慮的老年人有一些身體上的症狀，比如，心血管疾病、甲狀腺失衡、血糖過高症。所以，由專業的健康照護加以檢查並排除任何嚴重的疾病來解釋這種身體症狀，就變得很重要。臨櫃購買的感冒藥、安眠藥，以及一些處方藥，都可能造成無助與激動。評估老年人的症狀必須要定期與隨機的加以檢測。專業的健康照護者必須瞭解老年人是否有疾病史，或是他的家人是否有這種傾向。

精神與身體的健康照護者必須完全瞭解症狀的型態與持續的時間。這種焦慮是不是因為最近剛發生的事件而引起的？這種過度的憂慮是否合理，或是只為了一件微不足道的事就出現如大災難般的反應？知道老年人的心理狀態，有助於健康照護者或社工人員瞭解是什麼原因造成老年人情緒激動？這種過度的憂慮與激動對老年人的意義是什麼？

老年人是否呈現憂鬱的症狀或是早期認知功能喪失的現象，這些問題的答案是決定老年人的行為是單純的焦慮行為或確定是恐懼症的症狀。

心理測量。焦慮就跟其他精神健康一樣，可以用心理測量的方法來加以評比。最普遍的測量方法之一是哈米爾頓焦慮測量量表（HARS）（Beck, Stanley, & Zebb, 1999）。觀察的人可以從心理與身體症狀的八十九個指標來判斷，通常都是由社工人員、心理學專家或精神病學專家來觀察。這個量表雖然很準確，但冗長的時間也會讓老年人還沒有完成全部的量表之前便已筋疲力竭，甚至因此被高估了身體的嚴重症狀（Sheikh, 1996）。成人焦慮特質量表（STAI）是一種讓老年人評估自己症狀的量表（Bieling, Antany, & Swindon, 1998），這個量表只有二十二個項目，而且是適合老年人的。精神量表結合了一份完整的身體檢測，可以提供給心理與身體健康照護者更準確的焦慮行為和恐懼症的評估資訊。

焦慮症的差異性診斷

焦慮症的症狀，尤其是恐慌症、恐懼症、強迫症和創傷後壓力症候群是很容易判斷的。然而，焦慮的差異與其合併症（共病）卻是一個很複雜的過程。以下的例子有助於確認焦慮的特性，以及其他情緒或認知症狀合併出現的情況。

葛莉絲・亞登太太

葛莉絲・亞登是一位83歲的非裔美洲婦人，她和先生住在市中心的一間老人複合社區。她的丈夫中風後，因為右半邊麻痺而需要有人給予密集的照護。雖然他的溝通良好，但有時候也會因為記不住事情而感到憂鬱。他會把憂鬱的情緒，轉

而以言語上的辱罵來對待他的太太。他需要有人協助他上廁所、餵食，以及從輪椅移動到床上。亞登太太的健康情況良好，所以幫助她先生不成問題，家裡的粗重工作都是由她來做。以她的年齡來說，她的狀態算是很好的。每個禮拜有兩天的下午，她還得照顧三個孫子。她喜歡有小孩子的陪伴，而他們也會幫忙逗亞登先生開心。亞登先生與亞登太太都是退休教師，領有極優渥的退休金，加上保險支付，使他們有足夠的錢支付生活必需品，以及某些奢侈的物品。

亞登太太開始擔心，若是她先過世，她的先生該怎麼辦。雖然她的身體狀況比先生還好，但她還是不免會如此擔心。雖然子女們提議尋求醫護機構或輔助生活協助，但都被她拒絕了。她只是想著除了自己之外，她的先生絕不會跟其他人配合的，而且他有可能因為別人的疏忽而喪命。他們兩人有足夠的保險可以在必要時支付一人或兩人的照護費用，但她並沒有對此而感到安慰。第一次臨櫃的藥對她的頭痛沒有效果。雖然亞登先生在中風後病情並未轉壞，但亞登太太每個禮拜仍會因為先生身體輕微的變化而去糾纏醫生好幾次。而且她覺得先生吃得不夠多，比平常更容易煩躁，使得因為中風而半邊癱瘓的身體變得更加虛弱。經過醫師檢查後並沒有發現任何新的問題，但是卻無法說服亞登太太相信這個事實。

儘管常有孫子們的陪伴，亞登太太仍感到孤單。照顧先生使得她跟朋友與家人變得疏遠，而且也沒有時間去拜訪其他的鄰居。她總是感到很疲倦。她想在丈夫睡著時小睡片刻，但卻無法入睡。

初步診斷

亞登太太有許多焦慮的症狀：

• 過度擔心先生的健康與福利。儘管除了中風之外，她的先生並沒有明顯的健康問題，但是發現問題時，她卻不願意尋求解決的方法。

- 就算收入很好也一直在擔心財務問題。
- 睡眠失序。
- 抱怨身體的疲憊與頭痛。

亞登太太對於先生的病情與財務狀況的憂慮，就是發生在她身上的明顯症狀。她的健康以及財務和保險都沒有改變，她並不是要求情況有所改變，而只是在擔心不是問題的問題。

仔細觀察，亞登太太還有一些其他症狀：

- 雖然健康，但卻疲憊。
- 睡眠困難。
- 孤立與寂寞的感覺。
- 徘徊不去的心情。

這些症狀顯示出亞登太太承受的不僅是憂鬱，同時還有焦慮。丈夫偶爾的言語辱罵、照顧先生與孫子的壓力，以及缺乏跟朋友與鄰居的社交活動，都是造成憂鬱的原因，需要進一步的評估，以判斷憂鬱是不是她二次焦慮或是其他狀況的主要情形。

總結

　　憂鬱、失智、譫妄與焦慮，是四種從老年人之間觀察到的情緒認知問題。憂鬱影響的是老年人的心情反應，失智影響的是認知與智能作用，譫妄與失智很像，但它是突發的生理現象，而且通常是可以治癒的。焦慮是過度的擔心、無理性的恐懼和身體上的抱怨，但這些可能只是焦慮行為，而不是焦慮症。分辨症狀之間的各種情形，以及進一步發展的風險，是評估與診斷的重點，也是本章的重點。因為彼此的症狀很相似或合併產生，所以評估與診斷就變得很複雜。

　　任何的錯誤評估都可能造成悲慘的後果。未加以治療的憂鬱，可能會導致老年人因為想逃避慢性病的痛苦與感到沒有價值而選擇自殺。無力處理熟悉的居家環境造成的健康惡化，對自己與他人都可能會造成傷害。譫妄的情形如果沒有加以治療，便會因為身體的虛弱或疾病而導致

老年人死亡。慢性的焦慮會使得老年人監禁在自己的家中，飽受日益增加的社會與情緒孤離。老年學社會工作者必須能分辨出這四種情況，並鼓勵老年人與他的家人尋求治療。這就是下一章要談的主題。

問題討論／活動

1. 如果你最近接觸老年人方面的研究，注意觀察他們的憂鬱情形，你從他們身體上的抱怨，看到了哪些憂鬱的現象？當你發現早期失智症患者有憂鬱的傾向時，你會怎麼做？正確評估老年人是否憂鬱的挑戰是什麼？

2. 拜訪當地的阿茲海默症協會，他們提供哪些服務給患者與其家人？他們最常在協助專線上詢問的問題是什麼？他們有沒有公布照護者支持團體？有什麼公共政策是用來提升並改善阿茲海默症患者及其家人的？

3. 拜訪一些社區內的公共健康部門或地區老化機構，他們跟強迫性囤積老年人的應對模式是什麼？強迫性囤積呈現出什麼道德與法律上的挑戰？

參考書目

Alzheimer's Association. (2005). *Basics of Alzheimer's disease: What it is and what you do.* Retrieved February 2, 2008, from http://www.alz.org/national/documents/brochures_basicsofalz_low.pdf

Alzheimer's Association. (2007). *2007 Alzheimer's disease facts and figures.* Washington, DC: Author. Retrieved February 5, 2008, from http://www.alz.org/national/document/PR_FFfactsheet.pdf

American Psychiatric Association. (2000). *Diagnostic and statistical manual of mental disorders* (4th ed.). Washington, DC: Author.

Andresen, G. (1992). How to assess the older mind. *RN* (July), 34–40.

Aranda, M. P., Lee, P., & Wilson, S. (2001). Correlates of depression in older Latinos. *Home Health Care Services Quarterly, 20*(1), 1–20.

Arean, A., & Alvarez, J. (2001). Prevalence of mental disorder, subsyndromal disorder and service use in older disadvantaged medical patients. *Interpersonal Journal of Psychiatry in Medicine, 31*(1), 9–24.

Beck, J. G., Stanley, M. A., & Zebb, B. J. (1999). Effectiveness of the Hamilton Anxiety Scale with older Generalized Anxiety Disorder patients. *Journal of Clinical Geropsychology, 5*(4), 281–290.

Bergmann, K. (1978). Neurosis and personality disorder in old age. In A. D. Isaacs & F. Post (Eds.), *Studies in geriatric psychiatry* (pp. 176–194). Chichester, England: John Wiley & Sons.

Bieling, P. J., Antony, M. M., & Swindon, R. P. (1998). The Stait-Trait Anxiety Inventory, Trait version: Structure and content re-examined. *Behaviour Research and Therapy, 36*(7/8), 777–778.

Burnette, D., & Mui, A. C. (1994). Determination of self-reported depressive symptoms by frail older adults living alone. *Journal of Gerontological Social Work, 22*(1/2), 3–19.

Butler, R. N., Lewis, M. I., & Sunderland, T. (1998). *Aging and mental health: Positive psychosocial and biomedical approaches.* Boston: Allyn and Bacon.

Cameron, D. E. (1941). Studies in senile nocturnal delirium. *Psychiatric Quarterly, 15,* 47–53.

Chrenka, R., Brauer, D., & Newton, N. (1985). Paranoia: A psychodynamic understanding. *Clinical Gerontologist, 3*(3), 48–49.

Christison, C., & Blazer, D. (1988). Clinical assessment of psychiatric symptoms. In M. S. Albert & M. B. Moss (Eds.), *Geriatric neuropsychology* (pp. 82–99). New York: Guilford.

Costa, P. T., Jr., Williams, T. F., & Somerfield, M. (1996). *Early identification of Alzheimer's disease and related dementias. Clinical practice guideline, Quick reference guide for clinicians, No. 19.* AHCPR Publication No. 97-0703). Rockville, MD: U.S. Department of Health and Human Services, Public Health Service, Agency for Health Care Policy and Research.

Diagnosis and treatment of depression in late life. (1991). National Institute of Health Consensus Statement Online. November 4-6 (cited 2/3/99), 9(3), 1–17.

Crewe, S. F., & Chipungu, S. S. (2006). Services to support caregivers of older adults. In B. Berkman (Ed.), *Handbook of social work in health and aging* (pp. 539–549). New York: Oxford University Press.

Dickey, M. (1999). *Anxiety disorders* (NIH Publication #99-3879). Rockville, MD: National Institute of Health.

Dorfman, R. A., Lubben, J. E., Mayer-Oakes, A., Atchinson, K., Schweitzer, S. O., DeJong, F. J., & Matthias, R. E. (1995). Screening for depression among a well-elderly population. *Social Work, 40*(30), 295–304.

Eliopoulos, C. (2001). *Gerontological nursing* (5th ed.) Philadelphia: Lippincott.

Flint, A. J. (1994). Epidemiology and co-morbidity of anxiety disorders in the older adults. *American Journal of Psychiatry, 151*(5), 640–649.

Gallagher-Thompson, D., & Coon, D. W. (1996). Depression. In J. I. Sheikh & I. D. Yalom (Eds.), *Treating the elderly* (pp. 1–44). San Francisco: Jossey-Bass.

Gellis, Z. D. (2006). Older adults with mental and emotional problems. In B. Berkman (Ed.) *Handbook of social work in health and aging* (pp. 129–147). New York: Oxford University Press.

Gurian, B., & Goisman, R. (1993). Anxiety disorders and the elderly. *Generations* (Winter/Spring), 39–42.

Hamdy, R. C., & Turnbull, J. M. (1998). Alzheimer's disease: An overview. In R. C. Hamdy, J. M. Turnbull, J. Edwards, & M. M. Lancaster (Eds.), *Alzheimer's disease: A handbook for caregivers* (3rd ed., pp. 1–7). St. Louis, MO: Mosby.

Hurh, W. M., & Kim, K. C. (1988). *Uprooting and adjustment: A sociological study of Korean immigrants' mental health.* Final Report to National Institute of Mental Health (Grant No. 1 RO1 MH40312-01/5 RO1 MH 40312-02). Macomb: Department of Sociology and Anthropology, Western Illinois University.

Husaini, B. A. (1997). Predictors of depression among the elderly: Racial differences over time. *American Journal of Orthopsychiatry, 67*(1), 48–58.

Inouye, S. K., Bogardus, S. T., Charpentier, P. A., Leo-Summers, L., Acampora, D., Holford, T. R., & Cooney, L. M. (1999). A multicomponent intervention to prevent delirium in hospitalized older patients. *New England Journal of Medicine, 340*(9), 669–676.

Jang, Y., Bergman, E., Schonfeld, L, & Molinari, V. (2006). Depressive symptoms among older residents in assisted living facilities. *International Journal of Aging and Human Development, 63*(4), 299–315.

Koh, S. D., Ceca, K. M., Koh, T. H., & Liu, W. T. (1986). *Mental health and stress in Asian American elderly.* Chicago: Pacific/Asian American Mental Health Research Center.

Kornstein, S. G., & Wojcik, B. A. (2002). Depression. In S. G. Kornstein & A. H. Clayton (Eds.), *Women's mental health: A comprehensive textbook* (pp. 147–165). New York: Guilford.

Kuhn, D. (1999). *Alzheimer's early stages: First steps in caring and treatment.* Alameda, CA: Hunter House.

Levin, J. S., Chatters, L. M., & Taylor, R. J. (1995). Religious effects on health status and life satisfaction among Black Americans. *Journal of Gerontology, 50B,* S154–163.

Mahard, R. (1989). Elderly Puerto Rican women in the continental United States. In C. Garcia & Mattei (Eds.), *The psychosocial development of Puerto Rican women* (pp. 75–91). New York: Praeger.

Manson, S. M. (1995). Mental health status and needs of the American Indian and Alaska Native elderly. In D. K. Padgett (Ed.), *Handbook on ethnicity, aging, and mental health* (pp. 132–141). Westport, CT: Greenwood.

Markides, K., & Mandel, C. H. (1987). *Aging and ethnicity.* Newbury Park, CA: Sage.

Markovitz, P. J. (1993). Treatment of anxiety in the elderly. *Journal of Clinical Psychiatry, 54*(5supp.), 64–68.

Monopoli, J., Vaccaro, F., Christmann, E., & Badgett, J. (2000). Personality as a predictor of depression among the elderly. *Clinical Gerontologist, 21*(3), 49–63.

Morhardt, D., & Weintraub, S. (2007). Alzheimer's disease and non-Alzheimer's dementias. In C. B. Cox (Ed.), *Dementia and social work practice: Research and interventions* (pp. 13–44). New York: Springer.

Mosher-Ashley, P. M., & Barrett, P. W. (1997). *A life worth living: Practical strategies for reducing depression in older adults.* Baltimore: Health Sciences Press.

National Indian Council on Aging. (1981). *American Indian elderly: A national profile.* Albuquerque, NM: Author.

National Policy and Resource Center on Women and Aging. (1998). Identifying and coping with depression. *Women and Aging Letter, 2*(5), 1–9.

Neligh, G., & Scully, J. (1990). Differential diagnosis of major mental disorders among American Indian elderly. In U.S. Department of Health and Human Services, *Minority Aging* (DHHS Publication No. HRS-P-DV 904). Washington, DC: U.S. Government Printing Office.

Pepperberg, D. R., & Crouch, R. K. (2001). Untangling vascular dementia. *Lancet, 358,* 2097–2099.

Sheikh, J. I. (1996). Anxiety disorders. In J. I. Sheikh & I. D. Yalom (Eds.), *Treating the elderly* (pp. 75–103). San Francisco: Jossey-Bass.

Sloan, P. (1998). Neuropsychological assessment of dementia. In R. C. Hamdy, J. M. Turnbull, J. Edwards, & M. M. Lancaster (Eds.), *Alzheimer's disease: A handbook for caregivers* (3rd ed., pp. 27–40). St. Louis, MO: Mosby.

Steketee, G., & Frost, R. O. (2003). Compulsive hoarding: Current status of the research. *Clinical Psychology Review, 23,* 905–927.

Steketee, F., & Frost, R. O. (2007). *Compulsive hoarding and acquiring: Therapist guide.* New York: Oxford University Press.

Tappen, R. M. (1997). *Interventions for Alzheimer's disease: A caregiver's complete reference.* Baltimore: Health Professions Press.

Toseland, R. W., & Parker, M. (2006). Older adults suffering from significant dementia. In B. Berkman (Ed.), *Handbook of social work in health and aging* (pp. 117–127). New York: Oxford University Press.

Turnbull, J. E., & Mui, A. C. (1995). Mental health status and needs of black and white older elderly: Differences in depression. In D. K. Padgett (Ed.), *Handbook on ethnicity, aging, and mental health* (pp. 73–98). Westport, CT: Greenwood.

U. S. Department of Health and Human Services. (2001). *Mental health: Culture, race and ethnicity.* Washington, DC: Department of Health and Human Services, Office of the Surgeon General, Substance Abuse and Mental Health Services. Retrieved February 1, 2008, from http://www.surgeongeneral.gov/library/mentalhealth/chapter5/sec3.html

第六章

老年人的社會情緒和認知問題的
個別和團體介入

介入的過程

　　這一章說的介入是用來治療飽受憂鬱、早期失智症與焦慮所苦的老年人。個別使用的方法包括認知行為治療、生命回顧與確效評估。認知行為治療與生命回顧是用來幫助老年人對自己的行為和感覺洞察，這種方法是讓老年人用「說」的來解決他們情緒上的困擾。確效評估比較不著重在老年人的洞察，而是在改善他們的情緒狀態。這些方法對於經歷某種認知衰退的老年人很有效。

　　下一章將探討取代「說」的療法，比如像藝術、音樂、運動和寵物治療，這些療法對於功能良好以及有嚴重認知與溝通障礙的老年人都適宜。這一章的第二個部分是透過懷舊、再激發、社會活動來探討團體介入，而支持團體則主要適用於中度到高度功能良好的老年人。社會工作者比較想看到這些老年人住進老人中心或其他機構，比如像輔助或獨立生活機構。

　　事實上，每一種與老年人的接觸方式，不管是透過正式的臨床設立或是到家中喝杯咖啡作個短暫拜訪，都是有潛力的治療。社工人員每一個接觸所發展的關係，都可以改善老年人的社會心理功能。介入老年人的社會情緒與認知問題，並結合有系統的老化過程知識，將有助於確認問題、發掘替代解決方法、運用解決方法，以及評估介入等。

介入過程中會發生什麼變化？

　　當老年學社會工作者執行介入方案時，他們都做了些什麼？姑且不論社工人員天真的「救人」或「改變世界」的想法，社工人員在處理個案時的確是有些作為的。社工人員幫助某些個案改變了痛苦、危險或無法忍受的情況。用來幫助憂鬱老年人的介入，著重在找出憂鬱的源頭，比如像不當的醫藥、身體的疾病、或是延長的喪親之痛，並努力用其他方法來減輕他們的憂鬱。找尋新的社會接觸、增加運動量、或是以傳統的「訴說療法」來抒發哀傷，都是用來改變造成情緒悲痛的方法。

　　當醫療團體不知道如何使逐漸衰弱的阿茲海默症逆轉，或是讓一個中風癱瘓的老年人完全恢復時，社工人員便可以與老年人共同合作以幫助他們。當配偶以及一輩子的朋友去世後是無法被取代的。在這種案例中，老年人面對的情況無法改變，但老年人可以改變他們對情況的反應。雖然目前阿茲海默症沒有治癒的方法，但是給老年人好的身體與情緒照護可以減緩惡化的程度，進而改善老年人與照護者的生活品質。中風造成的身體傷害可能無法完全恢復，但是輔助器材，像是電動輪椅，則能幫助老年人獲得某種控制環境的感覺，進而改善他們的情緒。一位寂寞的寡婦可以學著把她對先生的情感，轉移到二代之間的兒童日間照護中心或是兒童醫院。雖然造成問題的原因無法改善，但老年人的反應卻是可以改善的。明白介入的真正目的，對老年人與社工人員來說都是很重要的。

將增權當成介入的一種目標

　　掌控自己生活的感覺與繼續對短期和長期規劃有決定能力，是老年人最佳的情緒指標。老年人必須感受到不管是身體出毛病或是失去朋友與親人，他們仍然掌控著自己的生活，依舊是保有獨立能力的成人。家人可能會想替孱弱的老年人作財務與邏輯思考上的決定，但剝奪老年人自己作決定是不智的行為。完美的老年學實務，是找尋方法來加強老年人掌控自己生活的能力，而不是把他們的能力剝奪。對於住在社區內的老年人來說，意味著他們可以自己決定住在哪裡，以及什麼時間要做什麼事；對於住在安置機構中的老年人來說，他們對於穿什麼或哪些個人

物品可以帶到一個新的居住地方，就沒有太多的選擇能力了。

社會工作中增權的執行是參考強調幫助老年人獲得掌握自己生活能力的一些理論方法（Cox & Parsons, 1994; Gutierrez, 1990）。這個方法已經使用在許多人身上，特別是適用在婦女、老年人，以及有色人種的社會介入，因為它反應了他們社會歷史的壓迫，而獲得或再恢復能力的過程是真正有療效的。增權也是一種跟老年人共事的哲學態度，要避免將老年人當作個案、把社工人員當成專家的等級分別，介入需由雙方的力量方能帶來改變。

Cox與Parsons（1994）發展出一種與老年人共事的增權模式，這可運用到四種改變。第一種是著重在個人需求與造成個人軟弱來源的原因認定。利用小團體或教育活動來面對老化過程，是增權方法的第二種主要目標。經由小團體自我協助的過程讓老年人們分享興趣，為接下來的兩種改變打下基礎。第三種改變是在個案們的環境上，比如像是當地健康照護、社會服務、收入維持，以及交通等。第四種則超越了環境，而著重在老年人的族群與政治問題上，像是年齡區別、健康照護、或其他社會政策面等。老年學社會工作者有機會使用四種增權模式來處理老年事務的狀況可能並不常見，但是以發現老年人失去能力為宗旨則適用於任何一種的介入階段（McInnis-Dittrich, 1997）。不論老年人的情緒或認知情況為何，找出讓老年人發揮他們對自己生活最大的掌握能力是很重要的。

是誰的目標？

朝著增權給老年人的努力，也意味著社會工作者尊重老年人自己的選擇。我們不難發現，自我決定是老年人嘗試改變時的重要選擇，但是在與老年人共事的過程中卻很難看到這個原則。工作者要如何在老年人與其家人之間取得平衡？以誰的目標為優先？例如，88歲的史勒威太太是位寡婦，她非常希望能夠留在住了六十年的房子裡。如果她有家務整理、送餐，以及護理人員的造訪服務，那就有可能；但是她的家人擔心當她的身體更羸弱以後，她有可能跌倒，所以他們希望她搬到輔助生活機構。誰的目標將變成最後的決定？

如果家人通知社工人員說他們願意支付輔助生活機構的費用而不想

用居家服務時，答案會改變嗎？如果社工人員認同史勒威太太可能會跌倒，但她卻還沒有跌倒的紀錄時，會有什麼差別嗎？雖然史勒威太太還可以自行使用居家支持系統，但卻呈現早期失智症現象時，有關係嗎？當老年人無法維持獨立行為、支配自己的財產，以及決定臨終生命時，處理老年事務時便會碰到道德上的地雷區。老年人也是成年人，保有法定權力以決定自己的福利，除非法律另有規定，否則絕不漠視任何人的目標將是介入努力的焦點。

介入與處置老年的障礙

對於介入所抱持的態度

在為老年人尋求介入時碰到的最大障礙，尤其是在治療精神狀態時，一種普遍的態度是，到底老年學社會工作者的介入是為了癲狂的人，或是失去生活功能的人而設的。目前這群老年人可能不瞭解或是對人類行為與情緒的心理學理論不感興趣。有些老年人甚至還活在「麻煩是自找的」陳舊想法當中。他們相信憂鬱和焦慮是因為個性缺點造成的，而不是發生在老年生活中的生物心理社會事件所造成的情緒複雜反應。對於終其一生功能都正常的老年人來說，要他們去跟陌生人而且是比他們年輕的人討論個人深入的問題，是無法被接受的。老年人不相信除了周遭的家人或朋友之外，還會有人瞭解他的情況，而且那也不關他們的事。有這種想法的老年人在接觸到專業的精神健康諮詢時，會對任何想要協助他們的介入過程產生可怕的反抗。

身體的情緒衝突

老年人對於專業的協助語言可能不熟悉，而且也無法確認自己的情緒。不論他們的感覺是ok或是不ok，他們都覺得是身體問題而不是情緒問題。老年人常常將他們的感覺身體化，也就是把不愉快的情緒轉變成身體的不適，這將在本書中強調說明。這便是他們比較想去看健康照護提供者而不是專業心理醫師的原因，因此，幫助老年人認知不同的感覺狀態是介入過程中一個很重要的部分。介入過程會產生的抗拒反省現

象，可說是一種自我中心，是不被社會接受的性格跡象。他們會覺得自我中心是自私，或是將不想要的感覺著重在他們正感受到的。想到要跟別人討論憂鬱就是一條創新的路，而不是在治療憂鬱。

身體的障礙

都市和鄉村都存在缺乏為老年人設計的一些無障礙服務。兒童與青少年問題的專家可能缺乏訓練以瞭解老年人的特殊需求，且不當的服務可能比沒有服務來得更不利。如果設有服務，但老年人卻可能因為缺乏交通或沒有無障礙空間的設施讓輪椅或助步器得以使用，而使得老年人無法真正獲得服務。訊息系統與語音信箱因為必須先預約，所以老年人寧可走路去跟真正的服務人員接洽。因此有太多或完全沒有服務的選擇，迫使老年人放棄任何求助的努力。

文化的障礙

文化障礙是老年人尋求精神與社會環境問題協助的另一種障礙。他們覺得跟不同族群或種族背景的社工人員談話會令他們不自在，因為他們並不熟悉自己的文化。英文也可能不是他們的母語，用自己的母語談論個人問題都有困難了，更別提跨越障礙試圖表達感覺與想法。就算是找到一個與老年人使用相同語言的精神專家，年齡上的差距也是老年人與社工人員之間的障礙。在許多文化中，老年人擁有很值得尊敬的地位，而年輕人則應該聽從他們並且以他們為榮，因此，探測老年人內心深層的感覺或遭遇是不被接受的。要求一位老年人改變他們根深柢固的想法，通常會被老年人視為是冒犯的行為。

對於大多數既無個人資源也沒有很好個人醫療保險的老年人來說，無力支付服務費用依然是一個令人害怕的障礙。如果在老年人有額外的保險來支付醫療保險的情況下，他們受到的醫療輔助及健康照護提供者所提供的治療與醫療數目，通常都會很規律。但通常社工人員可能認為至少需要十種醫療項目來治療一個嚴重的憂鬱或焦慮症，保險公司卻認為只要幾個就夠了。通常醫療保險只支付一部分的必要診療費，而要老年人自己支付剩下的費用。治療的費用可能被有限制的供給老年人使用，有時甚至是想都不用想。

幫助老年人瞭解介入的目的與過程

尋求協助是一種力量的表現，而不是無力的表現。到了晚年，老年人無可避免地會遭遇一連串像是身體的老化與朋友、家人過世的改變。應該為他們努力控制自己的情緒以及積極參與解決自己的問題給予鼓勵，而不是把他們安置到他們不自在的居住環境，並用某些方法來幫助他們建立信心，進而使他們感到好過一些。社工人員的角色既是教練，同時也是諮詢者。

強調目標設定過程的相互性。通常各個年齡層的個案會認為社工人員最瞭解、也最有資格來決定他們最好的介入服務。但這可能是個災難。花時間去探討什麼是老年人想要的，以及他們想要完成的是什麼，是社工人員的必要工作。再重申一次，任何介入的事實是建立在老年人要什麼，而不是社工人員要什麼，這點是非常重要的。一開始社工人員就要發覺到問題是出在老年人或家人身上。把老年人送到一位社工人員那裡去「搞定」，這是行不通的。老年人必須積極的加入設定他們自己想要的目標，而不是其他人想要的目標。

老年人擔心他們的資料會被其他人知道而覺得不自在，依賴家人照顧的老年人可能會擔心危及照護關係而不願表達真正的感覺，所以必須要誠實的建立個案紀錄資料。如果你能向老年人保證絕對保密，就要這麼做。如果事實上你必須跟老年人的家人或其他的健康照護提供者分享你的發現時，你也要誠實的讓老年人知道。老年人在道德與法律上有權知道誰能夠取得社工人員的紀錄，以及介入的過程中有多少資料會透漏給其他人。

向老年人解釋什麼是必要的協助過程？標準的流程有哪些？當老年人在談論他或她的人生時，社工人員在做什麼？過程持續時間是多久？協助過程由誰付費？如果需要作一些調整，老年人需要有個概念知道他們將會有什麼協助過程。通常老年人會把社工人員當成是政府機關公共事務的專案經理人，並且對老年學社會工作的活動範圍感到困惑，所

以，社工人員必須要準備好以便回答老年人想知道的問題。

發展密切的關係

放慢一點！大多數的新手社工人員在進行介入過程時，總會因太急躁而讓老年人感到害怕。老年人需要一些暖身的時間，才能自在的跟社工人員分享個人的訊息。在正式進入深入的心理議題之前，不妨花幾分鐘時間拜訪老年人，給老年人一些空間和時間的轉換以便進入狀況。關心老年人，把他當成一個完整的個體，也會傳達出社工人員是把老年人當成一個個人，而不是一個心理或社會問題。

在每個輔導案例中，尊重個案是非常重要的。對老年人來說，這就是重視並讓他們的生活經驗派上用場。談起以前的情況是如此的不同，這可以讓老年人想起以前的處理方式，並思考這些應對方法要如何運用到目前的狀況中。認知「曾經如此」，對處理當下真實生活事件來說，是很重要的。社工人員要協助老年人在心理上將以前的生活經驗與目前遇到的挑戰加以聯想。重點不是要鼓勵老年人沉緬過去，而是去利用內在觀察的價值。老年人可能會在介入過程的進行中不斷地重複述說，社工人員必須清楚老年人所談的故事，而且要知道他們不斷重複訴說的原因為何。Knight（1996）認為老年人重複的表述自己，是因為他們認為自己說的話，別人從來都沒有在聽的緣故。社工人員應該以積極傾聽的方式來表達他們重視老年人所說的故事，而且也很感興趣。

承認文化上的差異。由於種族與文化的不同，表達出興趣並學習老年人的不同經驗，是與老年人建立密切關係的一種絕妙方法。重視老年人的文化背景，是成功介入的必要步驟；漠視文化上的差異，則是對老年人的文化與種族內涵予以貶低或歧視。

找出並確認身體上的侷限，是本書中特別強調在跟老年人作個別討論時要特別注意的。如果老年人有聽力困難，那麼就要講慢一點，並且清楚一些；要是老年人的視力退化，就要利用更明顯的書寫方式讓他們看得清楚；假如老年人的行動有困難並且不能久坐，就要讓他們多休息或是將面談時間縮短。

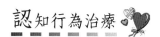
認知行為治療

　　認知行為療法（Cognitive-Behavioral Therapy, CBT）是一種使用在不同年齡層之情緒介入常見的方法，包括憂鬱與焦慮。這種型態的療法，探討的是思想（認知）和連續性感覺與行為之間的關係（Adler, 1963; Beck, 1995; Ellis, 1962; Lantz, 1996）。發生在人們身上的事件會自動而無預警的讓人想到事件的真正意義是什麼，而個人對於事件的詮釋則會加速決定個人行為的感覺。身為一個學生，你知道報告交件的截止日期代表的是什麼後續事件的結果，你立即的反應會是「我不擅長寫報告，這對我來說很困難」，而隨後的感覺狀態可能是驚怯、恐懼、或其他的輕度焦慮等。驚慌的行為反應可能會以儘可能延遲寫報告來逃避驚慌和焦慮。對有些人來說，焦慮可能是一種動力，他們會及早寫報告或去尋求指導老師的協助來控制他們的焦慮反應。同樣的事件（發布報告截止日期）引發不同的情緒反應或感覺狀態（驚慌、困惑或焦慮），以及不同的後續行為反應（逃避報告、開始寫報告或翹課），詳見表6.1。

表6.1	認知行為的關聯		
	A	B	C
狀態或事件	狀態或事件後的想法	心情／感覺狀態	行為
報告截止日的宣布	「我不擅長寫報告，這對我來說很困難。」	焦慮、驚慌、退縮或否認	延遲，立即寫報告，求助，退選課程

來源：取自Mosher-Ashley & Barrett, 1997, and Yost et al., 1986。

　　認知行為療法是依據對於事件的認知與行為反應都已經出現的推論，因此，經由再學習的過程，人們可以改變他們對於事件的情緒反應，以及後續的行為表現。其過程包含幫助確認情緒與對事件的行為反應，並以更適合、更有效的反應取而代之。認知行為療法的最終目標是改變個人的情緒狀態與行為模式。

　　這種型態的治療，是一種用來治療老年人的憂鬱與焦慮的心理教育。老年人不只要開始與狀況、想法，以及行為連結，他們還要知道一

般錯誤的想法，以及如何消除那些惱人的想法和感覺。在這一章中，認知行為療法將被用在個別的老年人身上，雖然有些精神專家認為這個方法對團體性的治療（Yost, Beutler, Corishley, & Allender, 1986）或是一併與醫療配合使用比較有效。

對認知行為療法有最佳反應的老年人

認知行為療法不適用於有憂鬱或焦慮經驗的老年人。認知行為療法對於語言上有一些認知損傷的老年人最有效，因為認知行為的過程需要老年人能夠表達想法並討論感想。有思考與分析能力的行為，是認知行為的基礎。老年人必須要能作自我表述，並且願意對社工人員也如此做。這個方法對於那些高度自主或不願求助或接受幫助的老年人，則有些無效（Mosher-Ashley & Barrett, 1997）。換句話說，老年人得願意配合作思想與情感上的連結才行。不論社工人員看到的是認知如何扭曲，以致造成老年人依然憂鬱或變得焦慮，這是老年人的內在想法，而不是社工人員的，也是老年人自己的內在想法改變了他們的感覺。

有嚴重記憶問題或是注意力不集中的老年人，則不適合認知行為療法。老年人首先要知道是哪種情況引發他們痛苦的想法與情緒，並能在將來的事件中辨認那些誘發因子。所以，需要的不只是注意力集中的能力，還要有執行的意願。內化在過程當中，有嚴重焦慮的老年人無法在過程中集中精神。嚴重的憂鬱案例或晚期的失智症通常記憶都會受損，所以很難讓他們記住一個過程到另一個過程當中的資料。這個方法也不適用於有自殺意念的老年人（Yost et al., 1986）。

認知行為療法可能也不適用於酒精與藥物濫用的老年人，因為這兩樣東西會干擾到正常的認知功能。但是，一旦老年人可以自由的改變心態，認知行為療法便不只有助於治療憂鬱和焦慮，還能指出下列一些有力的習慣性過程。

認知行為治療的過程

認知行為療法包含四個階段，它們被Yost與其他人（1986）用來使用在老年人身上。這些階段會作簡要說明，並以舉例方式說明過程是如何以簡單的事件與感覺連結，以致發展到一種確認存在於事件、想法、

感覺與行為之間錯綜複雜的關係。

準備。在幫助老年人找出想法與感覺之間的連結之前，社工人員花一些時間與老年人建立關係是很重要的。老年人必須很清楚的知道在參與的過程中，他們想要得到什麼樣的改變。在這個準備階段中，社工人員討論到憂鬱或焦慮的症狀（對介入計畫是適合的），包括造成這些現象的一般原因，以及它是如何影響老年人的功能，並確保症狀是能夠治療的。這個階段讓社工人員有機會說明認知行為療法的重要，以及為何它可以確認情況、想法、感覺與行為是如何連結的。

這些活動有兩個目的。第一，它們讓老年人仔細地思考自己在過程中的角色，並釐清他們的期待。他們想要有怎樣不同的人生？他們願意成為自己行為的嚴格旁觀者嗎？他們相信自己可以改變嗎？這些問題形成了治療過程的基礎。第二，社工人員有機會去思考認知行為療法是否適合老年人，並有助於與老年人關係的發展。老年人對這個過程有真實的期待嗎？他們是否有能力及興趣作進一步的內省或反思？社工人員與老年人可以發展一種信賴而沒有保留的關係嗎？

協力確認。一旦社工人員與老年人決定繼續認知行為療法，雙方的合作就變得很重要。在跟老年人共事的時候，社工人員最好能比一般其他的介入計畫作更多的自我揭露。老年人對社工人員知道得愈多就愈感到自在，並可以繼續發展信任的關係。

在認知行為階段中，老年人會被說明過程中的情況與感覺關係。社工人員以言詞探討哪些情況會讓老年人明顯感到憂鬱或焦慮，並協助他們發覺接下來會產生的特殊情緒反應。要老年人自在的作這種連結可能要花一些時間，而社工人員在幫助老年人確認情況與後續感覺上，扮演著很重要的角色。個案可能要做家庭作業，包含在事件與由事件引起的情緒或感覺之間加以詳盡的比較。表6.2中的A欄與C欄有加以列述。

在老年人可以獨立的作出這些連結之後，另外的步驟就要加進來了。老年人會被要求確認在他們對事件產生情緒反應之前，他們的想法是什麼？事件對他們的意義為何？下一個步驟可見於表6.2中的B欄。經由這個步驟，老年人就知道情況或事件的三個連結要素、認知反應或想法，以及後續的感覺。社工人員利用這個表格當作教育工具來幫助老年人認清惱人感覺的起因。

表6.2　認知行為療法模式

A	B	C	D
情況或事件	想法	心情感覺狀態	修正的行動
老婦人生日時沒有子女們的祝賀	我不重要，所以沒人記得我的生日。他一定不關心我	哀傷、孤獨、不被愛	這是一種可以想見到的最壞結果的例子。取而代之的想法：他最近一定很忙，我應該打電話給他，告訴他我有多愛他
老翁在髖關節手術後需要使用助步器	我無法在沒有協助的狀況下行走。我不能讓我的朋友看到我這個樣子。我這樣算什麼男人？	愚笨、沒用、失能、依賴、困窘	這是一個不真實的自我認定的例子。取而代之的想法：我很慶幸還能靠助步器到處走動，我的朋友一定很高興看到我回來，雖然我做事需要長一點的時間
老婦人無法在週日為家人做飯	照顧家人並把他們聚集在一起是我的責任，現在我已不能做到了	無用，無法扮演家庭角色，不再是具有生產力的家庭成員	另一種不真實的自我認定的例子。取而代之的想法：這些年來我已經做好煮飯的工作了，現在該是把工作與食譜交由我女兒來照顧家人了，他們會理解的

來源：取自Mosher-Ashley & Barrett, 1997。

Yost與他的同事（1986）指出，在這個認知行為療法階段，行為因素被認為是有幫助的過程。光是讓老年人找出惱人情緒的憂鬱與焦慮起因是不夠的。知道自己功能失調的想法，並不能減輕老年人的憂鬱或焦慮。他們想要找到積極的方法來促進更肯定的感覺，同時也要有方法來掌控自己的生活。例如，當老年人感到憂鬱的時候，他們通常會對曾經喜愛的活動失去興趣，比如像園藝、社交或閱讀。失去這些喜歡的活動會加速憂鬱的惡化。老年人愈憂鬱時，他或她便更沒有興趣去恢復原本喜歡的活動，而且會持續地螺旋向下發展。認知行為療法的行為要素就

是協助老年人找出那些曾經喜歡的活動，並挪出時間重新開始去從事那些活動。社會工作者會請老年人畫一個圖來記錄他的日常活動，並在他願意從事那些活動時與他相互討論。

其他的時間則可以將活動分成幾個小部分，以協助老年人每天重新開始。如果老年人喜歡閱讀，就必須找一本書來看。找到書就是第二個步驟，閱讀一章則是下一個步驟。持續步驟的進行，直到他們再次從事閱讀為止。這個過程是以恢復老年人掌控生活的能力作為治療憂鬱的一部分。

對於正遭受焦慮所苦的老年人來說，這種行為要素包含了系統麻木、思想停頓、緊張。在老年人感到憂鬱或焦慮時，使用特定的器材則是認知行為療法行為要素的一部分。

改變。當老年人認出事件、想法，以及感覺之間的連結時，他們會開始確認並改正自己的認知曲解。他們會自問：「我所想的功能異常是什麼？我是否以一種理性的態度來反應或者過度的解讀？」認知扭曲的例子包含：總體「嚴重化」、心理解讀、自責、不切實際的要求別人、不切實際的自我期待，以及誇大不實的自我看重。我們可以很容易的看出錯誤的想法會造成老年人怎樣痛苦的情緒反應。如果老年人在星期天沒有接到子女的電話就認為子女已不再愛他的話，那麼我們對老年人的憂鬱就不感到意外。要是把打錯電話當成是騷擾電話，那麼幾通打錯的電話就會造成他們相當程度的焦慮。認知行為療法的目的就是協助老年人找出認知上的扭曲，並檢視他們自己想法的過程。

由前面三欄中的想法與感覺產生了治療的認知，進而有了第四欄的修正方法來幫助老年人。表6.2中的D欄，老年人不僅可以在破壞情緒產生之前捕捉到自己扭曲的想法，他們還能利用修正的行動來讓情況獲得控制。例如，如果禮拜天小孩沒打電話來，便可以由老年人自己打電話給他的小孩。在許多方面來說，在他打電話的過程中，老年人有能力決定「我該怎麼做才會讓自己感覺好一點」。採用正面的步驟賦予老年人重新掌控環境的力量。重新掌控有助於讓他們有從無能為力變成有積極掌握事件的感覺。

行為方法給予的介入層面包括刺激控制與行為演練。刺激控制指的是重新安排、排除、或降低困擾因子的影響。例如，如果是星期天的

下午，對一位剛喪偶的老年人來說將會是一段很難熬的時間，因為那是他跟配偶共度的特殊時光，那麼為那個時段重新安排其他的活動對老年人是有幫助的。與其待在屋內回想從前的種種情景，不如出門去拜訪朋友。定期看場電影或跟家人、朋友吃晚餐，可以讓老年人重新對星期天的下午定義出別的定義，如此一來，星期天的下午便不再是憂鬱的誘因，而是更多娛樂活動的來源。行為演練包含對舊的或是重複的困擾情況進行學習或演練的新行為模式。社工人員可以建議用新的方式來處理老問題。老年人可能有些經年累月的行為模式，他們只是不知道該如何改變。

　　強化與決心。認知行為療法的最後一個階段是強化與決心。這個階段是介入過程一個不可或缺的部分，而不只是親切地結束一段協助關係。在這個最後治療階段，社工人員的工作是強化治療過程中所觀察到的改變。讓老年人回顧他們已經作了多少努力，以及他們已經增加了什麼力量來發揮情緒與想法上的認知，並強化他們的信念，告訴他們有能力處理過程中其他未來的挑戰。老年人必須對介入過程有信心，因為他們已經學習並且有能力繼續對抗憂鬱或焦慮。未雨綢繆地為困擾情緒的再發設定應對策略是有幫助的，這可以減輕老年人自己去面對的害怕情緒。認知行為療法打算延展治療關係，所以萬一將來老年人有復發情形時，老年人便可以利用學到的方式去認定那些想法與情感來源，並自己找出修正的適應方法。

生命回顧

　　Erikson（1963）把最後的人生階段任務當成是自我完整與自我絕望的對比。為此，老年人需要回顧他們的人生，並找出一種成就感與意義：「我的人生有什麼不同？它有任何意義嗎？」當老年人的社會支持網絡縮小或健康狀況下滑時，他們會把生命中的某段記憶當成樂趣的來源。

　　回想起具體的成就並找出他們生命的目的，可以促使他們得到完整的自我；回想盡是痛苦懷舊的老年人，則很難讓他們找出生命中曾經有過什麼美好的成就。他們為自己的人生所下的定義是一種浪費，這時，

他們經歷的是自我絕望，而不是得到自我的完整性。

Butler（1963; Butler, Lewis, & Sunderland, 1998）以Erik Erikson的發展階段理論為基礎，指出生命回顧就是一種老年的全面性生活回顧。在生命中的每個主要發展階段，每個個人都必須面對解決特定的衝突事件。如果生命中的階段性衝突沒有在適當的時期加以解決，它就會在往後的生活中重現，如此便會減弱了獲得精神與社會成熟度的能力。Butler（1963）主張生活回顧在知道接近死亡之時會開始，因此，生命回顧的過程比較可能會發生在老年人而不是年輕人身上。回想一個人過去的事件，會帶來強調未解決事件的認知。

一旦未解決的衝突被再度提起並面對的時候，老年人便會經歷罪惡感的排除、內心衝突的解答，以及家庭關係的和解。在指導下解決了這些衝突，可以讓老年人有機會去修補藩籬，並完成未完成的步驟以達到自我完整與自我絕望的對比，其目的就是在過程中確認正面與負面的情緒記憶。如果有問題的經驗與記憶沒有被挖掘，就需要以專業的諮詢技巧來幫助老年人並重新建構且接受過去的事件，或採取步驟將它們解決。生命回顧是假定負面情緒與事件將不會再被發覺到了。

什麼時候作生命回顧最有利？

Knight（1996）就建議讓歷經危機事件（比如剛喪偶的時候）的老年人來進行生命回顧，以利建構一個「全新的自己」的感覺。一位老年人可能需要經由協助來認清未來的生活不會再有生活伴侶的陪同，他要面對的是「我」，而不是「我們」。對於大半輩子有人陪伴的老年人，可能無法想像自己將如何獨自面對往後的生活，這時就必須藉由回顧個人的能力與資產來幫助老年人重新獲得自信以展開新生活。

生活回顧在幫助老年人面對危機時是很有幫助的，例如，當面臨慢性病或是失能的危機時，協助老年人把他們目前的健康問題交由人生過程的想法，可以鼓勵他們將健康不佳的情況當成是生命中一個很小的部分而已。就像Puentes（1998）強調的，人們很容易以目前的現狀來定義自己包括過去與現在的整個人生。與其沉浸在自我憐憫中，老年人可以學習去接受生病只是人生大經歷過程中的一小部分而已。

這個方法對於試圖找出他的人生目的與意義的老年人最有幫助。有

孤寂與寂寞的感覺時，很難讓老年人看到自己的人生價值。他們活著有什麼意義嗎？對於許多老年人來說，找出他們人生的正面影響很容易，如養育子女或是藉由畢生的工作所作的貢獻，但老年人也有可能會為他們的人生作出虛擲一生的悲傷結論。

經由生命回顧產生的負面想法，有可能是因為後來的生活失序所造成的，尤其是憂鬱症狀（Merriam, 1993）。Butler和同事們（1998）警覺到這個可能性，於是鼓勵專家們在與個案進行生命回顧之前要考慮清楚。生命回顧對某些老年人來說也許不是最好的介入方法。

生命回顧的步驟

設立預先介入的基線。生命回顧主要的要素之一是它既有評估性，也有治療性。在進行這個依時間前後排列而記載的過程之前，社工人員應該為老年人的情緒設定一個底線。可以利用老年抑鬱量表（GDS，在第四章有討論過）或是生活滿意指數（LSIA）（Neugarten, Havighurst, & Tobin, 1961），以介入的整體目標選擇為依據。生活回顧不只著重在幫助老年人更瞭解自己的生活歷史，同時也要將在過程中得到的內省應用到現在與未來的行為上。生命回顧不是執著在老年人的過去，而是利用獲得的內省繼續從過去的衝突中，前進到目前更有生產力與滿意的生活中。建立介入作業的前測與後測結果，有助於社工人員與老年人雙方評估介入作業所努力完成的成功結果。

生命回顧的結構。生命回顧的指導原則通常分為六到十二個部分，以老年人參與生命回顧的目標、老年人的健康，以及社工人員與老年人個人傾向為依據。大約有兩個部分是分別使用在主要的發展階段中。Burnside與Haight（1994）提供了一個結構公式：生命回顧與經驗表格（LREF）。這個計畫書涵蓋了死亡、哀傷、害怕、信仰、學校、艱難、性、工作與生命中的關係等。明顯地，有些題目在不同的階段中會獲得比較多的關注。不需要在每個發展階段都問所有的問題。這些問題在之前的研究中就已得到驗證（Burrnside & Haight, 1994; Haight, 1992）。社工人員在使用回顧技術於一些生活階段之後，會發展出自己的方式來增減成他們認為有用的內容。沒有一種「正確的」方法可以用來執行生命回顧的治療。

在跟老年人進行生命回顧的過程中，探討文化或族群對他們所造成的影響是很重要的。歸屬於一個文化或族群團體，對他們的意義是什麼？他們對於「不同」與其他人的第一個經驗是什麼，而且那對他們的意義為何？他們在世代間看到了什麼經驗與種族價值經歷的改變？這不只適用於特定的人種與族群團體，像是非裔美洲人、西班牙裔美洲人、美洲印地安人或是亞裔美洲人等。比如說，屬於白人族群中的愛爾蘭人、德國人、猶太人、斯堪地那維亞人或法國人，他們對於老年人與生活經驗的定義也很不一樣。

Knight（1996）警告協助老年人執行生命回顧的專家們，要特別注意有哪些是老年人沒有按時間先後順序記載的回顧事項？哪些是老年人記不得或有系統地從他們的回顧中被刪除掉的數年斷層？這種有意識或無意識的刪除生活事件，可能就是未解決衝突的線索。老年人可能故意不提特別的事件，像是失敗的婚姻、已故或分居的子女、或是有問題的社交關係（Knight, 1996）。社工人員的直覺是用來評估老年人在回顧他們的人生歷史時，漏掉了什麼的最好工具。

社會工作者的角色。在療癒的生命回顧過程中，社工人員通常都扮演著編輯者的角色（Knight, 1996）。社會工作者的工作就是找出其他的線索，這是多數諮詢過程中的常態。協助老年人放慢腳步並集中精神努力去記起重要事件，是廣泛性回顧必備的。雖然他們可能無法記住最近發生的事，但他們的長期記憶卻是清晰無比（Butler et al., 1998）。社工人員在讓老年人於過程中記起並重新懷舊早期事件中，扮演了重要的角色。

社工人員可以幫助老年人從他們的過去重構事件。例如，如果一位老年人對他或她的父母有很大的敵視與憤怒，社工人員可以幫助他們用不同的看法來看這惱人的父母。也許老年人在成長過程中，他的父親因為工作的關係而無法陪伴他，則可以用「當時他是以他認為對家庭最好的照顧」來幫助老年人釋懷當初的負面情緒，並瞭解缺席的父親其行為是有其價值的，即使當初的行為是無價值的也一樣。這個方法對於幫助那些有藥物與酒精濫用家庭尤其有用，目的就是幫助老年人接受生活上的事件，並擺脫負面與功能異常的感覺，至少在不能改變的情況下設法接受它們。

在以下的例子中顯示的是如何將懷舊的方法使用到個案，尤其是一位不斷重複相同故事給社工人員的憂鬱老太太。謹慎的引導懷舊可以確認老年人想告訴社工人員（或其他人）的訊息，藉此也可以經由不斷地重複來喚起老年人正面的快樂情緒。

個案的懷舊療法案例

布列克太太是一位80歲的寡婦，三年前賣掉房子後便住進輔助生活機構。雖然嚴重的關節問題限制了她的活動，但她的其他方面都很健康，也沒有明顯功能不足或認知的問題。她聰明、口齒清晰並有極佳的社交技巧，只是受輕度與中度的憂鬱所苦。布列克太太在機構中適應良好，因為她的一些朋友也住在這裡。她跟她的朋友每週打兩次牌，並開始參加其他的活動。社工蒂娜每個禮拜會跟布列克太太見面，通報她憂鬱復發的情形，醫藥對她復發的憂鬱情形沒有反應。布列克太太不斷重複她與先生帶兩個兒子去旅行的故事，那兩個兒子現在住在數千哩以外的地方。她不斷的想起當初他們到迪士尼樂園和大峽谷時，那兩個小孩有多可愛。蒂娜聽這個故事已經好幾十遍了，為了不想再聽，她想以這個為起點開始進行懷舊的工作。有時很明顯地可以利用那段懷舊讓布列克太太暫時不再感到憂鬱；與其禮貌的聽她講完再轉移話題，蒂娜改用積極鼓勵布列克太太作更深入的回想。

「布列克太太，當初你怎麼會決定帶兩個小孩去旅行？帶著助步器到兩千哩之外去旅行，是件相當勇敢的事。」

「我丈夫決定讓兩個小孩早點當個旅行者。因為唐恩擔心等他們長大後就不想跟我們出去玩了，因為到時他們可能寧可跟同學一起去。事實上，是他自己想要去迪士尼和大峽谷，因為他們家從來都不旅行。但是我們年輕的時候，根本就還沒有迪士尼！他拿了地圖與旅行傳單，回到家後就跟我說我們要去旅行。我的工作就是想需要帶的東西、孩子們要穿的衣服，以及加州沿途會看到什麼。唐恩就是那樣，他決定而我們就做了。我想年輕就是有那股自發性。」

「那是你們曾經有過的最遠旅行嗎？」

「才不是呢！從那年夏天以後，我們每年都帶孩子們去旅行，從東岸到西岸，還有途中的其他地方。等唐恩的生意更有起色後，他跟我便開始去旅行，就只有我們兩個。規劃和旅行的實行是很讓人興奮的事！」

（這就是蒂娜想要的開頭。這個機會就是讓布列克太太把重複說迪士尼故事，轉移到談論其他帶給她快樂的旅遊。很明顯的，不是跟孩子們去旅行很重要，而是整個旅行本身與快樂的時光才是她真正想懷舊的。從個案的重點開始！）

「我在照片中看到你和你先生的穿著很像是在夏威夷，那次的旅行一定很特別。雖然我沒去過，不過那裡一定很漂亮吧。」

布列克太太眼中含著淚光的回答：「那是我去過的地方中最羅曼蒂克的。我們住在毛伊一處漂亮的度假村，每天浮潛，並且在太陽要下山的時候在陽台上喝雞尾酒。那裡花團錦簇，簡直就像在夢裡一般。我已經好久不去想那件事了，因為我覺得那會讓我更想念唐恩。我還有很多照片，但都被收起來了。」

蒂娜幫布列克太太把照片拿出來，並幫她重溫那次的旅行。布列克太太歇斯底里地笑著，因為她回想起當時她和先生半夜在飯店的游泳池中裸泳時被經理發現，那對每個人來說都是很難為情的事。很顯然的，蒂娜開啟了一段快樂的記憶。布列克太太經常提到她有多想念丈夫，她非常珍惜這段曾經有過的記憶，即使布列克先生已經過世了也是一樣。

蒂娜繼續利用布列克太太的旅行經驗，當作是一種為她再造快樂記憶的方法。布列克太太利用結構式的治療懷舊方式得到回想的喜悅，而不是一味的懷念她先生而已。只要社工人員能夠辨識出布列克太太重複迪士尼故事的面紗背後是需要討論旅行的快樂時光時，她就能夠減少布列克太太不斷重複故事的需要。

我們應該注意到蒂娜可能是利用早期的旅行記憶，來轉移布
列克太太把注意力放在她的兩個小孩身上。但是在後來的對
談中，很明顯的是布列克太太已經把她的注意力轉移到與先
生的旅行，而不是在討論她的小孩。社工人員應該要能夠在
必要的時候把治療性的懷舊法運用在個案的真實需求，這是
很重要的。睜開你的眼睛看，打開你的耳朵聽。

在回顧人生過程的時候，如果湧現的是性虐待或是亂倫事件，那就
是很難處理的情況。性虐待無法用重構記憶來加以調正，不管被侵犯者
的健康是如何受損，或是這是回顧人生的目的。在作者早期的作品中，
生命回顧被使用在幼兒期遭受性虐待的老年女性身上，幫助她們面對目
前的人生困境並向前繼續邁進（McInnis-Dittrich, 1996）。例如，一位85
歲的老太太不願意到醫院就醫，是因為擔心失能的女兒要由誰來照顧的
問題。雖然有專業而且高品質的喘息照護可以利用，但她總認為女兒由
別人來照顧是不安全的。在她的回顧人生療癒過程中發現到八十年前當
她的母親住院期間，在她還是小孩的時候，曾遭受到一個親戚的性侵。
任何的照片或是她喜歡的洋娃娃都可能讓她想起那個事件，以致將它聯
想到不想把女兒交給任何人來照顧。在歷經這些痛苦的懷舊之後，她終
於同意喘息服務的安排，但必須由她自己來安排，不能由男性來照顧她
女兒，她一天要打好幾通電話給女兒。沒有任何子女或親戚知道她曾經
在小時候遭受性侵，她目前所做的保護行為讓她相信同樣的事情不會發
生在女兒身上。

在人生回顧中，社會工作者的角色還包括幫助老年人的人生歷
史訂出主題，並且確認這個主題對他們的過去與目前行為的影響。
McDougall、Blixen與Suen（1997）將人生回顧的主題定義為非增權或增
權。非增權的主題包括焦慮、否認、失望、無助、孤立、寂寞與失落，
透過人生回顧的過程解決了內心衝突。增權主題則像是連結、應對、效
率，希望和信任則是幫助老年人向前邁進最普遍的方式，增權主題就變
成是人生回顧介入的一部分。

建立人生回顧過程的一種物品。人生回顧的過程中產生一種物品是

有幫助的，比如像一本相本、一捲錄影帶、或是人生記事簿。人生回顧的物品不一定要侷限在這種傳統的形式，縫被子、雕刻、繪畫，以及其他的藝術形式也都可以使用。有位老年人利用她的玩偶之家將她的人生回顧轉換成不同的房間，來代表她人生不同的發展階段。她把房間裝飾成紀念品、家具或照片，用來提醒她人生中的各個特定時期。這座完成的玩偶之家就是她快樂懷舊的實現，同時也促成了她的創造力。建立人生回顧過程中的一個物件並非是必要的，為了慎重起見，社工人員應該要提出有沒有這個必要。

評估與總結要素。 人生回顧過程最重要的部分是評估與總結，這讓老年人有機會把人生各個階段的事件整合成一種人生過程的觀點。讓老年人為自己的人生下結論很重要。他們會改變嗎？他們會維持現狀嗎？什麼是他們的滿意與失望？什麼是他們最感驕傲的？什麼特殊事件影響了他們的人生？負面事件如何與正面事件一起來平衡他們的人生？達到平衡被形容成是一種「自由的」過程，讓老年人繼續過接下來的人生（Burnside & Haight, 1994）。

一旦過去的事件被加以整合，社工人員就可以幫助老年人討論什麼是他或她想要在人生中完成的。生命回顧是要讓老年人達到超越過去的作用，並滿意現在與未來的人生選擇。將來有哪些是他或她想完成的？需要做什麼來「終結」並解決舊有的傷痛與痛苦事件？在最後的人生回顧過程階段中，後段的測驗是用來決定人生回顧過程是否改善了老年人的情緒健康。重複進行相同的評估作業，對於介入策略的成功評估是很必要的。

驗證療法

認知行為療法（CBT）與生命回顧對於功能還很正常的老年人很適合，但對於有認知限制，像是有明顯失智，包括阿茲海默症的老年人就沒有效果。1960年，老年學社會工作者Naomi Foil發展出一種方法來與失智症的老年人溝通，叫作驗證療法。這個方法的基礎是假定患有失智症的所有行為都需要被驅使，也就是說，即使老年人說的話對任何人來說都沒什麼意義，但是照護者或其他人對老年人所做的或所說的每一件

事，都要試圖跟他們溝通（Feil, 1967, 1984, 1993, 2002）。這不是試圖要導正老年人對於時間與空間的混淆，驗證療法係尊重老年人混淆的事實，並加以利用這個事實，而不是依照護者的想法來瞭解老年人想要溝通的是什麼（Keady, 1999）。這種驗證是一種方法、一種理論與一種態度（Feil, 2002）。它可以被一位訓練有素的治療師以一連串的方法對老年人作一對一的治療，它也可以被家庭成員與其他的照護者用來處理照護老年人時所面臨的單一立即行為事件。

驗證療法的原則

照護者與專家們使用了一種驗證方法，絕不跟失智症的老年人爭論什麼是事實，或是在他們不想被糾正的情況下試圖導正老年人對時間與空間的混淆。這個方法讓我們知道，重新認定生命中的某段時間可能是試圖重建一種安全與保障的感覺（Day, 1997; Feil, 2002; Keady, 1999; Tauzinsky, 1998）。失智症的老年人依然保存著他們失去目前能力之前的遙遠記憶，他們的記憶會在他們對環境駕馭與掌控的時候再度重現。例如，一位年老的寡婦，即使她先生已經去世好多年了，她還是不斷地問「我先生到哪裡去了？」，這時，驗證療法便會爭論這種現象是不是反應了老婦人的需求。與其糾正老婦人說她的先生早已過世多年，不如用驗證療法的方式對她說：「你一定很想念你的先生」，或是「我知道孤獨一定很讓人害怕」；而不是將老婦人的說法解釋成是她混亂的反射。驗證的做法是把她的反應解讀成是失去先生所反應出來的孤單或哀傷。

驗證療法也成功地被應用到有行為困難的老年人身上。例如，Feil（2002）就運用在一位老年人身上。他老是抱怨床上的天花板漏水，卻不願承認自己有失禁的問題。

並不是要試著說服他屋頂根本沒有問題，而是要用驗證療法的方式聽聽他的說法，給他機會表達他所在意的事，並試圖找出解決問題的方法。治療的方法不是讓他承認自己失禁的災難式情緒反應，而是給照護者有機會去瞭解老年人真正害怕的是什麼。

一個驗證的方法不是用來加強或撲滅煩惱或惱人的行為，而是把接受這種行為當成是老年人表達基本需求、想法或感覺的一部分。一位住

在護理之家的失智症老年人，總是在洗澡時變得情緒激動的原因，乃是被由完全陌生的人來幫他洗澡所表達出來的一種強烈反應，這是一般住在養護機構的老年人失去隱私權後的表現。

隨著失智症的進展而受損的認知能力，使得老年人無法清楚地表達「讓一個不認識的女人幫我洗澡，使我很不自在」的感覺，於是他們便用不合作或敵意的行為來表達。不要一味的想要跟激動的老年人講道理，而要用驗證的方式讓他知道雖然由他人幫忙洗澡是很尷尬的事情，但一定會確保尊重他們的隱私。應該接受失智症老年人的感受，並尊重他們的意願來交換照護他們的不同看法，且不只是把接受困難的行為當成是不可避免的事，驗證療法要回溯並試著去瞭解困難行為所代表的意義。

驗證的方法主要是維持與失智老年人的溝通，而不只是極力的反抗隨著阿茲海默症以及其他失智症狀所帶來的認知功能下滑現象（Touzinsky, 1998）。不斷試圖糾正失智症老年人行為的家庭成員與其他照護者，不久後便會變得生氣、憎恨並筋疲力竭。一段時間後，家人便很難與失智症老年人作任何有意義的溝通。盡義務的去探視老年人，並接受他或她已不認得拜訪者，或不能再與拜訪者作任何有意義的溝通，對家人來說便容易多了。驗證方法的建議是照護者與家人要接受老年人罹患失智症的事實。如果老年人失去了對時間的認知，那就接受吧！不要反駁這個事實。

驗證的方法不是用來赦免「治療謊言」。驗證療法不只是隨著老年人的說法起舞，不論那有多麼的不真實。這個方法常常被用來嘗試撫慰困惑或激動的老年人，但卻不建議當成是驗證方法的一部分。例如，倘若一位老婦人擔心是誰在照顧她的小孩，但事實上她的小孩已經長大成人並獨立生活了，這時比較適合的做法是對她說：「你有幾個小孩？告訴我他們的事」，而不是「我剛剛問過保姆，他們都很好」。將對話當成是關心她的驗證方法，以及瞭解她真正困擾的方法。在這個案例中，她的困擾可能是很久沒見到小孩而害怕孤單，但是她卻沒辦法清楚的表達。只要照護者與家人能瞭解老年人真正的想法（即使是他們自己曲解的想法），就會比較容易幫老年人確認他的需求。老年人足以用他們自己的方式來告訴我們某些事情，瞭解他們真正的意思是一種專業的工作。

驗證療法的正反意見

雖然並沒有科學的理論對驗證方法加以驗證,但卻有一些研究與軼事資料支持著這個方法(Day, 1997)。Feil(1993)發現,語言改善、退卻減少、哭泣減少、遊走行為減少、步伐進步、互動以及眼神交流等現象,都可從使用驗證方法的老年人身上看到,而這些是在重新導正方法的使用上看不到的效果。她還發現,由於侵犯或暴力行為的減少,因而降低了身體對藥物上的需求。其他的觀察者也發現在訪視時,老年人與家人比較能有效地溝通,因而也減少了老年人與照護者雙方的挫折感(Babins, Dillion, & Merovitz, 1988; Fine & Rouse-Bane, 1995)。

其他的控制研究則沒有發現驗證方法的使用在改善失智症老年人行為有明顯反應(Robb, Stegman, & Wolanin, 1986; Scanland & Emershaw, 1993)。在這個研究中,支持與反對驗證療法效果的雙方都使用了極少數的隨機樣本,他們既無配對的控制組,也沒有設立基線。而這些限制無法忽視驗證方法的價值,並無條件地支持驗證療法是一種有效的取代傳統事實導正的方法。就算沒有嚴格的科學支持,它也提供了一種既簡單又安全的方法,讓家人與照護者來面對老年人的失序或迷惑的行為。

團體工作的好處

團體動力的治療效果。以團體的方式來面對老年人,跟一對一的介入有很大的不同。團體工作利用的是社工人員的治療技巧與團體動力,當三個或更多的個體互相為共同目標而互動時,心理因素的力量便因而產生。雖然團體的領導者在促進團體成員的互動上扮演了一個重要角色,並提供了團體組織內產生「我們」的感覺,這就是這個方法的醫療觀念。團體成員發展出一種網絡關係,學習去利用彼此的支持與反饋資源。團體的團結發展並創造出團員之間的歸屬感與目的,有種「奇妙的」東西會出現在團體的關係中,這是無法在個別的老年人身上獲得的。這種目標的感覺與社會接觸對老年人特別有用。

效率。團體工作提供了機會來確認多數的老年支持與治療服務,這是一對一方法所得不到的結果(Thomas & Martin, 1992; Toseland,

1995）。在護理之家、老人中心、集合式居住中心，以及成人日間照護機構中，可能只有一位或兩位社工人員來規劃數百名老年人的介入規劃與需求，所以符合大多數老年人的需求就很重要。不只是為了一個老年人的介入計畫而定，同樣的服務也可以用在六到八位老年人身上。

效果。團體的老年運作是一種提供服務給老年人的有效方法，並且有效地符合他們的社會心理需求。雖然有數百種的例子是以社會工作與養育經驗來處理老年事務，但值得注意的是，很少有嚴格的研究方法證實這種團體方法的效果（參見Burnside & Schmidt, 1994; Roe, 1991; Toseland, 1995）。雖然沒有證據顯示團體治療比個別介入有效果，但團體治療絕對比不治療來得好（Burnside & Schmidt, 1994; Roe, 1991; Toseland, 1995）。

社會化。一個本書中一再重複的主題是，社會孤立對老年人造成的危險。社會孤立會導致高度的憂鬱、藥物與酒精濫用，以及自殺率的提升（Dufour & Fuller, 1995; Gomberg & Zucker, 1998; Lindesay, 1997; Mosher-Ashlay & Barrett, 1997）。老年人的團體治療直接指出了降低社會關係的問題，以及創造一種小型社會系統的機會，以便用來減低孤立的痛苦，並幫助老年人發展團體以外的社會網絡重建（Toseland, 1995）。

雙方同意下的驗證。團體經驗衍生的社會介入，最有利的部分就是Toseland（1995）所謂的「雙方同意下的驗證與肯定」（p.17）。在團體中可以讓老年人有與他人分享的感覺與經驗。這對於剛寡居的老年人就很難讓他們想像別人能夠瞭解他或她的痛苦，並提供有意義的建議來面對哀傷。團體療法傳達給老年人的是，在經歷創傷事件後出現哀傷、氣憤或害怕是正常的現象。知道老年人會想辦法調整並找出方法來減輕強烈的寂寞感，可說是一種希望與支持的來源。

重新建議有意義的人生角色。參與團體治療讓老年人有分享個人經驗與內心想法的機會，這是一位單獨生活的老年人或是住在機構內的老年人很少有的機會。老年人可以在一個特定的領域跟他人分享他們的經驗，像是園藝、音樂、運動、政治、或是設立在團體中的其他領域。Toseland（1995）認為這是一個很重要的方法，能夠讓老年人聚焦在他們過去與現在的能力，而不是他們失能的部分。重新確認畢生的能力，

有助於老年人改進個人自尊並重獲信心，讓他們有自信在人生現階段中獲得新的角色，並學習新的活動（Weisman & Schwartz, 1989）。

彈性與多樣性。 兩個團體治療的主要好處就是彈性與多樣性。各種型態的老年團體都可以成立與進行，不需要任何特定的設施或特殊安排，只需要有一個不受外界干擾的空間即可。護理之家、集合式居住中心，以及日間成人健康照護設施，都有公共的地方可以讓老年人聚會。團體的形式也可被用在與老年人的興趣和能力相關的議題上，例如，懷舊療法的團體除了可以用來治療老年人輕度的認知損傷之外，也可用在尚保有高作用能力的團體。社會與娛樂團體則可以用簡單的聽音樂、討論歌劇或政治的方式。團體的治療方式可以著重在基本的日常生活中的活動，比如利用輪椅來移動，做更複雜的活動，像是為政府機構擬訂法條，或是召開一個老年諮詢會議。

團體的過程

在討論老年人使用的特殊團體介入規劃之前，檢視團體過程的階段是有幫助的，因為那是集合「我們」的觀念並發展團體要件的動力。

團體過程的形成階段

開始建立關係。 團體是由個體形成的，而個人則懷著對團體設立的期待與關心。在設立之前的階段，團體成員們並不認為自己是團體的成員，而只是把自己當成是旁觀者。我在這裡做什麼？這些是什麼人？他們又能為我做什麼？團體是為了什麼？這些就是新成員問自己的問題。團體成員必須很清楚的知道目的與活動，並知道自己的加入有什麼潛在的好處。成員們要知道為什麼要成立這個團體、什麼時候、什麼地方要碰面，以及計畫的會議有多少。

一旦團體成員作了決定，不論是出自自覺或潛意識層級，只要加入團體便有益處，而且他們會以會員的身分來參與團體的過程。這時，團體中的領導者可以協助成員們確認這個團體的期待和關心，進而建立語言介入的團體規則，並確立自信在團體中的重要性。

中期或工作階段。 團體中真正的「工作」是取決於團體的目的，但這卻又不算真正的開始，除非成員們在理念上與過程中都投入這個團

體。在過程中，團體設立了工作基準，譬如，在團體會議中成員的座位，或是用哪一種語言交換方式是可被接受的。某個團體成員跟另外的團體成員發展關係，團體間的互相作用就少了一點成員對領導者的關係，而是成員對成員的關係。這種發展的面相便成了一種存在於團體成員之間，以及一種對團體忠誠感的結合力量（Toseland, 1995）。

在過程剛開始的時候，團體首次以成員身分在團體內取得力量或地位的衝突經驗。衝突是團體的目的，在治療本質的團體過程中不應該被有意的逃避。但是，目前的老年族群也許不會自在的在陌生的同輩間表達負面的感覺。他們是不熟識的陌生人，而且會避免表達負面的感覺，而只是想在團體中得到維持情緒平衡的幫助。若老年人是以愉快的經驗來參加這個團體，毫無疑問的，衝突將可不計代價的被避免。團體領導者會發覺老年人會反抗公開的表達衝突，就算是在自己的團體內也是一樣。衝突會以微妙的方式表現出來，像是私下向團體領導者表露、彼此干擾、甚至脫離團體。領導者應該鼓勵成員們儘可能的公開處理衝突，但對於老年人的猶豫仍要加以尊重。如果衝突拖延了團體的進度，就要鼓勵成員們去容忍替代意見，並研擬方法來解決團體內的異議與緊繃。

在這個階段，領導者要鼓勵所有的成員注意那些看起來柔和的成員去排除其他的成員。鼓勵老年人彼此訴說，而不只是對領導者說，這樣將有助於讓過程更容易進行。在釐清成員之間的溝通中，團體領導者扮演了一個很重要的角色，尤其是對那些有感覺與認知障礙的人來說。

結束。當團體完成了它的目標或是完成了它所計畫的活動時，這個團體就結束了。有時間限制的團體是專為特定的課程而成立的；沒有期限的團體則可能持續好幾個月甚或是好幾年，在團體成員完全改變之後才會結束；無限期的團體則可能永遠都不會結束。

領導者在團體的結束階段完成了許多特殊的工作，成員們需要定期的被提醒要準備面對一個團體的結束日期。通常會為最後的結束規劃特別的事件以創造一種快樂的氣氛，成員們則被鼓勵表達他們對結束的看法，因為這個結束可能觸發老年人強烈的情緒反應。領導者還有責任協助團體成員確認因為參與了這個團體所產生的個人或社會改變，並提供方法讓成員們把在團體內所學到的新社會技巧，加以運用到團體之外的社會介入。個人的喜悅是任何團體值得注意的成就，但是協助其成員獲

得技巧以改善他們在團體外的生活，則是最終目標。

為老年人特設的團體

許多的特定團體可以被用在老年工作當中，包括懷舊、引起動機，以及社會團體。懷舊和引起動機團體可以用在那些有認知限制，以及功能良好的老年人身上。功能良好的老年人可以從社會或娛樂的團體中得到幫助，或是從特定工作的團體，像是政治與都市活動中也可獲得一些助益。正確選擇符合老年社會心理功能的目標團體，則有賴社工人員作出專業的判斷。

懷舊團體

不像某些痛苦的人生回顧過程，懷舊是特別設計用來鼓勵老年人想起正面懷舊的過程。它並不是著重在幫助老年人解決畢生的衝突或是一些未完成的事，雖然懷舊的過程中也會觸及一些往事，但那卻不是重點。懷舊團體是在引導老年人回想，並加強對他們仍是有用的信念，使得這種感覺狀態能夠轉移到現在，藉以幫助老年人消除憂鬱或平息他們的焦慮。這種型態的懷舊是以口述的方式，以述說事件尋求快樂的感覺（Watt & Wong, 1991）。它的目的是改善老年人的心情，但是不要試圖去探索他們的內心，因為那是人生回顧的目標。

懷舊的效果如何？

懷舊療法已經被證實對老年人的憂鬱、自尊，以及社會關係有正面的影響（Blankenship, Molinari, & Kunik, 1996; McDougall, Blixen, & Suen, 1997; Orten, Allen, & Cook, 1989; Youssef, 1990）。

懷舊療法的效果是來自改變行為、喚起感覺產生的記憶力量（Comana, Brown, & Thomas, 1998）。對於那些患有嚴重認知限制，像是失智症或是其他嚴重精神疾病導致分裂行為的老年人來說，就比較沒有效果。因為身體或精神疾病而無法忍受維持注意力集中的老年人，就不適合作懷舊療法。懷舊療法對輕度失智症的老年人很有效，因為它使用的是長期記憶而不是短期記憶，老年人的長期記憶都是完整無缺的（Jaccoma, 1990; OTT, 1993）。

以文化的觀點來看，有些族群像是亞裔美洲人或是西班牙裔美洲人的老年人，可能不願意與不同族群的人分享深入的個人記憶，或是不想跟研究無關的支持活動討論個人的進步情形（Atkinson, Kim, Ruelasy, & Liw, 1999）。西班牙裔美洲老年人則比非西班牙裔美洲老年人更可能以懷舊來分享人生經驗，進而解決問題。Zuniga（1989）與Atkinson以及同事們（1999）發現，懷舊療法給了西班牙裔老年人一個機會去加強傳統的老年角色，並把西班牙文化的重要價值傳給年輕一代的西班牙裔美洲人。

懷舊療法的過程

團體大小與課程長度。懷舊團體通常都是由七到九位團員所組成的。真正的數目則視老年人認知與生理上的功能而定。要是團員有溝通上的限制，像是聽力受損或言語上的問題，額外的輔助器就必須被用來協助語言上的介入。懷舊療法通常有六到十二個課程，視團體集會的地點而定。比較長時間的團體集會比較適合用在集合式住所、成人日間照護中心，以及護理之家。至於十二個課程就不適合用在社區居住型態的老人院。每個課程的時間通常都被設定為三十至六十分鐘。團員之間的關係愈自在，課程就愈能進行得久一些。

選擇課程的主題。懷舊療法是用時間前後排列而記載的一種方法，其間，社工人員和團員作十次集會課程，用兩個星期的時間來分配各個主要的發展階段：幼兒期、青春期、青年期、中年期，以及老年期。如果目標是改善自尊，那麼社工人員就得幫助團員們確認他們在人生各個階段的主要成就。如果應對力量是目標的話，團員們就要被喚起他們是如何處理人生各個階段中的挑戰的。倘若聚積正面快樂的家庭記憶是目標的話，社工人員就必須引導團員們重新回想他們人生中最快樂的懷舊。懷舊療法的主題是依照時間前後排列並記載每個時期的目標而定的。依照時間前後排列記載的方法也被運用在人生回顧，但卻有其不同的目的。社工人員心裡要很清楚的知道為什麼依照時間前後排列記載的方法，會被選擇作為一個更有系統來組織人生的回顧方法。

一個比較低度系統組織的方法，也可以用來探討老年人某個人生階段的主題。如果目標是集中在正面的感覺，社工人員就要著重在回想老

年人過去喜愛的食物、假期、節慶、或社會事件上。這些「安全的」主題可以幫助老年人放鬆，並在過程中有自在的感覺（Mosher-Ashley & Barrett, 1997）。只要老年人感到自在，社工人員就比較容易進展到更私人的主題，例如，如果主題是回顧人生成就，老年人可能會在一個階段中著重在與工作或家庭相關的事情，然後是其他的關係，接著是其他的服務事項等。

Burnside（1993）警告工作人員不要在選擇主題上作出錯誤的選擇，也不要以自己的意志來選擇主題。她發覺「第一次」冗長的列舉，像是第一次接吻、第一次約會、第一個玩伴、或是第一次記憶，都不是很好的老年團體懷舊療法的主題。這些主題對許多老年人來說，造成的傷害遠比快樂多，不然就是感到有壓力去回想其間有哪些對他們來說是「第一次」。團體療法比較普遍的像是假日懷舊、早期工作經驗、或幼兒的寵物，這些比較不會喚起傷創記憶，而且會引發更多的對話機會。Burnside（1993）建議主題也應該考慮團體成員中的性別、老年人的經驗、地理環境，以及文化等。

有組織系統活動與小道具的應用。利用一些小道具來刺激老年人的記憶是必要的。有一種融入團體的方法是要他們把自己的記憶帶入團體中，藉此可以喚回一些其他的記憶，內容可能是衣服、一段音樂、一份老舊報紙、與歷史有關的收藏品、或是日常活動的相簿。任何感覺上的刺激都比語言上的刺激記憶來得有效。OTT（1993）建議還可以採用熟悉的香味、紋理板、音樂或詩詞當作工具。依照團體成員的能力以及興趣，更多有幫助的活動也可以加進來，包括為家人寫自傳、整理相本送給家人、製作家譜、或是將家人喜歡的食譜整理成冊（Mosher-Ashley & Barrett, 1997）。

社會工作者在執行老年人的懷舊療法時，最重要的是要記住團體的主要目的是改善老年人的心情，而且所有的活動都需朝著那個目標進行。懷舊療法的目的是讓老年人感到愉快的進入生活記憶中，並分享那些記憶給其他的團員以及社會工作者。它不是深度的精神療法，也不是要引起痛苦的情緒，要是社工人員發現老年人在懷舊療法中聚焦的是沒有解決的事情或是有問題的情緒時，就必須要另外找尋更有幫助的療法或是進行人生回顧。

動機激發團體

激發動機的目的。老年學社會工作者最困難的工作之一，就是讓老年人參加個人與團體的活動。重要的是強調老年人保有選擇他們想要或不想要的權力，不管社工人員認為什麼才是老年人最好的選擇。這是個尊重自我決定與專業評估之間持續不斷的爭執。個人與社會的隔離加強與環境分離的憂鬱感，尤其是對那些沒有或有輕微限制的老年人而言。長期缺乏與社會互動會損害到身體，造成退縮現象增強的趨勢。激發動機團體療法主要是在於「刺激並恢復那些對現在與未來不再感興趣的人的活力」（Dennis, 1994, p.153）。團體活動是被設計用來幫助老年人與他人接觸，並讓他們走出封閉的自己以及煩惱（Capuzzi, Gress, & Friel, 1990）的作用。

激發動機老年的個人以及團體活動，是要幫助老年人改善自尊、恢復自己對生命的掌控感，並學會新的角色技能以便讓他們重回人生的主流。老年人最主要的抱怨之一是他們覺得生命已經沒有目的。他們在事件過後依然把自己的人生定義為一個寡居的人或退休者，而不是以積極與有意義的作用來看待自己的人生（Scharlach, 1989）。再推動團體療法的工作是要尊重老年人的自我決定，並且提供機會讓他們重申一生的能力與技巧，或是開發他們的興趣。它包含過去的經驗與記憶來引起老年人對現在以及未來的興趣。

會員。有需要團體治療的老年人可能連最低的加入動機都沒有。選擇彼此認識或有共同興趣的團員，可以減輕加入團體的猶豫。社會工作者需要瞭解每個個別老年人，這樣才能找出團體活動來吸引可能的團員，然後再用技巧引起老年人的興趣。通常社會工作者可以跟老年人培養關係，然後讓他答應加入一種課程，順利的話，他就會有意願再繼續參加下一個課程。再推動團體通常包含十到十五位老年人，他們聽說能力都很好，能夠主動參加，而且也都沒有失智症或使人耗弱的憂鬱情形（Dennis, 1994）。療程每週一次，包含六至十二個療法。

激發動機的活動。Dennis（1994）強調再推動團體療法應該著重在使人愉快的活動上，並避免一些有麻煩的關係、健康問題、或是個人的絕望上。這是對於這些問題的執著使得老年人無法與生活保持連結。

老年人應該發覺團體只是一個歡樂與樂趣的泉源，給予他們一個發展新友誼的機會，對於新的與熟悉的事物引發興趣，並對他們的煩惱以外的世界產生興趣。Dennis（1994）就建議以傳統假期、節日懷舊、寵物與動物、園藝、藝術，以及嗜好當作主題。不同於回想過去記憶的懷舊療法，再推動療法是利用以過去的愉快記憶連結到目前以及將來志向的做法。例如，一位寡居的婦人過去很喜歡在家中布置一棵大型聖誕樹，但卻因為太費力而改以在一棵人造耶誕樹上裝一些喜歡的裝飾品來加以取代，她是用現有環境來創造過去的樂趣。同樣的，老婦人也必須放棄在節日時幫家人做糕餅的樂趣，因為她的子女以及孫子女們住得太遠而無法來享用。跟其他的寡居而有相同興趣的人一起烘焙糕餅，並且將好吃的東西寄給家人或送到當地的兒童之家，還是一樣能夠維持她們的樂趣。

重新引起老年人的感覺與能力會帶給他們歡樂。Dennis（1994）發現利用刺激這種感覺的活動，就是再推動團體們最大的興趣。例如，真正的烹飪比用說的更能刺激老年人的味覺與口感，這是一種很有效的方法去讓老年人加入再推動的過程。在花園裡種一棵小植物，讓老年人有機會去感覺泥土與植物，比光叫他們用想的去懷舊過去的園藝來得好，因為這樣可以把老年人從過去的固定情況帶到現在以及未來。給老年人最驚奇的科技之一就是電腦。老年人一開始可能會拒絕學習電腦，但是一旦他們學會了使用e-mail，或是網路上的資訊與教育來源搜尋時，他們的態度便會很快改變。其他的再推動活動列在表6.3。

表6.3　**再推動團體活動**

1.園藝
2.節日的準備工作
3.準備一人或兩人份的餐飲
4.工藝
5.現代的電腦科技展示
6.化妝與服裝表演會（女性）
7.簡單、花費不大的居家裝飾想法
8.寵物的造訪
9.大聲地一章一章念小說
10.電視教學節目
11.義工的機會

團體領導者的角色。再推動團體中，領導者一開始便要負責找出並開發團體活動，而且要持續監看團員們對每個主題的反應如何。當團體在進行中的時候，老年人往往對未來活動的某些主題會有興趣。領導者應該要讓老年人避開那些不愉快或是會引起焦慮的主題，以便減少負面的記憶或感覺。團體的目的是要幫助老年人樂在活動，並從中發掘動機與快樂的來源。團體中互相的影響應該是要訴諸老年人的能力或發展他們的能力，而不是強調他們所失去的能力。領導者必須支持老年人，讓他們不要猶豫，同時找出新的鼓勵並達到引導動機的角色。

社會與娛樂團體

　　社會與娛樂團體的目的。當再推動團體著重在重新振作老年人的興趣與在團體中發現與他人連結的樂趣時，社會與娛樂團體便是被設計用來讓這些老年人願意維持社會刺激的作用。這些團體的老年人積極地參與他們的社會環境，並且持續尋求同伴，以及學習新事物的機會，亦或是與其他的老年人分享他們的興趣。這些團體的重心是歡樂。

　　團體成員。社會和娛樂團體是最成功的團體，因為團員們有不同的才能與興趣，而且是由具有相同的能力而組成的團體。例如，旅行團體的設計是基於為「身體狀態良好的老年人」所設的團體，他們可以走路，沒有健康上的限制，而且追求適度或比較不費精力就可以冒險的老年人會想要有一個較有組織的旅行方法。

　　在話多與話少之間取得平衡是很重要的。團體中有太多有主見的老年人對團體會較具有破壞性，但太多沉默寡言的老年人則會強化每個成員的被動性。成員間的性格需要加以平衡，但當領導者投入不深並對成員不夠瞭解時，就不容易達到平衡的狀態。

　　團體活動。社會和娛樂團體的範圍是沒有限制的，它完全依照目標團體中老年人的興趣而定。一個娛樂團體可能只是一個在輔助住宅或是集合式住所舉辦的每週一次的賓果遊戲，或是為喜歡跳舞的老年人而設的一個團體。重要的是找出老年人喜歡的活動，而不只是領導者喜歡追求的目標。例如，作者為社會孤立設計了一個團體，一群住在鄉村的老年婦女因為交通問題或是嚴酷的氣候而不得不待在家裡。這群婦女共同的興趣便是在鄉村地區從事園藝、醃製食物、烹調教會食物，以及當地

的傳統活動。當這個團體聚在一起時，她們會很興奮有他人的陪伴，但卻一點都沒有興趣來討論這些主題！她們想上速食餐廳吃飯、看電影、到當地的大賣場購物，並談論電視劇情。她們被證實比原本預期的更加「時髦」。這個團體的社會目的達到了，但是這個團體更能判斷什麼活動可以達到這些目標。

領導者的角色。在社會與娛樂團體中，領導者的角色比較少一點指導性而多一些促進性。領導者會規劃、安排團體的基本活動，並促進初期的參與階段。然而，團體的團結會在這些團體間快速的發展。自然而然地，團體間的領導者就會合併或是這個團體就會認定責任是團體的動力。而領導者則維持他在必要時需釐清成員之間的溝通的責任，並監看衝突的發展與解決，並且讓團體著重在社會或娛樂的活動上。觀察每個成員如何在團體內發展，仍然是領導者持續的活動。某些成員需要額外的鼓勵，讓他們從旁觀者變成實際的參與者。

小團體的發展有時候會危害社會與娛樂團體，或者會排擠其他的成員並威脅到領導者的角色。與這種團體共事的區別是，領導者必須真正的看到團體過程的執行，因為它既是一種快樂，也是一種挑戰。

支持性團體

支持性團體的療效好處。所有的團體形式都是用來提供社會支持的一些方法給老年人，但是支持性團體則是特別用來幫助老年人面對與老化有關的過渡時期，像是守寡、慢性病、住所轉移、或是緊張的家庭關係（Toseland, 1995）。支持性團體需要個人高度的參與，並且有賴團體的治療效果提供給成員們支持性，以及具體的面對問題的建議。最後，支持團體還要將老年人從目前創傷事件所造成的不良反應轉移出來，並找到方法讓他們不僅調適，更要超越目前的情感創傷。這得歸功於其他有相同人生危機經歷的其他成員，一般領導者是沒有這種經驗的。

為了促進團員們的成長，支持性團體通常都會包含一個教育性的元素（Burnside, 1994b）。例如，最近剛遭遇喪偶的老年人，往往都需要具體的訊息來處理地產、分配財產、或學習如何處理財務。同樣的，照顧患有阿茲海默症老年人的人與老年人本身，都要學習更多有關該疾病的訊息，以及瞭解未來當疾病更進一步發展時會是什麼情況。

團體成員。支持團體的共同連結是由成員們組成的，他們都有著相同的生活經驗，同時讓成功面對過生活挑戰的老年人與剛遭逢危機的老年人同時加入團體中是有益處的。所取得的平衡有助於把老年人聚焦於損失或危機的心力，轉而找出更好的生活技巧。由情緒穩定的成員來傾聽其他人的問題並加入團體內容中，也是很重要的。仍然陷在混亂情緒中的老年人，可能因為太過受傷以致無法參加團體活動，或是由於太過執迷於自己的痛苦以致根本聽不進別人的問題。團體中的成員必須願意並能夠與他人分享強烈的個人感覺。不願意討論感覺，或不願意跟至交好友以外的人討論個人危機事件的老年人，並不適合加入一個支持團體。

支持性團體的活動。任何成功的支持團體，依靠的是發展一種溫暖的尊重與氛圍，並鼓勵成員們與團體分享他們自己的「故事」。分享人生中過渡時期的感覺，可以幫助老年人在過程中繼續往前邁進。例如，哀傷的解決需要老年人認清深層的痛苦、生氣或失落的感覺，並找到方法來應付這些感覺。領導者必須熟悉正常哀傷過程，同時當老年人在過程中「受困」時，也要能夠察覺到（Toseland, 1995）。其他的團體成員則需在老年人進行的過程中遭遇困難時注意到這個事實，並能夠提供寶貴的經驗給哀傷的老年人與團體的領導者。

支持性團體的工作不只是要讓老年人發洩惱人的情緒，而且還要幫助成員們找出方法去超越這些情緒，以利調整已經改變的人生。例如，一位剛成為寡婦的老婦人感到非常寂寞，但又拒絕家人與朋友千方百計吸引她參加的社交活動，這時需要挑戰的就是她明顯的行為矛盾。而另一位成為寡婦的婦人瞭解自我意識與加入社交活動是她踏出去的第一步，這比家人和朋友給她的鼓勵來得好。跟隨支持團體成員可以提供具體的建議，並接受一位剛喪偶寡婦的激勵，因為她們有著相同的情況。

在準備終止團體關係時，在團體內彼此分享的支持就會逐漸轉移成正式與非正式的團體外的協助網絡（Toseland, 1995）。如果成員們彼此已發展出強烈的個人關係時，團體內發展的支持網絡將會繼續超越團體的生命。

然而，也不能保證團體成員彼此之間仍有持續的支持網絡。以持續進行的社會與娛樂活動連結團體成員，將有助於促進社會介入，讓團體

成員們在必要時接受個別的諮詢，並提醒成員們接受社區內其他的支持是更可靠的方法。

領導者的地位。團體領導者的主要作用是藉由鼓勵團體成員之間連結的發展提供支持，並促成團員之間的互相協助。運動是讓團員們自然地開始認識彼此的一個好方法。利用四處走動的運動或是打破僵局的活動，開啟成員彼此之間的互動，而不只是與領導者互動而已。

當一個支持團體開始運作時，團體的互動層面就提高了，而且還是有情感成分在內的互動。領導者幫助團員們確認團體溝通當中的明顯與潛在內容，並在提供情感交流與防止情緒關閉之間取得平衡。在密集課程結束時，領導者有責任為課程下一個結語，如此，團員們才不會陷入一種情緒焦慮的狀態。

領導者可能會設計家庭作業，培養團員們把在團體內討論過的技巧應用到團體以外的生活當中。當他們知道自己可以得到具體的想法來應付生活中的危機時，團員們對於過程就會比較投入。回報家庭作業到團體之後，可以讓團員們更能真正的在團體之外執行這些技巧。

支持性團體更能成功地由同輩的人來帶領，而不是由訓練有素的團體領導者。這可以從協助酗酒者戒酒的一個民間組織，以及其他同輩性質的支持模式的成功得到證實（Thomas & Martin, 1992）。有相同人生危機的同類有其可信度，這是團體領導者沒有的。利用專業的團體領導者以及同類的共同領導者是一種折衷的方法，可用來確認專業訓練與可信度的需求（Kostyk, Fuchs, Tabisz, & Jacky, 1993）。專業的團體領導者可以從同類領導者的內在與智慧得到助益，而同類的共同領導者也能夠由團體訓練的工作技巧、衝突的解決，以及溝通技巧上獲得助益。

總結

一種多樣式的個人和團體療法，可供罹患憂鬱、焦慮、或社會孤立的老年人選擇。當改變態度與行為成為他們的目標時，老年人對治療才會有好的反應，而不是以社會工作者或家人的目標為目標。在治療過程中，信任與尊重關係的發展才是跟老年人共事最重要的部分。老年人可能對治療精神健康必須承擔的結果存有極高的焦慮，因此他們需要被告

知完整的諮詢。

認知行為的方法對憂鬱或焦慮的老年人有益，這些方法有助於確認不正確的思考模式。生活回顧是針對幫助老年人獲得他們生命中不管是愉快或是痛苦的內心事件，而這些事件正在影響著他們目前的功能。這個方法主要是用來面對老年人過去無法解決的衝突，呈現出來的可能是自我尊嚴對自我絕望的情緒障礙。驗證治療是特別設計用來幫助家人、照護者，以及有心情劇變的老年人，他們通常都伴隨著認知衰退，以及後續溝通上的需求與挑戰。它可以當成是一個個別治療的完整療程，或是一種對行為事件的情況反應。

團體治療法對其他的老年人更合適，尤其是那些經由與他人互動而受益的老年人。這些團體包括懷舊、再推動、社會，以及支持團體。團體療法對於沒什麼特別情緒問題並喜歡團體療法的老年人尤其適合。每種團體都有其特定的目標，但是團體療法的力量則有其團體功能的充沛動力。

問題討論／活動

1. 連結一個當地的社會服務機構，並探討他們是否有提供特別設計的老年精神健康服務給老年人。拜訪一位有經驗的治療師，詢問他用什麼方法以及技巧來提供服務給老年人。他用了什麼方法是本書中沒有提到的？

2. 什麼是你個人（或是其他你認識的從事老年工作的人）用來協助發展老年治療關係的方法？什麼樣的個人特性可讓老年人感覺輕鬆自在？什麼樣的「臨床方法」無助於關係的發展？你覺得你的年紀對於老年發展（或破壞）關係有什麼貢獻？

3. 設計一個支持團體給剛喪偶的老婦人，你會下什麼樣的主題？你如何在為她們的哀傷提供情緒支持，與協助她們展開新的人生活動和興趣之間取得平衡？

4. 在處理老年服務時，一個「治療作用的謊言」在必要時是否有正當性？你曾看過一位社會工作者、健康照護提供者或家庭成員使用一個「治療性的謊言」嗎？

參考書目

Adler, A. (1963). *The practice and theory of individual psychology*. New York: Premier Books.

Atkinson, D. R., Kim, A. U., Ruelas, S. R., & Lin, A. T. (1999). Ethnicity and attitudes toward facilitated reminiscence. *Journal of Mental Health Counseling, 21*(1), 66–81.

Babins, L., Dillion, J., & Merovitz, S. (1988). The effects of validation therapy on disoriented elderly. *Activities, Adaptation, & Aging, 12*(1/2), 5–11.

Beck, J. (1995). *Cognitive therapy: Basics and beyond*. New York: Guilford.

Blankenship, L. M., Molinari, V., & Kunik, M. (1996). The effect of a life review group on the reminiscence functions of geropsychiatric inpatients. *Clinical Gerontologist, 16*(4), 3–18.

Burnside, I. (1993). Themes in reminiscence groups with older women. *International Journal of Aging and Human Development, 37*(3), 177–189.

Burnside, I., & Haight, B. (1994). Reminiscence and life review: Therapeutic interventions for older people. *Nurse Practitioner, 19*(4), 55–61.

Burnside, I., & Schmidt, M. G. (1994). *Working with older adults: Group process and technique*. Boston: Jones & Bartlett.

Butler, R. N. (1963). The life review: An interpretation of reminiscence in the aged. *Psychiatry, 119,* 721–728.

Butler, R. N., Lewis, M. I., & Sunderland, T. (1998). *Aging and mental health: Positive psychosocial and biomedical approaches*. Boston: Allyn and Bacon.

Capuzzi, D., Gross, D., & Friel, S. W. (1990, Winter). Group work with elders. *Generations*, 43–48.

Comana, M. T., Brown, V. M., & Thomas, J. D. (1998). The effect of reminiscence therapy on family coping. *Journal of Family Nursing, 4*(2), 182–197.

Cox, E. O., & Parsons, R. J. (1994). *Empowerment-oriented social work practice with the elderly*. Pacific Grove, CA: Brooks/Cole.

Day, C. R. (1997). Validation therapy: A review of the literature. *Journal of Gerontological Nursing, 23*(4), 29–34.

Dennis, H. (1994). Remotivation groups. In I. Burnside & M. G. Schmidt (Eds.), *Working with older adults: Group process and technique* (pp. 152–162). Boston: Jones & Bartlett.

Dufour, M. & Fuller, R. K. (1995). Alcohol in the elderly. *Annual Review of Medicine, 46,* 123–132.

Ellis, A. (1962). *Reason and emotion in psychotherapy*. New York: Stuart.

Erikson, E. (1963). *Childhood and society* (2nd ed.). New York: Norton.

Feil, N. (1967). Group therapy in a home for the aged. *The Gerontologist, 7,* 192–195.

Feil, N. (1984). Communicating with the confused elderly patient. *Geriatrics, 39*(3), 131–132.

Feil, N. (1993). *The validation breakthrough*. Baltimore: Health Professions Press.

Feil, N. (2002). *The validation breakthrough*. (2nd ed.) Baltimore: Health Professions Press.

Fine, J. I., & Rouse-Bane, S. (1995). Using validation techniques to improve communication with cognitively impaired older adults. *Journal of Gerontological Nursing, 21*(6), 39–45.

Gomberg, E. S. L., & Zucker, R. A. (1998). Substance use and abuse in old age. In I. H. Nordhus, G. R. VandenBox, R. S. Bera, & P. Fromholt (Eds.), *Clinical geropsychology* (pp. 189–204). Washington, DC: American Psychological Association.

Guiterrez, L. (1990). Working with women of color: An empowerment perspective. *Social Work, 35*(2), 149–154.

Haight, B. K. (1992). Long term effects of a structured life review process. *Journal of Gerontology, 47*(5), P312–P315.

Jaccoma, R. (1990). Reaching the present through the past. *Milestones, 3*(5), 6–7.

Keady, J. (1999). Dementia. *Elderly Care, 11*(1), 21–26.

Knight, B. G. (1996). *Psychotherapy with older adults* (2nd ed.). Thousand Oaks, CA: Sage.

Kostyk, D., Fuchs, D., Tabisz, E., & Jacyk, W. R. (1993). Combining professional and self-help intervention: Collaboration in co-leadership. *Social Work with Groups, 16*(3), 111–123.

Lantz, J. (1996). Cognitive theory and social work treatment. In F. J. Turner (Ed.), *Social work treatment: Interlocking theoretical approaches* (pp. 94–115). New York: Free Press.

Lindesay, J. (1997). Suicide in later life. In I. J. Norman & S. J. Redfern (Eds.), *Health care for elderly people* (pp. 163–174). New York: Churchill Livingstone.

McDougall, G. J., Blixen, C. E., & Suen, L. J. (1997). The process and outcome of life review psychotherapy with depressed homebound adults. *Nursing Research, 46*(5), 277–283.

McInnis-Dittrich, K. (1996). Adapting life-review therapy for elderly female survivors of childhood sexual abuse. *Families in Society: The Journal of Contemporary Human Services, 77,* 166–173.

McInnis-Dittrich, K. (1997). An empowerment-oriented mental health intervention with elderly Appalachian women: The women's club. *Journal of Women and Aging, 9*(1/2), 91–105.

Merriam, S. B. (1993). Butler's life review: How universal is it? *International Journal of Aging and Human Development, 37*(3), 163–175.

Mosher-Ashley, P. M., & Barrett, P. W. (1997). *A life worth living: Practical strategies for reducing depression in older adults*. Baltimore: Health Professions Press.

Neugarten, B., Havighurst, R., & Tobin, S. (1961). The measurement of life satisfaction. *Journal of Gerontology, 14*, 134–143.

Orten, J. D., Allen, M., & Cook, J. (1989). Reminiscence groups with confused nursing center residents: An experimental study. *Social Work in Health Care, 14*(1), 73–86.

Ott, R. L. (1993). Enhancing validation through milestoning with sensory reminiscence. *Journal of Gerontological Social Work, 20*(1/2), 147–159.

Puentes, W. J. (1998). Incorporating simple reminiscence techniques into acute care nursing practices. *Journal of Gerontological Nursing, 24*(2), 15–20.

Robb, S. S., Stegman, C. E., & Wolanin, M. O. (1986). No research versus research with compromised results: A study of validation therapy. *Nursing Research, 35*(2), 113–118.

Rose, S. (1991). Small group processes and interventions with the elderly. In P. K. K. Kim (Ed.), *Serving the elderly: Skills for practice* (pp. 167–186). New York: Aldine de Gruyter.

Scanland, S. G., & Emershaw, L. E. (1993). Reality orientation and validation therapy: Dementia, depression, and functional status. *Journal of Gerontological Nursing, 19*(6), 7–11.

Scharlach, A. E. (1989). Social group work with elderly: A role theory perspective. *Social Work with Groups, 12*(3), 33–46.

Thomas, M. C., & Martin, V. (1992). Training counselors to facilitate the transitions of aging through group work. *Counselor Education and Supervision, 32*, 51–60.

Toseland, R. W. (1995). *Group work with the elderly and family caregivers*. New York: Springer.

Touzinsky, L. (1998). Validation therapy: Restoring communication between persons with Alzheimer's disease and their families. *American Journal of Alzheimer's Disease, 13*(2), 96–101.

Watt, L. M., & Wong, P. T. (1991). A taxonomy of reminiscence and therapeutic implications. *Journal of Gerontological Social Work, 16*(1/2), 37–57.

Weisman, C. B., & Schwarta, P. (1989). Worker expectations in group work with the frail elderly: Modifying the models for a better fit. *Social Work with Groups, 12*(3), 47–55.

Yost, E. B., Beutler, L. E., Corbishley, M. A., & Allender, J. R. (1986). *Group cognitive therapy: A treatment approach for depressed older adults*. New York: Pergamon.

Youssef, F. A. (1990). The impact of group reminiscence counseling on a depressed elderly population. *Nurse Practitioner, 15*(4), 32–38.

Zuniga, M. E. (1989). Mexican-American elderly and reminiscence: Interventions. *Journal of Gerontological Social Work, 14*(3/4), 61–73.

第七章

老年社會情緒問題的另類介入方法

傳統與另類介入

在最後一章中對於有憂鬱與焦慮老年人的傳統社會工作介入有所描述，這些介入就是所謂的「傳統的」社會介入，因為它們是被用來反應言語治療最普遍的社會工作方法，這些方法給了社會工作者與老年人決定什麼是最適合老年人的智能與認知能力的介入選擇。但是，有一種更豐富的節目表——另類取向，則提供了一種具選擇性的方法，它給了音樂、藝術、娛樂，以及動物等加入了治療的過程，這些形式是本章所提到的另類介入選擇。雖然被廣泛的運用在醫院、護理之家、住宅治療中心、成人日間照護中心，以及復健中心，但專業社會工作不斷的加入這些元素，當成是傳統社會介入工作的補充劑。

音樂、藝術與娛樂療法都需要有特殊的訓練與教育，這方面的治療師在他們被任命之前，通常都需要有學術學位與密集的經驗。社會工作者在未接受督導與訓練之前，都不得使用這些方式來執行治療工作。但是，所有這些創造性療法以及動物輔助療法，都可以被用來當作是老年社會情緒問題整個介入計畫中的一部分。音樂、藝術、娛樂與動物扮演了一個改善老年人生活的重要角色。音樂可以安撫一個困擾的心靈，藝術會帶給每天面對情緒和身體挑戰的老年人美的感覺，錄影帶遊戲刺激了加入某種運動的意願，則可以改善體能健康並鼓勵社會互動，一隻友善的狗能夠提供愛和關懷給孤獨的老年人。這些治療的形式，可以提供

帶著未經治療的混亂情緒過活的老年人另一種選擇。

藝術創意對老年人的好處

　　在這類唯一的研究——創造力與衰老研究中，研究的是以社區為基礎的健康、精神健康，以及社會功能文化項目，橫跨美國三個超過三百人的團體（Cohen, 2006）。這個研究是建立在兩個主要的理論概念：控制感與社會參與上。當一個老年人感覺到對於周遭環境有一種掌控感時，正面的健康狀況便是可以觀察到的現象。同樣的，當一個老年人與他人產生有意義的互動關係時，同樣的正面結果也是能夠看到的。生物學研究也顯示智力上的免疫系統通道，也可降低身體與精神上的疾病。參加一個藝術或音樂課程給老年人有一種駕馭環境的感覺，因為在所有研究中所使用的創造性藝術課程，都是以一種團體的模式而設計的，所以，老年人也需要參與人與人之間的互動（Cohen, 2006）。對老年人來說，這是一個有創造力並結合了控制感，以及一個掌握參與社會機會的方法。

　　團體中的老年人參加的文化課程包括：繪畫、素描、雕刻、詩詞、創造寫作，以及其他的創作藝術，在健康、精神健康，以及社會功能上（Cohen, 2006）都有顯著的改進表現。這些參加者大致上都顯現出比較好的健康狀態，減少了看醫生的次數，也減少了服用處方藥與非處方藥的數量，此外也比那些沒有參加這個創作藝術課程的老年人有較少的跌倒事故。參與者也比較不會發生憂鬱事件，而且認為自己是寂寞的情況也會降低。一般來說，在參與團體活動的數量上來說，老年人的參與者有明顯增加的情形。Cohen（2006）的結論是，一個專業設計的創作性藝術課程可以很明顯的改善健康、預防疾病、改進精神健康，並且持續老年人的社會接觸。

　　為什麼創作性的藝術也可以有療效？紐約大學紐約老年教育中心的Andrea Sherman的解釋是，藝術「提供一種方法鼓勵老年人進入一種對於自我以及自己與這個世界的關係探索。對於某些人來說，從藝術中學到有助於表達複雜、存在的老化等議題……創造性藝術提供了像建立自尊、應付壓力、回顧人生的機會，以及從失落或疾病中復原的機會等等

好處」（Milner, 2006, p.55）。這些發現最令人振奮的是，它們讓社會工作的實務工作開始有了有事實依據的知識，並且得以利用替代性的方法有效的治療社會情緒問題。廣泛性創作藝術在傳統的「談話療法」已經無效時，給了實務工作很多方法來治療精神健康方面的問題。而音樂與藝術可以說是這些創作性選擇方法中的前兩項。

音樂的療癒使用

　　音樂可以被當成是各學科之間用來治療老年人的情緒與心理學問題的正式與非正式方法的一部分。社工人員也可以選擇將音樂當作是一種老年人的介入療法，但是要強調的是，音樂療法是不同於專業知識與技能的專業，本章中這一個部分是要讓社工人員熟悉音樂療法的原則是一種進入老年人情緒與想法的方式。它不是要取代傳統的音樂療法訓練，社工人員必須在取得醫院、護理之家、成人日間照護中心的醫護人員的確認下，才能下結論說音樂療法對老年人是一種有效的療法。

　　某些音樂有其文化歷史，讓科學家們相信製作與欣賞音樂是人類精神病學發展上一個重要的部分（Gfeffer, 1990）。音樂是一種把人類的哀傷情緒轉換成極度喜悅的媒介。音樂通常伴隨的是人生中重大的儀式，譬如婚禮與喪禮。它被當成是一種保留歷史、參與現在，以及期望未來的方式。

　　雖然音樂療法的價值對健康與治療已經為人所周知，但是被當成是一種特殊的治療方法，則是二十世紀後半段才浮現出來的價值。音樂療法被定義成是一種利用韻律和旋律來提升人們心理、情緒，以及身體健康的方法（Bright, 1997）。音樂療法不只是要老年人聽音樂而達到娛樂的效果而已，雖然那是音樂的適當用法。音樂也可以幫助個人與精神健康專家接近真實的情緒和想法，因為它們會影響到行為。音樂以一種喚起情緒反應的方式刺激中樞神經系統，可被用來調整並影響非音樂情況的行為（Thaut, 1990）。構成音樂的要素（拍子、打擊與節奏），結合音樂的連帶產物（記憶、事件），會引發人們的強烈情緒反應，不論是人們的感覺或是懷舊都是。例如，沒有任何比音樂更有效的方法可以喚起青年時期的所有混亂心緒。特定的音樂會讓人對於正面與負面的事

件與關係產生強烈的聯想。認知行為療法首先要確認想法類型，以及因此而產生的情緒狀態，才能進行情緒問題的解決；但音樂療法卻相反。Thaut（1990）把這種過程當成是一系列的促進步驟。首先，音樂促進了情緒的經驗，這對於第二步驟的確認情緒是必要的。一旦情緒被確認，它們便可以透過語言或行為予以表達。一旦個人瞭解情緒經驗與情緒所表達的行為之間的關聯之後，音樂療法便促成了個人行為更多的綜合、控制與修正等功能。這個現象使這個方法特別地吸引那些抗拒與治療師分享惱人想法，或是那些因為無法溝通以及認知有障礙的老年人。

以音樂當作精神療法

當音樂被用來當成是老年人精神療法的一個要件時，它應該被視為是綜合各科療法的一部分。協同醫療照護、支持服務，以及精神健康服務，可以避免重複服務或斷層的發生。老年人的音樂療法，通常都是經由治療師依照個案的情況給予的一種較少使用言語的方法來解決情緒問題。適當的參考依據通常都附帶著治療師對於音樂療法的認同，並具備足夠的個人知識來推測音樂對於老年人的療效，而且還知道社區或機構中有什麼音樂療法的資源可供使用。雖然社會工作者可能不具備正式使用音樂療法的角色，但卻可以提供治療師使用音樂療法的選擇。

音樂療法的首要步驟是確認治療介入的目標。音樂療法的目標可能跟其他的心理社會介入目標相似，也就是提高社會化、消除憂鬱或焦慮、刺激認知能力、促進個人想法、或是改善自尊等。音樂療法有特殊的目標，就跟其他的精神療法一樣，需要是可達到並且可以衡量的。老年人希望有什麼不一樣的生活？他們希望參與這個療法以達到什麼目的？參與音樂療法的老年人在介入步驟的前後，會給予老年抑鬱量表（第四章）中的生活滿意指標，或是其他的基線評估工具來衡量介入作業的效果（Mosher-Ashley & Barrett, 1997）。

治療過程的第二個步驟是選擇適當的音樂。音樂必須對於目標的幫助以及老年人的個人喜好有所反應。研究者發現，若選到老年人不喜歡的音樂，會造成情緒激動並對於介入目標產生反效果（Gardiner, Furois, Tansley, & Morgan, 2000）。例如，西班牙裔美洲老年人可能會比較喜歡傳統有歌詞的拉丁音樂，而不是抒情的英文歌曲。對於無法參與這種過

程的老年人，他們的家人可以充當一個重要的資源。

當音樂治療師提供了許多音樂的選擇時，他們便可以選擇特定的曲目來達到治療目標。比如，如果減低憂鬱是治療目標的話，那麼較快的曲目就比用來放鬆老年人焦慮的輕柔緩慢音樂更適合。老年人以及家人應該被鼓勵選擇從幼童時期、青少年時期、或年輕的成人時期喜歡的音樂，尤其是如果這些正好是老年人人生中的快樂時光。

建立一種信賴的治療關係，對於音樂療法來說就跟其他療法一樣重要。老年人必須信賴這個治療師，並學會安全地與他分享深入的個人資訊。接受音樂療法的老年人，他們的情緒比其他的心理治療方法還容易受傷，因為音樂療法的重點是先引出情緒，然後再為其思考模式尋求相同的意義。直接地碰觸到情緒，會讓任何人都很難濾除對他們有威脅性的物質。以一個良好的社會關係來說，一位音樂治療師得花時間並採取必要步驟讓老年人瞭解，並全力參與介入計畫。

個別的音樂療法課程通常需要三十分鐘到一小時的時間，依照老年人認知與情緒能力而定。對於功能良好又健康的老年人，每週的音樂療程加上日常的功課，可以產生很快速的心情改善效果；對於身體功能比較差的孱弱老年人，每個禮拜若超過三十分鐘，就會讓他們筋疲力竭。音樂治療師通常都集中課程在練習老年人放鬆情緒，並讓他們集中精神在課程上。所有介入努力的目標以及個別的課程都是有連結的，就像傳統的諮詢工作一樣。音樂一經選定，便由治療師配合執行。對某些老年人來說，包含的可能是遙遠的記憶與感情，這是一種跟懷舊與人生回顧療法相同的過程。治療師的角色就是將老年人從過去的事件轉移到他們的現在與未來，音樂幫助老年人與治療師進入這些情緒。更傳統的治療技巧，像是支持、確認功能異常的防護機制，以及促進洞察力等，幫助老年人藉由音樂聚集了感覺過程，並應用洞察力改變目前的慾望與行為。

對其他老年人來說，治療的過程可能包含了音樂治療師的引導意象。音樂幫助老年人與治療師得以進入惱人的情緒。在引導意象下，惱人或壓力的想法被更正面、快樂的想法所取代，而過程則是在治療師的精神引領下完成的。例如，一位正為失去摯愛而哀傷的老年人，可以學習用過去與其摯愛所擁有過的快樂時光，或是以意念上認為其摯愛仍然

與他同在的想法，取代哀傷的意念。這種複雜的情緒介入與解決情緒衝突的治療技巧，需要有高水準的音樂與諮詢專業能力。

音樂療法過程也可使用在老年人的團體設定中，特別是當音樂療法被用來當作是改善溝通技巧，以及增加社會化機會為目標的介入計畫。團體課程包含六到十個成員，依團體成員的能力而定。依照設定與團體的組成份子，課程可持續三十分鐘到兩小時。音樂療法團體課程和一些更傳統的社會工作團體一樣，有著基本的模式，它們都有特定的活動來標記課程的初、中以及晚期階段。在社會工作團體中，團員之間所發展的關係以及團體過程的治療效果，跟團員與團體領導者之間的關係一樣重要。當分享音樂經驗得到深層的情緒浮現時，這時團員們彼此尊重受傷的情緒，並提供互相的支持就很重要。

音樂療法與阿茲海默症的老年人

由於阿茲海默症造成的認知損害以及其他的大腦組織失序，限制了傳統談話療法的功效。音樂療法被證實是讓社工人員進入老年人情緒世界最有效的方法。當其他的精神療法努力都失敗時，音樂具有神奇的力量，可協助精神健康專家進入阿茲海默症患者的內心世界。Beatty和同事們（1988）以及Aldridge（1996）發現，阿茲海默症患者在許多認知能力都已喪失的情況下，仍然保有對音樂的參與，以及反應能力。對於時間、空間或人物已經不再有認知的人，依然可以彈奏樂器、唱歌、或是對音樂有正確的反應。Clair與Bernstein（1990）發現，唱歌的能力依然存在在已經失去談話能力的阿茲海默症老年人身上，他們認為唱歌與說話是不同的人類行為能力。這些研究者還發現，即使罹患阿茲海默症的老年人不再有語言溝通的能力，音樂仍可說是維持與癡呆老年人最有彈力的溝通方式。

Hanser與Clair（1995）和Towse（1995）的說法是，音樂著重的是老年人的力量與能力，而不是他們的無能。他們需要的只是以他們的方式聆聽並欣賞音樂。對於功能良好的老年人來說，音樂可說是一種鼓舞智能的經驗，因為他們會找出音樂的主題，或是瞭解音樂想要表達的情緒真義。對於這群老年人來說，以教育的方式來加入音樂的演奏更有幫助。在演奏會前後跟他們進行討論，可以讓老年人有機會鍛鍊他們的心

緒並學會新的想法。有認知能力限制的老年人還是可以欣賞比較普通一點的音樂，在體驗音樂的同時又可產生一種正面的情緒經驗。對於晚期的阿茲海默症老年人，他們已喪失了所有的溝通能力，只有專業的人才能從老年人跟音樂律動的連結方式，看出存在於老年人與外在世界之間的連結關係。

罹患阿茲海默症的人有階段性的極度不安時期，被觀察到的現象有憂鬱、失望或孤寂的表現（Cohen-Mansfield & Martin, 1999）。熟悉的音樂可以轉移老年人立即的憂鬱情緒，進而撫平他們激動的行為（Ridder, 2003）。音樂可以被用來取代藥物而讓一位激動的老年人平靜下來；然而，音樂的療效卻很短暫（Ledger & Baker, 2007）。

Hanser與Clair（1995）將音樂治療方法使用在罹患阿茲海默症但仍有中等而良好功能的老年照護者身上，當成是改善老年人與照護者關係並減輕雙方壓力的方法。活動包含的是使用自我訊息、引導意象、睡眠誘導技巧，以及音樂的運用，進而降低壓力。老年人與他們的照護者會從活動中找出方法，當成是雙方配合進行的日常作業行程。其他的活動則包括團體合唱、即興創作技巧，以及純粹為了娛樂而聆聽音樂。老年人以及他們的照護者透過課程，可以有機會討論罹患阿茲海默症的人以及照護者雙方的壓力狀況。

主動接受或被動的使用音樂療法

音樂可以被用來當作是老年人的介入活動，這種方法不需具備專業音樂療法的知識。最明顯的音樂治療只是讓老年人放鬆的聽音樂。跟其他的人外出聽音樂會，則只是分享興趣並欣賞音樂以促成其社會化（Standley, 1995）。老年人許多的情緒問題都是因與社會隔離而更形惡化，也就是他們有太多的獨處時間。參與音樂會、加入他人的表演節目、分享音樂的喜悅，都是對抗孤獨的有力工具，並且可鼓勵老年人發展結交新朋友關係。

主動參與音樂的製作

晚年時有更多的時間可以讓老年人有機會重新回顧年輕時的音樂技能，或是開始學習新的樂器。演奏樂器需要有認知技能的配合，才能與

音樂結合來演奏，這是一種很好的方法來刺激老年人的智能活動。單獨為個人興趣而演奏，或是加入他人以得到更多的社會化經驗都可以。

老年人可以發現合唱是跟他人一起製作音樂的重要元素。唱歌需要老年人記起年輕時聽過的歌詞與旋律。回想老歌往往可以刺激老年人的記憶，讓他們重新回想他們是在什麼情況下唱這些老歌的。唱歌也會讓聲帶有練習的機會，這在獨處的老年人身上往往是用不到的。重複唱著一首喜歡的歌曲也會帶來歡笑聲（或淚水），情緒肌肉也可得到鍛鍊。即使老年人無法或不願唱歌，利用有旋律的樂器，像是鼓、沙球、或其他打擊樂器，也可以讓老年人隨著音樂打節拍。

音樂配合其他的藝術形式

藝術治療師發現音樂可以刺激其他的創作活動，像是繪畫、素描，以及寫詩（Rosling & Kitchen, 1992）。可以讓老年人聽一段音樂，並要他們表達自己的心情，進而產生創作的寫作。輕快的曲目可以引起老年人對抗憂鬱的心情，柔順的音樂則可以平復一位激動或焦躁的老年人。可以使用音樂來調整心情，進而以藝術的方法幫助老年人對抗惱人的情緒。

音樂還可以搭配運動項目，讓老年人當成是娛樂來源與運動步驟的設定（Standley, 1995）。患有中風或其他使人逐漸衰弱疾病的老年人，會覺得音樂可以在不舒服的治療期間被當作是一種令人愉悅的經驗。要是體能鍛鍊的經驗對老年人是愉悅的狀況時，他們就比較可能會遵守鍛鍊課程的規劃。即使是有嚴重身體障礙的老年人也會喜歡跳舞。需要努力的是讓一個人的身體（或移動器具）感應音樂的節拍，中樞神經系統也會受到音樂的聲音而達到刺激情緒的作用，有社會化作用的跳舞於是便被鼓舞了起來（Hanser, 1990）。

藝術當作一種治療的活動

長久以來，藝術便被視為是傳達想法並捕獲深層情緒的一種方法，是一種比光使用口語表達更好的方式。利用不同的方法，包括繪畫、素描、雕刻、編織、攝影，以及多媒體安裝，藝術家可以將想法轉

變成一個看得到的物品。Malchiodi（1990）認為，藝術可以把歷史當成是獲得或重置精神治療的方法來發展其文明精神。從穴居時期的繪圖到今日的抽象創作，藝術可被用來減輕或維持創傷、恐懼，以及焦慮的感覺。就算是那些藝術對他們而言只是娛樂而並非職業的人來說，藝術仍提供了機會給主動與被動的參與者去創作的過程。

利用藝術當作治療方法，可以當成是複雜的專業設計藝術治療課程，或只是簡單的安排老年人參加美術館展覽或藝廊的開幕典禮。

藝術治療

就像音樂治療一樣，藝術療法被認為是一種需要密集專業知識與技巧的專業介入。藝術療法與藝術精神療法的基本原則是，藝術反映了個人內心世界的感覺，並試圖命令或表達一個人對於外在世界的看法（Johnson, 1995）。心靈與身體合而為一，所以當感覺與經驗透過藝術來表達時，身體也相對的受到了影響（Kaplan, 1998）。看得見的害怕、歡樂或夢想，透過不同的藝術方法產生了生物反應，比如降低血壓或增生愉快誘因的荷爾蒙。專業也需有廣泛的心理學說知識來帶領社會工作的執行，包含精神動力學、認知，以及行為理論，因為它們影響的是人們如何發展社會技巧、應對行為，以及處理問題等功能。除此之外，藝術治療師還被訓練使用不同的藝術方法來符合每個個案需求的治療目標。要獲得專業資格，必須有碩士學位並獲得藝術治療信任委員認證（ATCB, American Art Therapy Association）（美國藝術治療協會，1998）。

藝術治療師就像社會工作者一樣跟個案共同合作來探討潛在的衝突，那些衝突會減弱社會的功能性。無法說出是什麼困擾著他們的成人或小孩，就可以用繪圖或雕刻成功地找出問題所在。例如，一個有困難的家庭所繪的圖畫，比數小時的談話可以告訴治療師更多的訊息。一個用黏土呈現的自畫像，代表的可能是一個憂鬱老年人的自尊問題。藝術療法不只是「呈現藝術」而已，而是以一種複雜的促進過程，並以一種支持的環境來詮釋情緒與想法（Brooke, 1996）。

藝術療法依靠的是主題方法，以內在經驗的潛意識過程，透過藝術方法來表達，例如繪畫或素描（Brooke, 1996）。人們可能無法察覺

他們的潛意識，或者是不能用口語來表達想法、恐懼和希望。表達那些潛意識過程可以利用非語言與無威脅性的藝術方法來完成（Coleman & Farris-Dufrene, 1996）。藝術讓那些感覺變成有意識的狀態。專業的藝術治療師需要有很好的技能，才能解釋個案藉由藝術作品想要表達出什麼感覺。然而，就算是藝術治療師也會同意藉由藝術來詮釋訊息的意義是一種主觀的過程。對於藝術訊息的涵義沒有絕對的真相，這意味著需要極度的謹慎來詮釋訊息所代表的意義（Kaplan, 1998）。

藝術治療師通常都是常見於醫院、護理之家、治療安養中心，以及精神病設備中的專業人士。精神治療師與社會工作者大量的使用藝術療法，把它當成是一種廣泛的介入方法，來治療那些抗拒以傳統對談療法而重度憂鬱或溝通能力損壞的老年人。許多老年人都喜歡用創作的機會來進行治療的形式，這對他們來說是全新的經驗。經過決定而必須使用藝術療法時，老年人就必須積極地與社工人員和藝術治療師配合。並非所有的老年人都對藝術療法有興趣，或是可以配合使用藝術的材料，但是藝術療法應該被認真的考慮當成是取代傳統諮詢療法的許多方法之一。雖然密集的藝術療法仍然保有專業藝術治療師的權限，老年學的社會工作者仍可以將藝術搭配其他介入計畫來進行老年工作。

把藝術當作是一種治療的團體活動

藝術團體可以在護理之家、輔助生活中心、聚合式生活中心、成人日間照護中心，以及老年中心加以發展，並當成是創作的出口，同時還兼具有治療目的。對於大多數的老年人來說，以藝術作為治療方式，比較少有潛意識的內省功能，而是把它當作是一種團體的力量、工作的完成、利用顏色或形狀產生的刺激，以及懷舊的功能刺激（Fausek, 1997）。在活動中以藝術活動加上娛樂節目規劃，是一種既有趣又有助於促進社會化的功能。

選擇活動的特殊考量。在決定讓老年人使用藝術療法之前，有許多事項需被加以考慮。所選擇的活動不要只是類似藝術或是工藝品外觀而已。將藝術當成治療活動，需要有符合老年人需求的特殊目標，雖然讓老年人有機會製作鳥巢或是珠寶首飾有其價值，但不應只是把藝術當成是一種消磨時間或消除無聊的活動。屬於兒童的蠟筆或手指畫都是應

該避免的（Harlan, 1991）。即使是有認知障礙的老年人也會抗拒從事兒童的活動。所選擇的活動要尊重老年人的自尊與能力，並把他視為成人。最後，Fausek（1997）建議不要將老年人置於互相競爭的立場。當老年人被問到是否考慮用藝術當作治療方式時，得到的回答通常都是：「我不會畫畫。」創作的能力就等同於繪畫的能力，而不只是肉眼看得到的成品才算是自己的創作。讚美老年人的多元興趣和天分，即是一種生命中藝術出口的重要治療效果。

主題和藝術計畫。 團體使用的藝術計畫都有一個設定的主題目標。例如，如果一個團體中的老年人面臨了特定的老化現象，比如守寡、罹患慢性病、或是調適到一個新的生活狀態，所選擇的計畫便可能會圍繞著面對挑戰的主題。Fausek（1997）建議讓老年人用繪畫的顏色來描繪情緒或阻礙，藉以表達他們對於挑戰的感覺。描繪面臨的挑戰，如越過一座橋或攀爬一道圍籬，都可以喚起老年人想起生命中成功面對挑戰的時光。

利用壁掛的織物則可引起討論觸覺的重要性。織物的纖維提供了觸覺的刺激，尤其是對那些認知上有限制的老年人更是有用。分類的織物還可以用來幫助老年人想起自己獨特的個人特性，以及織物如何當成差異性代表的象徵。結合了懸掛在牆壁上裝飾的掛飾時，織物的豐富性便反映出了人的多樣性。

把藝術當成是一種治療的團體活動。 團體的藝術活動可以用來當作指引認知或記憶受限老年人的一種方法（Fausek, 1997; Mosher-Ashley & Barrett, 1997）。例如，某些顏色和象徵就跟季節有關。繪畫、染布或製作季節性紙花，可以加強一位老年人對季節的印象。如果老年人已經無法參與這些活動，雜誌中的照片便可被當作剪貼簿來素描彩繪季節。老年人會被要求指認形狀與顏色，並依照規格裁剪成鑲嵌細工。這些活動需要老年人與團體領導者彼此之間以一種創造的方式互相影響，且以刺激方向當成是一種治療的結果。團體療法鼓勵團體互動，並促使那些受孤立之苦的老年人們社會化。

功能良好的老年人可以進行複雜的自我認同或自尊議題，可把它們當成是藝術計畫中的合作主題（Sterret & Pokorny, 1994）。要求老年人只用顏色而不用可以辨識的形式來畫自畫像，有助於老年人和團體領導

者確認情感（Fausek, 1997）。利用顏色當成情感的隱喻，可以用一種無法以言語達到的方式觸及深層的情緒。如果老年人被要求在團體中與他人分享自己的自畫相，這個活動可以進一步的被用來促成社會的互相影響。Tausek（1997）還建議利用她所說的「回音」來幫助老年人改善自尊。老年人被要求用一種物件或動物來代表自己，例如一隻鳥、花或石頭。他們被要求描繪出該物件所產生的漣漪，就好比將石頭丟進水裡所產生的漣漪一樣。這些漣漪代表的是人們對他人的影響，只是他們不知道或是看不見，但卻知道它們的存在。認為自己一生之中很少對他人產生影響的老年人，會更肯定他們人生中的漣漪效果。

　　Wikstrom（2000）發展一種藝術討論調查表，讓護士們運用在社區住宅的老年人身上，當成是一種治療活動與一種開始討論老年福利的方法。護士們會帶一幅大家熟知的藝術作品（一幅畫或一件雕刻）去做居家拜訪，並要老年人形容看到那件作品的第一個印象。有些老年人可能會從世故的觀點、成分或所用的顏色來形容這件作品，有人則是簡單的從所看到的來形容。接著，老年人會被要求想像作品背後的故事、它想要傳達的意思是什麼、藝術家是如何準備這件作品的，以及這件作品對藝術家的意義是什麼，而對於作品背後故事的詮釋並沒有對與錯。最後，護士會跟老年人共同探討老年人隨著作品所傳達出來的情緒或思想反應。這個方法對於深入探討老年人的主觀意識非常有效，它比只是定期拜訪討論天氣、新聞或健康情形來得有效果。以藝術作品當作催化劑來探尋老年人的深層情緒，會比只是問他或她感覺如何更有意義。這個計畫表也可有效地刺激老年人創作的興趣。

把藝術當成娛樂

　　藝術的努力可以把治療價值當成娛樂。年輕時把繪畫、編織或雕刻當成嗜好的老年人，可能會因為忙於工作或養家而把那些嗜好暫時拋開。其實老年人永遠對藝術有興趣，他們只是缺乏勇氣或財力去追求自己的興趣罷了。等他們有時間接觸社區所籌辦的活動時，他們便能奢華的回歸到自己的興趣上。在許多州，老年人可以免費旁聽當地公立大學院校的課程，或是學費可以打折。社區活動計畫或老年中心也會設置一些藝術課程。創作藝術工作的身體活動以及從過程中衍生的個人喜悅，

都可以改善老年人的身心健康。

欣賞藝術也有療效。參加一個音樂會、參觀一個藝文展覽等社交活動，都可以幫助老年人發展新的社會關係並激勵他們的心靈。配合事前教育與事後討論的藝文活動，尤其能吸引功能良好的老年人。老年人的生活品質可以藉由藝術的激勵而得到明顯的改善。

娛樂治療

娛樂跟音樂和藝術一樣具有相同的醫療效果，它也可以用來治療老年人的社會情緒問題。治療性的娛樂是一種獨特的層面，它集中在身體與智能活動的執行來建構並改善老年人的認知和情緒功能。它強調的是發展並維持個人適當的生理、心理或社會挑戰等休閒技能（Madori, 2007）。包括的有：音樂與藝術的合作介入，或者是一連串乍看之下是「樂趣」但卻同時具有療效的活動。治療性娛樂的選擇是基於純粹的休閒目的，而不是因為治療師認為那是對病人「好」的活動。介入活動的重點是整個過程的喜悅，以及與他人的互動，甚於活動的結果。

治療性娛樂不同於設置於一般護理之家、輔助或獨立生活中心、或是護理之家的活動。娛樂治療師都訓練有素，並且通常都擁有身體教育與人類行為動機理論的碩士學位。這種介入型態的理論基礎部分是來自於瞭解個人的動機，以及個人所學到的變化方式。

Mannell與Klieber（1997）相信不論能力如何，每個人都有與他人參與活動的內在動機。人天生具有參與社會互動的喜悅，尤其是藉此還能避免社會孤立。然而，這種與生俱來的與他人互動的需要，是一種持續的需求來促進自我效率，以及對於活動真正意義的掌控（Madori, 2007）。因此，活動不光是為了活動，而是一種自我決定的選擇，端看哪種活動可能會讓人感到愉快。一個人所選擇的活動必須結合娛樂與治療的好處。治療性娛樂稱之為「有目的的介入」。

有一種特殊的治療娛樂，稱為治療主題藝術編製（TTAP），它依賴著第二個主要理論要素，並注意人們所學到的不同方法（Madori, 2007）。根據Bloom（1957），治療主題藝術編製指出六種不同的學習方法，它們都可以被用在治療娛樂活動上。有些人是語言的學習者，或

者稱為「玩弄文字的人」，有些人則是採用邏輯方法，大都是用「問答題」的方式。空間的學習者是用看見新資訊或活動作有效的學習。動覺的學習者則被當成「移動者」，以真正的身體動作當成是學習過程的一部分。內向的學習者把社會化當成是一種學習，外向的學習者則有較多的內省並喜歡個別的學習方法。但最重要的是，不是學習本身的價值是重要的，而是每個人因為大腦的刺激而產生改善的影響，以及認知功能的提升（Madori, 2007）。所以，很明顯的是，老年人的治療娛樂是複雜的，而不只是計畫一個團體活動而已，它還包含了確認介入目標過程、為評估活動設定標準，並且透過介入過程監看進度。

把娛樂當作治療的範例

雖然不是特意為治療而設計的娛樂，但任天堂的Wii是一種可以當作治療方法的休閒活動。Wii是一種影像遊戲，利用真實的影像呈現出網球、高爾夫、保齡球，以及其他的活動。網球場、高爾夫球場或是保齡球場顯示在螢幕上，參賽者利用手搖桿的操作參與遊戲。以網球為例，老年人不需要跑到戶外去真正的打網球，只需要動用手眼協調的動作來搖搖桿即可。高爾夫球只需要準確的揮桿，但不必讓一位老年人走完整個球場。保齡球坐在輪椅上也可以打，它可以訓練手臂的力量，但不需提起沉重的保齡球費力的將它拋出去。

這種型態的虛擬運動，比只是光做伸展運動更能鍛鍊老年人的體力。它需要集中精神來刺激認知功能。跟他人一起玩時，還可以產生友善的競爭並促進社會互動。也許更重要的是，Wii既有趣又輕鬆！當老年人跟他人一起歡笑時，這種簡單的歡樂現象也可以中和憂鬱與孤立的感覺。這種活動可以用來當作一種簡單的活動，或是一種具有治療效果的娛樂性介入，用來針對生物心理社會模式功能的改善。

另一種可以改善老年人身體與情緒健康的活動是做瑜伽。瑜伽是一連串的身體「姿勢」，是被設計用來加強肌肉、改善呼吸，並將自然的能量更均勻地傳送到全身的運動。當肌肉系統得到平衡時，骨骼也就得到伸展，對於關節有毛病的患者尤其有效（Francina, 2007）。瑜伽通常會讓人聯想到一位年輕、極度合身的「皮拉提茲人」，他能夠做出許多扭曲的動作。然而，這個活動也可以用來增加老年人的靈活、平衡、循

環，以及體能和情緒活力。

動物輔助治療

如果你喜歡動物，就不需要有人告訴你一隻狗、貓、鳥、或是其他的家禽寵物可以被當成歡樂與慰藉的來源。寵物無條件的接受並付出愛，且碰觸到人類靈魂的部分，那甚至是人類無法做到的。因為這個理由，動物被用在不同的方法來幫助老年人克服憂鬱、減低焦慮，並改善社會功能。動物輔助療法是利用許多的機會讓老年人與動物用治療的方式互相影響。動物輔助療法不必有什麼太大的學問與技巧，但卻需要對動物與人類的連結所帶來的治療目的有具體的瞭解。

人類與動物的連結

各個年齡的人都需要與其他的人類共同依附，以便能夠繁衍人類的發展。嬰兒依附照護他們的人、小孩依附父母與兄弟姊妹、大一點的小孩依附朋友、夥伴們則是彼此依附等，人們彼此依附度過人生的過程。對老年人來說，通常這種連結會因為死亡，或與朋友、家人的疏離而受到影響。雖然與動物的連結無法取代跟人的連結，但動物卻是當無法獲得其他感情時的最佳替代選擇。無條件的與其他生物連結的能力（在這裡指的生物是一種動物），需要人們將自己釋放出來而對其他的生物感到有興趣（Dossey, 1997）。動物不會在意身體的失能或是溝通上的困難，牠們也不需通過認知能力的評估，只要給牠們愛和基本照護，動物便會以熱情和忠心作為回報。

跟動物互動可以降低血壓，並減緩心跳呼吸速率（Carmack & Fila, 1989; Proulx, 1998; Raina, Walter-Toews, Bonnett, Woodward, & Abernathy, 1999）。透過搓揉、拍打、輕拍，以及抓癢，能夠讓老年人與寵物有觸摸與被觸摸的出口需求（Dossey, 1997）。以言語與非言語的方式跟動物互動，和跟人類互動有著相同的作用，一樣符合了與其他生命體連結的需求，這對於與社會或認知功能孤立的老年人尤其重要（Barba, 1995）。動物提供獨居老年人可貴的陪伴。養寵物可以緩衝因為健康不良或失去重要同伴時所產生的壓力。寵物的撫慰力量可以幫助老年

人在面對人生挑戰之外，也提供對抗社會孤立的緩衝作用（Raina et al., 1999）。

動物所扮演的是一種社會連結的角色

動物可以當作是一種社會催化劑，促進人與人之間更好的溝通。帶寵物外出走動是一個認識鄰居的好方法。如果沒有寵物，可能無法展開與鄰居們的對話，因為動物是一個沒有威脅性的談話主題，可以敞開人們的心房。即使是在設置的機構，比如成人日間照護中心、集合住所、護理之家，一隻動物仍可以讓人有開始對話的藉口，即使他們相信彼此之間沒有什麼共通處也一樣可以開啟對話。一份對於動物的喜悅分享，便可以展開老年人之間的新關係。

與動物的互動也容易引起對以往的懷舊。老年人回想起早年時家中的寵物，藉此也可以回復快樂的記憶。就像前一章所說的，進入快樂的記憶當成改進目前心情狀態的方法，是記憶療法的目的之一。動物可以當成是這種懷舊過程的一種很好的催化劑，當老年人與他人分享家庭寵物的記憶時，他們便產生了社會互動並發展了對應關係，這是幫助老年人建立並維持社會支持系統的一個很重要部分。

動物輔助療法的類型

寵物當作陪伴動物。 對於保有良好獨立功能並願意負責任的老年人，擁有寵物可能是一種愉悅以及社會支持的來源。擁有寵物已經被證實有培育快樂、關愛和安全感，以及一種類似與人類互動的責任感（Raina et al., 1999）。有寵物的人比較少看醫生，健康狀況比較好，並且也比沒有寵物的人更有活動的體能（Seigel, 1990; Willis, 1997）。照護貓或狗，使人有理由維持自己的健康，因為他們的寵物需要被照顧（Francis, 1991）。寵物需要餵食與運動，這給了老年人一種可以透過每日例行活動而讓自己保持忙碌的理由。Raina與同事們（1999）發現，有寵物的老年人比沒有寵物的人更能保有自己的能力，且執行更久的每日生活活動（ADLs），即使是在健康與精神因素加以控制之後也是如此。寵物真的能夠幫助老年人保持健康。

當然，這種正面好處的前提是老年人要有興趣全天候的擁有寵

物。有些老年人希望有寵物，但他們的生活環境並不允許或是沒有時間或精力去擁有寵物。因為像是獸醫照護、食物，以及其他的費用是很昂貴的，這對於收入有限的老年人將造成一個可怕的障礙。此外，為家人、朋友，以及工作付出一輩子的責任後，有些老年人可能再也不想為了寵物而作出全職照護的承諾。因此，有些社區可用租借寵物的方式讓老年人一個禮拜有幾個小時擁有寵物的陪伴。他們可以享受有寵物陪伴的時光，但又不需全天候照顧或支付費用。這些安排也可以用非正式的方式跟家人、朋友或鄰居搭配進行，或是透過正式的寵物夥伴安排。

拜訪寵物的活動。「寵物夥伴」類型的計畫有很多種，這只是其中一種而已。這個活動是讓動物到家中或日間照護中心，以及護理之家拜訪老年人。它是由德爾塔協會所贊助的全國性活動，這個自願性的組織成立於1977年，目的是用來促進人類與動物之間品質的關係，並協助人們改善他們的健康、獨立與生活品質（Delta Society, 1999）。寵物夥伴訓練志工並篩選寵物，以寵物拜訪的型態到護理之家、醫院、學校、復健中心，以及私人住宅進行拜訪。寵物夥伴與其他類似活動的目的是提供人類有接觸動物的環境，並尊重人類與動物的需求。篩選和訓練課程要確保人類與動物在活動中可以獲得最大的利益。雖然狗是眾所皆知的寵物夥伴，但是拜訪活動也可以使用貓、天竺鼠、兔子、馬、山羊、美洲駝、驢子、大肚豬、還有小鳥。

寵物夥伴與其他的寵物拜訪計畫，是把人類和動物放在一起，讓他們喜歡彼此以達到治療的目的。計畫最初是以娛樂而非以特定精神健康為目標，雖然雙方都可以獲得好處，但並不是一開始就以此為目標，目的只是要讓老年人和動物在一起相處。寵物拜訪活動尤其可以用在老年人身上。這個活動的費用很少，因為都是由社區中的志工來進行的。老年人不必作出任何照顧寵物的承諾，但卻可以從中得到短暫的好處。

結構性的動物輔助療法。動物輔助療法也可以比寵物拜訪活動更有規劃的來進行。護士、社會工作者、專業身體治療師，以及心理學家，都可以用動物輔助療法當作老年心理社會介入的一部分。當真正以「治療」來使用時，健康和精神健康專家便為動物的使用設立特定的目標，持續來評估用動物輔助療法有效達到目標的方法。老年人則在有無興趣與寵物合作，以及積極與動物互動的能力兩方面被加以評估。

一旦老年人被進行諮詢與評估的時候，便需要決定哪種動物最適合老年人。狗被認為是比貓更合適的動物，這是因為牠們的性情的緣故。當然，有些貓咪也喜歡與人親近，但是很多貓咪都不喜歡被觸摸，所以就無法像狗一樣可以與老年人產生互動。成熟一點的狗也比小狗適合，因為牠們比較不會太過精力旺盛，也比較好掌控。有些老年人喜歡小型動物，因為可以讓他們不需趨身去撫摸牠們。這些決定通常都是由精神健康專家來做，也是機構中老年人會面臨的治療問題。

動物輔助療法的團體課程通常都是在拜訪病患一個小時之後，由動物做三十分鐘左右的表演。表演往往都是娛樂性質，給老年人一個機會專注在動物身上，讓他們覺得跟動物在一起很自在。一個小時左右的造訪讓動物可以在老年人之間閒逛，給他們機會輕拍、談話或觸摸動物。老年人也可以選擇只享受有動物圍繞的感覺，而不必伸手去觸摸牠們。

動物輔助療法的個別療程約三十分鐘，其間，老年人可以觸摸、說話、或只是抱著寵物。不管是個別或團體療程，老年人都被鼓勵與員工們討論彼此的經驗。動物輔助療法也可以給剛設立的機構中的員工們一些收穫。由於動物的出現讓老年人與員工能夠有趣的相處在一起，動物帶給老年人的正面效果也可轉換成照護者身體與心理上的收穫（Willis, 1997）。

在其他的介入治療中，一旦一個執行計畫被設定並開始執行，該介入計畫就需要持續地被監控，並評估它是如何達到設定的目標。假如目標是改善社會化，要如何衡量？動物輔助療法顯示出哪些行為差異改善了老年人的精神健康或社會技能？跟動物的互動有什麼好處可以轉換到老年人的精神健康，以及其他的環境上面？因為動物而使得心情與行為產生改變時，動物輔助療法便成了最重要的益處。

服務性的動物。另一種形式的動物輔助療法就是用動物提供個人服務。對於失能或行動受限的老年人來說，動物可以提供具體的協助來幫助老年人維持獨立生活。大多數的服務性動物是狗，有些猴子也會被訓練用來充當服務性動物。服務性的狗兒可以當作聽力受損老年人的導音犬，警告老年人電話、門鈴或侵入者。導盲犬在行動上的協助與保護，提供了視障者很大的助益。「全國服務犬中心」在德爾塔協會的贊助下，提供了連結學習更多有用服務犬的服務，並推薦給各年齡層使用服

務犬的人（德爾塔協會，1999）。

動物輔助療法與罹患阿茲海默症的老年人

動物輔助療法和音樂療法一樣，可以用來治療任何階段的阿茲海默症（Batson, McCabe, Baun, & Wilson, 1998; Fritz, Farver, Kass, & Hart, 1995）。當傳統的談話性治療無法與老年人產生連結時，非語言的方法似乎比較有效。Churchill、Safaoul、McCabe與Baun（1999）發現讓罹患阿茲海默症的老年人跟動物對話，可以明顯地減少一般的病症。他們觀察到本來不跟其他人談話的病患，在動物的陪伴之下，話變多了、注意力更集中、臉部表情更多，而且動物在場時會顯現出更多的反應行為。動物以一種方式與罹患阿茲海默症的老年人相通，那是護士、社工人員，以及其他治療師無法做到的。研究者發現這種鎮定的效果可以非常有效的對抗第五章提過的黃昏症。這種因為光線的改變而影響到他們感覺的現象，經常發生在罹患阿茲海默症老年人身上，因而導致方向錯亂和激動現象。當動物被帶來跟老年人相處的那天，老年人看起來會比較輕鬆，血壓和皮膚的溫度會下降。動物的出現也會刺激罹患阿茲海默症患者的懷舊與記憶。另一種動物對阿茲海默症患者的好處還包括付出與接受情感的機會。除了阿茲海默症帶來的身體與認知能力改變，老年人從動物那裡亦可接受到無條件的好處。

建立動物輔助療法應注意的事項

儘管動物對老年人有許多的好處，但在設立一個以組織或個人為主的計畫之前，仍有許多問題要仔細考慮。德爾塔協會有電話諮詢與現場評估，以提供寶貴的建議作為最佳的動物與老年計畫的規劃（德爾塔協會，1999）。

首先，主要的考量是要確定老年人想跟動物互動。因為不管貓或狗有多可愛，還是會有人喜歡動物，但卻不一定有興趣跟牠們一起玩。這個問題強調了社工人員需要不時的提醒自己，誰的目標才是介入計畫的重點。有些老年人因為小時候被動物咬過或抓傷，以致會害怕動物。屠弱的老年人則可能會怕精力旺盛的狗或貓太過活潑，以至於會傷到自己。感覺有障礙的老年人覺得移動快速的寵物很討人厭，帶給他們的是

更焦慮而不是安撫作用。跟老年人溝通動物輔助療法的細節，是做好計畫的成功必備要素。

因此，必須以老年人的性情來配合，選擇配對適合他們的動物便是第二個設立動物輔助計畫要考慮的問題。並非所有的動物都可以很溫和的走進一間充滿陌生人的房間而不會激動。動物必須被仔細的評估，要看牠的性情及意願是否可以被觸摸與輕拍。一般來說，生性好的動物若適合小孩，便也會適合老年人。此外，在被納入計畫之前，動物必須是健康、沒有感染，並且具有良好的免疫狀況（Mosher-Ashley & Barrett, 1997）。

仔細考量一天當中的哪一段時間是使用動物療法最好的時段，則是設定照護計畫第三個注意事項。動物輔助療法應該只是被用來當作附加的改善老年人社會心理功能的計畫，而不應該干擾已經設立的用餐時間或治療課程（Bruck, 1996）。當老年人感到疲倦或不舒服的時候，就不適合進行寵物拜訪。但是當罹患阿茲海默症的老年人因為黃昏症而感到坐立不安或激動時，則可以例外的使用寵物拜訪計畫。

機構在設立之時，就要仔細考慮哪些人要納入動物輔助療法的課程。但是不需將認知受限或感覺不佳的老年人排除在外，因為他們是動物輔助療法受益最多的人。然而，對於那些容易激動或有暴力傾向的老年人則不適合。

最後，要有足夠的員工被分派去協助各個動物輔助療法。機構內有動物難免會產生暫時性的混亂情形，所以需要有足夠的員工來確保每位老年人不會受到傷害。通常讓員工自願擔負起這個責任並不困難，因為機構中設有歡迎新血加入的活動。

總結

這種另類的選擇療法讓社工人員有不同的方法來處理老年人的社會情緒問題，這些療法可以搭配其他的傳統社會工作方法一起使用。音樂可以幫助老年人想起從前的美好時光、掩蓋未解決的衝突、或是提供簡單的聆聽美妙音樂的喜悅。它還可以讓社工人員與認知受限的老年人建立連結關係，因為在許多認知能力消退之後，依然能保有接受音樂的能

力與過程。

從事藝術工作可以讓老年人感到藝術治療的方式，或是以藝術當作活動，都可以刺激他們的創作能力。重拾畫筆或剛開始學習作畫的老年人，會覺得藝術的創作過程是有收穫的。對於那些有認知障礙的老年人來說，藝術可以當成是一種與其他的老年人重新接觸的方法。藝術與音樂的美妙之處就在於它們不是一種制式的治療方式，每一位老年人都能以自己的方式來參與並欣賞藝術與音樂。

治療性娛樂結合了樂趣與休閒活動的喜悅，改善了老年人的情緒與社會福利。動物輔助療法著重的是一種正式的治療介入，進而提供了單純的喜悅與陪伴給老年人。全天候或短暫的接受來自動物無條件的愛，可以幫助孤立並寂寞的老年人有愛與被需要的感覺。

也許選擇性介入療法最重要的部分是因為所有的方法都有療效，只因為它們是有趣又可提升社會互動的方法。得到一個可以歡笑並與他人互動的機會，就是治療最重要的目的。

問題討論／活動

1. 想想你有興趣的音樂、藝術或娛樂。當你年老時，你希望社工人員對這些興趣有什麼樣的瞭解，並發展替代方案供你使用？

2. 跟你社區中的護理之家或輔助生活設施中的主管談一談，有哪些活動可供住民使用？他們有寵物拜訪活動嗎？主管從這些替代方法中看到了哪些益處？

3. 你居住地方的博物館，是否有特別為老年人設計的節目？有為罹患阿茲海默症老年人而規劃的活動嗎？設施內有為行動或感覺障礙者提供了何種活動？

4. 有什麼其他方法是本章沒提到，但你認為對老年人有幫助的？它們在你住的社區有被使用嗎？

Aldridge, D. (1996). *Music therapy research and practice in medicine: From out of the silence.* London: Jessica Kingsley Publishers.

American Art Therapy Association. (1998). *Frequently asked questions about art therapy.* Retrieved September 15, 1999, from http://www.arttherapy.org/fact.html

Barba, B. E. (1995). The positive influence of animals: Animal-assisted therapy in acute care. *Clinical Nursing Specialist, 9*, 199–202.

Batson, K., McCabe, B., Baun, M., & Wilson, C. (1998). The effect of a therapy dog on socialization and physiological indicators of stress in persons diagnosed with Alzheimer's disease. In C. C. Wilson & D. C. Turner (Eds.), *Companion animals in human health* (pp. 203–215). Thousand Oaks, CA: Sage.

Beatty, W. W., Zavadil, K. D., Bailly, R. C., Rixen, G. J., Zavadil, L. W., Farnham, N., & Fisher, L. (1988). Preserved musical skill in a severely demented patient. *International Journal of Clinical Neuropsychology, 10*(4), 158–164.

Bloom, B. S. (Ed.). *Taxonomy of educational objectives, Handbook I: The cognitive domain.* New York: David McKay Co.

Bright, R. (1997). *Wholeness in later life.* London: Jessica Kingsley Publishers.

Brooke, S. L. (1996). *A therapist's guide to art therapy assessment: Tools of the trade.* Springfield, IL: Charles C. Thomas.

Bruck, L. B. (1996, July/August). Today's ancillaries, part 2: Art, music, and pet therapy. *Nursing Homes*, 36–45.

Carmack, B. J., & Fila, D. (1989). Animal-assisted therapy: A nursing intervention. *Nursing Management, 20*(5), 96–101.

Churchill, M., Safaoul, J., McCabe, B., & Baun, M. M. (1999). Using a therapy dog to alleviate agitation and desocialization of people with Alzheimer's disease. *Journal of Psychosocial Nursing, 37*(4), 16–22.

Clair, A. A., & Bernstein, B. (1990). A preliminary study of music therapy programming for severely regressed with Alzheimer's type dementia. *Journal of Applied Gerontology, 9*, 299–311.

Cohen, G. D. (2006). *The creativity and aging study: The impact of professionally conducted cultural programs on older adults.* Washington, DC: National Endowment for the Arts. Retrieved February 15, 2008 from https://www.nea.gov/resources/Accessibility/CnA-Rep4-30-06.pdf

Cohen-Mansfield, J., & Martin, L. S. (1999). Assessment of agitation in older adults. In P. A. Lichtenberg (Ed.), *Handbook of assessment in clinical gerontology* (pp. 297–331). New York: John Wiley & Sons.

Coleman, V. D., & Farris-Dufrene, P. M. (1996). *Art therapy and psychotherapy: Blending two therapeutic approaches.* Washington, DC: Accelerated Development.

Delta Society. (1999). *Delta Society overview.* Renton, WA: The Delta Society. Retrieved September 5, 1999, from http://www.petsforum.deltasociety/default/html

Dossey, L. (1997). The healing power of pets: A look at animal-assisted therapy. *Alternative Therapies, 3*(4), 8–16.

Fausek, D. (1997). *A practical guide to art therapy groups.* Binghamton, NY: Haworth.

Francina, S. (2007). *The new yoga for healthy aging.* Deerfield, FL: Health Communications, Inc.

Francis, G. M. (1991). Here come the puppies: The power of the human-animal bond. *Holistic Nursing Practice, 5*(2), 38–41.

Fritz, C. L., Farver, T. B., Kass, P. H., & Hart, L. A. (1995). Association with companion animals and the expression of noncognitive symptoms in Alzheimer's patients. *The Journal of Nervous and Mental Disease, 183*, 459–463.

Gardiner, J. C., Furois, M., Tansley, D. P., & Morgan, B. (2000). Music therapy and reading as intervention strategies for disruptive behavior in dementia. *Clinical Gerontologist, 22*(1), 31–46.

Gfeffer, K. E. (1990). Cultural context as it relates to music therapy. In R. F. Unkefer (Ed.), *Treatment of adults with mental disorders: Theoretical bases and clinical interventions* (pp. 63–69). New York: Schirmer Books.

Hanser, S. B. (1990). A music therapy strategy for depressed older adults in the community. *Journal of Applied Gerontology, 9*, 283–297.

Hanser, S. B., & Clair, A. A. (1995). Retrieving the losses of Alzheimer's disease for patients and caregivers with the aid of music. In T. Wigram, B. Saperston, & R. West (Eds.), *The art and science of music therapy: A handbook* (pp. 342–360). Chur, Switzerland: Harwood Academic.

Harlan, J. E. (1991). The use of art therapy for older adults with developmental disabilities. *Activities, Adaptation & Aging, 15*, 67–79.

Rosling, L. K., & Kitchen, J. (1992). Music and drawing with institutionalized elderly. *Activities, Adaptation & Aging, 14*(4), 59–64.

Seigel, J. (1990). Stressful life events and the use of physician services among the elderly: The moderating role of pet ownership. *Journal of Perspectives in Social Psychology, 58,* 1081–1086.

Standley, J. (1995). Music as a therapeutic intervention in medical and dental treatment. In T. Wigram, B. Saperston, & R. West (Eds.), *The art and science of music therapy: A handbook* (pp. 3–22). Chur, Switzerland: Harwood Academic.

Sterret, P., & Pokorny, M. (1994). Art activities for patients with Alzheimer's and related disorders. *Geriatric Nursing, 15,* 155–159.

Thaut, M. H. (1990). Neuropsychological processes in music perception and their relevance in music therapy. In R. F. Unkefer (Ed.), *Treatment of adults with mental disorders: Theoretical bases and clinical interventions* (pp. 3–31). New York: Schirmer Books.

Towse, E. (1995). Listening and accepting. In T. Wigram, B. Saperston, & R. West (Eds.), *The art and science of music therapy: A handbook* (pp. 324–341.). Chur, Switzerland: Harwood Academic.

Wikstrom, B. M. (2000). Visual art dialogues with older adult persons: Effects on perceived life situation. *Journal of Nursing Management, 8,* 31–37.

Willis, D. A. (1997). Animal therapy. *Rehabilitation Nursing, 22*(2), 78–81.

第八章

預防老年人的物質濫用與自殺防治

物質濫用與老年人

　　從事老年工作時，我們不難看出，當他們在生命的過程中面臨到無數的挑戰與改變時，憂鬱和焦慮是如何成為老年人的主要問題。一想到有藥物或酒精濫用問題的老年人時，不免會讓人連想到整排衣衫不整的流浪漢躺臥在街頭巷弄的模樣。健康與精神健康服務提供者的老年歧視刻板印象認為，典型的物質濫用者往往會阻礙專業人士的確認，以及即時提供治療。一位老年人如果經常並大量的飲酒，往往會被認為「那是她唯一僅存的樂趣」，或是「喝酒可以幫助他入睡」的印象。雖然使用非法藥物的情形很少會出現在老年人身上，但是有處方籤的鎮定劑與鎮靜劑的自我療法〔或是仿單核准適應症（譯註：係藥品專業用語）外的使用〕，是構成一種不健康自我用藥的方式，但卻常常被忽略。專業人士與家人可能會不慎讓老年人養成不當使用藥物的習慣。

　　這一章要談的就是老年人濫用藥物與酒精的問題。它要探討什麼是所謂的藥物與酒精濫用？濫用的最大風險是什麼？如何評估濫用問題？以及有哪些介入計畫可供老年人與家人使用？在本章的最後會有一個有關自殺問題的討論，這通常是用藥或酒精成癮而未加治療的老年人的最後結局。

老年人的飲酒使用與酗酒

　　酒精的使用與濫用是最被人忽視的老年人問題之一，主要是因為很難正確地計算出被認為是「問題飲酒者」的老年人數。據估計，50歲以上的人口當中，有45.1%的飲酒方式是半固定式的，相較於18至49歲則是60%（National Surrey on Drug use and Health，全國藥物使用評估與健康，2005）。飲酒的老年人當中，據報有12.2%屬於狂飲作樂，另外3.2%是重度酗酒，這些數據是依照自我評估報告得來的。如果用更客觀的標準來評定「重度酗酒」的話，實際上的數字應該會更高。另外，估算「問題飲酒」老年人的範圍則是從1到15%（National Institute of Alcohol Abuse and Alcoholism，全國酒精濫用與酗酒協會，2005）。

　　有嚴重飲酒問題的老年人比較常見於健康照護中心，他們的問題通常是直接來自於酒精方面的混亂使用。全國酒精濫用與酗酒協會（2005）觀察到，有6%至11%的老年人被送到醫院時都有酗酒的現象，而20%至40%住在精神病學機構與護理之家的老年人則有依賴酒精的臨床現象。

　　今日的老年人有許多是在對酒精有嚴格規範的社會與宗教下成長的，這也說明了這群老年人與年輕人在飲酒問題上的差異。目前對於老年人飲酒的社會態度是：老年人飲酒並發展為問題性飲酒習慣，在未來十年會有增加的趨勢（Adams & Cox, 1997）。毫無疑問的，存在於嬰兒潮世代間的藥物與飲酒態度，也會跟中學生與大學生年齡層的年輕人一樣，一直在他們的人生中發展下去。這是另一種評估各年齡層生物心理社會問題的出生群當中，具有重要影響的範例。任何濫用物質的問題，都可以從行為與態度上追查到原因。當代對於老年人飲酒問題的研究，都是以傳統的方式在當代的老年人與當代的年輕飲酒者之間加以比較。長期以來所作的長程酒精問題追蹤顯示，酒精使用的類型還算是相當穩定的（Gomberg & Zucker, 1998; Levenson, Aldwin, & Spire, 1998; Smith, 1997）。

早發性與晚發性酗酒

　　長期酗酒和晚年開始酗酒，有很大的不同。早發性的酗酒通常發生於40歲之前，且一般都屬於自毀式的行為模式，這是發生在年老的壓力產生之前就有的行為。這種現象常見於男性，而且有三分之二的人會出現酒精依賴的現象（Butler, Lewis, & Sunderland, 1998; Derry, 2000; Holland, 1999）。這些問題飲酒者也比較有可能有嚴重與酒精相關的藥物問題，這都是起因於長期的酒精過量所導致。在目前先進的醫療技術之前，早發性酗酒的人很少能活到老年；但有了營養的改善、抗生素與更好的醫療照顧，許多人已經可以活得久一些了。長期的過度飲酒會造成慢性肝臟疾病、心肌症，以及酒精性失智，這是一種嚴重而且不可逆的醫療問題（National Institute of Alcohol Abuse and Alocholism，全國酒精濫用與酗酒協會，2005）。這些酗酒者比較可能會有強烈的情緒與心理問題，而那些問題是由一開始的酒精依賴，或隨著酒精使用後產生惡化的結果所造成的（Liberte & Oslin, 1997）。酒精依賴常發生在一些曾遭遇離婚、分居、或從未結婚並且財源有限的老年人身上。

　　家人與社會支持系統可能老早就因為老年人沉溺於慢性酗酒而感到挫折與生氣，以致放棄了他們。這些最需要社會心理支持系統的人，卻最得不到支持。終生的飲酒問題若發生在有工作與家庭責任的階段，則通常都會選擇接受治療。雖然他們很熟悉治療的方式，但是也會因為過去的失敗經驗而對治療不具信心（Barry, Oslin, & Blow, 2001）。

　　占老年飲酒問題人口二分之一的晚發性酗酒，則是在中年或晚年時期被定義為問題飲酒（Holland, 1999）。老年人開始重度飲酒是當他們面臨退休或慢性醫療問題開始發生的時候，這通常被歸因於「反應性」飲酒（Barry et al., 2001; Blow & Barry, 2002）。這些飲酒者在開始飲酒之前，通常會說他們感到強烈的憂鬱或寂寞，喝酒變成是一種改變負面情緒或對付冗長無聊時間的方法。Beechem（2002）強調，晚發性酗酒不是一種對生活壓力的反應，而是一種對壓力適應不良的做法。如果對這種適應不良的現象施以建設性的活動，晚發性酗酒便可以得到很好的治療效果。本章稍後會有描述。

　　晚發性酗酒的飲酒問題，常發生在當工作與養育家庭是主要的人生

責任的時期。這些飲酒者不常有早發性飲酒者所面臨的合法、醫療，以及社會問題。晚發性酗酒比較不會有終生的情緒與社會問題，因此，他們也比較可能獲得完整的支持系統，而那些支持系統就是以面對飲酒問題而作的介入努力（Derry, 2000; Schonfeld & Dupree, 1997）。這些支持系統的成員通常就是為有酗酒問題的老年人尋找治療並提供支持的人。

不幸的是，晚發性酗酒者往往都不認為自己的飲酒是個問題，這種否定呈現出承認酒精問題以及老年人願意尋求治療的雙重障礙（Hanson & Gutheil, 2004; Liberto & Oslin, 1997）。他們並沒有因為喝酒而丟掉工作或失去人生伴侶，也不曾因為酒駕被逮捕或是傷害自己與他人。沒有這些突顯飲酒的有害事證之下，老年人很容易否認他們的飲酒是個問題。事實上，許多有適度飲酒經驗的老年人到後來都會發展成酒精依賴的情形（Beechem, 2002）。偶爾的雞尾酒時間可能會從一杯到好幾杯，甚或在以休閒為目的的退休生活中一大早就開始喝酒。而隨著代謝作用的減退，就算一點點的酒精都可能會造成酒精中毒與依賴。通常這些有飲酒問題的人，都是在跌倒、意外事故、或因為急性中毒才會去找健康照護提供者。

與酒精依賴相關的風險因素

為什麼有些老年人會變成酒精依賴，而有些卻不會？真正的原因無從瞭解，但醫療與社會科學已經確認出一些讓老年人比其他人更容易暴露在風險中的因素。

家庭與社會因素。酗酒的問題有遺傳自家人的傾向，尤其是早發性酗酒。他們有社會、種族以及基因傾向，以致這些成員間的老年人會發展出酒精的問題（Holland, 1999）。雖然可能不是單一因素，但是複雜交互影響的早期家庭酒精使用環境的接受性、可用性，以及範例，影響了個人一生對酒精的使用方式。其他的社會因素包含年輕時同輩的影響，以及社交生活的酒精使用情形，造就了畢生的飲酒型態。雖然大學生涯的飲酒作樂是一種天真爛漫的校園經驗，健康照護專家擔心的是這些年輕人若繼續豪飲到中年，則會從無害的派對狂歡演變到根深柢固的酒精依賴。

社會的隔離與憂鬱。年紀大又有飲酒問題的人會比同齡但沒有

飲酒問題的人，顯現出較高的孤寂與較低的社會支持現象（Hanson & Guthail, 2004; Schonfeld & Dupree, 1997）。社會隔離是造成許多老年人憂鬱的原因之一，而且比年齡、性別、教育、或健康狀態更可能關聯到問題飲酒的發展（Beechem, 2002）。離婚、分居、或從未結婚的男性與女性，會比結過婚或喪偶的人（Brennan & Moos, 1990）較可能演變成有喝酒方面的問題，這是另一種會促成酒精濫用的危險社會隔離因素。

近期剛喪偶、社會角色有重大改變的老年人，會有問題飲酒的高風險（Barry et al., 2001; Blow & Barry, 2002）。雖然退休可免於工作上的責任，但它也產生了一種角色上的改變，亦即從生產者變成退休人員。對於由工作上的表現來評定自己價值的老年人來說，從有人互相陪伴轉變成孤獨一人時，會產生令人無法忍受的空虛感（Blow & Berry, 2002; Hanson & Gutheil, 2004）。同樣的角色轉變現象也會在老年人從健康到罹患慢性疾病上看出端倪。任何在晚年時的角色轉變，都可能會演變成酗酒問題來面對轉變的壓力。

休閒生活型態。社會經濟階層較高的白種人，會比收入較低的同輩有可能演變成酒精依賴的狀況（Gomberg & Zucker, 1998）。很明顯的原因是因為喝酒是種昂貴的習慣。較高的收入，代表的是較高的社會經濟階級。收入較高的老年人在退休之後比較有可能去參加一些會喝酒的社交活動，尤其是在退休社區裡面。一個休閒式的生活型態就像是一個永續的假期，在這種情形下，偶爾的飲酒就可能演變成酒精依賴。

種族與族群。儘管白色人種的男性比其他族群有使用更多酒精的現象，黑色人種的男性則更可能因為健康問題而喝酒（Gomber & Zucker, 1998）。某些黑人男性會變成問題飲酒者，是因為不法藥物與酒精併用，以及在早期的人生階段便開始了自毀的行為模式。支持這種發現的證據還不是很清楚，但是就如Moore、Hays、Greendale、Damesyn以及Reuben（1999）發現的，種族與酒精的使用之間是沒有關聯性的。非裔美洲與西班牙裔美洲女性的酒精使用量比她們同輩的白人女性來得少，亞裔美洲與本地美洲女性則很少有使用酒精的情形（Eliason, 1998）。這些酒精使用量較低的原因，可能有一部分是因為有色人種有較強的社會支持系統，雖然收入較低，但比較有可能成為宗教組織中的成員，因

而讓他們不會有依賴酒精的習慣（Blow & Barry, 2002）。

老年女性與酒

據估計，大約有60%至80%的65歲以上婦女不喝酒，一部分原因是因為社會或宗教規範，以及避免與藥物產生交互作用的危險（National Surrey on Drug Use and Health，全國藥物使用安全與健康評估，2005）。健康與心理健康提供者不會刻意詢問婦女的飲酒問題，因為他們覺得經常按時上教堂做禮拜的媽媽型婦女，不可能會有飲酒問題。其實婦女真正的飲酒問題被嚴重低估了，因為很少有用來衡量她們飲酒問題的方法（Smith & Weisner, 2000）。

雖然男性在生命的某個階段中產生飲酒問題的機率是女性的二到四倍，但是女性卻比男性更容易產生晚發性酗酒問題（Blow & Barry, 2002; Cowart & Sunderland, 1998; Derry, 2000; Eliason, 1998）。

女性身體的老化過程，使她們更容易在上了年紀之後變成有酒精成癮的狀況。因為女性的體重比較輕，所以喝下去每盎司的酒精更會對身體產生麻醉效果。女性體內的脂肪比肌肉的比例還高，所以造成了她們的酒精代謝率比男性來得低（Blow & Barry, 2002; Beechem, 2002）。酒精的高吸收率加速了肝臟的損害，並降低酒精在消化道的代謝。

比較高的晚發性酗酒問題和女性壽命比較長有關，因為寂寞、憂鬱，以及失去家人與朋友所帶來的壓力，加速了她們的飲酒行為（Blow & Barry, 2002; Cowart & Sunderland, 1998）。相較於寡婦以及已婚老婦女，離婚、分居、或從未結婚女性的飲酒問題是不成比例的，這更加證明了社會隔離是置老年人於飲酒風險的原因。

問題飲酒的心理與醫療結果

問題飲酒的定義。對於老年人問題飲酒的構成與酗酒定義，乃是定義問題飲酒最有爭議的觀點之一。傳統上對於酗酒的定義，包括喝酒事件中下述五種情況中的任何一種：因為喝酒而產生暫時性的昏厥，一停止喝酒就有退縮反應，沒有酒精中毒現象但血液中卻有高酒精濃度症狀，連續飲酒，以及即使面臨嚴重的財務、法律、或社會問題仍然繼續飲酒（Butler, Lewis, & Sunderland, 1998）。這些酗酒指標可能適合

用在年輕人身上，但它們卻忽略了更細微的老年人飲酒問題的現象。老年人不像年輕人因為法律、社會、或財務引起的飲酒問題而被送醫（National Institu on Alcohol Abuse and Alcoloolism，全國酒精濫用與酗酒協會，2005）。年輕人飲酒過量可能是因為開車被捕，或是因為影響工作而被迫送醫治療，但老年人多半在家中飲酒，他們不可能酒駕被捕，所以比較有可能在退休後變成重度飲酒。喝酒變成了他們的私事，而不像其他年齡層的人有因喝酒而產生公共責任的問題（Klein & Jess, 2002）。老年人喝酒不必依照一天一杯、或是每週七杯，以及一天不超過兩杯的限制（National Institute on Alcohol Abuse and Alcololism，全國酒精濫用與酗酒協會，2005）。這時，與喝酒有關聯性的就是社會心理因素、老年人飲酒對健康造成的影響，以及服用處方藥物時飲酒對老年人造成的嚴重影響為何。

　　對身體系統產生的損害。喝酒所造成的身體損害，很容易跟因為老化所產生的身體變化混淆在一起。記憶喪失、注意力無法集中、不眠症、古怪的行為舉止、憂鬱，以及跌倒事件（全都是飲酒問題的現象），可能會被歸因於早發性失智症或身體老化所產生的生理與社會心理的改變（Derry, 2000; Gomberg & Zucker, 1998; Hanson & Gutheil, 2004）。過度飲酒所產生的醫療問題，是引起健康照護提供者注意老年人飲酒問題的主要原因。老化的身體對酒精有不同的代謝率，因此，就算喝相同份量的酒，血液中的酒精濃度也會比年輕人來得高，而血液中的高酒精濃度則影響了每一個身體系統。

　　肝臟與腎臟通常是最早對酒精的使用有反應的器官。肝臟變大，造成脂肪堆積或衰竭，也就是肝硬化，這是一種不可逆的肝臟功能損壞現象。血液中的高酒精濃度更加重了腎臟對於正常老化產生的壓力以外的負擔，以致腎臟無法正常地從血液中排除體內液體並過濾有毒物質。腎臟的衰竭會造成一種類似身體自我囚禁的過程。

　　長期的飲酒會損害心臟的肌肉，並導致高血壓。對於已經有心血管疾病的人來說，過度飲酒會增加老年人罹患心臟病或中風的危險。這裡要強調的是過度飲酒的問題。醫療研究人員在心臟疾病與酒精的使用之間發現了一個U形關係，也就是適度的飲酒確實可以改善心血管功能。但心臟疾病常見於重度飲酒，以及完全不喝酒的人身上（Ashley &

Ferrence, 1994; Smith, 1997）。酒精的適度使用確實可以降低心臟疾病發生的可能性。

營養失調。各年齡層中有飲酒問題的人，通常會對食物失去興趣或是無法正常的飲食，進而導致嚴重的營養失調。造成老年人營養失調風險的因素有失去嗅覺、無法準備餐飲、不喜歡獨自用餐等，營養攝取不足，也就提高了他們罹患急性與慢性疾病的風險（Tyson, 1999）。維生素不足加上血中酒精中毒的程度，會導致中樞神經系統失調，比如像癲癇與步伐不穩。年紀較大的問題飲酒者的腳步通常都會呈現遲疑、揮手大步向前傾的姿態，且常常會造成跌倒事件的發生（Chenitz, Stone, & Salisbury, 1999）。酒精中毒會損害身體的平衡與移動，如果再加上因為年老所帶來的中樞神經系統上的改變，讓酒精中毒比起任何疾病更容易讓老年人有跌倒的危險。因為喝酒的緣故，會增加髖關節骨折碎裂的機會（Bilke, Stesin, Halloran, Steinbach, & Recker, 1993）。喝酒不僅會增加跌倒的可能性，酒精也會影響老年人的骨頭密度。

心理與認知後果。Tarter（1995）發現，過度飲酒會造成提早老化、加速短期記憶喪失、減損抽象推論的能力，以及阻礙老年人處理資訊的能力。濫用酒精的老年人容易出現古怪且搖擺不定的心情，並且容易因小事就被激怒而與人爭辯。這種行為改變可能是由於腦中前額葉的生理變化所造成的，而這個部分是掌管人類智能與情緒功能的地方。酒精造成了前額葉的萎縮，導致大腦組織功能的喪失（Pfefferbaum, Sullivan, Mathalon, & Lim, 1997）。當老年人開始停止服用酒精時，也無法像有飲酒的年輕人般可以重新獲得這些智力功能。

憂鬱往往是飲酒問題的前奏，但它也是重度飲酒的後果。65歲以上有飲酒問題而呈現憂鬱情緒失調的老年人比例，是不喝酒老年人的三倍（Grant & Hartford, 1995）。適度與重度飲酒者的自殺率是不喝酒的人的十六倍，而自殺通常都是因為憂鬱情緒的失調造成的（Grabbe, Demi, Camann, & Dotter, 1997）。

以醫療處方加以介入。儘管老年人的酒精使用量可能在允許範圍之內，將處分藥物與酒精合併使用可能會造成危險。酒精會影響某些藥物的效果，例如，抗生素或高血壓劑與酒精合併使用就會產生抗藥性。如果與對心理或精神有顯著影響的藥物，如苯二氮（Benzodiazepines，

精神用藥，鎮靜、催眠、抗焦慮）、巴必妥鹽酸（鎮靜、催眠），以及抗抑鬱劑一起併用，則會增強酒精與藥物雙方的效果（Beecham, 2002; Blow & Barry, 2002）。年老的婦女雖然比較不可能喝酒，但卻更有可能服用這些對心理或精神有顯著影響的藥物（Blow, 1998），如此一來，當這些藥物與酒精合併使用時，就會產生嚴重的醫療問題。

護理之家中的酒精問題

依照設定以及酒精濫用的評估，護理之家中的酒精問題幅度是從2.8%到49%，但15%可能是最正確的數字（Joseph, 1997）。這個數據在女性療養機構是比較低的，然而在以男性為主的機構中，酒精濫用的數據則呈現高漲現象，像是榮民護理之家（Joseph, Atkinson, & Ganzini, 1995）。酒精問題是僅次於失智症的第二種常見於護理之家的診斷現象（Stockford, Kelly, & Seitz, 1995）。在護理之家中，酒精問題比較有可能發生在男性、年輕、剛剛失去配偶的人身上（Joseph, 1997）。與不喝酒且收入較低的住友來說，他們也比較會呈現出憂鬱並有菸癮的症狀。

認為有酒癮的老年人只要住進護理之家便會停止喝酒的想法，是不正確的。有些護理之家甚至提供「雞尾酒時間」來促進社會互動；有些護理之家則像控制藥物一樣，需要有醫師的允許才能喝酒（Klein & Jess, 2002）。

雖然許多人被迫停止喝酒，但由於大多數的優良療養設施中缺乏評估酒精的監控環境，因此有些人還是會暗中繼續喝酒。雖然院中有禁酒的規定，但家人與朋友還是會在拜訪時帶酒給老年人。有些定期回去探望家人的老年人，會從家中帶酒回到護理之家。對於無法從外面取得酒品的老年人，則轉而飲用漱口水或刮鬍水，因為這兩種東西普遍都含有高濃度的酒精。

如果有酒癮的老年人無法取得酒品，他們便會出現嚴重的戒斷症狀，像是心跳過快、高血壓、顫抖或混亂等。要是醫療人員不知道這是犯酒癮的現象，這些症狀就可能會被診斷成一般醫療問題，而不是酒癮戒斷的現象。如果與治療慢性健康問題的藥物合併使用，偷偷摸摸的喝酒可能會造成致命的後果。

確認老年人的飲酒問題

身體上的現象。有一些明顯的身體現象說明了老年人是急性酒精中毒。酒味（或故意用薄荷口香劑或漱口水掩飾酒味）、臉漲紅、雙眼腫脹或發紅、手顫抖，以及注意力不集中或注意力渙散，都是最明顯的現象（Levin, Krueger, & Blow, 2000; Molony, Waszynski, & Lyder, 1999）。有些老年人會口齒含糊或腳步特別不穩。不明原因的瘀傷或傷口，都可能是因為過度飲酒造成經常性跌倒所產生的現象。老年人可能會開始出現頭髮凌亂或衣衫不整、不注重個人衛生等情形。家人與朋友會感覺到情況不對勁，但卻無法認定是飲酒造成了這些問題。

健康照護提供者會發現老年人因為白天過多的睡眠，造成他們抱怨晚上睡不著的現象增多了。無法控制的高血壓、痛風、發生於男性的無能，以及胃脹現象，則是進一步的過度飲酒指標。醫療檢查時發現許多舊的瘀傷與傷口是老年人無法（或不願意）解釋的，通常也是因為喝酒所造成的。

行為指標。當飲酒已經變成問題時，有些家人可以觀察到明顯的個人行為舉止的改變。外向與友善的老年人可能會變得退縮或情緒不穩，而性格內向的老年人卻變得主動或頗有敵意，並與家人或朋友產生爭吵。過度的飲酒可能是因為老年人沒能定期進行醫療照護，或社交活動所造成的反應。這些改變意指的是老年人對於酒精的服用已經失控，而且可能已經重新調整了他或她的飲酒習慣。

到老年人的住所拜訪，可以進一步瞭解他們的飲酒情形。酒味，尤其是在早上或下午就聞到酒味，以及明顯的飲酒證據，比如許多的玻璃瓶、空瓶子、或是散亂一地的啤酒罐，就是喝酒的證據。有時候過度飲酒的老年人在酒精中毒期間會出現不能自制的現象，他們的居住環境可以聞到尿味或排泄物的味道。酗酒期間的居家環境會呈現凌亂或混亂的情形，打開冰箱或儲物櫃則會看到堆積的酒類。

要老年人承認飲酒過量沒那麼容易。在面對喝酒調查的問題時，否認飲酒並採取防衛的態度，是常見於各年齡層嗜酒者的現象（Beechem, 2002; Hanson & Gutheil, 2004）。一位老年人需要時間與協助來確認他們的飲酒問題。「全國酒精濫用與酗酒協會」（National Institute on

Alcohol Abuse and Alcoholism）提供了一個生物心理社會明細，顯示出有酒癮老年人的飲酒問題症狀，在表8.1中可看到這個明細。

表8.1	如何界定一個飲酒問題

並非所有有飲酒習慣的人都有喝酒問題。你可能會因為下述情形而需要協助：
- 藉由飲酒來安撫你的緊張、忘掉煩惱或減少壓力。
- 對食物失去興趣。
- 大口的將酒一飲而下。
- 說謊或設法隱瞞你的飲酒習慣。
- 經常獨自喝酒。
- 喝酒時會傷害自己或他人。
- 去年喝酒的次數超過三或四次嗎？
- 需要喝更多的酒才能達到「亢奮」。
- 沒有喝酒的時候會感到易怒、忿恨或不可理喻。
- 因為飲酒造成了醫療、社會或財務問題。

來源：全國酒精濫用與酗酒協會（2004）。

篩檢與診斷工具。確認存在於老年人的酒精濫用的主要問題之一是：缺少與年齡相關的酒精篩檢工具。有許多工具是用來檢測年輕人的酗酒問題，比如像是密西根酒精檢測試驗（MAST），它是由使用者相關的社會與法律問題來決定酗酒問題的嚴重性（Derry, 2000）。雖然這個檢測對年輕飲酒族群很有效，但它卻忽略了一些重要的指標，也就是好發於老年人因為喝酒而導致經常跌倒、蛇行駕車，以及其他困擾著老年人的功能異常現象。密西根酒精檢測試驗特別使用老年版本來檢測老年人的行為類型。雖然這個檢測工具有其顯著的可信度以及正確性，但它還是需要有酒精使用情形的自我報告，以及老年人據實告知自己的酒精飲用情形，這個工具就是表8.2。

表8.2	密西根酒精檢測—老年版（MAST-G）		
1.喝酒之後，你有心跳加速或胸部悸動的情形嗎？		是	否
2.在跟他人交談時，你曾經低估自己實際的飲酒量嗎？		是	否
3.酒精常常讓你昏昏欲睡，所以你經常在椅子上睡著嗎？		是	否
4.幾杯酒下肚後，你有時候會不吃東西，或因為不餓而省略一餐嗎？		是	否
5.喝幾杯後，有助於減低你的搖晃或是顫抖情形嗎？		是	否
6.酒精有時會讓你不記得白天或晚上的某些事情嗎？		是	否
7.你自己是否設有在一天當中的某些時候不該喝酒的規定？		是	否
8.你是否對以前的嗜好或活動不再感到興趣？		是	否
9.當你早上醒來的時候，是否想不起昨晚發生的事？		是	否
10.喝酒有助於你的睡眠嗎？		是	否
11.你有把酒瓶藏起來不讓家人發現嗎？		是	否
12.在社交的聚會場合過後，你會因為喝多了而感到不好意思嗎？		是	否
13.你曾經想過喝酒可能會傷害你的健康嗎？		是	否
14.你會在睡前小酌一杯嗎？		是	否
15.你會因為某個跟你比較親近的人去世而喝更多的酒嗎？		是	否
16.一般來說，你寧願在家喝幾杯而不喜歡在社交場所喝酒嗎？		是	否
17.你現在比以前喝得更多嗎？		是	否
18.你通常利用喝酒來放鬆或安定自己的神經嗎？	是	否
19.你用喝酒來遠離煩惱嗎？		是	否
20.經歷生命中的失落之後，你會增加飲酒嗎？		是	否
21.你有時候會在喝酒過量的情況下開車嗎？		是	否
22.曾經有醫生或護士跟你說他們很擔心或關心你的喝酒情形嗎？		是	否
23.你曾經為自己的飲酒立下規則嗎？		是	否

24.當你感到寂寞孤單的時候，喝酒對你有
　　幫助嗎？　　　　　　　　　　　　　　　　　　是　　　否

得分：有五個以上的回答為「是」，就代表有飲酒問題。若需要
更多資訊，可以洽詢密西根大學酒精研究中心的Fredric C. Blow
博士，地址：4250 Plymouth Rd. Ann Arbor, MI 48109；電話：
734-845-50462。

© The Regents of the University of Michigan.

來源：Blow, F. C.; Brower, K. J.; Schulenberg, J. E.; Demo-Dananberg,
　　　L. m.; Young, J. P.; and Beresford, T. P.密西根酒精檢測 ——
　　　老年版（MAST-G）：一種新的特別為老年人檢測的方
　　　法。《酒精：臨床試驗研究》（Alcoholism: Clinical and
　　　Experimental Research），16: 372, 1992。

治療老年人的飲酒問題

　　老年人飲酒問題治療的預後情形十分良好，尤其是晚發型的飲者
（Barry et al., 2001；全國酒精濫用與酗酒協會，2005）。大多數的晚發
型飲酒都是因為老化壓力所造成的，因此找出這些壓力源並幫助老年人
發展有用的應對技巧，就能成功的消除飲酒問題的行為。但是有一些很
明顯的障礙，會讓老年人不願意配合照護者及其家人來治療他們的飲酒
問題。

治療上的障礙

　　家人的態度。儘管治療的預後有顯著的效果，但還是有一些障礙
阻止了老年人尋求治療。老年人比較不會因為自己的飲酒問題而求助於
人，因為他們的問題比較不像年輕的飲酒者一樣會引起社會或法律上的
後果。朋友與家人在不自覺的情況下會變成「允許者」，因為他們認為
老年人飲酒不會造成什麼傷害（Hanson & Gutheil, 2004）。老年人對於
健康照護者的治療建議會加以拒絕。在嚴重的疾病或事故發生之前，他
們對於介入支持協助還是抱持否定的態度。

　　專家們的態度。如同之前討論過的，許多健康照護提供者無法分
辨老化現象與酗酒之間所造成的身體上的變化，以至於對老年人的飲酒
問題無法給予正確的認定。同樣的，健康照護者歧視老年人的態度也是

治療上的阻礙。另外像家人、朋友、醫師、護士，以及社工人員也都可能是否認或忽視老年人飲酒問題嚴重性的善意阻礙。一般常常有一個錯誤的假設是：老年人不可能變成酗酒者，就算是，也不容易治療（Burlingame, 1997; Hanson & Gutheil, 2004）。如果一位孤單、病重又憂鬱的老年人酗酒，誰會責備他想用酒精來逃避痛苦呢？這時他是否能開車？退休了沒？有沒有家庭責任有關係嗎？有，有關係。過度的飲酒對老年人會產生致命的危險。就像本章所強調的，酒精會危害老年人的心理、社會，以及身體功能，也會影響酗酒老年人的生活品質，所以不要認為喝酒只是一種無害的小惡魔。

恐懼與抗拒。老年人之所以拒絕尋求治療，是因為怕被要求離開自己的家。因為住到醫院或是護理之家，即使是很短的時間，對老年人來說都是很駭人的經驗，因為那意味著死亡的即將到來。要讓老年人明白他們不是被「離棄」，並讓他們充分瞭解所有治療的課程。尋求治療必須是老年人自己的意願，而不是家人或是社工的目標。治療成癮的習慣對任何人來說都很困難，如果不是當事人願意，通常都注定會失敗。

治療方法摘要

完全的戒酒、甚或是減少飲酒量，對任何有飲酒問題的人來說都是一輩子的挑戰。治療方法摘要的方式已經證實對於高風險飲酒的人尤其有用，且被「全國酒精濫用與酗酒協會」推薦提供給過度飲酒的人使用。持續進行的臨床研究顯示，治療方法摘要的介入，降低了34%的老年人飲酒問題（Blow, 1998; Fleming, Manwell, Barry, Adams, & Stauffacher, 1999）。

這些介入摘要的主要目標是減少或停止酒精的使用，並在必要時給予正式的治療方法（Babor et al., 1994）。這些方法使用的是誘導式面談的基本原則。誘導式面談著重在讓每個個人清楚由行為所造成的傷害（在這裡指的是酒精），並將責任從行為改變轉換到有問題的人身上。相對於比較粗糙與對抗的方式來說，這種方法是藉由引導，讓個人更深入的瞭解到沉浸於酒精環境的害處，進而協助他們改採其他替代使用酒精的行為。重點在於降低傷害，而不像大多數以完全戒酒來解決問題飲酒的方式。

誘導式面談是用五個階段的方式讓個人經歷認知問題行為，直到真正的行為改變為止（Miller & Rollnick, 2002）。當一個人在第一階段「沉思期前期」，由於否認、缺乏覺察、或對改變沒有信心，所以他們不會將問題行為聯想到有副作用的結果（例如，健康問題、財務情形、不良的家庭關係）。第二階段「沉思期」，個人對於行為的改變存有矛盾情緒，並試圖瞭解為何他的行為會是個問題行為。他們的說法是，「我喝酒是因為我喜歡它的味道」，以及「我沒有因為喝酒而失去工作或傷害任何人」，這是這個階段很典型的說法。這個階段的重點是開始注意到這種行為可能會被認為是一種問題行為，但對於真正的結果依然不明確。第三階段「準備期」，是個人想要改變但尚未付諸行動。意圖結合了行為規範，但卻沒有特別的計畫來改變已經發生的行為。這時他們的說法是，「我該考慮戒掉了」，或是「夏天的高爾夫球季過了之後，我可能要改掉喝雞尾酒的習慣了」，這顯示出老年人開始有飲酒問題的自覺現象。到了第四階段「行動期」，個人會採取更決定性的步驟去調整飲酒行為，而且大多是旁人可以明顯看得到的方法。改變的方式包括每週在看醫生前不喝酒，或是從烈酒改成「一杯啤酒就好」。有努力去做，但還是有某些抗拒的行為表現。在第五個階段「維持期」，行為改變後，最少維持六個月。酒精問題的治療方法摘要是用一種誘導性訪談工作來改變問題飲酒的行為，治療師的角色是從代價與好處兩方面，讓老年人誠實的由內心真正察覺到飲酒的問題（Hansons & Gutheil, 2004）。一旦老年人有了覺察而想要改變時，基於他們自己的想法，治療師的角色就是協助他們以個別方式來戒酒，或適用某種特定的計畫讓他們停止喝酒。

「全國酒精濫用與酗酒協會」（National Institute on Alcohol and Alcoholism, 2005）建議用以下的計畫書來對抗高風險飲酒的老年人作簡要干預，這也反應出誘導行為方式的基本原則：

1. 找出老年人未來生活的目標，這些目標可能會受到飲酒行為的影響。
2. 對於任何用來檢測高風險飲酒的作業都要回應。
3. 把飲酒型態定義成一種行為底線。
4. 衡量贊成與反對飲酒論述，有助於治療師確認飲酒在老年人的人

生中所扮演的角色。

5.探討重度飲酒的後果。

6.探討減少或戒酒的理由。

7.設定明智的飲酒限制，並想出執行對策。

8.研擬一份喝酒（或不喝酒）協議。

9.預期可能威脅到新行為的高風險狀況。

在計畫書的每個步驟中，治療師的角色是強調老年人的自我描述，而不是給行為下標語或指責。誘導方法強調的是由個人內在的覺醒以及誘導來改變問題行為，提供了讓老年人從覺察到行動的基礎。

Fingeld-Connett（2004）提供一種修正過的且專門提供給婦女使用的誘導模式——A-FRAMES模式。A（Assessment）評估酒精的使用對一位婦女的影響，進而經由F（Feedback）回應喝酒行為在改善一般性的健康與利益上有什麼改變。而R（Responsibility）責任指的是行為改變是這名婦女的責任，但認定則又是經由接下來的特定A（Advice）忠告，忠告是這名婦女該如何採取特定的目標來減低酒精使用量。婦女會被給予一個M（Menu）手冊來完成所選擇的目標。整個過程則是強調在（E, Empathy）移情，而不是對抗以及提升精神層面的S（Self-efficacy）自我勝任感。這個模式是用傳統的誘導訪談方法，加上與健康有關的議題，以及酒精造成的社會心理因素而成的。

其他的治療方法

摘要介入方法對高風險飲酒行為似乎有效，但對於嚴重依賴酒精的老年人就顯得太過簡易了。他們需要的是更高階的終極戒酒目標的醫療方法。

解毒的過程

各個年齡層的戒酒方法都包含許多階段。第一階段需要的可能是解毒的過程，通常都是在醫院或治療中心來執行。年輕人一般需要五至七天來清除體內的酒精，但老年人則可能要三十天才能清除（Molony, Waszynski, & Lyder, 1999; Tyson, 1999）。依照老年人對酒精依賴的程度，以及老年人的健康情形，解毒通常都伴隨了身體上的一些症狀，

老年社會工作：生理、心理及社會的評估與介入

234

像是酒精中毒引起的震顫性譫妄（DTS）、焦慮、幻覺、心跳加速，以及血壓飆升。解毒期間的老年人需要被仔細加以監控，因為有心血管疾病或高血壓的老年人可能會有致命的危險。苯二氮與抗焦慮藥品，通常都被用來減緩老年人在戒酒期間所產生的身體與心理的不適現象（Chenitz, Stone, & Salisbury, 1999）。解毒作業聽起來好像跟慢性酒精中毒一樣地傷害老年人的身體，但是短時間的風險則遠不如長期置身於過度飲酒的風險。因為有特別的醫療風險，所以更應鼓勵老年人到醫療中心進行解毒過程，而不是在家自己當蒙古大夫。

後續的恢復治療

醫療。安塔布司（Antabuse），這是一種戒酒用藥，若與酒精併用，會產生噁心與嘔吐的情形，很常被用來當成第一階段的戒酒用藥。安塔布司（Antabuse）與酒精併用後所產生的身體不適，可以有效的遏止想要飲酒的渴望。雖然該藥物對年輕人有效，但卻不建議使用在老年人身上（Butler, Lewin, & Sunderland, 1998; Derry, 2000; Gomberg & Zucker, 1998）。老年人在服用安塔布司（Antabuse）又合併飲酒時所產生的強烈身體反應，可能會讓老年人致命，已經有嚴重身體疾病的老年人可能會導致脫水、無法控制的腹部出血，以及高血壓。安塔布司的使用必須配合用藥諮詢，並告知老年人必須遵守不得喝酒的生活型態。抗抑鬱劑是被用來取代安塔布司並成功有效地協助老年人恢復過程（Beechem, 2002; Zimberg, 1995）。憂鬱通常都在跟年老的嗜酒者較量，只要憂鬱被加以治療，老年人就比較不會重新開始喝酒。

匿名戒酒團體計畫（AA）。解酒計畫是一個十二個步驟的計畫，廣泛地使用在各年齡層中，並獲得極高的成功率。這個計畫的參與者必須承認他們已經完全無力對抗酒精，並全然的棄械投降，投靠「一個更偉大的力量」來幫助他們維持清醒。該計畫利用在其他治療機構中復原的嗜酒者的經驗，提供了許多階段的復原協助。該戒酒協會提供了一種置入式的支持系統，以及持續進行的社會化必要元素，讓老年人從酒精的殘害中復原（Atkinson & Misra, 2002; Schonfeld & Dupree, 1997）。戒酒機構中的支持系統要素，對於造成老年人酗酒的孤立現象有極大幫助。Kashner、Radell、Ogden、Guggenheim以及Karson（1992）發現，

只要所使用的對抗方式少於傳統的戒酒治療，成功完成團體治療的老年人幾乎是年輕人的三倍。

如果用不同的方式來調整傳統的戒酒團體，可能會更有效率（Atkinson & Misra, 2002; Schonfeld & Dupree, 1997）。團體對於與年齡有關的認知過程反應步調比較緩慢。老年人會覺得傳統戒酒計畫聚會步調強烈而有力得讓人感到不適。他們建議特別專為「老年人」設立戒酒團體，這樣才能反應出年老嗜酒者面臨復原期的特殊挑戰。演變成老年人飲酒問題的主要原因是失落。老年人必須學會自我管理，以及認知行為技巧來克服他們的失落（Beechem, 2002）。他們必須重新學習人與人之間的技能來結交新朋友，並重建社會支持系統。老年人必須在社區中取得與他人的連結網絡，以有助於他們在晚年時產生的財務、醫療或社會等問題。戒酒機構必須結合支持醫療社區的優點與實際執行技巧，以便應對重度飲酒所造成的壓力源。

藥物的濫用與依賴

在美國，雖然老年人口只占總人口比例的13%，但是他們使用處方藥的比例卻占了25%至40%（Blow, Bartels, Brockmann, & Van Citters, 2007）。換算下來就是每位老年人使用了二至六種的處方藥，以及一至三種的非處方藥（Larsen & Martin, 1999）。對於藥品依賴的快速增加，同樣也是因為酒造成了老年人代謝的問題。就像酒精一樣，藥物的代謝變慢，肇因於藥品在血液中的濃度高於年輕人的緣故，腎臟及肝臟比較無法有效的將這些物質從體內排除。代謝藥物的效率降低，加上老年人使用各種藥物，導致加重了藥物誤用與依賴所可能產生的風險問題。一半以上因為藥物不良反應而住院的人都超過65歲，並且每年耗費了超過六百億的健保系統資源（Blow et al., 2007）。

這裡所提到的藥品濫用與依賴，是有關多種藥物同時使用，致使老年人引起嚴重副作用或身體上的依賴情形。老年人的藥物誤用與依賴分成兩大類：非法藥品的使用，以及不當的使用處方藥品。

非法藥品的使用

50歲以上的人當中，有1.8%有使用非法藥品的經驗，男性的使用率比女性還高（National Survey on Drug Use and Health，全國藥品使用率與健康評估，2005）。最常被使用的非法藥品是大麻。使用非法藥品的人口數如此少的原因，可能有兩個主要因素。第一，使用非法藥品的人在年輕時就將身體弄壞，因此無法活到老。例如，為了藥錢而奔走、與他人共用針頭和其他隨身的藥品用具枉顧健康風險，以及因為過度使用來源不明的街頭藥品成癮導致早逝。其他的用藥者則因為老化的事實而調整其用藥習慣。隨著收入減少、無法接觸藥品供應者，以及更多的健康問題，使得老年人的成癮性用藥現象也隨之減少（Derry, 2000）。

另一個老年人依賴非法藥品數量不多的理由，可能是Winick（1962）說的藥品文化的「熟出」。某些社會心理壓力促成了青少年以及輕成人期的用藥，一直到了這個所謂的熟成期。人們認為他們養育家庭或經營事業的責任已經告一段落，就算被抓到，他們也已經不再擔心縱橫交錯複雜的用藥法律問題。這種現象便是這個老年族群最好的例子。目前這群老年人的成長期間，非法藥品都和藝術家、音樂家或罪犯有關聯，一般受尊敬的中產階級美國人是不會接觸非法藥品的，至少受尊敬的人不會在公開場合談論非法藥品的使用。但是，隨著壽命的延長，以及嬰兒潮世代的人年老後，老年人口數量的增加，玩票性用藥的現象就更為常見。老年人因為非法藥品的使用而造成事故的現象，到了2020年將會加倍成長（Colliver, Compton, Gfoerer, & Condon, 2006）。

依賴藥物以及處方用藥

風險因素。女性比較有依賴處方用藥或非處方藥品的風險，尤其是收入與教育水準比較低的白人女性（Finlayson, 1997; Gomberg & Zucker, 1998）。女性使用健康照護系統的機率比男性高，醫師也比較可能開立對心理或精神有顯著影響的藥品給女性，因為女性比較會把惱人的情緒當成是身體不適的訴怨（Finlayson, 1997）。大約有四分之三的老年人在看完醫師後的結果是一張新的或是連續處方籤（Montamat & Cusack, 1992）。

有慢性疼痛症狀的老年人，他們使用的是一種對心理或精神有顯著影響的藥品。長期失眠、憂鬱、或是最近開始喝酒，都有變成依賴藥物的風險（Derry, 2000; McLoughlin & Farrell, 1997）。變成依賴風險的同時，也會增加老年人出現精神失序的現象，不論任何性別都是如此（Fiulayson & Davis, 1994）。

有色人種的老年人比較少見依賴處方用藥的現象，雖然他們比較不配合藥物養生的方法（Finfgeld-Connett, 2004）。通常有色人種的老年人比較負擔不起由醫師開立的處方用藥，所以就比較少用藥。他們不會過度使用處方藥品，而會改用比較便宜或更容易取得的民間成藥。

對心理或精神有顯著影響的藥品。老年人間最常見的藥品誤用，是發生在治療憂鬱、焦慮與慢性疾病有關的疼痛，以及不眠症的過程。抗抑鬱劑、鎮靜劑、止痛劑，以及助眠藥丸（特別是為這些症狀開立的處方藥），都屬於對心理或精神有顯著影響的藥品，意思是它們會直接影響到中樞神經系統，調整心情或感覺狀態。雖然某些精神用藥的確會產生身體上的依賴，有些也會造成心理上的依賴，連續使用或誤用，都可能導致老年人與藥品之間產生不健康的用藥關係。

苯二氮（Benzodiazepines）這種抗焦慮鎮靜神經藥品以及其他鎮靜的安眠藥品，尤其會有造成老年人成癮的可能性。因為長期使用巴必妥酸鹽（Barbiturates）這種中樞神經系統鎮靜劑有危險，所以過去二十年間，醫師都改用苯二氮來取代（Oslin & Holden, 2002）。由於分辨出老年人是焦慮或憂鬱是有困難度的，所以，初級保健的醫師都用苯二氮來治療老年人的焦慮問題（Finfgeld-Connett, 2004; Oslin & Holden, 2002）。憂鬱的老年人會呈現焦慮，如果沒有加以治療，就算有處方用藥的治療，焦慮還是會繼續存在。

依賴處方用藥是一種不知不覺中發展出來的過程（Levin, Kruger, & Blow, 2005）。老年人可能沒有正確使用劑量的知識，以至於一開始便不當使用而造成成癮的現象。如果是藥物效果的反應不如預期，老年人便可能會認為增加劑量，效果才會更好。例如，如果一顆鎮靜劑可以安定神經，幾顆應該可以幫助睡眠；同樣的，如果止痛劑對關節炎有效，那麼它對頭痛應該也有效。

把「緊張」當成一種醫療狀況。目前這群老年人把「緊張」這個字

眼,定義成「神經耗弱、生氣、沒有耐性、或恐懼的感覺」,用來形容真正的焦慮或憂鬱(Van Schaek, 1998, p.90)。治療焦慮與憂鬱的處方用藥,被用來治療因為婚姻或家庭、退休、寂寞、工作壓力、或長期貧窮的壓力問題,這讓我們更加相信「是神經系統出了問題,而不是社會系統的問題」造成了老年人的精神健康問題(p.98)。不論它跟心理與社會壓力的關聯為何,「緊張」是一個必須用藥物加以治療的問題。如果一位老年人對某件事情感到特別焦慮,他們也可能會覺得多吃一點止痛藥可能有幫助。藥物如果使用不當,可能會在老年人自我藥療或沒遵守用藥規範的情況下,導致上癮的情況。

　　醫藥的多重來源。老年人可能會從不同的醫師那裡取得不同的處方用藥,因此就要降低藥物重複使用、交互作用、或致命危險的可能性(Finlayson & Hofmann, 2002)。老年人通常很少問醫師藥品是用來吃什麼症狀的,也不會告訴醫師他們同時在服用哪些其他藥品。並不是老年人不在乎,大多是因為他們不喜歡被醫師質問,或是在診療室的時間太匆促,或是根本不記得醫師說了什麼。大多數會去看不同醫師的情況都是碰巧或是偶然。但是有少數老年人會故意去不同的醫師那裡拿藥,是因為想要確保他們的藥品供應無虞。

酒精與處方藥品的交互影響

　　過度地使用酒精或處方藥品都是很危險的,在這一章前面已經有提到了。在美國,有四分之一被送往急診的老年人都是因為酒精與處方藥品的交互作用造成的,這是一種致命的組合(Blow et al., 2007)。偶爾的飲酒會阻礙處方藥品在老年人體內的代謝率,藥品繼續留在體內,於是延長了中毒的程度。換句話說,是酒精提高了處方藥品的藥效。即使是依照處方劑量,如果在短時間內與酒精合併使用,還是會有用藥過量的症狀。

　　除了麻醉劑與鎮靜劑之外,慢性的酒精攝取也會造成藥品的反效果。酒精會活化藥品代謝酵素,造成藥品更快速的從體內排除,因此降低了藥品的效力,以致老年人必須使用更多的藥量才能獲得相同的效果。酒精還會減少抗生素、苯二氮,以及許多心血管藥品的醫療效果。但是酒精卻放大了麻醉劑的作用。治療劑量的助眠藥以及鎮靜劑若與酒

精合併使用，則可能會致命。

依賴藥物的治療

藥品解毒。因為酗酒、依賴藥物的老年人必須進行解毒的過程，讓有侵犯性的藥品從體內被加以清除。不像酗酒一樣，不可能要一位老年人因為醫療因素而完全避免一種已經成癮的藥物，因此，用來治療疼痛、憂鬱、焦慮、或其他醫療情況的藥品，還是需要在解毒過程中派上用場。用藥過量的解毒包含指導老年人減低藥物使用劑量，一直到血液流動達到治療程度為止（Finlayson, 1997; Kostyk, Lindbiom, Fuchs, Tabisz, & Jacky, 1994）。這個過程最好是在醫院或修復中心進行，這樣，老年人的生命跡象以及健康情形才能被仔細的加以監控。在進行認知與情緒治療的冗長作業之前先解毒藥品的使用，乃是必要的。

確認重點事項。緊接著解毒作業之後，治療老年人依賴藥品最重要的事項，是找出造成藥物依賴的源頭。雖然這是健康照護者最主要的工作，但社工人員可以加以協助，讓老年人與醫師之間的溝通可以更加順暢。如果老年人是誤用止痛劑，就要找出造成他們慢性疼痛的原因。是不是有什麼病症沒有被診斷出來？可以使用比較不會上癮的止痛藥嗎？或是有其他處理疼痛的方法可以教給老年人嗎？

找出造成老年人情緒焦慮或憂鬱的社會環境壓力是很重要的。利用第五章中提到的診斷老年人憂鬱與焦慮的評估技巧，社工人員可以找出造成老年人情緒反應的醫藥因素。雖然解毒作業的過程與未來的醫療決策是屬於醫療問題，但社工人員在協助老年人與醫師瞭解現前的藥物依賴上，扮演著很重要的角色。

老年人是蓄意服用對心理或精神有顯著影響的藥物來控制惱人的情緒，或只是純粹因為不知如何正確使用藥物？老年人是否真的知道哪種藥物是用來治療哪種疾病？

用團體方法來治療。用年齡類別來制訂團體療法在治療老年人的藥物依賴，就像治療他們的酒精依賴一樣成功（Barnea & Teichman, 1994; Derry, 2000; Finlayson, 1997）。這種團體方法不只更加瞭解老年人對藥品的依賴動力，也指出老化過程的壓力所造成的藥物依賴的原因。以醫療、社會，以及經濟來源的方式，在團體中協助老年人超越使用藥物所

造成的憂鬱或焦慮，這種團體治療可以協助孤立的老年人開創一種支持性的社會網絡。

這種團體療法也可以用在依賴藥物老年人的家人身上。家人可能不經意地「允許老年人繼續依賴藥物」。沒有家人想要看到一位摯愛的家人受苦，雖然是好意，但家人也直接促成了藥物依賴的問題（Goldmeier, 1994）。家人是跟老年人溝通並尋求治療的主要管道，所以，提高家人對藥物依賴的認知，以及最終可能導致的危險，會讓家人警覺到幫助老年人尋求治療的需要。

藥物養生的取代方法。改善老年人的藥物養生方法，是這個治療過程的重點（Ascione, 1994）。社工人員可以跟醫師配合找出方法合併劑量規劃，如此一來，藥物混用或不當使用的情況便可降低。服藥次數可以從每天四次減為兩次嗎？需要與三餐併用的藥品，能夠改由早上以及下午各一次在空腹時服用嗎？

鼓勵老年人在同一家藥局領取處方藥品是很重要的。因為藥師是訓練有素的專業人士，他們可以辨別哪些藥物會產生交互作用。藥物不良反應系統已經行之有年，所以，藥局的軟體會自動顯示出危險信號或是重複用藥的紀錄。但是這種情形只有在所有的處方藥品是在同一家藥局釋出時，才能夠預防問題的產生。

病患教育。目前這一群老年人的成長環境對醫師是完全的信任，他們很少會問更多有關服用藥物的資訊。他們覺得如果醫師開這個藥，那應該就沒問題。老年人應該被告知正確的用藥知識，以及相關的副作用。如果老年人覺得所吃的藥品沒有效果，就應該和醫師討論，而不應該自我藥療直到覺得有效為止。許多老年人對於處方藥品上癮，但卻全然不知該藥品具有成癮性。

老年人也需監控自己的用藥情形，並防止濫用。他們知道哪些情況需要立即服用「神經科」藥丸嗎？有什麼其他的方式可以協助老年人對抗焦慮或憂鬱？教導老年認知行為技巧來處理壓力並發展應對技能，讓他們可以用替代方法來取代用藥品改善心情或改變感覺狀態。

老年人的自殺

　　自殺最常見於掙扎在混亂的個人關係、職場生涯的無從選擇，以及酒精與其他藥品問題的年輕人。當然，這是從法律的觀點來看。但是最高的自殺率卻發生在65歲以上的人身上。雖然每十萬人當中有十一個人是因自殺而死，但在非西班牙裔美洲男性中，85歲以上的人則每十萬人有四十九點八個人自殺。在美國，老年人口占13%，但卻占了自殺人數的16%〔疾病防治中心（CDC），2005〕。由這個不成比例的數據看來，在老化的過程中，有一些心理社會經驗因素使得老年人有結束自己生命的風險。但是，老年人卻很少是防治自殺介入計畫的對象。老年人在被治療醫療與情緒問題時，從未被問到是否有自殺意向。一位為自己無用的人生感到悲悼的老年人，可能都被以失智症現象加以診治。造成年輕人有自殺威脅傾向的現象，在治療老年人時卻常常被漠視了。

　　正確的估算老年人的自殺數目並不是件容易的工作。引導一件死亡自殺案件是屬於法律問題。如果傷口是自己造成的、留有自殺遺言、或是有人目擊的死亡，這就構成了自殺事件。然而，蓄意事件的死亡或自然死亡，稱為隱藏式自殺事件。一個用藥過量、一件機車事故、或是用被動的方式絕食、或拒絕治療等，雖然無法取得自殺死亡證明，然而實際上也算是自殺事件。老年人的自殺可以被看成是一種理性並預先計畫的選擇，因為他們要避免慢性疾病而延長受苦的時間。雖然專業人士及家人們可能對老年人的自殺感到極大的震驚，但通常都會接受，因為這是老年人為自己的生命所作的最後掌控。因為知道老年人從此可以不用再承受疼痛之苦或孤寂，是家人們最大的安慰。這是一種繼續允許健康照護者漠視老年人在自殺行動前的情緒混亂情形的危險理性。社會工作主要的價值之一是重視人類生命。小孩的安定與福利很重要，所以社會動用政府的力量極力保護小孩，甚至凌駕於父母的權利之上，使他們免於遭受危險。社會工作者極力幫助青少年，並開闢熱線以及住所，讓逃家的青少年有回歸正途的機會。他們提供庇護所給有家庭暴力的家人居住，但是卻很少主動提供支持給想要結束自己生命的老年人。

老年人自殺的風險因子

性別。在所有的年齡層中，男性的自殺率高於女性（疾病防治中心，2005），尤其是不曾結過婚的男性老年人。65歲以上的男性當中有84%的自殺比例，是女性的四點五倍〔疾病防治中心（CDC），2005；國家健康機構，1999；Segal, Coolidge, & Hersen, 1998〕。自殺率增加的原因可能是由於角色經驗上的改變，當他們退休或面臨更大身體疾病或是獨居時的重大改變所造成的。酗酒也好發於男性。女性則採取間接威脅行為，例如，自我挨餓或不遵照醫療指示等消極的自殺方式（Osgood, Brant, & Lipman, 1991）。幼兒期遭受虐待、終生的人際關係問題、物品濫用，以及長期憂鬱，都跟女性的自殺有關聯（Osgood & Malkin, 1997）。

憂鬱與社會隔離。在性別之後，憂鬱是造成老年人自殺最嚴重的風險因素。Kissane與McLaren（2005）發現，有「較高歸屬感」的老年人比較不會結束自己的生命（p.252）。歸屬感被定義成是一種個人情感、被需要，以及被接受的價值。研究者是用老年人與他人、寵物、或社會機構與整體社會之間的連結的自我評分，來衡量他們的歸屬感。跟家人或朋友沒有連結感覺的老年人，會猜想反正他們死後也不會有人想念他們。

酗酒與藥品濫用。有關憂鬱與藥品濫用之間的關聯，在本章已作了許多說明。藥品濫用者若合併憂鬱，便會增加老年人自殺的可能性，不論哪種性別都是如此。酒精是一種抑制劑，它不只逐漸提升任何形式的憂鬱，也會逐漸破壞一位老年人的判斷力。禁止使用可以預防老年人在不清醒並喝醉的情況下自殺。

身體上的疾病。罹患慢性疾病並逐漸惡化而飽受疼痛之苦的老年人，比只有一般性健康問題的老年人更容易自殺（Conwell & Duberstein, 2001）。較高的自殺率比較常發生在老年人罹患癌症、肌肉萎縮失序症，例如，骨質疏鬆症、多發性硬化或魯蓋瑞氏病（Lou Gehrig's disease，肌萎性側索硬化症），以及愛滋病〔疾病管制局（CDC），2005〕。面對一個漫長的慢性疾病疼痛，自殺是自然死亡之前唯一解脫痛苦的方法。老年人會選擇自殺當作是一種解除配偶或家人在財務或情

感上損失的方法（Csikai & Manetta, 2002）。身體上的疾病加重了自殺風險，因為它常伴隨著憂鬱這個高風險自殺因素。老年人之所以憂鬱，是因為他們生病了。當他們生病時，就失去社會與社區角色或是變得孤立，因而逐漸加速了疾病、憂鬱與社會隔離的循環關係。

人種與種族。雖然在非白人的人口中，自殺的形式鮮少為人所知，但白種人的自殺率卻是其他有色人種的三倍（Surgeon General, 1999; Osgood, 1985）。在美國，本土美國年輕人的自殺率是最高的族群之一，但本土美國老年人的自殺率卻是最低的（Surgeon General, 1999）。本土的美國老年人有很好的應對技能，來幫助他們克服所面臨的醫療與社會挑戰。亞裔美國女性的自殺率在所有族群的女性人口中是最高的（Surgeon General, 1999）。可以把這種現象歸因於亞洲文化對於自殺態度的不同，但也有可能是她們比其他女性有更高的憂鬱程度所造成的。

有色人種老年人間的低自殺率，可能也是來自相互之間的影響。目前這群有色人種老年人已經習慣了低標準的醫療照護，以及社會放逐的區別待遇。早期的應對技能幫助了他們應付後來老年階段在健康與社會狀態變化上的挑戰，因此，他們顯現出非比尋常的吃苦耐勞老年族群特性。有色人種的老年人有較低的酒精使用率，以及較高的社會支持網絡（Chima, 2002）。他們對於宗教組織也有比較強的連結關係，也可能是這個關係強烈禁止了自殺行為。

近期的失落與喪親。老年人最大的自殺風險是在伴侶或摯愛的人過世後第一年。但是，大多數的老年人會感到哀傷，但不會自殺。根據Santos和同事們（1997）的說法，那些以自殺來反應悲傷的老年人，都是沉浸於「複雜哀傷」的人。複雜哀傷的反應包括：不由自主的想著死者、徘徊不去的對死亡的痛苦與震驚、對自己存活感到內疚，以及久久無法接受死亡的事實。許多有複雜哀傷的老年人，之前都有精神病理學上的前科紀錄。顯然是最近的損失加速了老年人的嚴重憂鬱現象，進而造成自殺風險的提高。

其他的風險因素。會自殺的老年人大都來自有自殺傾向、或是有自殺事實、或有嚴重精神疾病家族歷史的人。存在於家人之間的憂鬱現象，解釋了某些自殺的性格與由選擇自殺來結束心理痛苦的事實。年輕

時曾經想要自殺的老年人，當他們年老時更可能有自殺的意圖。Haight與Hendrix（1998）便為有自殺觀念構成老年婦女的一生設定了許多主題，這些主題包含了異常的家庭來源、不當的為人妻、為人母或朋友的角色、終生孤立的感覺，以及悲觀地看待人生。

評估老年人的自殺傾向

老年人的自殺傾向比年輕人更難評定，是因為老年人比較不會用言語來表述他們的自殺意圖，而且也比較能夠成功地完成自殺意向（Chima, 2002; MosherAshley & Barret, 1997）。但是，大部分的老年人會暗示他們想結束自己的生命。75%自殺的老年人會在自殺前一個月向他們的健康照護者抱怨身體上的不適，那就是一種深度憂鬱的現象（Conwell, 2001）。很少有健康照護者會直接詢問老年人是否有自殺的想法。老年人可能將沒被詢問解讀成是一種拒絕，認為連醫師都對他或她的情緒狀況不再感到興趣了（Osgood, 1985）。雖然不能確保如果被問及是否想自殺就能避免一個自殺事件，但求助於醫師可能是老年人最後的求救訊號。一位老年人所表現出來的嚴重憂鬱反應絕不容忽視！健康照護者必須對與老年人自殺相關的風險因子有所察覺，並對於直接、間接，以及行為線索加以評估。

直接線索。直接了當地說「我要殺了自己」，或「有時候我真想作個了斷」，這不只是老年人漫不經心的想吸引人注意的談話，而是老年人想結束生命的線索。假如老年人有出現這種直接表述，他們就需要用第四章提到的檢測自殺的問題來加以檢測，這些問題包括：

- 你是否覺得生命已經不值得繼續下去了？如果是的話，什麼時候就不值得活下去了？
- 你是否想過結束自己的生命？如果是的話，什麼時候要結束？
- 你現在還這麼想嗎？
- 你曾經想過要怎樣結束自己的生命嗎？
- 你有計畫嗎？
- 是什麼原因阻止你執行結束生命的計畫？

如果老年人有具體計畫並且有方法來執行這個計畫，就要立即採取行動。一位揚言要射殺自己又擁有槍械彈藥的老年人，就表示有嚴重的

自殺傾向。當一位用藥過量的老年人有囤積藥丸的情形時，就是已經決定要結束自己的生命了。致命的方法想得愈多，老年人執行自殺計畫的機會就愈大，完成自殺意圖的風險就更高（Csikai & Manetta, 2002）。

間接線索。最不直接暗示想要自殺的說法包括：「我不想留在這裡太久」，或是「我已經對所有的事感到厭倦了」。有時候老年人是想用「你沒有我會比較好」，或是「這些日子以來我造成了太多麻煩」的話，試探所愛的人的反應（Osgood, 1985）。這些話是直接想要確認他們依然是有價值，而且對某人而言還是很重要的。雖然家人與專業人士對這種說詞會感到惱怒，但那是老年人求助的訊號，而且不容被忽視。

行為線索。這些老年人則完全不提供言語線索，他們決定結束自己的生命，而且不願意討論。這些老年人會出現一些警告行為。Osgood（1985）提出一些老年人的自殺行為傾向：

- 真正的自殺意圖或曾經有過。
- 購買槍枝或其他武器。
- 成堆的藥物。
- 無預期的修改或訂立遺囑。
- 突然開始進行葬禮規劃。
- 突然送出有價值的物品。
- 對於宗教或禮拜突然失去興趣。
- 非同尋常地忽視自我照護或整理家務的工作。
- 在極度的激動與憂鬱之後，突然變得安靜與平和。

他們的這些行為，並不一定表示他們有自殺傾向，但當這些風險因素伴隨著直接或間接線索時，老年人成功自殺的風險就很高。健康照護專家必須與家人諮商，查看家屬們是否有觀察到老年人最近的行為中有無呈現高風險的症狀。

社會工作者面對高風險老年人所扮演的角色

老年學社會工作者對於明顯的老年人自殺傾向，必須扮演一種預先察覺的角色，聚焦在目前加速老年人想要結束自己生命的危機上面。通常都是由微不足道的小事，促成了老年人的自殺決定。設立一個短期可以達到的目標，有助於減輕老年人的壓力感。例如，倘若老年人剛接到

電力公司要斷電的通知，社工人員就必須立即與電力公司聯繫。如果老年人沒錢支付醫藥費，但又無法忍受慢性疼痛，這時，社工人員便可以跟醫師或藥劑師討論一種短期的解決方法。

必須解除立即危險，像是拿走槍枝或成堆的藥品。詢問老年人這時候是否需要有人陪伴，或是聯絡住院治療，讓老年人接受進一步評估。確保老年人的安全，並得到他或她不可在你下次來訪之前自殺的承諾。不斷地在每次的造訪中確保老年人的承諾，可以解除老年人的短期風險，一直到長期風險出現為止。必要時可採取一種短程的懷舊療法，讓老年人確認自己在過去解決困難的力量。何時是老年人過去遭遇困難的時候？他或她是如何克服那種痛苦的？如何將那些應對技巧再次加以使用？重組這些情緒力量，有助老年人獲得有條理的情緒狀態。

重新組合老年人的外在環境資源也很重要，例如，家人與朋友。誰是老年人現在最想見到的人？哪位朋友或家人是老年人最好的安慰來源？現在誰會讓他感覺舒服一點？跟神職人員談談會讓老年人感覺好一點嗎？如果老年人被家事所煩，或是不想處理家中的事情，就找別人來做這些工作。這麼做的目的是移除讓老年人結束生命的立即威脅，並想出對策來加以避免。老年人會想自殺，是因為他們想不出其他可以幫助他們的人。想出一些對策以提供解決問題的方法，會給老年人有希望的感覺。

對於有自殺意念老年人的長期治療

對有自殺意念老年人的長期治療，最重要的是正確找出讓他們想結束生命的原因。對於那些長期受慢性疼痛之苦的老年人來說，尋求醫師解除疼痛就是必要的。改變藥物、改變劑量、或訓練老年人其他的疼痛處理技巧，都是很重要的。如果疼痛問題未加以注意，老年人就會考慮或試圖自殺，一直到他或她自殺成功為止。住院治療可以由一個完整的身體檢查發現疼痛的原因，一旦被診斷出來，便可以被立即予以診治。

受憂鬱或焦慮所苦的老年人，也可由第六章與第七章所提到的方法得到改善。孤寂感往往是造成自殺意圖的前奏，找出社會孤立問題的支持團體，便可以重建解除強烈孤寂感的社會網絡。使用認知行為的個別治療，可以幫助老年人認出哪些是引發他們憂鬱或焦慮的因素，進而幫助他們學習正確的行為技巧。懷舊與生活回顧的方法，可以幫助老年人

認清在他們早期生命中未解決的問題，讓他們有機會作和解的努力。深陷在悲傷階段的老年人，需要被引導遠離他們的哀傷並邁步向前。家人與朋友是幫助一位有自殺意念的老年人的重要資源，他們要在言語以及行動上強調老年人的重要性（Osgood, 1985）。家人與朋友可以鼓勵老年人參與新的活動，並提供交通與鼓勵來促使他們完成那些新的興趣。定期持續地進行家庭活動，有助於重新連結老年人與他人的社會關係，進而減除他們的社會隔離。最重要的是找出老年人想要自殺的因素。

預防老年人自殺

　　沒有特定的方法可以預防老年人自殺。那些想自殺的老年人可能根本就不說，他們會選擇可以成功達到目的的方法與環境。但是對於那些自殺行動過程不是很確認的老年人，則可以避免他們做最後的步驟，在危險的行為發生之前，有很多方法可以幫助社工人員來加以預防。憂鬱的觀察是每一個社會評估的例行部分。本書中呈現的這個簡單工具，可以在自殺行為變成一種考量之前，就能夠認定老年人的高風險症狀。

　　老年人可能不知道自己有憂鬱的情形，而把哀傷的感覺與昏睡視為是老化的正常過程。確認憂鬱並將老年人送醫，可能是社會工作在預防自殺上最重要的步驟。為了這個目的，社工人員需要與健康照護者保持聯繫，例如，醫師或護士便是最可能在健康照護的設定過程中，觀察到老年人憂鬱行為的人（Csikai & Manetta, 2002）。

　　酗酒與藥物濫用與老年人的自殺傾向，具有非常密切的關聯，所以找出老年人酗酒與藥物濫用的問題，就是預防自殺的必要努力。例行的喝一些雞尾酒來麻痺慢性疾病的疼痛或幫助老年人入睡，並非僅是個無辜的小罪過，這些物質在身體或心理上所造成的後果可能會致命。教導老年人及其家人有關過度使用酒精或是處方藥和非處方藥，都會增加這個敏感問題的危險性。

　　在老年人退休前就得鼓勵閒暇教育的必要性。許多公司注重在退休後的財務情形，但卻很少人注意到退休後的休閒活動。有些老年人可能冠冕堂皇地有旅遊或做義工的想法，但這是在個人財務來源充足允許之下很好的選擇。健康狀況良好的老年人，可能在退休後幾年的時間去追求一些退休前沒有時間做的活動，但是，它沒提到的是，當人的健康情況有變化或是收入有限時，會發生什麼狀況。人們在工作了二、三十年

之後要做什麼？幫助老年人對他們的退休生活作規劃活動，是社會工作的第一步。

教會以及社區內的組織要參與對問題及孤立老年人積極擴大服務範圍的規劃。很難反駁一位老年人抱怨說沒人關心他們，因為都沒有人來探望或打電話給他們。這種孤寂的社會隔離會讓老年人想要回家。日復一日過著一成不變的生活，沒有任何可期待的事情，會讓老年人覺得他們只是在等死，因而不難想像為什麼一位老年人會想到要結束生命。

最後的預防措施是著重在專業教育上，不只是社工人員，健康照護者與律師也是。很少有專業人士會想到老年人自殺這個嚴重問題，而且也不會去尋求直接或間接的指標，以顯示一位老年人正在考慮自殺。醫師與護士可能是不在意老年人憂鬱的嚴重性，或是因為不想冒犯老年人而不敢問有關自殺意念的問題。律師在幫老年人立遺囑時，也不會想到老年人突然的舉動就是自殺的警訊。不幸的是，通常是郵差或酒店店員比專業人士更能提供有用的協助，以瞭解老年人的情緒健康情形。

總結

老年人的藥品濫用情形被嚴重忽略，以致精神與身體的健康被照護者所低估了。會造成這種情況，似乎是因為有飲酒問題的老年人並不是一輩子都有喝酒的生活型態，不然就是因為他們的飲酒通常被視為只是面臨慢性疾病、寂寞或憂鬱時唯一能做的小惡的嗜好而已。但是隨著酒精使用比例變成65歲以上人口占有15%的情況時，老年人的飲酒問題便成了威脅這群人口身體與心理的嚴重情形。酒精對老年人身體所產生的影響，不同於對年輕人所產生的影響，因為隨著身體老化的改變，比如像是體內水分減少，以及酒精代謝率的降低，加上老年人使用處方藥的機會比年輕人高，這也會造成嚴重的酒精交互作用問題。晚發型的酗酒情形，似乎特別是老年婦女的問題。她們通常都比配偶活得久一些，因此容易感受到晚年生活的壓力，包括獨居、憂鬱，以及社會隔絕。令人感到欣慰的消息是，有酒精問題的老年人一旦被診斷出來，通常都可以被有效地加以治療。老年人需要的是社會工作定期地檢視他們的酒精問題、造成的原因，並採取傳統的治療方式，像是嗜酒機管局（AA）以及住院治療，給予這個人生階段的老年人特殊的治療需求。

儘管非法藥物的使用不常見於老年人，但處方藥的誤用仍然持續地威脅著老年人的健康。供老年人使用的複雜藥物養生法，採用多種藥物以及過度依賴，會對心理或精神有顯著影響，造成老年人在自我藥療上的混亂與危險。社會工作者扮演著重要的角色來定期監控醫藥的評估，並與健康照護者共同合作，充當病患的藥物使用教育者，避免造成不當藥品使用而導致致命的結果。

存在於老年人之間不成比例的高自殺率，讓社會工作進行定期的自殺監視有所警戒，並把它當成評估老年人作業的一個部分。獨居並有飲酒問題的白色人種的男性，是自殺風險最高的族群，這種現象強調出合併憂鬱、社會隔離、藥物濫用與自殺的關聯。把造成自殺意圖前因的憂鬱和慢性疼痛加以治療，並找出有結束自己生命念頭的高風險老年人，都有助於預防策略的成功。

問題討論／活動

1. 聯絡一個獨立或輔助生活設施機構，詢問他們是否有定期的「雞尾酒時間」，讓住民偶爾有機會與他人交流？這些活動是怎麼建立的？機構中採取什麼注意措施來認定其中有飲酒問題的住民？員工們認為酒精濫用是機構中的問題嗎？

2. 拜訪一位藥劑師，並詢問他或她，老年人最常要求使用藥物的情況，例如，關節炎、高血壓、心臟疾病、或其他慢性病。哪一種藥物與酒精併用會產生危險？哪一種藥物有成癮的特性？老年人取得藥品的同時，會問到它們的危險性嗎？哪些非處方藥品是老年人最常自行購買的？

3. 你接觸的老年人若有醫藥上的疑問，你會建議他們去哪裡作電腦連線查詢？什麼網站會特別符合這些老年人的興趣？當他們不想去問藥劑師的時候，我們該如何鼓勵老年人使用電腦連線查詢？

4. 去調查一下當地的嗜酒機管局，尤其是那些有公開參與討論聚會的組織團體。這個團體使用的是什麼方法？不用專業方式舉行這些聚會有什麼好處？你覺得它們適合老年人參與嗎？

Adams, W. L., & Cox, N. S. (1997). Epidemiology of problem drinking among elderly people. In A. M. Gurnack (Ed.), *Older adults' misuse of alcohol, medicine, and other drugs* (pp. 1–23). New York: Springer.

Ascione, F. (1994, Summer). Medication compliance in the elderly. *Generations*, 28–33.

Ashley, M. J., & Ferrence, R. (1994). Moderate drinking and health: The scientific evidence. *Contemporary Drug Problems, 21*, 1–3.

Atkinson, R. M., & Misra, S. (2002). Mental disorders and symptoms in older alcoholics. In A. M. Gurnack, R. Atkinson, & N. J. Osgood (Eds.), *Treating alcohol and drug abuse in the elderly* (pp. 50–71). New York: Springer.

Babor, T. F., Longabaugh, R. , Zweben, A., Fuller, R. K., Stout, R. L., & Anton, R. F. (1994). Issues in the definition and measurement of drinking outcomes in alcoholism treatment research. *Journal of Studies on Alcohol, S12*, 101–111.

Barnea, Z., & Teichman, M. (1994). Substance misuse and abuse among the elderly: Implications for social work interventions. *Journal of Gerontological Social Work, 21*(3/4), 133–148.

Barry, K. L., Oslin, D. W., & Blow, F. C. (2001). *Alcohol problems in older adults: Prevention and management.* New York: Springer.

Beechem, M. (2002). *Elderly alcoholism: Intervention strategies.* Springfield, IL: Charles C. Thomas.

Bilke, D. D., Stesin, A., Halloran, B., Steinbach, L., & Recker, R. (1993). Alcohol-induced bone disease: Relationship to age and parathyroid hormone levels. *Alcohol: Clinical and Experimental Research, 17*(3), 690–695.

Blow, F. C. (1998). *Substance abuse among older adults (Treatment Improvement Protocol (TIP) Series 26).* Rockville, MD: Substance Abuse and Mental Health Services Administration.

Blow, F. C., & Barry, K. L, (2002). Use and misuse of alcohol among older women. *Alcohol Research & Health, 26*(4), 308–315.

Blow, F. C., Bartels, S. J., Brockmann, L. M., & Van Citters, A. D. (2007). *Evidence-based practices for preventing substance abuse and mental health problems in older adults.* Washington, DC: The Substance Abuse and Mental Health Services Administration, Older Americans Substance Abuse and Mental Health Technical Assistance Center.

Brennan, P. L., & Moos, R. H. (1990). Life stressors, social resources, and late-life problem drinking. *Psychology of Aging, 5*, 491–501.

Burlingame, V. (1997). Alcoholism and ageing: Exposing deadly myths. *Aging Today, 18*(6), 3–4.

Butler, R. N., Lewis, M. I., & Sunderland, T. (1998). *Aging and mental health: Positive psychosocial and biomedical approaches* (5th ed.). Boston: Allyn and Bacon.

Centers for Disease Control and Prevention. (2005). *Web-based injury statistics query and reporting system (WISQARS).* Washington, DC: Author. Retrieved October 1, 2007, from http://www.cdc.gov/nicipc/wisqars/default.htm

Chenitz, W. C., Stone, J. T., & Salisbury, S. A. (1999). *Clinical gerontological nursing: A guide to advanced practice* (Rev. ed.). Philadelphia: W. B. Saunders.

Chima, F. O. (2002). Elderly suicidality: Human behavior and social environment perspective. *Journal of Human Behavior in the Social Environment, 6*(4), 21–45.

Colliver, J. D., Compton, W. M., Gfoerer, J. C. & Condon, T. (2006). Projecting drug use among baby boomers in 2020. *Annals of Epidemiology 16*(4), 257–265.

Conwell, Y. (2001). Suicide in later life: A review and recommendations for prevention. *Suicide and Life Threatening Behavior, 31*(Supplement), 32–47.

Conwell, Y., & Duberstein, P. R. (2001). Suicide in elders. *Annuals of the New York Academy of Science, 932*, 132–147.

Cowart, M. E., & Sunderland, M. (1998). Late-life drinking among women. *Geriatric Nursing, 19*(4), 214–219.

Csikai, E. L., & Manetta, A. A. (2002). Preventing unnecessary deaths among older adults: A call to action for social workers. *Journal of Gerontological Social Work, 38*(3), 85–97.

Derry, A. D. (2000). Substance abuse in older adults: A review of current assessment, treatment and service provision. *Journal of Substance Abuse, 5*(3), 252–262.

Eliason, M. J. (1998). Identification of alcohol-related problems in older women. *Journal of Gerontological Nursing, 24*(10), 8–15.

Finfgeld-Connett, D. L. (2004). Treatment of substance misuse in older women: Using a brief treatment model. *Journal of Gerontological Nursing 30*(8), 30–37.

Finlayson, R. (1997). Misuse of prescription drugs. In A. M. Gurnack (Ed.), *Older adults' misuse of alcohol, medicine, and other drugs* (pp. 158–184). New York: Springer.

Finlayson, R., & Davis, L. J. (1994). Prescription drug dependence in the elderly population: Demographic and clinical features of 100 inpatients. *Mayo Clinic Proceedings, 69*, 1137–1145.

Finlayson, R. E., & Hofmann, V. E. (2002). Prescription drug misuse: Treatment strategies. In A. M. Gurnack, R. Atkinson, & N. J. Osgood (Eds.), *Treating alcohol and drug abuse in the elderly* (pp. 155–174). New York: Springer.

Fleming, M. F., Manwell, L. B., Vary K. L., Adams, W., & Stauffacher, E. A. (1999). Brief physician advice for alcohol problems in older adults: A randomized community-based trial. *The Journal of Family Practice, 48*, 378–384.

Goldmeier, J. (1994). Intervention with older adult substance abusers in the workplace. *Families in Society, 75*(10), 624–629.

Gomberg, E. S. L., & Zucker, R. A. (1998). Substance use and abuse in old age. In I. H. Nordhus, G. R. VandenBox, R. S. Bera, & P. Fromholt (Eds.), *Clinical geropsychology* (pp. 189–204). Washington, DC: American Psychological Association.

Grabbe, L., Demi, A., Camann, M. N., & Potter, L. (1997). The health status of elderly persons in the last year of life: A comparison of deaths by suicide, injury, and natural causes. *American Journal of Public Health, 87*(3), 424–431.

Grant, B. F., & Hartford, T. C. (1995). Comorbidity between *DSM-IV* alcohol use disorders and major depression: Results of a national survey. *Drug and Alcohol Dependency, 39*, 197–206.

Haight, B. K., & Hendrix, S. A. (1998). Suicidal intent/life satisfaction: Comparing the life stories of older women. *Suicide and Life Threatening Behavior, 28*(3), 272–284.

Hanson, M., & Gutheil, I. A. (2004). Motivational strategies with alcohol-involved older adults: Implications for social work practice. *Social Work, 49*(3), 364–373.

Holland, B. E. (1999). Alcohol problems in older adults. In M. Stanley & P. G. Beare (Eds.), *Gerontological nursing* (pp. 301–311). Philadelphia: F. A. Davis.

Joseph, C. L. (1997). Misuse of alcohol and drugs in the nursing home. In A. M. Gurnack (Ed.), *Older adults' misuse of alcohol, medicine, and other drugs* (pp. 228–254). New York: Springer.

Joseph, C. L., Ganzini, L., & Atkinson, R. M. (1995). Screening for alcohol use disorders in nursing homes. *Journal of the American Geriatrics Society, 43*, 368–373.

Kashner, T. M., Rodell, D. E., Ogden, S. R., Guggenheim, F. G., & Karson, C. N. (1992). Outcomes and costs of two VA inpatient programs for older alcoholics. *Hospital and Community Psychiatry, 43*, 985–989.

Klein, W. C., & Jess, C. (2002). One last pleasure? Alcohol use among elderly people in nursing homes. *Health & Social Work, 27*(3), 193–303.

Kissane, M., & McLaren, S. (2006). Sense of belonging as a predictor of reasons for living in older adults. *Death Studies, 30*, 243–258.

Kostyk, D., Lindblom, L., Fuchs, D., Tabisz, E., & Jacyk, W. R. (1994). Chemical dependency in the elderly: Treatment phase. *Journal of Gerontological Social Work, 22*(1/2), 175–191.

Larson, P. D., & Martin, J. L. (1999). Polypharmacy and elderly patients. *Association of Operating Room Nurses Journal, 69*(3), 619–628.

Levenson, M. R., Aldwin, C. M., & Spiro, A. (1998). Age, cohort, and period effects on alcohol consumption and problem drinking: Findings from the Normative Aging Study. *Journal of Studies on Alcohol, 59*(6), 712–722.

Levin, S. M., Kruger, J., & Blow, F. C. (2000). *Substance among older adults: A guide for treatment providers (TIP 26)*. Rockville, MD: Substance Abuse and Mental Health Services Administration, U.S. Department of Health and Human Services.

Liberto, J. G., & Oslin, D. W. (1997). Early versus late onset of alcoholism in the elderly. In A. M. Gurnack (Ed.), *Older adults' misuse of alcohol, medicine, and other drugs* (pp. 94–112). New York: Springer.

McLoughlin, D. M., & Farrell, M. (1997). Substance misuse in the elderly. In I. J. Norman & S. J. Redfern (Eds.), *Mental health care for elderly people* (pp. 205–221). New York: Churchill Livingstone.

Miller, W., R., & Rollnick, S. (2002). *Motivational interviewing* (2nd ed.). New York: Guilford Press.

Molony, S. L., Waszynski, C. M., & Lyder, C. M. (1999). *Gerontological nursing: An advanced practice approach*. Stamford, CT: Appleton and Lange.

Montamat, S. C., & Cusack, B. (1992). Overcoming problems with polypharmacy and drug misuse in the elderly. *Clinics in Geriatric Medicine, 8*, 143–158.

Moore, A. A., Hays, R. D., Greendale, G. A., Damesyn, M., & Rueben, D. B. (1999). Drinking habits among older persons: Findings from the NHANES I Epidemiologic Follow-up Study (1982–1984). *Journal of the American Geriatrics Society, 47*, 412–416.

Mosher-Ashley, P. M., & Barret, P. W. (1997). *A life worth living: Practical strategies for reducing depression in older adults.* Baltimore: Health Sciences Press.

National Institute of Alcohol Abuse and Alcoholism. (2005). *Older adults and alcohol problems* (Module 10C). Bethesda, MD: National Institutes of Health, Department of Health and Human Services. Retrieved October 2, 2007, from http://pubs.niaaa.nih.gov/publications/Social/Module10COlder Adults

National Institute of Mental Health. (1999). *Older adults: Depression and suicide facts.* Bethesda, MD: Author. Retrieved August 15, 1999, from http://www.nimh.nih.gov/publicat/elderlydepsuicide.cfm.html

National Survey on Drug Use and Health. (2005). *Substance use among older adults: 2002 and 2003 update.* Washington, DC: Substance Abuse and Mental Health Services Administration, Department of Health and Human Services.

Osgood, N. J. (1985). *Suicide in the elderly: A practitioner's guide to diagnosis and mental health intervention.* Rockville, MD: Aspen.

Osgood, N. J., Brant, B. A., & Lipman, A. (1991). *Suicide among the elderly in long-term care facilities.* Westport, CT: Greenwood.

Osgood, N. J., & Malkin, M. J. (1997). Suicidal behavior in middle-aged and older women. In J. M. Coyle (Ed.), *Handbook on women and aging* (pp. 191–209). Westport, CT: Greenwood.

Oslin, D. W., & Holden, R. (2002). Recognition and assessment of alcohol and drug dependence in the elderly. In A. M. Gurnack, R. Atkinson, & N. J. Osgood (Eds.), *Treating alcohol and drug abuse in the elderly* (pp. 11–31). New York: Springer.

Pfefferbaum, A., Sullivan, E. V., Mathalon, D. H., & Lim, K. O. (1997). Frontal lobe volume loss observed with magnetic resonance imaging in older chronic alcoholics. *Alcohol: Clinical and Experimental Research, 21*(3), 521–529.

Schiff, S. M. (1988). Treatment approaches for older alcoholics. *Generations, 12*, 41–45.

Schonfeld, L., & Dupree, L. W. (1997). Treatment alternatives for older alcohol abusers. In A. M. Gurnack (Ed.), *Older adults' misuse of alcohol, medicine, and other drugs* (pp. 113–131). New York: Springer.

Segal, D. L., Coolidge, F. L., & Hersen, M. (1998). Psychological testing of older people. In I. H. Nordhus, G. R. VandenBos, S. Berg, & P. Fromholt (Eds.), *Clinical geropsychiatry* (pp. 231–257). Washington, DC: American Psychological Association.

Smith, J. W. (1997). Medical manifestations of alcoholism in the elderly. In A. M. Gurnack (Ed.), *Older adults' misuse of alcohol, medicine, and other drugs* (pp. 54–93). New York: Springer.

Smith, W. B., & Weisner, C. (2000). Women and alcohol problems: A critical analysis of the literature and unanswered questions. *Alcoholism: Clinical and Experimental Research, 24*, 1320–1321.

Stockford, D., Kelly, J., & Seitz, K. (1995). *Report on the 1990 and 1994 Surveys of VA nursing homes.* Washington, DC: Department of Veteran Affairs.

Surgeon General of the United States. (1999). *The Surgeon General's call to action to prevent suicide, 1999.* Washington, DC: Office of the Surgeon General. Retrieved August 10, 1999, from http://www.surgeongeneral.gov/osg/calltoaction/fact2.html

Szantos, K., Prigerson, H., Houck, P., Ehrenpreis, L., & Reynolds, C. F. (1997). Suicidal ideation in elderly bereaved: The role of complicated grief. *Suicide and Life Threatening Behavior, 27*(2), 194–207.

Tarter, R. E. (1995). Cognition, aging, and alcohol. In T. E. Beresford & E. S. L. Gomberg (Eds.), *Alcohol and aging* (pp. 82–98). New York: Oxford University Press.

Tyson, S. R. (1999). *Gerontological nursing care.* Philadelphia: W. B. Saunders.

Van Schaek, E. (1988). The social context of "nerves" in eastern Kentucky. In S. E. Keefe (Ed.), *Appalachian mental health* (pp. 81–100). Lexington: University of Kentucky Press.

Winick, C. (1962). Maturing out of narcotic addiction. *Bulletin on Narcotics, 14*, 1–7.

Zimberg, S. (1995). The elderly. In A. M. Washton (Ed.), *Psychotherapy and substance abuse* (pp. 413–427). New York: Guilford.

| 第九章 |

辨識和預防老年人
虐待與疏忽的社會工作實務

提升對老年人虐待與疏忽問題的關注

　　儘管看起來老年人已經被不當對待了很久，但一直到過去二十五年才有健康與精神健康提供者以及法律系統的組成，試圖加強解決老年人虐待以及被疏忽的問題。Wolf與Pillemer（1989）指出這種「發覺老年人虐待與疏忽」，就像同樣的情形發生在小孩的虐待而沒有被發現是一個明顯的社會問題一樣（p.6）。雖然老年人與小孩在身體上、情緒上、或財務上總有被照護者及家人剝奪的狀況，但一直到上半個世紀才成功的把這種法律上不允許的虐待與疏忽行為罪惡化。

　　對於這個老年人虐待與疏忽問題，有許多的因素被加以關注。就像本書一再強調的，不只是因為老年人數的逐漸增加，他們也逐漸成為人口比例中的多數。由於老年人數的增加，使得他們更容易成為產生明顯政治力量的人口（Johnson, 1995; Schultz & Binstock, 2006）。社會不能漠視這個不當對待老年人的問題，到了2030年，有五分之一的人口都將是這個年齡族群。

　　或許有一個比這群人口數字讓社會更加願意介入私人家庭範圍的議題。女性運動，以婦女及兒童大多在家內受暴的事實挑戰了家庭大多數是女性與小孩安全避難所的觀念，而這種家庭成員的安全考量則延伸到了老年人身上（Wolf & Pillemer, 1989）。隨著身體與認知功能的損壞而

需要照護者或家庭成員給予他們身體上的基本照護，但老年人卻很容易受到虐待與疏忽的傷害。

　　本章所提到的老年人虐待，指的是意圖以不當的對待讓老年人遭受打擊的型態。所謂的型態有身體的、情緒的、心理的、性慾的、或財務上的打擊或剝削。疏忽包括主動與被動。老年人因為無法得到必要的照護，以至於造成身體、情緒、或是心理健康的惡化。重要的是，疏忽並非都是故意的。自我疏忽是第三種類型的虐待與疏忽，指的是老年人由於身體、精神、或認知能力受限而無法提供身體照護。這種對於老年人不當對待的調查與服務，以預防虐待與疏忽的發生，就稱為成人保護服務模式（APS）。

　　這一章將呈現的是老年人虐待與疏忽事件，以及不當對待的種類與形式。對於相關的受虐者與施行者的風險因子都會加以討論，接著還會提到讓我們瞭解為什麼會發生老年人虐待事情的理論基礎，同時也會提供一些建議讓我們確認虐待與疏忽行為，以及將實行的介入策略。最後會對社工人員在面臨老年人不願接受介入與保護服務時，面臨倫理兩難上的討論。

老年人的虐待與疏忽的發生率

確認老年人虐待與疏忽的問題

　　老年人可能比較會與社會隔離，所以要確實認定被虐待或被疏忽老年人的數目可能是很困難的，因為這不像小孩子必須要到學校上課，所以會被學校人員發現受虐情形（Barnett, Miller-Perrin, & Perrin, 1997; Nerenberg, 2006）。如果老年人不是定期會出現在工作場所或教會，他們缺席的問題便可能不會被察覺。全國受虐老年中心（The National Center on Elder Abuse, NCEA, 2005）估計十四件老年虐待事件（不包含自我疏忽案例）中，只有一件會呈報到全國受虐老年中心，這個比例還不到實際發生數目的8%。

　　問題的具體化。不只是老年人的虐待與疏忽問題被嚴重的低報，而且不到一半的通報案例可以得到證實（全國受虐老年中心，1998）。意

思是說，不到一半的案例有足夠的證據足以提報老年人被虐待或被疏忽的控告。這並不代表老年人沒有受到虐待或被疏忽，而是這些案例並未符合具體上的證據，或是法定虐待證實文件，而可以依法對施虐者提出控訴。在提出控訴的案例中，只有少數的個案會得到法律上的制裁。當一個老年人受虐或疏忽案件被提報並且確認時，施虐者便需面臨緩刑或監禁的後果。

缺乏虐待與被疏忽的一致認定標準。各個州政府之間所採用的老年人受虐與疏忽，定義都不一樣（Nerenberg, 2006）。雖然身體上的傷害是虐待的明顯證據，但造成情緒或心理上的虐待，則需要有更客觀的評定依據。嘲弄或恐嚇是不是也屬於情緒虐待呢？無法提供足夠的陪伴就算是疏忽嗎？自我疏忽也包含在問題之內嗎？大多數符合社會工作認定的虐待與疏忽標準，都跟法定的證實或指控標準不符。要達到法定標準，必須對虐待或疏忽老年人的人予以告發。然而，健康與心理健康照護者在尚未達到法定虐待與疏忽標準之前，就會採取行動來認定虐待與疏忽，並提出介入解決方法，提供更廣泛的服務給容易受到傷害的老年人。

法定通報。最後要提的是在2005年時提報虐待與疏忽老年人事件說明，在美國並不是每個州都有法定的通報機制（全國受虐老年中心，2005）。全美五十個州當中，有某些以立法形式提供保護服務給容易受傷的老年人（以年齡、體能、或精神狀態來分）。其中有六個州是依賴自願通報來認定老年人的虐待與被疏忽案例。有75%的州委託成人保護服務來舉發疑似老年人虐待與疏忽案件，剩下的25%則有賴政府單位提供老年人保護服務。關於保護服務的政策與步驟，各州都有明顯的差異，因此很難確定有多少案例被通報（全國受虐老年中心，2005；Nerenberg, 2006）。

虐待與疏忽的估計。為了記住每年受虐或被疏忽老年人的確實數量，全國老年受虐事件研究協會估計，在1996年間有超過四十五萬名老年人在非制度性的設置機構中受到虐待或疏忽（全國受虐老年中心，1998）。若再加上自我疏忽案例的話，數目則上升為五十五萬一千人，是1986年的150%。其中只有一部分的案例曾經被通報到成人保護服務，其中在州政府法定範圍下通報的數目為數更少。有些增加的案例數

量則是因為通報程序的改善，以至於提升了對問題的認知。但是，由這些預估數量顯示出老年人的虐待與疏忽問題並非是一種孤立事件，而是容易受傷族群間的一種普遍問題。

最常接獲的不良對待通報是疏忽，幾乎占了通報案例的一半（National Center on Elder Abuse，全國受虐老年中心，1998）。情緒或精神虐待占了通報案例的三分之一，接下來的30%是財務或物質剝削，身體上的虐待占了通報案例的四分之一。遺棄和性虐待比較不常被通報，通報的數字不到5%。這些數字加起來超過100%，因為有些情況是重複通報的。

什麼原因造成老年人虐待或疏忽？

沒有一致的法律對虐待或疏忽予以定義，但是1987年，美國老人法修訂法案（Amendments to the Older Americom Act）對於不良對待的成因給了一個法定的定義。專業的服務提供者在成人保護服務方面，逐漸同意所設定的老年人受虐待與疏忽認定標準。對這個部分的描述並不是很徹底，只是想給社會工作執行人員對虐待或疏忽有一個概略性的觀念，並依據美國老人法修訂法案為指導原則。

身體虐待

身體虐待定義為加諸於老年人身體可能造成身體傷害、施加的疼痛、或身體損傷的力量（全國受虐老年中心，1998；Nerenberg, 2006；Quinn & Tomika, 1997）。毆打、體罰、推倒、推撞、搖晃、打耳光、燒傷，以及掐捏，都屬於這個範圍。不當用藥、身體限制、或強迫餵食，也屬於這一類。

身體虐待的症狀包括瘀傷、傷痕、燒傷、骨折、或是由他人強加的身體傷害。施虐者或老年人本身都會把這些狀況推說是因為跌倒或意外所造成的。看起來雖然有道理，但受傷的嚴重性可能跟「事故」湊不起來。如果施虐者或老年人所說的受傷原因跟身體所出現的症狀不合時，社工人員就應該起疑心。

嚴重的身體虐待案例中，被稱為施虐者的人，通常會拒絕訪客去

探視老年人，因為他們要試圖隱藏施虐情形。受虐老年人在面對施虐者時，通常會顯現出畏懼或表現出非常緊張、警戒的狀態。有些老年人會承認他們被打或被不當對待，但也有很多人不會承認，因為他們害怕唯一能夠照顧他們的人若被指控或判刑，那他們就得住到護理之家去了。他們還認為基於對家庭的忠誠，他們必須保護施虐者，並且深信這是「家務事」（Quinn & Tomika, 1997）。

性虐待也被許多人認為是身體虐待的另一類型，雖然它應該被認為是屬於情緒或心理虐待。性虐待是一種非雙方同意下的行為，包含非意願的性接觸，所有型態的性攻擊（包含強暴）、雞姦、非自願裸露、或強拍裸照。性虐待的現象包含胸部或生殖器周圍的瘀傷、無法解釋的性病或感染、或是不正常的生殖器或肛門出血。衣物有撕裂、髒污、或沾有血跡時，也可能是老年人遭受了性虐待。有認知障礙的老年人因為有困難或是無法正確的記住事件的經過，尤其需要密切注意他們是否有被性虐待的現象（Burgess & Clements, 2006; Teitelman, 2006）。

通報不當對待的案例中，性虐待的比例不到1%。但可能因為事涉個人隱私，所以是最無法偵察的虐待類型之一（全國受虐老年中心，1998）。健康和心理健康專家應該要對老年人與所謂的施虐者之間關係的性質加以評估。有不當關係與公開性行為現象出現時，就應該加以關注並作進一步調查（Jeary, 2005）。

情緒或心理虐待

老年人的情緒或心理虐待比較難以檢測，因為它不像身體虐待一樣有明顯可觀察得到的證據。確認情緒或心理虐待是一種非常主觀的過程。照護者之所以會產生虐待行為，可能是因為照護者是來自一個有衝突性溝通歷史的家庭，或是在照護的過程中因為憂鬱而產生氣憤的行為表現。

情緒或心理虐待通常被認為是以語言或非語言施加的心理困擾，包括言語攻擊、威脅、恐嚇或騷擾（全國受虐老年中心，1998；Nerenberg, 2006）。此外，可能還包括把老年人當小孩對待，或是任意將老年人與社會接觸隔離，以當成是一種懲罰或控制的方法。

這種類型的虐待，最明顯的是固執型。遭受情緒或精神虐待的老年

人，通常都是連續不斷的很激動或總是沉默寡言。照護者、家庭成員、或其他社會接觸者之間的關係，總是受到高度的質疑。不只是偶爾失去耐性並提高音量，照護者、家庭成員、或社會接觸者可能會採取一種敵意與侵略性的態度來跟老年人互動。老年人也可能以防衛的語言侵犯作為回應。當這種情緒虐待持續了一段很長的時間之後，老年人可能會採取退縮行為作為保護機制。檢測情緒或心理虐待，需要的是社會工作者專業直覺的應用。

經濟剝削

全國受虐老年中心（The National Center on Elder Abuse, 1998）發現，通報的受虐老年案例中，大約30%的人有不當使用財務來源、個人財產、或其他資產等情形。依照最近的數據顯示，二十五件財務剝削案例中，只有一件被通報，估計每年至少有五百萬個財務剝削受難者（Wasik, 2000）。財務剝削包括：未經授權的提領老年人的支票（個人的退休金或政府補助）、在法定文件上偽造老年人的簽名、不當使用或偷取個人財產、偷竊或是在誘騙的狀況下迫使老年人違背意志的簽立法定文件。財務剝削還包括以老年人的保護者或管理者身分，不當的執行老年人財務的權力。以保護或照護為由向老年人敲詐金錢，也算是這種類型的虐待。

如果沒有老年人的財務紀錄，將很難檢測財務剝削的情況，所以，家人、律師和銀行通常都是首先通報老年人財務遭到剝削的銀行家學院（Banker Academy, 2006）。突然改變與銀行的往來模式、驟然變更遺囑或其他財務文件，以及資產或個人財產的消失，通常都是老年人財務遭到剝削的第一個現象（全國受虐老年中心，1998；Quinn & Tomika, 1997；Wasik, 2000）。所有的經濟階層都會發生這種不當對待的型態。富有的老年人可能會被騙走大量的金錢，或是貴重的個人財物會不見；但低收入老年人每月微薄的收入，也可能會被家人或鄰居訛詐（Kircheimer, 2006）。

老年人尤其會在房屋修繕、投資計畫，以及騙局中遭受財務剝削的傷害。以保值為由先引起老年人的興趣，房屋維護推銷員很快的就能與老年人打成一片，然後快速的騙走大量金錢後卻沒做房屋維修工作。

用心良苦的老年人受到投資的誘惑，想為自己和子女們多存一些錢，但最後理專卻捲款潛逃〔Hall, Hall, & Chapman, 2005；NASD（那斯達克），投資教育基金，2006〕。即使是聰明又機智的老年人，也可能被善於博取老年人信任的老手，以天花亂墜的快速致富計畫騙得團團轉。

疏忽

疏忽分為兩大類：被他人主動或被動的疏忽，通常是被照護者或是家人疏忽；還有自我疏忽，也就是老年人對於自己基本照護與福利的漠視。

被他人疏忽。疏忽指的是主動或被動不履行老年人身體或情緒照護。照護者、家人、或其他社會接觸者未能提供老年人足夠的食品、衣物、庇護所、醫療照顧，以及身體保護等，都被視為疏忽，包括未能提供維持身體福利的必要服務，例如，健康照護、基本居家服務、或身體上的安全，尤其是有指定某人安排這些服務但卻未履行的時候。

疏忽的現象包含不良的個人衛生、未治療的褥瘡、缺水或營養失調，以及缺乏適當的管理，這些就是基本日常照護沒有做好的情形。被疏忽的老年人通常都不整潔、衣服與床墊不乾淨，這些都是沒有受到健康照護者提供服務的跡象。有時候只有某個老年人有這種現象，其他人的狀況普遍都還算正常。有時候疏忽的狀況是發生在極度貧窮的老年人身上。不安全又不衛生的生活狀況，包含破舊的房子、蛀蟲跳蚤等蟲類大批出沒、缺乏熱水或自來水等，亦都被認為是疏忽的證據。

自我疏忽。自我疏忽是一種特別的不當對待。老年人本身無法提供足夠的自我照護，而其他的照護者也未被指派負起照護老年人的責任。沒有做好個人衛生、水分或營養不足、必要的醫療也不夠等，都會威脅到老年人的身體健康。沒人管理而徘徊在外的老年人，或是用火不慎的老年人，都有自我疏忽的問題。自我疏忽通常是一種認知或精神損害現象，老年人無法自我照護，而且也沒有能力瞭解疏忽會造成的後果。精神狀態良好並知道自我疏忽後果但卻選擇自我疏忽的老年人，則不在此類。這類的老年人稍後在社工人員面臨老年人拒絕接受介入或保護服務的倫理兩難部分，會加以討論。

自我疏忽的情況，不同於那些因為未能提供照護而沒有得到照護

的人。經由認知或體能受限情況而逐漸變弱的過程（通常還伴隨社會孤立），老年人於是便失去了照顧自己的能力。家人、朋友和鄰居可能不會察覺到老年人無力照顧自己。根據全國受虐老年中心（1998）的資料顯示，醫院、鄰居和警察局是最常通報自我疏忽案例的單位。老年人自我照護能力逐漸變弱，以至於無力完成日常生活的一些活動，進而造成嚴重的健康或是無家可歸的問題。直到危機出現之前，這些問題大都是看不見的。

　　常見於老年人的不當對待、老年人或他人的行為被認為是虐待或疏忽、不良對待的症狀類型，以及與每種類型有關的風險因子等，在表9.1會有總結。

表9.1　老年人的虐待與被疏忽指標

虐待類型	被認為是虐待行為	虐待症狀	高風險的因子或情況
身體虐待	毆打、體罰、處罰、推擠、摑耳光、燒傷、捏掐、不當用藥或身體限制、強迫餵食	瘀傷、創傷、燒傷、骨折、其他由他人造成的身體傷害。受傷太嚴重或異常，以至於無法歸咎於跌倒或事故	老年人的認知與身體限制。老年人對於傷害非常警戒或緊張。照護者拒絕讓其他人探望老年人
性虐待	強迫性行為，各種形式的性騷擾，包含強暴、雞姦、強迫性裸露或拍裸照	胸部或生殖器附近瘀傷，不明原因感染性病、或肛門感染、或生殖器異常出血	有認知與身體受限的婦女較高。與施虐者出現不尋常或有被控性虐待的關係
情緒／心理虐待	以語言或非語言方式施加精神壓力，包括言語攻擊、威脅恫嚇或騷擾，也包括像對待嬰兒般，或讓老年人與社會孤立以作為處罰	老年人呈現持續性激動或退縮情形。施虐者接近時會出現害怕、退縮、生氣或侵虐性的行為	老年人與照護者都有社會孤立現象。施虐者對老年人有侵略和敵意。有其他型態的虐待出現，如侵犯性的育兒行為

財務虐待	不當使用老年人的財務資源或其他有價物品,包含偽造支票簽名或法律文件	突然改變與銀行的協議、老年人抱怨沒錢或提到贏得彩券或比賽、忽然改變遺囑	有認知限制的老年人、大量現金或有價物品堆放在家中。有接觸騙局或快速致富計畫的紀錄
受他人疏忽	未被履行老年人身體或情感照護責任,包括未提供足夠的食物、衣物、庇護所、醫療照護、或身體上的保護	個人衛生情況不佳、未治療的褥瘡、脫水或營養不良、因為身體的狀況而受到社會孤立或放逐	老年人有身體認知限制、老年人的情況不佳,但同環境的其他人無此現象。照護者以物品濫用取代對老年人的照護
自我疏忽	無法照顧自己或是沒有其他照護者負責照顧這個老年人。老年人因為缺乏自我照護而威脅到身體或情緒的健康	老年人營養不良或嚴重脫水、沒有醫藥治療、個人衛生不佳、因為身體狀況受到社會孤立或放逐	老年人身體與認知限制、明顯的心理問題、獨居或無家可歸更常見於老年人身上。可能因為其他事件而跟摯愛、醫院或庇護所聯絡

老年人虐待與疏忽的相關風險因子

性別與年齡

女性比男性容易受到虐待的原因有許多(Martin et al., 2006;全國受虐老年中心,1998;Quinn & Tomika, 1997;Wolf & Pillemer, 1989)。第一,女性比男性長命,以至於成為老年人口比例中的多數。也因為活得比較久,所以女性比較可能會有身體疾病或認知受損的問題產生,以至於必須依賴他人的照顧(Martin et al., 2006)。還有就是女性比較沒有力氣對抗來自照護者或他人的身體虐待。就如全國受虐老年中心說

的，一開始可能不會太嚴重，但相較於身體虐待，女性更可能遭受情緒或心理上的虐待與疏忽。

年紀愈大的人，愈容易變成虐待或疏忽的受害者。因為身體與認知逐漸衰弱而需要依賴他人照護的可能性更大（全國受虐老年中心，1998），所以，老年人虐待事件通常都發生在75歲以上的長者身上。

老年人的健康狀況

根據全國受虐老年中心（1998）的資料表示，有身體與認知受限的老年人，比較可能受到虐待或疏忽。超過一半的虐待與疏忽通報案例都是因為老年人無法照護自己的身體。感覺混亂的老年人受到不當對待的比例更高（60%）。尤其可悲的是，那些孱弱的老年人最容易遭到照顧他們日常生活的照護者施以身體或情緒上的傷害。以下是全國受虐老年中心列出通報案例中，受虐與疏忽增加風險的情形。

其他研究並未觀察到失能的老年人有較大的受虐可能性，在某些案例中得到的結論是，虐待與疏忽並非是老年人依賴照護者的產物，而是施虐者依賴老年人所產生的（Barnett et al., 1997; Wolf & Pillemer, 1989）。Ross（1991）確認了一個重要的區別來詮釋這種矛盾現象，她發覺認知或身體受損的老年人比較容易被疏忽而不是被虐待，但更普遍的各種虐待情形則是發生在身體有受限而不是認知受損的老年人身上（Ross, 1991）。這個發現告訴我們，虐待機率的變化一般來說是在於失能的類別，而甚於失能本身所造成的。

社會經濟階級

低收入的老年人似乎比較容易被虐待或疏忽，雖然社會經濟階級不是唯一造成家人或照護者虐待可能性的指標（全國受虐老年中心，1998）。有一種解釋是，低收入家庭自己照顧老年人的時間會比高收入家庭來得長，因為高收入的家庭可以僱用照護者來照護老年人，而低收入家庭需以有限的收入來過日子，還要承受高度的壓力，如此一來便增加了照護品質不足的風險。

種族與族群成員

人種與種族不一定跟高的虐待與疏忽現象有關係。全國受虐老年中心（National Center on Elder Abuse, 1998）在美國印地安人、亞洲人、太平洋島民，以及西班牙裔老年人身上觀察到比較低的虐待與疏忽通報案例。但是，並沒有明顯的證據顯示這些族群的老年人比較不會受到虐待與疏忽，只是虐待事件比較少被通報罷了。有色人種的老年人比白種老年人更依賴非正式的支持，這可能會使得他們的照護品質無法被公開的檢視（Gibson, 1989; Lin & Yu, 1985; Quinn & Tomika, 1997; Taylor & Chatters, 1986）。研究人員還推測這些族群的老年人比較不知道有成人保護服務模式（APS）的存在，或是因為語言或環境而無法接觸到這些服務（Moon & William, 1993）。尤其是亞裔美國家庭，因猶豫向外求援或羞於由其他家庭成員揭露虐待情況，迫使老年人寧願忍受被虐待，也不願威脅到家人的人格。

在美國的印地安老年人，他們有增加被虐待與疏忽的風險因素，包括貧窮、家庭核心的分裂，以及伴隨著老年適應優勢文化所帶來的壓力等。這些因素加上老年人與施虐者酒精濫用，讓老年人置身於極大的風險之中，而那不是統計數字可以反應出來的全國印地安老人協會（National Indian Council on Aging, 2004）。

非裔美國老年人在所有的虐待與疏忽類別中，出現了不成比例的現象，顯示出種族的文化的確扮演讓自己處於較高的虐待風險之中（全國受虐老年中心，1998）。

非裔美國老年人之所以有較高的虐待與疏忽事件，其風險因素為貧窮、健康不良，以及過度依賴非正式（不需付費）的家庭照護服務（Cazenave, 1983; Gibson, 1989; Griffin & Williams, 1992）。非裔美國文化或任何其他文化團體都沒有虐待與疏忽老年人的傾向，而是虐待與一般社會和經濟壓力源的共病現象，讓虐待與疏忽更常見於這個族群。

施虐者的特性

就像有些老年人比較容易受到虐待與疏忽一樣，有些人也可能比他人更有可能成為虐待的犯行者，這是一種確認高風險情況的重要因

素。有三分之二的犯行者是家庭成員，尤其是成人子女（Barnett et al., 1997；全國受虐老年中心，1998）。與成年子女一起居住的老年人，被虐待與疏忽的可能性會增加。家庭照護者可能面臨的是第一手的壓力與挑戰。雖然女性，尤其是女兒與媳婦通常是直接提供照護服務的人，但犯行者通常都是成人的兒子（Pillemer & Finkelhor, 1988；全國受虐老年中心，1998；Wolf & Pillemer, 1989）。

　　虐待與疏忽通常出現在由照護者或共同居住的家庭成員施加的物質濫用（Greenberg, McKibben, & Raymond, 1990; Wolf & Pillemer, 1989）。酒精與藥品濫用會侵犯到身體或心理、甚或是其他心理上的問題。但是物品的濫用對施虐者來說是一種昂貴的習慣，會增加從老年人身上剝削財源來購買藥品與酒精的可能性。

　　與照護者、家人、或社會接觸上顯得比較孤立的老年人，遭受虐待與疏忽事件的機率會比與其他人保持互動的老年人來得高（Barnett et al., 1997; Bendik, 1992; Wolf & Pillemer, 1989）。無法明顯得知辱罵情形是否由社會隔離所造成，亦或是一旦開始虐待行為，施虐者便開始隔離自己，同時也隔離老年人。無論如何，虐待與疏忽老年人所隱藏的世界，混合的是偵察虐待與提供介入計畫的困難。

瞭解虐待老年人的原因

　　有一些研究資料提供為何有些老年人會遭受虐待與疏忽，而有些卻不會。這些理論無法幫犯行者脫罪，但卻提供了對於錯綜複雜的家庭動力、代間關係、由家人造成的藥物與酒精濫用和社會接觸，以及照護者，更大的洞察力。

社會學習理論

　　Fulmer O'Malley（1987）認為虐待是個人在生活中遭受到暴力的部分。目睹家庭中以暴力解決身體或情緒問題的小孩，比較不會禁止身體侵略的規範。如果小孩子學會傷害某人並不是解決他們憂鬱、生氣、或情緒傷害的方法，他們就比較不可能出現攻擊性的行為。另一方面，要是小孩經由觀察到打人或傷人是可被接受的，身體侵犯就會變成他們學

習的行為。這個社會學習理論的基本原則就是小孩子長大後，比較有可能去虐待自己的父母與祖父母，因為這是學習行為的一部分。

然而，社會學習理論與施虐者和受虐老年人之間互動行為卻沒有一貫性。Wolf與Pillemer（1989）發覺，「小時候受到身體處罰，與日後成為一位老年施虐者之間並沒有關聯」（p.71）。這些研究者承認正確嚴格的認定施虐者與受虐老年人議題有困難。雖然一個家庭的暴力循環可能跟日後生活中的暴力行為有所關聯，但研究者也無法證實幼時的體罰與虐待年老父母之間有明顯的關係。

社會交換理論

社會交換理論指的是存在於人、組織、或社區之間的關係，是由彼此可以互相提供的期待所賦予的特色。協調合作的關係在一方相信他方的情況下，比較可能產生關係的交換。父母投資在小孩身上的，可能不只是出於父母的喜愛，還期待小孩會帶給他們快樂、提供關愛、或將來會照顧他們。當孩子還小的時候，回報可能不大；但等到他們長大成人，小孩可能是父母極大的支持與歡樂來源。父母所投資的時間與關愛，在小孩長大之後會得到回報。

社會交換理論指的是身體與認知受限的老年人，很少有回報他們和成人子女或其他社會接觸關係的機會。照顧或與一位老年人互動所耗費的情緒與身體代價，很少能在與老年人的互動行為中得到補償（Wolf & Pillemer, 1989）。這種無法回收的努力，導致照顧者、家人、或社會接觸的憂鬱與失望，而這種感覺可能會表現在虐待或疏忽行為上面。

社會交換理論的變化，依賴理論指出健康情況不佳的老年人對於持續協助與關注的需求，會造成照護者很大的壓力，他們會把壓力反應在老年人身上。在這方面的研究發現有循環的現象。通報的虐待與疏忽案例似乎支持失能會增加虐待與疏忽風險的主張，但其他的研究則宣稱沒有強力的數據可以支持這個說法（Barnett et al., 1997；全國受虐老年中心，1998；Wolf & Pillemer, 1989）。

施虐者的精神病理現象

依賴。著重在施虐者對受虐老年人的依賴，可以對虐待與疏忽的

動力有更可靠的瞭解。研究發現，成人子女持續依賴年老父母的財務支持一直到成人期的人，比財務獨立的人更容易有施虐行為（Finkelhor, 1983; Wolf & Pillemer, 1989; Quinn & Tomika, 1997）。例如，一位中年兒子因為缺乏技能而找不到工作，加上酗酒與藥物濫用，或是因為精神健康問題而與年老的父母同住，此時，此人便是成為施虐者的高風險人物。延長的依賴角色使得他不會遵守正常的成人預期責任，由於無力自行生活，以至於基於憂鬱以及想要獲得某種力量的需求，而顯現在虐待年老父母的行動上（Finkelhor, 1983）。

酗酒、藥物濫用，以及精神疾病。酗酒、藥物濫用，以及精神疾病，跟家庭生活各個階段中逐步上升的家庭暴力有關，包含照護一位老年人的作業（Barnett et al., 1997）。Wolf與Pillemer（1989）發覺他們所研究的38%施虐者都有精神疾病，而39%的人承認在施虐的當時有飲酒問題。在正常的情況下，照護一位功能逐漸減弱的老年人，壓力就已經很大，而當一位照護者、家庭成員、或其他社會接觸因為酒精或藥品中毒而能力逐漸減弱或正遭受精神疾病所苦的時候，結果可是會致命的。

老年人虐待、疏忽、或自我疏忽的評估

通報虐待或疏忽

成人保護服務模式（APS）機構主要功能是著重在虐待與疏忽的調查與實體化，聘僱社會工作人員依照嚴格計畫書，進行疑似虐待老年人的調查。如同前面提到的，全美五十州不是指派APS機構，就是由分支機構來執行這項工作。對於虐待或疏忽的反應程序，各州都不同，而確認所有調查程序的不同則不是本章的意圖。更確切的說，這裡所討論的有關不是受僱於機構的社工人員，他們的特定責任是去實行虐待與疏忽的調查，而不是對虐待或疏忽予以警覺，並在過程中提供更多的一般性服務給老年人。

留意可疑的虐待或疏忽。社會工作者可以由很多不同的方法中，察覺到老年人遭受虐待、疏忽或自我疏忽的可能性。藉由直接參與老年個案處理、社會與心理服務的提供、到老年中心與老年人接觸、輔助性居

住中心、成人日間照護中心、或其他的設施，社會工作者可以察覺到老年人有沒有受到虐待或被他人或自己所疏忽。在其他的環境中，受僱於代理機構來服務老年人的社工人員，可以從一位關切的家庭成員、朋友或鄰居那裡接獲虐待的報告。醫院人員、警察、消防員、公共事業的工人、維修人員、甚至郵差，也常是老年人遭受虐待與疏忽的通報人。

　　確認社工人員的角色。社工人員清楚的確認自己在任何案例中對於老年人扮演的是什麼角色，是很重要的。如果社工人員沒有直接與有問題的老年人有關聯，就必須涉及成人保護代理機構、聯繫當地成人保護服務（APS）的推舉者，一直到想要的特定人員出現為止。適用的來源需要極大的鼓勵，依照那份報告並知道他們的責任而做出一份辯證。大多數的州政府提供通報疑似虐待的人在確定沒有虐待事實時可免除法律責任，但要求通報來源必須被加以證實。其他州會尋求匿名通報，但不要求任何舉證。在你所在社區中的成人保護服務處，便是告訴你依法通報程序的最佳處所。社工人員對於瞭解社區中APS機制下的法律規範是很重要的。施加虐待或疏忽老年人是一項很嚴重的指控，而法律的存在就是在調查過程中保護老年人與施虐者的權力。

老年人被虐待或疏忽的評估

　　假如社工人員直接或間接的接觸老年人，而懷疑老年人有被虐待或疏忽的情況時，便應該立即向當地負責APS的機構通報，成人保護服務處的工作人員有權決定是否有足夠的證據而批准全面調查。即使是很細微且證據未證實的一份正式報告，社工人員能藉此所採取的初步介入，都可以防止老年人遭受到更嚴重的傷害。

　　Quinn與Tomika（1997）建議社工人員應告訴老年人說他或她正在追查疑似虐待或疏忽的案例，如此一來，便給了老年人明確的准許來配合社工人員蒐集重要的資訊，並且知道到底發生了什麼狀況。但是這種坦白也會有風險，可能導致老年人完全不配合。記住，虐待與疏忽通常都是在害怕與控制之下發生的。老年人會害怕當他們的照護者、家人、或其他的社會接觸者被發現有虐待行為時，他們自己會有什麼後果。尤其是存在於老年人與其成人子女之間的強烈連結，老年人覺得自己有不計任何代價保護成人子女的義務，即使是冒著生命危險也要保護自己的

子女。要老年人承認自己的小孩虐待他們，是很難為情的事。

直接觀察。就像本書所強調的，社工人員需要相信他或她自己的直接觀察，並當成是評估過程的一部分。睜開你的眼睛看，打開你的耳朵聽。在治療的各個階段中，老年人是否有瘀傷或傷痕？老年人是否試圖掩飾這些傷痕？是否有任何由他人造成的身體傷害，而又無法以意外來解釋的？要知道，老年人因為皮膚厚度以及血管彈性的改變，使得他們比年輕人更容易瘀傷，這種改變就是第二章所提到的老化的生理現象。

老年人是否有退縮或害怕的情形？他或她是否有不尋常的警戒或容易受驚嚇的現象？有他人接近時，老年人是否會變得很激動？老年人是否使用很多自我貶抑的句子，例如，「我對每個人都是種麻煩」，或是「我只是個沒用的老頭子」？這些句子可能就是暗示老年人遭受長期的情緒或心理虐待，他們已把施虐者的語言內化了，也可能是因為本書前面所提到的憂鬱或焦慮所造成的。直接觀察雖然很重要，但不足以正確的判定行為失序是由虐待或疏忽造成的，亦或是因為老年人所經歷的社會情緒問題引起的。

老年人看起來怎樣？他或她的衛生情況如何？衣服是否乾淨又整齊？失禁是老年人的問題嗎？失禁的相關物品是否有被合宜的使用，以保持老年人乾淨又舒適？浴廁的設施合宜嗎？老年人的居住空間乾淨且不見垃圾與害蟲嗎？這些問題與一般的評估過程很類似，但是在這個案例中，社工人員可以判斷任何的不足，是否是因照護者、其他社會接觸人員、或是老年人本身自我照護的未盡責任所造成的。

功能評估。如果社工人員定期與老年人接觸，他或她就會知道老年人執行日常生活功能的能力與狀態。有任何日常功能的能力減弱，是與身體或健康狀態下滑無關的嗎？老年人的小型精神狀態檢測結果如何？他或她對於時間、空間、還有人的辨識力為何？執行這些功能時，有任何新的變化嗎？

老年人的老年抑鬱量表得分情形如何？最近幾個禮拜或幾個月以來，憂鬱的心情有什麼變化嗎？如果社工人員懷疑有照護者施虐或疏忽情形時，檢查酒精與藥物濫用情形就很重要。老年人是否飲酒過量？主要的照護者或家中其他成員有固定喝酒或服用藥物的情形嗎？

如果社工人員與老年人接觸，或是家庭持續並在其他方面有明顯變

化時，社工人員就要找出造成這些變化的合理解釋。社工人員可能會覺得自己與老年人，以及其他的家人很熟，以至於不會懷疑到有虐待或疏忽的可能；然而，所隱藏的虐待或疏忽真相是需要社工人員以一種不同的觀點來對熟悉的事務加以檢驗的。

單獨訪問老年人。如果社工人員懷疑有虐待或疏忽行為時，就必須單獨跟老年人談談，並且不要有施虐嫌疑者在場。若施虐者在場，可能會讓老年人因為害怕受到報復而不敢據實回答問題。在其他人面前揭露施虐者，會讓情形更加惡化。對於許多老年人極度依賴的那些人（即使是對他們施虐或疏忽的人），失去唯一的照護來源將會讓老年人非常害怕。

Quinn與Tomika（1997）建議社工人員要直接詢問老年人有關造成虐待或疏忽的問題，即使是很敏感的問題也要問。問老年人是否有被毆打、摑耳光、或推撞等情形？問他或她是否有長時間被單獨留在家中、綁在床上、或鎖在房間內的情形？他或她的錢是否已被拿走？他或她是否被強迫簽立違背意願的財產或財物遺囑？照護者、家人、或其他社會接觸者是否剝奪了他們的醫藥、食物、或醫療照顧？老年人是否遭受到任何人的威脅？

要是老年人有瘀傷或其他的傷痕，他或她給的解釋是什麼？嚴重受傷的情形跟解釋有符合嗎？傷害有即刻受到合宜的治療嗎？是否有用藥過度或不足、營養不良或脫水的情形？老年人有替施虐者不合標準的照護辯解嗎？判定老年人是否遭受虐待或疏忽，靠的是仔細的觀察，用觀察的結果加上社工人員專業的細微線索，當作虐待的直接證據。你的機構是如何告訴你有關施虐者與老年人之間的關係？一位老年人有權接受免於遭受他人虐待與疏忽的權力，一位老年人也有權否認遭到虐待或疏忽，即使社會工作者的專業直覺不這麼認為也一樣。

如果社工人員有明顯證據證明老年人受到虐待或疏忽，不論是透過直接觀察或是老年人自己承認，重要的是要立即向當地的APS單位通報。許多州明令社工人員與其他專業協助者，必須要通報可疑的虐待或疏忽案例，就算是最後未能證實也可免除其法律責任。如果沒有直接的虐待或疏忽證據，但老年人確有被虐待的風險或是社工人員懷疑曾經或擔心將來有虐待情事，就要考慮採取介入措施，以避免將來傷害的發

生。建議採用的介入措施，本章稍後會有討論。

訪問施虐者。訪問施虐者的工作，通常都落在APS工作者的責任上，他們被政府賦予權力來介入施虐過程的調查。但是，如果社工人員和老年人以及其家人持續發展聯絡關係時，這位社工人員可能會被要求與APS合作來蒐集完成調查的必要資訊。

確實，施虐者與老年人之間的關係是很重要的。施虐者提供的是什麼樣的照顧？施虐者與老年人對於照護的數量與品質的期待為何？跟施虐者討論老年人對他或她所期待的是什麼樣的照護，並問他或她可以達到哪個照護期待。老年人需要的協助是什麼？基本的生活起居？機能性日常活動？財務處理？或是整理家務？如果還有接受其他服務的話，是什麼樣的服務？在老年人希望施虐者做的，與施虐者被要求做的之間加以比較，是有意義的。雙方對於各自的責任認知，可能都是很不實際的想法。

確認是誰在處理老年人的財產。誰在支付帳單、購買處方藥物，以及安排醫療診治？施虐者本身有財務壓力嗎？他或她自己對照顧工作，希望獲得的回報是什麼？

詢問施虐者在提供老年人的照護過程中，遇到的最大困難是什麼？當老年人不合作或出現憂鬱行為時，他或她的對策是什麼？他或她如何降低照護時所產生的不可避免的衝突情況？施虐者如何形容他或她與老年人之間的關係？有其他的朋友或鄰居定期來探望老年人嗎？這些問題對於真正瞭解老年人與施虐者所面對的壓力，是很重要的，它對於日後更敏感的問題有了一個正確的底線。

如果老年人有身體上的傷害，向施虐者詢問老年人是如何受傷的。對於老年人與施虐者的解釋，要能敏感的證實。尋求治療的傷痕是最近造成的嗎？從老年人身上觀察到的脫水、營養不良、或用藥過量的解釋是什麼？照護者、家人、或其他的社會接觸者曾對老年人吼叫，或揚言要將他或她孤立或停止照護嗎？問題本身就跟答案一樣重要。施虐者在被問及這些問題時，會出現明顯的敵意與不合作的態度。

根據Quinn與Tomika（1997）指出，下列的特性是照護者、家人、或其他的社會接觸人士有施虐或疏忽風險的情況：

．個人有過藥物、酒精或精神疾病史。

- 老年人與有嫌疑的施虐者雙方都有不合群、憂鬱、或是與社會隔絕的現象。
- 有嫌疑的施虐者不成熟，而且通常對生活都不滿意。
- 有嫌疑的施虐者並非自願接受照護責任。
- 有嫌疑的施虐者在財務上是依賴老年人的。
- 施虐者對老年人非常有敵意，或是顯出極不關心的樣子。
- 施虐者為任何被指控的虐待或疏忽而責怪老年人。

以上的現象顯示或暗示存在於老年人與被斷言的施虐者之間的異常關係，將置老年人於受傷的風險之中。

設計預防虐待或疏忽的介入方法

確認虐待與疏忽，並不是意味著老年人會立即被遷移到其他地方。有不到五分之一的通報案例與確認個案，有老年人被移往他處的結局（Cash & Valentine, 1987；全國受虐老年中心，1998）。但是，如果確認老年人有立即遭受嚴重傷害的風險時，APS代理機構會有短期與長期的設施提供老年人危機照護，並對施虐者施以法律制裁。老年保護服務處的人員可以提供社會工作人員這種危機介入的計畫表。

預防經濟受虐或剝削

一旦發現老年人有被照護者或其他人剝削財務的情形時，就要立即保護老年人的資產。當老年人已無力處理自己的財務時，就必須通知其他的家人來執行這個責任——如果有家人願意承擔的話。決定誰有法定的權力與責任來處理老年人的資產。聯絡相關人員來討論，並得到他們的協助，將有利於停止老年人的財務被剝削。假如這個指定收款人或保護者正好就是剝削老年人財務的人，這時就要聯絡律師採取法律行動，以阻止這個保護者獲取老年人的資產，直到整個調查程序完成為止。

提供支持性諮詢

當老年人處於被辱罵與被疏忽的情況時，最需要的就是保證與支持。儘管他們可能因為某人知道了自己被虐待或疏忽而感到鬆了一口

氣，但是他們也會很害怕於自己與施虐者會發生什麼情形。他們可能直覺地認為自己就要被送往護理之家，或是如果他們原來是跟照護者一起住的話，則會被迫離開一個雖然危險但卻熟悉的環境。他們會擔心要支付什麼不同的服務費用。他們害怕虐待或疏忽一旦被發現，會變得變本加厲。此時，社工人員就要扮演提供情緒支持，並協助老年人瞭解接下來會是什麼情況的專業協助的角色。重要的是，要跟老年人共同合作（如果他還有認知能力的話），在長期計畫還在醞釀之前，跟老年人共同想出一個短期解決虐待與疏忽情況的行動計畫。

要是老年人仍然持續在施虐者的照護下，或是繼續定期的跟有施虐嫌移的家人或朋友接觸的話，這時就要幫助老年人進行自信的訓練，幫助老年人用自己的聲音來對抗身體或語言上的侵犯，都有助於重新界定存在於老年人與施虐者之間的關係。老年人也需要知道若有虐待或疏忽情形時要向誰通報，或是跟誰聯絡可以幫助他們提出報告。支持諮詢可幫助老年人瞭解他們不該因為虐待或疏忽而被責怪，同時他們也不應該忍受他人的虐待，即使是來自家人也一樣。

施虐者也必須協助認定導致虐待或疏忽情況的壓力來源，其中包含訓練施虐者處理面對老年人的憤怒與挫折，或是當衝突情況發生時，協助施虐者確認處理高風險狀況的解決方法。社會工作者要讓施虐者知道他們可以尋求他人的協助。日復一日的照護老年人，可以榨乾一個人的耐性與精力，就算最富愛心並投入的成員也不例外。儘管老年人的虐待或疏忽永遠不能被忽略或辯解，但施虐者在這種情況下同樣也算是個受害者。

發展支持性服務

符合施虐者的支持性服務。在許多疑似虐待與疏忽的案例中，照護者、家人、或其他社會接觸者只是無法提供老年人所要的照護，而必須尋求支持服務來加強照護活動而已。社工人員的角色就是協助被聲稱的施虐者，確認他們的需求，並找到社區內符合他們需求的服務。其中包括的不只是確認合宜的服務，例如，整理家務、居家健康照護或送餐服務，還有決定如何付費，以及安排這些服務。通常照護者、家人、或其他社會資源只是不知道可用的服務範圍，或是不好意思向外尋求照護老

年人的協助而已。

支持服務也包括喘息照護，可以讓照護者有短暫免除照護責任的時間。如果照護者可以重新獲得自己的一些私人時間來進行他或她個人的社會需求，他或她對這個老年人的恨意就會少一些。喘息照護最好是由其他的家人、鄰居或朋友來做——這是一種不常被加以使用的自然形成的支持網絡。照護一位老年人不應該只是單一成人子女的責任，但是照護者必須向其他的家人提出要求。如果其他的家庭成員不能提供直接的協助，也可以提供金錢上的協助，以便聘請社區單位的服務。

對於老年人的支持。一位與社會隔絕的老年人，比跟家人、朋友以及鄰居維持互動關係的老年人，有更高的虐待與疏忽風險。由家人或朋友每天打電話，或是利用社區電話服務，都可為一位孤立的老年人打開與外界之間的救生索。有些社區機構可以由員工或志工去探望老年人、念書報給他們聽、或提供一般性的陪伴。定期有人陪伴，可以讓老年人在身體或情緒上的憂慮得到安心。

假如老年人正受嚴重的憂鬱或焦慮所苦，就必須尋求健康照護提供者提供藥物以幫助老年人減輕憂鬱。治療老年人憂鬱的同時，也可減輕老年人加諸於照護者的情緒壓力。要是老年人的身體與心理狀況允許的話，就可以把社會活動安排到老年人的住所以外的地方，例如，護理中心活動、音樂會、戲劇等都可以安排。打破終日面對同樣四面牆壁的無聊生活而到外面去看看，對於老年人的情緒健康會有所改善，如此一來將可減輕老年人與照護者的壓力。

環境的調整

調整環境的目的就是當作減少虐待或疏忽發生的一種預防方法，並發覺一個最安全的地方，盡可能擴大老年人的獨立功能。只要有足夠的支持服務與稍微的調整環境，即使是有疑似虐待或疏忽情事，老年人通常都可以留在自己的住所。當老年人的需求已經遠超過照護者能力可以提供的時候，這時就需要在生活環境上作較大的改變。

物理環境。調整老年人的起居空間，可以減輕加諸於照護者、家人、或社會接觸者的需求。調整浴廁設施，例如，在浴缸加裝輔助器材，或是在淋浴間加裝扶手桿，都能藉由簡單的個人清潔維護來改善老

年人的個人衛生情況。在樓梯加裝扶手，也能夠讓老年人在家中的移動更加自如，而不要把老年人整天都放在同一個房間內。專業的治療師對於老年人與他們的照護者也可以提供很有效的協助。例如，他們會調整吃飯的用具、浴廁設施，以及其他讓身體有限制的老年人更容易使用的工具。

　　成人日間健康。幫助老年人與照護者進行另外的起居安排，以避免對老年人造成傷害也是必要的。成人日間健康服務可以提供照護者重要的喘息服務，同時給老年人一個與其他老年人互動的機會，以維持並發展其自我照護技巧。如果老年人參加成人日間健康照護，就可以繼續與照護者或家人住在一起，因為這樣會減少照護者與老年人相處的時間，同時也減少了一些壓力與緊張。

　　輔助生活。輔助生活或半獨立生活，是老年人無法繼續在現在的生活環境中生活時的其他選擇。輔助生活需要老年人經由一些協助，有能力執行某種程度的日常生活能力，像是洗澡與家事作業。在輔助生活中，餐飲通常都是以集合式的方式處理，但都符合老年人需要的營養，以及社會互動原則。對於行動限制更大的老年人，半獨立式的生活環境則會給他們一個自己的生活空間，通常是一間臥房，由管理人員提供醫療服務、身體治療、或其他的支持服務，以儘可能地維持其獨立功能。

護理之家中的虐待與疏忽

　　不幸的是，當老年人被從居家照護移往護理之家的時候，並無法免於被虐待或疏忽，儘管護理之家中超過65歲的人不到5%，但卻是在身體與情緒上最容易受傷的老年族群。身體上的虐待是最常見於護理之家的虐待類型。州立長期人權照護機構曾經調查了兩萬零六百七十三個護理之家，以及寄宿照護機構的通報虐待、疏忽和剝削案例（人口老化局，2003）。老年人的醫療以及行為抑制的使用，尤其是認知能力逐漸受損的老年人，可能是護理之家人員唯一對居住老年人的對待行為，但可能被解讀是受到家人或專業協助人士的虐待。

　　Meddaugh（1993）發現有三種虐待形式常見於護理之家中。第一種是失去個人對於基本日常活動的選擇權，像是老年人被強迫飲食、洗

澡，以及制式的睡眠規定，而不是依照個人的意願進行。第二種形式是隔離，期間住民被排除在社會或娛樂活動之外，因為他們的行為並不符合團體的標準。無法進行團體娛樂活動的住民，會被放逐到自己的房間或是擺放在電視機前。避免一位住民有非預期或擾亂的行為，可能比提出這些行為來得容易一些。第三種形式是Meddaugh（1993）說的「貼標籤」，結局就是被貼上「好住民」或「壞住民」的標籤。如果一位住民被認定是壞的，工作人員就比較不會去解決對他們有敵意或侵犯的意圖；要是住民被標示為好的，員工們就會將好住民所遭到的困難當成例外的情形，並試圖和該住民一起想出解決的方法。這種差別待遇加強了住民的問題行為，以及使用侵犯或孤立方法應對機構內的問題。有待爭議的是，這三種情形並非是真正的虐待，而只是制度下的不幸產品。儘管如此，這種情形也可以詮釋為受老年人及其家人的虐待。

　　Pillemer與Moore（1989）發現心理虐待包含語言侵犯與社會孤立，是最常見於護理之家中的老年虐待問題。這種類型的虐待常見於老年人不配合日常照護時，例如，餵食與沐浴行程。為了試圖取得某種掌控自己日常生活的感覺，老年人會拒絕機構的安排，結果就是住民與照護者之間暴風雨關係的到來。將老年人歸類為「麻煩小孩」的員工，比較可能會對老年人施虐，而不會認為老年人只是想重新有掌控自己生活的意圖而已。

　　Pilleme（1988）認為護理之家內的虐待或疏忽類型與程度，是在於住民與員工之間的功能關係，麻煩的住民對已經超時工作的員工期望太高，以至於產生了挑戰行為。有個人生活壓力的員工則不會克制自己必要的應對能力，以避免對麻煩的住民進行身體或心理的虐待。護理之家的員工們可能認為他們工作的重要性不被重視，於是便把憂鬱表現在對住民的不良照護上。這些因素都不足以當作虐待行為的藉口，但卻提供了一些機構內複雜虐待因素的內在層面。

　　為了避免護理之家的虐待行為，行政單位應該要提供員工們足夠的訓練，以便面對老年人的問題行為、生氣的處理，以及衝突的解決。幫助員工瞭解產生虐待行為的原因，就是阻止虐待最有效的方法。找出誘發不合作或侵犯行為的原因，是防範問題行為與員工虐待行為上最重要的步驟。例如，倘若老年人在洗澡時特別的不配合，就要找出他們之所

以會如此的原因。他們是否在洗澡時感到寒冷，以至於不想洗澡？他們是不是擔心在進出浴缸時會受傷？用淋浴的方式洗澡是不是會讓老年人覺得更有安全感？住民在洗澡的時間上有沒有選擇？員工在幫住民洗澡的議題上，有什麼尚未解決的問題？有什麼可以解釋為什麼洗澡對住民來說是如此的一種創傷？

護理機構中的虐待事件一經證實，行政部門的責任就是採取必要的行動讓員工負起責任，並努力避免將來的虐待或疏忽情形。社工人員的責任是警覺到老年人有無被虐待或疏忽的情形；利用專業知識與訓練來認定有被虐待與疏忽高風險的老年人，並提供建議給行政單位來打破虐待與疏忽的循環。

社工人員的角色就是扮演尤其是容易受到虐待與疏忽，以及那些因為身體或認知限制而無法依自己的意志執行的老年人的提報者。

當老年人拒絕保護性服務時

社會工作者面臨在APS以及一般服務上最困難的情況，就是當老年人受到虐待或疏忽但卻拒絕任何介入協助時。眼見老年人受到虐待或疏忽，卻仍選擇繼續生活在那個對他或她的健康與福利有危險的環境中，是很讓人痛心的。社工人員可以提供支持服務來改善老年人的生活品質，但老年人卻頑固的拒絕是很令人憂鬱的事。最常見的案例是社工人員接觸自我疏忽的老年人，但老年人卻拒絕離開不安全的居住環境，或是拒絕尋求可以改善他們生命的醫療或心理照護。

什麼是倫理上的兩難？

成人保護服務的工作人員不需有老年人的允許，即能通報類似虐待或疏忽案例。在某些州政府當中，也不需有老年人的允許才能進行介入疑似虐待或疏忽案件的調查。介入調查的權力是由法律決定，而不是老年或APS工作者的興致或關切。告發並確定老年人的虐待或疏忽，是全民的法定責任。這些議題是州政府法律事宜，並且是社工人員執行業務時的依據。

不論是否有老年人或施虐者的協助調查，政府都有責任提供老年

介入服務以減少他們受虐的可能性。然而，老年人依法是不需接受這些服務的。社會工作者所面臨的倫理兩難，不在於成人是否有法定權利選擇一個危險的環境，而是社工人員是有這些權力的。雖然就個人與專業的立場而言，社工人員眼看一位老年人留在一個不安全的環境會感到不安，但是法律賦予成人選擇危險與安全的權利，只要該成人未經法院判定為失能人士（Nerenberg, 2006; Ross, 1991）。不論個人願意將自己置身於危險的環境，社工人員都不能推翻該成人為自己的生活作決定的法定權利。

　　社工人員面對的倫理兩難是當老年人拒絕服務時，要如何認定老年人是否有能力作出拒絕服務的決定。老年人是否有認知能力可以真正的作出決定？當事人是否完全明白拒絕服務後的可能後果，而這個決定可能讓他或她身陷於危險當中？是否有證據顯示老年人是在能力受損的情況下作出的決定？假如對於老年人作決定的能力有所質疑，是有一些方法可以求證的。以下的案例便是社工人員面對的可以（或不可以）合宜的方式，採取其他法律介入來保護老年人的挑戰情形。

史賓格小姐

史賓格小姐是一位76歲的單身女性，曾經被麥迪遜紀念醫院的急診室社工人員送到成人保護服務處。以史賓格小姐出現在急診醫療照護的頻率來看，她是位經常進出急診室的病人。最近一次是在兩個禮拜內四度因為嚴重的凍瘡而掛急診。這一次看起來，她可能會失去左腳的三根腳趾頭。

她住在一個破爛不堪的飯店，位於公立圖書館熱出氣口上方。她總是一個人住，並抱怨沒有家人跟她聯繫。她在當地的學校做了四十年的中餐小姐（譯註：指提供中餐的人），但因為無法久站而必須退休。她在58歲時退休。她偶爾會當街友，雖然她宣稱飯店是她的聯絡地址。她覺得住在飯店很憂鬱，而且她也想念一些一同住在街上的街友。她把街上當成是一個擺放一些個人物品又不會錯過繳房租的地方。

史賓格小姐曾經與成人保護服務處聯絡過幾次，也都配合自我疏忽的調查。她是一位令人愉快，雖然有些古怪、多話並

且喜歡大笑和廉價酒的女性。

她曾經喝醉後數次臥倒在極為寒冷的室外，這就是她會有凍瘡的原因。她似乎沒有明顯的精神健康問題，雖然她不想（或不願）瞭解自己醫療問題的嚴重性。

在這一次到急診室時，醫師發現她之前的凍瘡已經壞死，如果不立即手術便會致命。更麻煩的是，她有二級糖尿病，只要接受胰島素注射並減少酒精的使用便可加以控制。成人保護服務處的工作人員建議她由醫療保險支付搬到成人照護中心。有了輔助保障收入加上醫療輔助，她應該能夠有較好的經濟條件來治療她的凍瘡與糖尿病。但她斷然拒絕接受安排，並將APS的員工打發走。如果未能立即治療她的糖尿病與壞疽，她便會死亡。她回到那個熱出氣口睡覺，兩天後因為昏迷又被送回醫院。社工人員下一步該怎麼做？

決定法律能力

決定老年人有沒有能力自己作他或她生命中的服務與處理決定，是一個很複雜的過程。一個社會工作者不能只是決定一位老年人無法作這些決定。在某些案例中，可能是由家庭成員來提供協助決定，他的志願協助可以作出負責任的決定。

有了家人的保證，老年人可能會更自在的同意接受介入服務。老年人可能只是想得到家人的支持，在進行他或她生活改善時獲得一些實質上的支持。

當沒有家人或家人就是虐待或疏忽的施虐者時，就需要法律的介入。必要時，可由法院裁定一位代理人，他被賦予在照護、財務安排、或支持服務的選擇上的權力，以保障老年人的最佳利益。在某些案例中，老年人依然保有法定權力自我決定，但需要有人被指派為他或她收入的收款人。有不同層級的法院指派協助，有助於讓關心老年人的人來協助老年人，而不是在不得已的情況下所依賴的失能法定宣告。這些選擇，每州都不一樣，而且也會在更激烈決定完成前被徹底探討。尋求法

院對於一個老年人的失能裁定來保護老年人免於遭受將來的虐待或疏忽，是社會工作者最後的訴求。

總結

雖然通報的要求與程序，在過去二十年來已有改善，但老年人的虐待或疏忽依然存在很大的潛藏問題。根據不到五分之一的老年虐待案例曾經被通報，而且不到一半的案例被加以證實（全國受虐老年中心，1998）。虐待老年人的形式可以從身體傷害、情緒或心理虐待、或是與老年人不當的接觸。不當使用老年人的服務來源，也被視為是虐待並且是由法律所指控的。另一個更大的問題，而且不像是身體、心理或財務等看得到的虐待，就是疏忽——被動或主動在提供老年人基本需求上的失敗。

有身體或認知限制並且財務來源有限的老年婦女，當她們與成人家庭成員一起居住時，便有受虐與被疏忽的最大風險。若同住的家人或照護者有酗酒或藥物濫用、精神疾病、或是在財務上依賴這位老年人時，風險就更高了。虐待與疏忽老年人的動力，是附加於老年人與施虐者的關係上的，同時也跟施虐者的精神狀態有關。

在設計預防老年人受到傷害的介入計畫時，重要的是要同時跟老年人與施虐者共同討論，提供雙方情緒上的支持，並連結所有的支持服務，以解除照護者的負擔，並把對環境的修正當作是找出虐待與疏忽原因的重要步驟。但是，即使是很嚴重的虐待與疏忽個案，決定權還是在老年人身上，一旦被證實有虐待與疏忽，老年人還是有決定接受或拒絕服務的權力。這個權力被認為並支持是成人自我決定的一種保護權力。如果社工人員質疑老年人有自行作決定的能力時，這時可能就需要採取正式的法律途徑來指派其他人代為執行決定的責任。試圖認定一位老年人無行為能力，應該是最後的手段，而且必須審慎地監控，以保障老年人作選擇的權力。

1. 找出你所在的地方，通報老年人受虐與被疏忽有哪些特別的要求？在州立社會服務部門之下，還有另外的成人保護服務處嗎？地區的老齡化機構有提供保護服務嗎？社會工作者受託管理通報者嗎？如果不是，你認為他們應該要管理通報者嗎？

2. 在課堂上對史賓格小姐的案例加以討論。社會工作人員在她的個案中能夠或應該做什麼？除了在健康照護上協助史賓格小姐外，你還可以跟誰配合來幫助她？參考全國社會工作者倫理規則協會，規則中有哪一個部分是可以用來協助社工人員對這個個案作出決定的？

3. 拜訪一位當地銀行的中階經理人員。對於詐騙老年財務或虐待老年人的情況，他們採取什麼樣的預防措施？銀行的出納員與其他行員是如何訓練來察覺這種虐待情形？一旦發現老年人的財務受到濫用，行員們會馬上怎麼做？

4. 聯繫當地的長期人權照護辦事處，通常是設置於州立老齡化單位的機構，蒐集了哪些虐待與疏忽的統計數字？當虐待或疏忽一經證實，對於個人、機構，以及老年人會有什麼結果？有多少以及哪一種型態的虐待與疏忽案例曾被通報到這個辦事處？該辦事處做了什麼來加強虐待老年人問題的覺察？

參考書目

Administration on Aging. (2003). *National ombudsman reporting system data tables, 2003*. Washington, DC: Author.

Banker's Academy, (2006). *Focus on elder financial abuse*. Banker's Academy, Edcomm Group. Retrieved February 20, 2008, from http://bankersacademy.com

Barnett, O. W., Miller-Perrin, C. L., & Perrin, R. D. (1997). *Family violence across the life-span*. Thousand Oaks, CA: Sage

Bendik, M. F. (1992). Reaching the breaking point: Dangers of mistreatment in elder caregiving situations. *Journal of Elder Abuse and Neglect, 4*(3), 39–59.

Burgess, A., & Clements, P. (2006). Information processing of sexual abuse in elders. *Journal of Forensic Nursing, 3*(2), 113–120.

Cash, T., & Valentine, D. (1987). A decade of adult protective services: Case characteristics. *Journal of Gerontological Social Work, 10*(3/4), 47–60.

Cazenave, N. (1983). Elder abuse and black Americans: Incidence, correlates, treatment and prevention. In J. Kosberg (Ed.), *Abuse and maltreatment of the elderly: Causes and interventions* (pp. 187–203). Boston: Wright.

Cash, T., & Valentine, D. (1987). A decade of adult protective services: Case characteristics. *Journal of Gerontological Social Work, 10*(3/4), 47–60.

Cazenave, N. (1983). Elder abuse and black Americans: Incidence, correlates, treatment and prevention. In J. Kosberg (Ed.), *Abuse and maltreatment of the elderly: Causes and interventions* (pp. 187–203). Boston: Wright.

Finkelhor, D. (1983). Common features of family abuse. In D. Finkelhor, R. J. Gelles, G. Hotaling, & M. Strauss (Eds.), *The dark side of families: Current family violence research* (pp. 17–26). Beverly Hills, CA: Sage.

Fulmer, T. T., & O'Malley, T. A. (1987). *Inadequate care of the elderly*. New York: Springer.

Gibson, R. C. (1989). Minority aging research: Opportunities and challenges. *Journal of Gerontology, Social Sciences, 44*, 52–53.

Greenberg, J. R., McKibben, M., & Raymond, J. A. (1990). Dependent adult children and elder abuse. *Journal of Elder Abuse and Neglect, 2*(1/2), 73–86.

Griffin, L. W., & Williams, O. (1992). Abuse among African American elderly. *Journal of Family Violence, 7*(1), 19–35.

Hall, R. C. W., Hall, R. C. W., & Chapman, M. (2005). Exploitation of the elderly—undue influence as a form of elder abuse. *Clinical Geriatrics, 13*(2), 28–36.

Jeary, K. (2005). Sexual abuse and sexual offending against elderly people: A focus on perpetrators and victims. *The Journal of Forensic Psychiatry & Psychology, 16*(2), 328–343.

Johnson, I. M. (1995). Family members' perceptions of and attitudes toward elder abuse. *Families in Society: The Journal of Contemporary Human Services, 76*(2), 220–229.

Kircheimer, S. (2006). Scams unmasked. *AARP Magazine*. June 2006. Washington, DC: AARP. Retrieved February 28, 2008, from http://www.aarpmagazine.org/money/scams_unmasked.html

Linzer, N. (2004). An ethical dilemma in elder abuse. *Journal of Gerontological Social Work, 43*(2/3), 165–173.

Liu, W. T., & Yu, E. (1985). Asian/Pacific American elderly: Mortality differentials, health status, and use of health services. *Journal of Applied Gerontology, 4*(1), 35–64.

Martin, S., Ray, N., Sotrex-Alvarez, D., Kupper, L., Moracco, K., Dickens, P., Scandlin, D., & Gizlice, Z. (2006). Physical and sexual assault of women with disabilities. *Violence Against Women, 12*(9), 823–837.

Meddaugh, D. I. (1993). Covert elder abuse in the nursing home. *Journal of Elder Abuse and Neglect, 5*(3), 21–37.

Moon, A., & Williams, O. (1993). Perceptions of elder abuse and help-seeking patterns among African-American, Caucasian-American, and Korean-American elderly women. *The Gerontologist, 33*(3), 386–395.

National Center on Elder Abuse. (1998). National elder abuse incidence study. Washington, DC: The American Public Human Services Association.

National Center on Elder Abuse. (2005). Elder abuse prevalence and incidence. Washington, DC: Author. Retrieved February 20, 2008, from https://www.ncea.aoa.gov/ncearrot/Main_Site

National Indian Council on Aging. (2004). *Preventing and responding to abuse of elders in Indian country*. Washington, DC: National Center on Elder Abuse.

NSAD Investor Education Foundation. (2006). *Off the hook again: Understanding why the elderly are victimized by economic fraud crimes*. Washington, DC: NSAD Investor Education Foundation with WISE Senior Services and AARP. Retrieved March 3, 2008, from http://www.nasdfoundation.org/research.asp

Nerenberg, L. (2006). Communities respond to elder abuse. *Journal of Gerontological Social Work, 46*(2/3), 5–33.

Pillemer, K. A. (1988). Maltreatment of patients in nursing homes: Overview and research agenda. *Journal of Health and Social Behavior, 29*, 227–238.

Pillemer, K. A., & Finkelhor, D. (1988). The prevalence of elder abuse: A random sample survey. *The Gerontologist, 28*, 51–57.

Pillemer, K. A., & Moore, C. (1989). Abuse of patients in nursing homes: Findings from a survey of staff. *The Gerontologist, 29*, 314–320.

Quinn, M. J., & Tomika, S. K. (1997). *Elder abuse and neglect: Causes, diagnoses and interventions strategies* (2nd ed.). New York: Springer.

Ross, J. W. (1991). Elder abuse. *Health and Social Work, 16*(4), 227–229.

Schultz, J. H., & Binstock, R. H. (2006). *Aging nation: The economics and politics of growing older in America*. Westport, CT: Praeger.

Taylor, R., & Chatters, L. (1986). Patterns of informal support to elderly black adults: Family, friends, and church members. *Social Work, 31*(6), 432–438.

Teitelman, J. (2006). Sexual abuse of older adults: Appropriate responses for health and human services providers. *Journal of Health and Human Services Administration, 29*(2), 209–227.

Wasik, J. (2000, March/April). The fleecing of America's elderly. *Consumer's Digest,* March/April.

Wolf, R. S., & Pillemer, K. A. (1989). *Helping elder victims: The reality of elder abuse.* New York: Columbia University Press.

| 第十章 |
老年人社會工作與靈性

社會工作實務的靈性與信仰

　　專業的社會工作跟靈性相關實務，有其驅避的歷史軌跡。一旦發現有牧師與顧問的加入，個人靈性福祉、靈性角色扮演，以及社會功能，都被視為是瞭解老年人的必要條件。聯合委員會（JACHO）這個最大的健康照護組織團體，在2001年修訂了進入聯合委員會認可的個人精神評估標準。鑑於這個要求，不論是否受僱於聯合委員會的社會工作者，都必須在老年人生活中的宗教與靈性角色上有深層的瞭解，並需要在適當的時刻知道該如何跟他們合作。

　　正式宗教機構在個案的生命中扮演了什麼樣的角色？人們是如何找到他們的生命意義？在精神健康問題上，是否有過靈性上的危機或是信仰上的兩難？社工人員與個案公開討論靈性問題，或請個案去找專業人士進行諮詢？這一章討論的就是這些問題，尤其是有關社會工作與老年人的議題。回答生命的意義與目的，是這個發展階段中最重要的工作之一。本章還提供了執行靈性評估的樣板工具，包含聯合委員會的建議，並提供建議將適當的方法加入協助的過程中。

　　討論老年人生命中的靈性與宗教議題，通常都跟臨死前的準備有關。在本章中，這些主題被加以慎重的分開討論。靈性不只是為死之前作準備，或是為來世進行信仰上的和解；靈性是有關生活、找尋目前生命的意義，並找到探討與表達這些信仰的方法。靈性不是一個等待解答

的問題,而是個案與專業人士用不同方式進行的旅程。

靈性與信仰的定義

靈性與信仰的詞語通常都被互換,但是,它們的意義卻明顯不同。雖然這一章要討論的是組織信仰的重要性,以及它在老年人生命中的社會支持角色,但老年靈性的討論才是主要的焦點。靈性的強調,使得醫生可以超越特定的宗教名稱限制,讓老年人有更廣泛的方法來表達靈性與信仰在他們生命中的角色扮演。

靈性。Sherwood(1998)把靈性定義為「追求卓越、意義,以及超過自我的連結」(p.81)。Tolliver(1997)對於靈性的概念是把它概念化為「可以更新的生命力量、賦予身體活力,以及人類能夠共融的空間」(p.479)。Bullis(1996)將這種「立即的崇高力量」歸納成「折衷又包含」的靈性(p.2)。這種定義是數十種靈性定義的淨化,但包含了最主要的定義元素:超越自我、意義的追尋,以及與他人的連結感。

所有的人類都有其自我靈性,就像所有的人類都有其生物、心理,以及社會自我一樣,但每個個人還是具有不同層級的靈性自覺與發展。對某些人來說,超越自我代表的是至高無上的關係,比如像上帝或其他的精神存在主義;對其他人來說,超越則是自然與季節循環的顯像。對有些人來說,人類社會中人與人之間的權力關係,代表著超越以及靈性的連結力量。不管它特別的表達與詮釋為何,靈性代表的意思是由人們生命的意義與目的而得來的(Bullis, 1996; Canda, 1988)。

信仰。信仰是由「信仰、道德準則、崇拜與實踐」被正式的予以確立為靈性的表達(Joseph, 1988, p.444)。信仰這個名稱支持著至高無上的存在原則、存在(或不存在)的來世、人們應該如何對待他人以及表達這些原則。人們有可能積極的參與一個宗教信仰。某些學者傾向於把信仰與靈性視為是信仰間的連續行為(Nelson-Becker, 2005)。

2008年時,美國有83.1%的老年人口參與一個或其他宗教團體,而1990年則是90%(Pew Forum,皮尤論壇,2008)。這個改變大部分是增加了沒有認定任何信仰的老年人數,而非減少任何的單一名稱的宗教。「皮尤宗教論壇和公共生活」(The Pew Forum on Religion and

Public Life, 2008）發現23.9%的天主教徒、44%的新教徒、1.7%的猶太教徒，以及3.2%其他非天主教徒、16.1%無宗教信仰、0.8%的答辯人，對於問題都沒有回答。由這項發現證明在美國國內即使有很強烈的傳統信仰，還是有許多不同信仰的選擇。

社會工作專業的取向——避免和靈性有關係

如同本章開頭所說，專業的社會工作和靈性有其驅避的歷史軌跡。這種衝突態度有其歷史性，其中專業與社會思想對於靈性的革新於是在二十一世紀出現了。

早期與慈善機構的連結

早期的專業歷史跟一般正式的靈性與信仰概念，是不可分割的連結在一起。二十一世紀以前，宗教與慈善機構在美國是主要的社會服務來源（Trattner, 1999），主要是提供服務給寡婦、孤兒、失能者、老年人，以及未就業者，被認為是宗教的一種重要責任。第一批的社會工作者把自己當成是靈性促進者，不只提供物質上的協助，同時還提供永久救助的心靈協助（Holland, 1989; Ortiz, 1991）。社會工作與慈善努力分擔許多相同的目標，例如，保留個人的尊嚴、改善社會功能、保障社會上大多數容易受傷的人，而這也是猶太教與基督教所共有的傳統。這便是慈善組織在早期改善可憐的移民人口明顯努力的道德特性，以及在社會與政治上的改革。

實證主義與佛洛伊德的影響

當社會工作在1900年早期尋求把自己建立成為一個羽翼未豐的專業時，對於個案精神與道德的介入適當性態度有所改變。如果社會工作是以公共與其他專業的看法來取得專業上的完整性，它需要將自己從接受協助與改變信仰之間抽離。當服務條款從私人的宗教轉到公共宗派時，個別的社會行動與組織宗教的影響分離出來的現象便會逐漸增加。這種分離一直到今天都還是繼續的被維持著。

社會工作的教育從代理機構轉移到學院，需要社會工作教育者用

專業的方法去評估個案的問題，而確認適合的介入計畫也變得更嚴厲（Canda, 1997）。

其他專業的重點，比如像法律與醫藥，則是轉向觀察實驗法，這個過程是透過對於行為產生的原因與結果加以具體的觀察（Canda, 1997; Graham, Kaiser, & Garrett, 1998）。為了影響個人的行為，專業人士必須加以觀察，並用數量予以表現。聚焦在道德與精神利益，並不符合專業上對人類行為在科學衡量與分類上的新興趣。

西格蒙德‧佛洛伊德（Sigmund Freud）於1920年在精神病學上的貢獻，也有顯著影響，他說明了從慈善組織與宗教分離所產生的重大影響（Goldberg, 1996）。佛洛伊德深入浩瀚的潛意識，以及早期未能解決的角色衝突，作為社會工作尋求的理論依據來解釋行為異常的現象。佛洛伊德利用他的人類經驗詮釋，去除了宗教在人類生命當中的神祕因素。他把人類創造上帝視為是一種嬰兒期尋求安全感的影像的復活。根據佛洛伊德的說法，信仰是幼兒期內在神經機能衝突的一種外在表現，所以，佛洛伊德把信仰視為一種人類的弱點，而非力量。他相信人類的行為是由饑餓、性愛，以及侵略的需求所驅使的，而不是想要追求人生的意義。佛洛伊德引述宗教是某種神經衝突的超我，而非一種應對的機制理論。雖然他不曾很明顯的將靈性與信仰加以分別，但他把信仰「當作一項疾病的治療或解釋」，是一種包含靈性的信仰力量。他把宗教的自我重要性解除，並被社會工作利用在人類行為的觀點上。佛洛伊德關於信仰的理念，有效地維持了五十年有關於專業與靈性議題的距離。

社會工作對靈性的再度聚焦

社會工作重新對靈性產生興趣始於1970年，這跟改變的二十世紀以後近代思潮的思考範例是一致的。二十世紀以後，近代思潮徹底的改變了社會環境，公民權力挑戰了種族隔離的社會理由。當愈來愈多的婦女尋求受教育的機會，並發覺安全與有效控制生育的生產自由時，傳統的太太與母親的價值便受到了質疑，於是美國政府對於越南與中美洲的政治介入也受到影響。傳統的社會行為與社會角色範圍，都被強烈的加以仔細觀察。

二十世紀以後，近代思潮的社會思想強調的是相關的人類自然經

驗，沒有任何單一的方法可以檢查人類經驗，也沒有任何單一標準可以用來查明真相。相反的，每個人都有他或她獨特的人生角色與目標。第三章所討論的社會建構主義，就是一種二十世紀以後近代思想的例子。

根據社會建構理論，每個個人定義他或她自己的人生角色，然後依照那個人生角色才有了隨後的行為。這個重要的社會思想轉換，在許多方面解放了所有的人，以及專業的社會工作來探討並支持多樣性的力量來源，而不是一種社會的不規則現象。這個在思想上的轉換，幫助了人類生命的力量，減弱了佛洛伊德最後在反宗教上的出擊（Jacobs, 1997）。對某些人來說，靈性的自我是一種界定一個人生命意義，以及個人與聖靈上帝的重要元素，有沒有加入特定的宗教名稱都一樣。無論如何，二十世紀以後的思潮要求的是確認人類靈性觀感，假如它是建構一個人真實的一部分。重新思考宗教的意願，也有助於促成宗教在信仰機構與個人靈性特性之間的區別。

《診斷與統計手冊IV-TR》（The Diagnostic and Statistical Manual IV-TR）（American Psychiatric Association，美國精神病協會，2000）這本用來分類精神與情緒失序的手冊，現在也用來確認靈性或宗教問題（像是失去信仰、質疑靈性價值、或是對宗教對話的情緒反應），將其視為合法的精神健康議題，而不是一種精神疾病的表示（Bullis, 1996）。靈性被視為是全面評定精神的合法元素，並呼籲社會工作將一個人的信仰發展視為是心理發展的一個重要部分（Jacobs, 1997）。

老年人獨特的靈性與信仰，已於1957年由全國老年宗教聯盟（the National Interfaith Coalition on Aging, NICA）確認。這個機構證明了信仰組織機構及私人精神活動兩者對於評斷老年精神福利上的重要角色。精神福利被全國老年宗教聯盟定義為「生命與上帝、自我、社區及培育和完整性覺察的關係」（Blazer, 1991, p.62），把老年靈性認知利用的重要討論從有限的私人專業，移轉到最前線的服務規劃與施行，有助於開啟討論並察覺老年功能的重要性。

二十世紀以後，近代思潮的演變放寬了靈性結構的概念，而「變性身分」的靈性議題也迫使社會工作重新評估在探討個案靈性上所扮演的角色。這種專業角色的實踐與個案靈性角色的討論，幾十年來已經形成了社會工作歷史的一部分（Bullis, 1996; Canda, 1997; Hodge, 2000, 2001;

Jacobs, 1997; Nelson-Becker, 2005; Sherwood, 1998; Wong, 1998）。

靈性與老年社會工作的關聯

靈性的專業利益尤其跟實踐老年工作有關，它指出一位老年人的精神福祉是逐漸瞭解人類行為複雜性的一種自然發展結果（Jacobs, 1997）。雖然觀察實驗法在專業上有其重要的角色，讓社會工作者負執行責任並協助確認其有效與否，但並非所有的人類行為都能被加以衡量與量化。

把社會心理任務命名為靈性

靈性的構成要素（超越自我的卓越、意義的尋求，以及與他人的連結）在許多方面是老年人面對的主要社會心理挑戰。建立自我完整性的發展工作，加上Erikson（1963）所謂的自我絕望，便是老年人處理人生事件，並把那些人生事件當成是人生意義積分過程的重心。Graham、Kaiser與Garrett（1998）建議衝突和問題通常被認定為社會心理問題，實際上應該是靈性議題，也該如此被認定才對。例如，社會隔離這種渴望與其他人或事物的連結，對老年人來說通常都是一種挑戰。

藉由把社會心理的挑戰命名為一種靈性議題，療癒的過程便開啟了。靈性的議題不像某些社會心理問題一樣，不能因錯誤思考模式的結果或過去生活中未解決而降低。有些人的病理現象不會因為談話療法得到修正，而是需要透過禱告、冥想、或者加入一個信仰集會的靈性需求得到修正。雖然並非所有的社會工作者都同意Graham及其同事（1998）的論點，將社會心理問題建構成靈性議題，把專業朝向一個新的介入範圍。

社會工作與靈性的共同點

社會工作與靈性聚焦在共同的興趣以促進自尊、鼓勵個人與社會療癒，並發展功能性應對策略，這些對老年人的健康功能都很重要（Bullis, 1996）。改變與成長旅程中強而有力的隱喻，由社會工作與靈性所共用，它加強了一個人對於生活滿意的共同觀點。

老年社會工作所注重的靈性，透過確認並評估每個個人的靈性表現，再次確認了專業對維持與尊重的承諾。

沒有所謂的對於老化過程的固定真相，或是老化對個人的意義為何。想要瞭解老年人如何以及為什麼做某些行為，重要的是去瞭解一位老年人如何在靈性的範圍內定義真相。老年人可能會認為受苦是來自上帝的考驗，或者是有更大的目的（Bullis, 1996）。伴隨老化過程而來的功能喪失或疾病，通常都被視為一種人類經歷過程中不可避免的一部分，而非因為犯罪或違法所受到的處罰。如果個人的禱告與奉獻是慰藉來源，並當成是一種應付的方法，老年人就應該加以使用。瞭解老年人的靈性，有助於社會工作者明白老年人的世界觀，以及後續的行為。

老年靈性的主題與背景

Fischer（1993）發現了五種觀察與形容老年靈性特色的主題。第一個主題是老年人擁抱現階段的重要性，其中包含了珍惜時間的可貴，以及處在當下的真實重要性，「學習藝術的參與，而不是執行」（p.31）。第二個主題是把發覺過去人生的記憶當作建構人生意義的部分，這是一個回顧人生過程的重要功能。在這個過程中，老年人有機會面對自己的侷限，就是老年人描述靈性在他們生命中重要性的第三個主題。面對自己的侷限並接受正面與負面的人生，老年人因此有機會尋求和解與原諒，這就是Fischer的第四個主題。有機會修補並恢復疏離的關係，對解決老年人早年內在的衝突是個很重要的部分。最後一個主題，Fischer認為是「擴大一個人的愛與同情的範圍」（p.33）。因為老年人對於自己的人生已經有很好的瞭解，並有機會去服務他人，所以，有許多人利用他們剩餘的時光，透過禱告或服務去幫助別人。

信仰與靈性對老年人的影響

不論性別、種族、或族群身分為何，定期參加宗教活動的老年人有較好的身體與精神健康狀態（Koenig, 1990; Levin, 1994; Musick, Koenig, Hays, & Cohen, 1998）。宗教在精神健康上被歸因於許多正面的因素。公共的宗教方面，比如像參加宗教服務與加入教會會員，提供了老年人機會去發展並維持一個社會支持系統。定期與一群相同信仰的人接觸，

藉由分享相同信仰，亦有助於對抗社會隔離。個人形式的宗教與靈性儀式，比如像禱告與冥想，則可以緩衝壓力的影響。又如疾病、退休，以及寡居（Ellison, 1994），宗教信仰便可提供一個認知架構給老年人，讓他們接受痛苦的事件，並把它們當成是人生過程的一部分，而不是上帝用來懲罰他們的。它們也可作為是有用的心理資源，幫助老年人度過人生事件中的痛苦情緒（Nelson-Becker, Nakashima, & Canda, 2006; White, 1998）。換句話說，宗教的執行與信仰是一種有力的應對機制，幫助老年人從負面的人生事件中存活下來——準確的認定靈性是一種人生力量，對於社會工作的圓滿執行是很重要的（Sermabeikian, 1994）。當老年人面臨壓倒性的挑戰時，宗教與靈性兩者可以當成很大的慰藉及鼓勵來源。

　　Koenig、Smiley與Gonzales（1988）把那些有強烈信仰的人，歸因於相信負面事件的神聖目的，以及最後的正義讓壞事發生的結果。信仰與靈性幫助老年人在老化過程中面臨挑戰的時候，可以維持他們的連續性與凝聚感（Wong, 1998）。在早期的人生階段中，一個人的成就通常跟外在成就有關，像是工作或社會狀態。靈性幫助老年人度過一段社會心理過渡期，將個人價值的指標移轉到更內在的成就上，例如，生活滿意度以及個人價值觀的實現。一位老年人的信仰可以幫助他或她架構一個有意義的系統，那個系統是以一種超載自我的力量，提供了一種個人的價值觀。

老年女性以及有色人種生命中的靈性

女性的信仰與靈性

　　信仰與靈性在女性的生活中，扮演了比男性生活中更重要的角色。McFadden（1995）發現女性在生命中任何時期都受到信仰的影響。女性的壽命比男性長，所以更可能在失去人生伴侶後獨自生活，於是晚年將更加孤獨。這種孤獨的可能性加強了之後可促使女性更內省的生活，讓人更依賴靈性在宗教上的慰藉，例如，禱告或冥想（Mull, Cox, & Sullivan, 1987; Zorn & Johnson, 1997）。教會或猶太教堂的會員可

說是婦女重要的社會支持來源，女性得以更多的參與出宗教組織贊助的社會團體活動（McFadden, 1995; Stolley & Koenig, 1997）。

當老婦人的社交支持系統隨著死亡與疾病而縮小時，她可以轉而求助教會相關活動或朋友，當作是一種恢復其社會網絡的方法。

Gilligan（1982）提出女性以不同於男性的靈性體認方式當作其人生的力量，並以截然不同的方式來詮釋、面對她們的人生。女性的靈性強調的是一種獲得基本需求的人際方法，其中的一種是向他人（設置機構）以及更強大的力量求援（私人施設）。女性會把她們的靈性定義為不只對自己也是對他人的責任，加強了Gilligan所稱的「關係靈性」理論。女性在他人的靈性中發覺並體驗她們自己的靈性，這並非是一種獨特的個人經驗。女性的生育與照護角色在與他人的關係中都是獨特的靈性經驗。

一直到最近，長久以來主宰者被認為是男性的傳統說法，才受到男性與女性雙方的挑戰。男性在傳統上的形象，被用來形容一位主宰者，像是父親—— 一位照護、所有力量的來源。在許多宗教組織中，比如羅馬天主教堂，女性是不得接觸禮拜儀式，以及充當教義領導者的。這種缺乏參與教會結構力量，使得女性參與傳統宗教組織得重新予以定義（Hickson & Phelps, 1997）。近來對於不滿女性在禮拜儀式的神職角色被排斥的不滿聲浪正逐漸高漲，某些聲明當中已重新定義女性的靈性是一個持續，同時也是一股強大的力量。

有色人種的老年婦女

在人種或族群中的成員，並不會自己決定宗教的信仰。更確切的說，是歷史經驗形塑了有色人種老年人目前所生活的社會內容，而且也影響了他們的宗教組織與個人宗教活動（Maldonado, 1995）。有組織的宗教服務在有色人種老年人的生活中，提供了社會心理與靈性角色。

宗教與靈性的緩衝作用，對有色人種的老年人特別有影響，因為他們參與宗教的程度比白種老年人更高（McFadden, 1995）。與教會的強烈連結，讓有色人種的老年人得以在歷經壓力、歧視、困苦與貧窮，以及身為少數族群的心理壓力的人生中倖存下來（Koenig, Cohen, & Blazer, 1992; Tripp-Reimer, Johnson, & Rios, 1995; Williams, 1994）。考慮文化認

定的發展與種族／文化團體的療癒元素，都是提供社會服務的必要要素（Jacobs, 1997）。

非裔美國老年人。長久以來，教會被視為是非裔美國人社區重要的社會支持機構，它提供了宗教與非宗教上的功用（Levin & Taylor, 1997; Stolley & Koenig, 1997）。傳統的浸禮會教友禮節活動，以及基督教的五旬節宗教服務，對於成員都有療癒的功能（Levin & Taylor, 1997; Musick et al., 1998）。活潑的音樂、充滿活力的佈道，以及深深的崇拜感，都讓在場者感覺良好。參與教會活動可以給獨處一個禮拜的老年人一種宣洩與強烈的社會經驗。對許多非裔美國老年人來說，教會帶來的希望與歡樂，可以幫助他們遺忘身體疾病的憂鬱，以及捉襟見肘的收入。Ferraro與Koch（1994）觀察到定期上教堂的非裔美國老年人，比那些沒有定期參加教會的老年人，有更好的健康情形與較低的憂鬱程度。

Levin與Taylor發現非裔美國老年人比較常禱告，也比較能認定宗教，也比白色人種老年人更常參與宗教服務。他們還會參加私人的宗教活動，像是查看宗教節目、閱讀宗教題材的東西，這些都是年輕的非裔美國人或白色人種老年人不常參與的（Chatters & Taylor, 1989; Taylor & Chatters, 1991）。

在非裔美國人社區中的教會，通常都會提供直接的服務，比如像是在會員們有經濟困難時提供食物與衣物，尤其是公共部門沒有提供這些服務時（Holmes & Holmes, 1995）。Antonucci（1985）提出所有民族的教會都會在需要的時候提供協助給他們的成員，這便是一種社會信用。藉由維持在教會中的積極身分，以及協助其他人度過人生的困境，老年人可以期待當他們的健康日漸衰退而且與社會隔離現象逐漸增加時，他們也將獲得他人的協助。

從歷史的眼光來看，黑人社區的教會有許多社會功能的作用，使得非裔美國人得以控制、主導並面對在其他社會結構中的差異系統功能（Stolley & Koenig, 1997）。對於政府、教育，以及企業抱持否定立場的男性與女性來說，教會是一個維持著領導駕馭感的機構。

西班牙裔的美國老年人。有組織宗教的信仰與實踐，跟家庭一樣都是西班牙裔美國老年人的主要情緒支持來源（Cox, 1995; Delgado, 1996）。這群廣大的老年人都是羅馬天主教會的成員，宗教信仰反應

的是他們家鄉的使命，例如，中美洲以及南美洲，參與禮拜儀式與團體禱告則是西班牙裔美國老年人最常見的公開宗教活動（Maldonado, 1995）。

有愈來愈多西班牙裔美國人加入福音派新教徒教會，例如，聖靈降臨教派（五旬教）、第七日基督復臨安息日教派、摩門教派等，這些從傳統羅馬天主教移出的教派，被重新定義為生命中的社會與靈性角色（Maldonado, 1995）。Delgado（1996）發現，原教旨主義教會不像傳統的羅馬天主教般，努力地透過保留傳統宗教慶祝活動來保留波多黎各的文化。除此之外，還在他們成為美國大陸移民的過渡期間提供支持服務。掌管波多黎各事務的部長，通常都是波多黎各或其他的西班牙裔人士，他們有著相同的社會經濟、教區階級，以減少社會距離與語言障礙。Delgado還發現，藉由提供教育與娛樂活動來管理成員們的靈性與身體需求，比傳統的羅馬天主教更能幫助教會成員把教會視為接近心靈的地方。

在這方面，原教旨主義教會在西班牙裔美國人的社區的功用，有許多是跟非裔美國人社區相同的（Delgado, 1996）。兩者都有本地的社區管理人員提供主要的社會與教育服務，並帶給社區一種凝聚的感覺。西班牙原教旨主義教會則比較少把自己當成是社會活動的原創者，或是自認為是主要的領導權提供者。西班牙裔（拉美裔）教會也比較會聽從家庭的建議，提供年老的成員廣泛性的物質支持。

教會活動在白色人種老年人的生活過程有增加的現象，但西班牙裔老年人的參與情形則相對的穩定，有更多的女性比男性更加確認她們的宗教信心（Ellison, 1995）。這並不是說西班牙裔美國女性比男性沒有靈性，只是她們比男性更常見於宗教組織內（Stolley & Koenig, 1997）。西班牙裔美國老年人會參加教會禮拜儀式與社會活動，並利用這個機會維持與家人及朋友的接觸，因而更能成功地面對所面臨的情緒與社會挑戰（Angel & Angel, 1992）。

亞裔美國老年人。很少研究是針對亞裔美國老年人的宗教和靈性角色而做的，部分原因是因為他們的人口數量很少的緣故。亞洲人在美國的宗教包含印度教、佛教、伊斯蘭教、錫克教、耆那教，以及日本神道教，還有其他的基督教形式。但是，沒有任何一種宗教對特定的亞洲國

家來說是獨一無二的。除了大多數的菲律賓人是天主教之外，可能是因為受了西班牙菲律賓殖民的影響；而大多數的泰國人是佛教徒；很少年輕的亞洲族群可以被操控宗教信仰（Tweed, 1999）。在亞裔美國老年人之間，宗教偏好是一種原產國的功能。傳統的東方宗教不同於同是猶太教與基督教對於上帝存在信仰的思考主線，他們的信仰與儀式總是環繞著人類與靈性世界的連結，以及信仰影響日常生活的方式。這群人的宗教與靈性的執行是私下而非公開，他們對於亞裔美國老年人的直接影響絕大部分仍未被加以研究。

本地的美國老年人。本地美國老年人的宗教，就跟不同部落一樣多種。很少有正式的研究對他們的宗教以及宗教與靈性角色進行確認。特殊的部落依照他們原始的語言、飲食，以及地理環境而發展出獨特的宗教與靈性傳統（Gill, 1993）。以農業為主的部落，發展出的是他們賴以維生的季節與作物的儀式。獵人們比較可能把靈性的力量歸因於動物。不像其他的宗教傳統，本地美國人沒有明文的歷史或編纂的宗教信仰，比如像聖經或猶太教律。傳統則是以講述故事或神話的方式傳承下去。對於許多當地美國部落來說，目前這一群老年人是最後僅存與富裕、優良獨特靈性傳統有關聯的一群人。

當地美國人在跟白色人種的探索有接觸之前，奉行的是一種廣泛的本土信仰，因此，本土美國宗教的根源並未明確地反應在同是猶太教與基督教的傳統上，而是一種混合了黃教儀式與神話，強調的是人與自然的和諧。許多本地美國老年人持續奉行一些他們的本地宗教，其實那是一種比生活哲理更沒有正式型態的宗教信仰。其他的老年人則將本地信仰混合了更多的傳統基督教，而另外發展出一種獨特的宗教奉行方式（Maldonado, 1995）。傳統的基督教儀式，像是婚禮、禮拜儀式、或是葬禮，都會以當地的語言配合當地的音樂與服裝來進行（Gill, 1993）。

當地美國文化在靈性的語言上來說是豐富的，傳統的本土美國靈性在身體與精神疾病，以及靈性世界之間，有很強的連結關係。不論是因為「靈魂的喪失」所造成的個人功能方面的疾病，或反社會人格障礙都可被看出（Gill, 1995, p.143）。黃教的角色是與靈性世界接觸，在心靈或身體得以治癒之前收回靈魂或是哄騙侵入人體的物件。

這種觀點對接受傳統同是猶太教與基督教訓練的社會工作者來

說，尤其陌生。因為執行者的不一致，於是靈性信仰與儀式便可能被誤以為是譫妄，而非一種有價值的文化支持系統。

結合靈性與老年社會工作實務

追求靈性之前的預防措施

在許多老年人的人生中，靈性與宗教很顯然的扮演了一個重要的角色，也給了社會工作者一個機會，將不同的介入技巧加以結合以顯現老年人的心理問題。然而，特殊技巧的討論應該以三個預防措施為序言。

第一，雖然許多老年人覺得靈性和宗教是慰藉來源並非常重視它們，但有些老年人卻不這樣認為。一位社會工作者不應該認為老年人會自在的討論這個議題，並探討靈性是一種解決情緒衝突的方法。就像年輕人一樣，老年人會覺得一般的宗教與靈性議題常有被冒犯的感覺而不受歡迎。很顯然的，一位不認為宗教或靈性對他們來講很重要的老年人，就不適合用靈性改善來作為一種治癒的方法。

第二，將靈性技巧與一個人的專業結合時，在任何情況下都不要說教，或試圖招募老年人到一個宗教團體，包含改變信仰。幫助老年人的條款中，絕不要附加宗教團體或組織的任務。專業社會工作者在二十世紀初便認知到這種有條件協助的危險性，到目前為止同樣不被接受。

第三，靈性或宗教技巧不適合與有嚴重精神疾病、迷惑、幻覺、或曾經被神職人員虐待的個案結合（Bullis, 1996）。對某些老年人來說，靈性與上帝的存在是慰藉的來源，但是有扭曲思想或是創傷後壓力的老年人，會認為討論這個議題是很惱人的事。這些預防措施應該持續提醒著社會工作的執行者，要利用這個專業判斷來決定適合實施的精神技巧。

自覺與靈性

社會工作者必須深切瞭解靈性與宗教在他們生命中所扮演的角色。你覺得自己是個具有靈性的人嗎？有組織的宗教是你生命中重要的指引力量嗎？在把靈性當成是一種處理老年人事務的力量之前，身為執

行者的你要先能夠回答這些問題。如果有的話，想想看，你是在哪裡發展出自己對於宗教與靈性的態度，以及你所培養的宗教角色；仔細地評估自己的靈性發展所在，以及自己想要達到的境界。確定在討論自己或他人有關精神方面的感覺自在的程度。宗教與靈性議題能與理論性的觀點一樣，讓你自在的使用於社會工作上嗎？在把宗教與靈性當作治療老年人的力量之前，要先發展自己宗教與靈性語言和意象的自在程度。

想把靈性運用到老年工作，需要能先觀察到宗教和靈性在老年人生命中的是力量，而不是弱點。社工人員要能尊重他們不同的信仰傳統，瞭解並接受廣泛性的個人價值，因為那些個人價值有時會跟他們最珍愛的信仰有所衝突（Derezotes, 1995）。

活潑生動又栩栩如生的非裔美國人教會的氛圍，可能會讓習慣於安靜而虔誠的禮拜環境的社工人員感到不安。非基督教徒的社工人員則可能會對耶穌與聖母瑪莉亞被熱情的崇拜而感到困擾。誦經用的念珠、十字架，以及其他宗教物品，在非基督教徒看來都是迷信的東西。祭拜祖先和焚香對於不熟悉東方宗教傳統的社工人員看來，就像是外星人一樣。總之，確認並支持靈性，意味的是接受它在老年人生命中所呈現的獨特方式。

學習信仰的傳統思想與實踐

專業的社會工作堅持執行者在執行業務工作前，必須有一種強烈的知識基礎，包含生物的、心理學的，以及人類功能社會元素。同樣的，也要學習宗教傳統，並練習跟個案團體與開業者共同合作。大專院校提供相關的宗教課程，包含傳統的同是猶太教與基督教的方法，這個在美國最普遍的宗教，以及其他像佛教、印度教或道教的對比。瞭解這些信仰的基本宗教原則的差異，可以提供一種無價的知識基礎，在開業者自己的信仰之外進行老年社會工作。因此，如果你正進行一個特殊的種族宗教團體工作，便應該去尋找這些特殊宗教的資料來源，或是去參加一個宗教的議題，而且也打算結合一些特殊的干預技巧時，不妨直接詢問個案他們的宗教信仰。大部分的老年人都會以他們的宗教為榮，並樂於協助你作進一步的瞭解。

把靈性當成是評估過程的一個元素

老年的評估工作通常都包含他們所加入的宗教或教會會員,把它當成是評估老年人可用的社會支持系統問題的一部分。將精神元件與評估過程結合,意指擴展老年人與工作者對於老年生命中宗教意義與靈性特性的解釋。它把問題從「什麼」,提升到「如何」與「為何」。

語言與非語言的靈性指標。決定靈性與宗教在你個案的生命中是否重要,以及是否可以結合一個介入計畫的重要工具,是你的耳朵和眼睛。仔細聽老年人談話的方式,不僅可發覺目前的問題,還能知道他們的人生故事。老年人用來訴說生活故事的語言可以是很好的隱喻,例如,形容人生是一段旅程或是意義的追尋,「這是上帝的旨意」,或是「上帝給予賜與」的詞句,都明顯地顯示出老年人轉向靈性與宗教信仰尋求慰藉與瞭解。積極參與宗教組織的老年人,通常都把教堂牧師(基督教)或拉比(猶太教宗師)當成是他們生命中的重要人物。老年人的說法也讓執行者對老年人根深柢固未解決的宗教與靈性衝突,有了更深入的瞭解。所謂的衝突,可能呈現的說法為「為什麼上帝讓這種事發生在我身上?」,或是「我是不是做了什麼才會受到這種懲罰?」觀察老年人是否有宗教的意象,像是十字架、雕像、或其他的宗教物品擺放在他們家中?一本快翻爛的聖經或是一幅宗教畫像,通常都是老年人日常生活的宗教與靈性指標。

保健組織聯合鑑定委員會(JACHO)評估必要條件

就像本章一開始提到的,聯合委員會認可醫療機構在2001年修改它的任務標準,對加入該機構的執行者,用簡要精神評估予以約定,當成是進入程序的一部分。

這包含各年齡層的病患,而不僅指老年人而已。這些指導原則被引用在本章中,因為大多數申請入會的都是老年人。聯合委員會認可醫療機構簡要評估的基本理由是確認所提供的靈性服務對於該病患的影響。例如,耶和華見證會的會員不會同意輸血;穆斯林婦女在由男性護理人員提供照護協助時也會不自在;正統的猶太人如果遵守猶太教規的話,就會有特別的飲食要求。這些指導原則也會影響到預先醫療指示的內容

與意願。對於老年人的靈性信仰與執行更加瞭解，將有助於是否可以在機構內採用教牧關懷。

聯合委員會認可醫療機構的主要考量，是病患信仰名稱的表達，以及任何特殊精神信仰，尤其是那些跟病患處理疾病或受苦有關聯的方法，還有任何重要的修行（Hodge, 2006）。表10.1是由聯合委員會認可醫療機構列出的問題清單，用來協助執行者進行這個評估，儘管對於這些問題的答案並不需符合這個需求。

表10.1 靈性評估問題—保健組織聯合鑑定委員會（JACHO）
1.誰或是什麼提供力量與希望給病患？
2.病患是否在他或她的生活中進行禱告？
3.病患如何表達他或她的靈性？
4.病患如何形容他或她的人生哲學？
5.什麼類型的精神／宗教支持是病患想要的？
6.病患的神職人員的名字是什麼？
7.受苦對於病患的意義是什麼？
8.瀕死對於病患的意義是什麼？
9.病患的精神目標是什麼？
10.教會／猶太教堂在病患的生命中扮演什麼角色？
11.信仰上帝在病患的生命中重要嗎？
12.病患的信心如何協助他應付疾病？
13.病患是如何日復一日度過的？
14.是什麼幫助病患度過這個健康照護經驗？
15.疾病是如何影響病患以及他或她的家庭？

來源：由保健組織聯合鑑定委員會授權印製，One Renaissance Blvd., Oakbrook Terrace, IL., 60181.

Hodges（2004）建議執行者把保健組織聯合鑑定委員會的問題，加上與病患在靈性與宗教上的對話，再重新組合問題，而不要感覺只是像一份正式的評估。他建議的問題如下：

- 我在想，靈性或宗教對你是不是很重要？
- 有某些精神信仰與實踐特別有助於你面對問題嗎？
- 我在想，你是不是還有參加教會或其他形式的精神社區？
- 有什麼精神需求或關心是我可以幫助你的？

Hodges（2004）爭論的是這些問題應提供足夠的探詢病患的靈性，

以幫助認定健康照護設定需求的方法，或修正病患服務計畫。重點是，執行者至少要與病患有信仰名稱以外的對話，並真正去探討病患如何在健康照護的危機當中利用他們自己的精神信仰與實踐。

靈性的家庭圖與時間線。在探討老年人的宗教與精神教養部分，Bullis（1996）建議使用精神家庭圖。圖10.1可見精神家庭圖的範例。一個精神家庭圖是一種描繪一個家庭的家譜，以利追查這個家庭的歷史或是家庭使用的治癒方法，來鑑定二代家庭之間的模式。老年人可以利用圖譜的模式去認定他們接受宗教訓練的來源，或是他們生命中所接受的重要靈性訊息的由來，藉此則有助於老年人與社工人員瞭解宗教是如何（或不是）教養這個老年家庭的精力來源。

圖10.1的家庭圖中是一位70歲老年女性的精神圖譜，圖中呈現出有關她自己精神福祉的高度關切諮詢。她一輩子都選擇不到滿意的配偶，受到有精神信仰男性的吸引（浸信會牧師以及一位前神父），但同時又拒絕上帝存在的概念。社工人員可以幫助這位婦女重新檢視她自己的信仰與靈性，這將可幫助這位老年人獲得深層的洞察力，瞭解她本來可以挑選她的配偶，以及在往後的人生中如何尋找比較沒有壓力，而且有更多回饋的人際關係。

Bullis（1996）也建議使用精神時間線，這是一種直線描述老年人生命過程中精神成長與發展階段的情形。一位70歲罹患癌症婦女的精神時間線，可見於圖10.2。以第一人稱的觀點來書寫，老年人可以用一種正式的宗教制度以及把上帝擺放在她自己的生活事件中，來想一想她的經歷。氣憤與混亂的主題明顯出現在她的生命初期，又因為父母的疏遠而更加強烈拒絕了原來的宗教教養，以及悲劇的個人損失。當她面臨嚴重醫療上的挑戰時，她為自己從前拒絕上帝而感到罪過，並強烈認為與上帝和解會讓自己好過一點。藉由幫助她對於她的精神與宗教經歷有所瞭解，社工人員可以協助她認定有助於她對抗現階段健康危機的精神來源。

這個工具給了老年人一個機會，依照人生事件、心理發展，以及社會與環境的影響因素反映在靈性與宗教隨著時間而產生變化的方法。它也給了老年人與社工人員一個談論現階段靈性與宗教意義的機會。老年人在想到來世或沒有來世時，人生對他們是否有新的意義？是否有一些

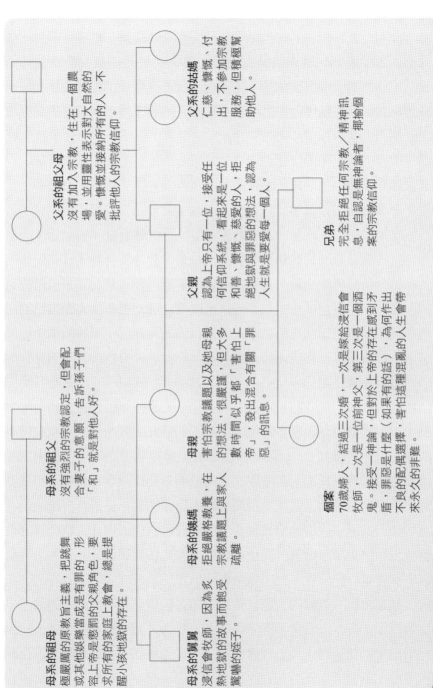

精神家庭譜範例

圖10.

出生在一個嚴格的羅馬天主教家庭 ——▶
1932年7月1日，長女。
1932年8月15日，受洗。

每週去望彌撒，從母親
那裡學會禱告，視上帝
為祖父型但不嚴厲。

6歲：第一次參加羅馬天主教會活 ——▶
動，第一次想到「罪惡就是做了什
麼壞事讓上帝生氣」。

9歲：父親的祖母過
世，父親因為生上帝的
氣，所以不再上教堂。
我感到很困惑，並害怕
父親會因此下地獄。

13歲：學到性愛只能發生於婚姻關 ——▶
係中。性慾的感覺是罪惡的。始終
有罪過的感受。

17歲：我因為懷孕而嫁
給非天主教徒，父母親
拒絕承認這門婚事及丈
夫，於是離開了天主教
會並參加了路德教會。

年輕成人期：以路德教徒身分撫養 ——▶
子女，喜歡參加教會活動，但仍認
為自己是天主教徒。

45歲：丈夫意外身亡，
留下我一人獨自撫養三
名子女。我生上帝的
氣，覺得自己因為離開
天主教而受到懲罰，不
再禱告或上教堂。

60歲：大兒子死於交通事故，同時 ——▶
也被診斷出罹患癌症。覺得自己必
須和上帝談談，但已不記得要怎麼
和上帝對話。自己覺得很生氣，但
也怕是否因為自己早年的行為曾傷
害了所愛的人。

圖10.2　精神時間線範例

未竟事宜是老年人在讓他們的「精神之屋」井然有序之前需要注意的？家庭圖與時間線提供了工具，用視覺描繪出這些議題當成是評估過程的一部分。

　　精神生態地圖。在努力想改變家庭圖與精神時間線見解時，兩者都著重在家庭來源議題，Hodge（2000）建議以一個精神生態圖來當作評估工具。這個方法著重的是把靈性角色定義為一種老年人現階段功能的力量。在建構一個規則的生態地圖時，老年人被擺放在圖中央，並由生態系統的「元素們」圍繞著老年人。根據Hodge（2000）的說法，這些元素包含儀式（編纂的精神實踐）、父母親的精神傳統、老年歸屬的信仰社區（如果有的話）、他或她對於卓越的超越人類（天使、精神）概念，以及他或她與精神領導者的關係。視覺上的呈現可幫助老年人與社工人員確認哪些元素是老年人應付生活挑戰的力量來源。這個方法最主要的力量是執行或組織一份大量有關老年人的簡明靈性資料，以及確認存在於老年人與其生命中精神要素的關係。

　　使用非宗教語言在靈性評估。Sherwood（1998）建議，或許直接向老年人提出靈性問題，會比問他們宗教問題或宗教的家庭經驗更恰當。這類問題可能是「你的力量來源是什麼？」「你的希望是建立在什麼上面？」以及「是什麼讓你的生命有意義？」（Sherwood, 1998）這些問題提出了老年人與他人聯繫的感覺，以及他們對於力量更強的感覺，而不僅是利用清楚表達的宗教經驗。對於那些沒有宗教認知，或是對這種深入討論個人生活感到不自在的老年人來說，這些問題可能比較沒有威脅性，又可讓社工人員直接提到靈性。

靈性與社會工作的介入技巧

　　靈性與其他理論指引的和解。在評估自己的精神發展時，社工人員提出的問題之一是他們自己與專業理論指引在靈性與宗教上是可併立的。包含將靈性當成是老年工作的一部分，並非意味著精神技巧取代了其他的介入方法，而是把靈性當成老年人重要的精神福祉。Derezotes（1995）建議傳統的社會工作技巧可以用來包含靈性，例如，執行者最喜歡把心理動力學用在治療過程中，以幫助個案得到洞察力，以利察覺過去的宗教與精神經驗如何造成目前的內在衝突。那些使用認知行為技

巧的執行者，可以幫助老年人用增進的新思考與行動來取代錯誤的想法，以及隨後的功能異常行為（Hodge, 2001）。

對於那些使用發展遠景的執行者發生於生命過程中的問題與危機，可以視為是個案在建構精神發展的機會。

將靈性加入人生回顧過程。 人生回顧的過程是一種幫助老年人經歷過去與現在情緒衝突的重要工具，在第六章中有詳細說明。雖然傳統的人生回顧不一定要包含精神的發展，技巧本身自然就涵括了這種人生回顧的題材（Wong, 1989）。靈性的非常元素，包含了卓越的自我、意義的追尋，以及與他人連結的需求，通常都合併在人生回顧過程中。有些老年人把人生回顧視為是一種尋求晚年生活的方法，然而，有人則把它當成是準備面臨死亡的一種必然過程。利用精神時間線或家庭圖可加速這個過程。

使用或教導冥想。 冥想是一種不需任何正式宗教加入的典型精神技巧模式。冥想的時候，老年人被要求要淨空他們的心思，並集中精神在意象、字彙或感覺上，它們會讓人感到自在或平靜，連結一個正面的、放鬆的字彙或詞句，到進一步的肌肉放鬆，則是強化精神力量、改善身體或情緒功能的方法之一。

促成老年人參與宗教團體。 參與宗教團體可以產生會員形式，並從他人那裡取得社會與精神支持（Hodge, 2001）。許多宗教贊助團體都被設計用來成為老年人的社會教育支持，可以維持老年會員間的社會網絡。其他為老年人設立的宗教團體，則更直接朝向一個有意義的服務成分。Wong（1989）建議為了試圖得到瞭解超越自我以及與他人連結是精神旅程的一部分，老年人被鼓勵以義務性質來組織自己的當地教會或猶太教堂，這些團體的組成是用來協助提供動手照護罹患HIV/AIDS的嬰兒、祖父母養育計畫、仁人家園、或是其他的社區服務計畫。

跟社區教會合作。 本章已經討論了教會在人類與族群社區的精神領導，以及提供社會服務的雙重角色。對於那些尋求與特殊種族社區連結的代理以及社會工作者來說，當地教會可作為一個接近老年種族的重要方法。不只是經由當地教會來延伸教育老年人可供使用的服務項目，還可提供更便利的地點，以服務行動不便或有交通限制的老年人（Hodge, 2001）。

發展設施的精神／宗教機會。 居住在集合式住宅、護理之家或醫院

的老年人，可能會因為隔絕而無法在需要時獲得他們信仰的宗教服務。即使是曾經透過終生信奉的宗教社區而成功維持一個強力社會支持系統的老年人，因為長期處於照護機構，也可能會讓他們完全與那個支持系統隔離。鼓勵老年宗教社區的人員去拜訪老年人、持續的提供照片或錄影帶，並鼓勵熟識的牧師或拉比去拜訪老年人，都可以有效地提醒他們並沒有被所信仰的機構給遺忘了（Johnson & Johnson, 2007）。這些細微的宗教提醒也可以有效的碰觸到老年人明顯的記憶喪失問題。社工人員在倡導老年人所在機構設立宗教服務機會，或是提升老年人接近牧師或附屬教堂牧師上，扮演了一個很重要的角色。Ross（1997）也建議機構考慮設計一間深思室，因為當老年人無法使用教堂時，他們寧願有一個私人的禮拜空間。

如何區分牧師的忠告與靈性上的指引？

承認並利用宗教與靈性在老年社會工作的使用，與採用牧師諮詢或精神指引不同。社會工作主要是著重在透過個別諮詢來加強或恢復老年人的社會功能，連結老年人到現在的服務，並在老年人的環境中促成或發展支持服務。結合實行技巧，確認並支持老年人的靈性作為補充，而非取代這些基本社會工作的任務。

雖然社會工作的任務與牧師諮詢或精神指引是可併立的，但它們是不相同的。牧師的諮詢著重在協助老年人利用宗教信仰，因而可以在遇到困難與壓力時找到希望。通常是由牧師或訓練有素的牧師輔導員，讓老年人在日常生活中發現上帝的存在。牧師的諮詢通常是供住院、機構中、或是最近遭受危機的老年人使用，比如像失去摯愛的人。牧師諮詢的課程內容顯然是精神層面的，它的根據是在痛苦當中找到上帝，並當作是一種治療和成長來源。精神指引不同於牧師諮詢，可以形容為「神聖的傾聽」（Guenther, 1992）。一個個人通常都以尋求精神指引的協助，來加強他或她自己的靈性與上帝的關係。一位精神指導者被視為是個人精神旅程的伴侶，而不一定是靈性或宗教方面的專家。個人會在遇到危機時尋求一位精神指導者，但著重在精神指引的並不是問題的解決，而是加強上帝在一個人生命中存在的意識與敏感性。社會工作者可能會發現其他的精神專業輔以老年社會工作的重要性，但不應該認為牧師諮詢或精神指導者的角色是不需經過特殊訓練的。

總結

　　雖然社會工作專家故意避開二十世紀的靈性與宗教議題，但這個專業亦已經發展出對於老年人功能的一種新的興趣。靈性包括個人超越自我的感覺、意義的追尋，以及一種與他人的連結，這些都是與晚年生活有關的重要社會與情緒挑戰。宗教比較常被定義為一種正式的聯合機構，在那個機構中，對於上帝的信仰以及行為標準被加以編纂。靈性與宗教常被互換使用，但實際上它們是不同的。

　　正式的宗教機構提供許多老年人情緒與設備上的支持，尤其是有色人種的老年人。活躍於當地教會的有色人種老年人，比那些不參加宗教的老年人有更好的身體與精神狀態。以歷史的角度來看，教會讓有色人種的社會與經濟在教會外也有所進步，教會仍然保有其看得到的種族社區影響力。

　　如果精神與宗教主題對老年人很重要，又倘若社會工作者與自己的靈性有連結，精神與宗教的評估便可當成是一種有用的元素來完成心理評估。老年人功能的列入，提供給社會工作者一種額外的技巧來推近老年人的社會與情緒功能。找到並將「第三年齡」作最佳運用的需求，可以當作一種促進老年人擁抱個人或公共禮拜的有力形式。雖然社會工作者不宜認定牧師諮詢者、改變信仰者（變節者）、或是精神指導者的角色，但他們可以當成是促進老年人與正式宗教機構或私人精神活動連結的重要角色。

問題討論／活動

1. 跟你所在地的大型宗教單位聯絡。該機構有無特別為老年人設計什麼活動？那些活動純粹是社交活動，或是含有宗教或精神元素在內？這個集會確立並試圖符合老年會員的精神需求嗎？

2. 訪問一位醫院的附屬教堂牧師，看他或她對於老年人的照護經驗為何？他或她多常被叫去為老年人服務？這位附屬教堂牧師認為自己是否具有足夠的精神方面的知識，可以有效地面對老年人在這方面所面臨的評估？附屬教堂牧師是喜歡或擔心從事老年人工

作？

3. 填具本章中所提到的精神家庭圖或是精神時間線，你從哪裡取得自己的宗教或靈性資訊？其中，哪些資訊的建立有助於你瞭解自己的靈性？假如你在一個傳統宗教環境中長大，最近卻轉屬其他宗教團體（或根本都不參加了），是什麼因素讓你作這個決定的？

4. 社會工作者在什麼時候以及如何知道心理或情緒問題其實是一個精神的危機？什麼狀況下，你會立即以你的社會工作角色去諮詢訓練有素的精神領導者，例如一位牧師、拉比、或其他的神職人員？

參考書目

American Psychiatric Association. (2000). *Diagnostic and statistical manual of mental disorders-TR* (4th ed.). Washington, DC: Author.

Angel, J. L., & Angel, R. J. (1992). Age at migration, social connections, and well-being among elderly Hispanics. *Journal of Aging and Health, 4,* 480–499.

Antonucci, T. C. (1985). Personal characteristics, social support, and social behavior. In R. H. Binstock & E. Shanas (Eds.), *Handbook of aging and the social sciences* (3rd ed., pp. 94–128). New York: Van Nostrand Reinhold.

Blazer, D. (1991, Winter). Spirituality and aging well. *Generations,* 61–65.

Bullis, R. K. (1996). *Spirituality in social work practice.* Washington, DC: Taylor and Francis.

Canda, E. (1988). Spirituality, religious diversity, and social work practice. *Social Casework, 69*(4), 238–247.

Canda, E. R. (1997). Spirituality. In *The encyclopedia of social work* (19th edition, 1997 supplement, pp. 299–309). Washington, DC: National Association of Social Workers.

Chatters, L. M., & Taylor, R. J. (1989). Age differences in religious participation among black adults. *Journal of Gerontology: Social Sciences, 44,* S183–S189.

Cox, H. (1995). *Fire from heaven: The rise of Pentecostal spirituality and the reshaping of religion in the twenty-first century.* Reading, MA: Addison-Wesley.

Delgado, M. (1996). Religion as a caregiving system for Puerto Rican older adults with functional disabilities. *Journal of Gerontological Social Work, 26*(3/4), 129–144.

Derezotes, D. S. (1995). Spirituality and religiosity: Neglected factors in social work practice. *Arete, 20*(1), 1–15.

Derezotes, D. S., & Evans, K. E. (1995). Spirituality and religiosity in practice: In-depth interviews of social work practitioners. *Social Thought, 18*(1), 39–56.

Ellison, C. G. (1995). Race, religious involvement, and depression in a southeastern U.S. community. *Social Science and Medicine, 40,* 1561–1572.

Erikson, E. (1963). *Childhood and society* (2nd ed.). New York: Norton.

Ferraro, K. F., & Koch, J. R. (1994). Religion and health among black and white adults: Examining social support and consultation. *Journal for the Scientific Study of Religion, 33,* 362–375.

Fischer, K. (1993). Aging. In M. Downey (Ed.), *The new dictionary of Catholic spirituality* (pp. 31–33). Collegeville, MN: The Liturgical Press.

Gill, S. D. (1993). Native American religions. In *Encyclopedia of the American religious experience: Studies of traditions and movements* (Vol. 1, pp. 137–151). New York: Scribner.

Gilligan, C. (1982). *In a different voice: Psychological theory and women's development.* Cambridge, MA: Harvard University Press.

Goldberg, C. (1996). The privileged position of religion in the clinical dialogue. *Clinical Social Work Journal, 24*(2), 125–136.

Graham, M. A., Kaiser, T., & Garrett, K. J. (1998). Naming the spiritual: The hidden dimension of helping. *Social Thought, 18*(4), 49–61.

Guenther, M. (1992). *Holy listening: The art of spiritual direction.* Cambridge, MA: Cowley Publications.

Hickson, J., & Phelps, A. (1997). Women's spirituality: A proposed practice model. *Journal of Family Social Work, 2*(4), 43–57.

Hodge, D. R. (2000). Spiritual eco-maps: A new diagrammatic tool for assessing marital and family spirituality. *Journal of Marital and Family Therapy, 26*(2), 217–228.

Hodge, D. R. (2001). Spiritual assessment: A review of major qualitative methods and a new framework for assessing spirituality. *Social Work, 46*(3), 203–214.

Hodge, D. R. (2004). Spirituality and people with mental illness: Developing spiritual competency in assessment and intervention. *Families in Society, 85*, 36–44.

Hodge, D. R. (2006). A template for spiritual assessment: A review of the JCAHO requirements and guidelines for implementation. *Social Work, 51*(4), 317–326.

Holland, T. (1989, Winter). Values, faith, and professional practice. *Social Thought*, 28–40.

Holmes, E. R., & Holmes, L. D. (1995). *Other cultures, older adult years.* Thousand Oaks, CA: Sage.

Jacobs, C. (1997). On spirituality and social work practice. *Smith College Studies in Social Work, 67*(2), 171–175.

Johnson, G. E., & Johnson, R. H. (2007). Implicit and explicit memory: Implications for the pastoral care of persons with dementia. *Journal of Religion, Spirituality and Aging, 19*(3), 43–53.

Joseph, M. (1988). Religion and social work practice. *Social Casework, 69*, 443–452.

Koenig, H. G. (1990). Research on religion and mental health in later life: A review and commentary. *Journal of Geriatric Psychiatry, 23*(1), 23–53.

Koenig, H. G., Cohen, H. J., & Blazer, D. G. (1992). Religious coping and depression among elderly, hospitalized, medically ill men. *The American Journal of Psychiatry, 149*, 1693–1700.

Koenig, H. G., Smiley, M., & Gonzales, J. A. P. (1988). *Religion, health, and aging: A review and theoretical integration.* Westport, CT: Greenwood Press.

Kosmin, B. A., & Mayer, E. (2003). *American religious identification study.* New York: Graduate Center, City University of New York. Retrieved from the World Wide Web, July 1, 2003, www.gc.cuny.edu/studies/aris_index.htm

Levin, J. S. (1994). Religion and health: Is there an association, is it valid, and is it causal? *Social Science and Medicine, 38*, 1475–1482.

Levin, J. S., & Taylor, R. J. (1997). Age differences in patterns and correlates of the frequency of prayer. *The Gerontologist, 37*(1), 75–88.

Maldonado, D. (1995). Religion and persons of color. In M. A. Kimble, S. H. McFadden, J. W. Ellor, & J. J. Seeber (Eds.), *Aging, spirituality, and religion: A handbook* (pp. 119–128). Minneapolis: Fortress Press.

Marcoen, A. (1994). Spirituality and personal well-being in old age. *Aging and Society, 14*, 521–536.

McFadden, S. H. (1995). Religion and well-being in aging persons in an aging society. *Journal of Social Issues, 51*(2), 161–175.

McFadden, S. H. (1996). Religion, spirituality, and aging. In J. E. Birren & K. W. Schaie (Eds.), *Handbook of the psychology of aging* (pp. 162–177). San Diego, CA: Academic.

Mull, C., Cox, C., & Sullivan, J. (1987). Religious role in the health and well-being of well older adults. *Public Health Nursing, 4*(3), 151–159.

Musick, M. A., Koenig, H. G., Hays, J. C., & Cohen, H. J. (1998). Religious activity and depression among community-dwelling elderly persons with cancer: The moderating effect of race. *Journal of Gerontology: Social Sciences, 53B*(4), S218–S227.

Nelson-Becker, H. (2005). Development of a spiritual support scale for use with older adults. *Journal of Human Behavior in the Social Environment, 11*(3/4), 195–212.

Nelson-Becker, H., Nakashima, M., & Canda. E. (2006). Spirituality in professional helping interventions. In B. Berkman (Ed). *Handbook of social work in health and aging* (pp. 797–807). New York: Oxford University Press.

Ortiz, L. (1991). *Religious issues: The missing link in social work education. Spirituality and Social Work Journal, 2*(2), 13–18.

Pew Forum on Religion and Public Life. (2008). *U.S. Religious Landscape Survey.* Washington, DC: Pew Forum. Retrieved February 26, 2008, from http://religions.pewforum.org

Ross, L. A. (1997). Elderly patients' perceptions of their spiritual needs and care: A pilot study. *Journal of Advanced Nursing, 26*, 710–715.

Sermabeikian, P. (1994). Our clients, ourselves: The spiritual perspective and social work practice. *Social Work, 39*(2), 178–183.

Sherwood, D. A. (1998). Spiritual assessment as a normal part of social work practice: Power to help and power to harm. *Social Work and Christianity, 25*(2), 80–90.

Stolley, J. M., & Koenig, H. (1997). Religion/spirituality and health among elderly African Americans and Hispanics. *Journal of Psychosocial Nursing, 35*(11), 32–38.

Taylor, R. J., & Chatters, L. M. (1991). Non-organizational religious participation among elderly black adults. *Journal of Gerontology, 46,* S103–11.

Tolliver, W. F. (1997). Invoking the spirit: A model for incorporating the spiritual dimension of human functioning into social work practice. *Smith College Studies in Social Work, 67*(3), 477–486.

Trattner, W. I. (1999). *From poor law to welfare state: A history of social welfare in America.* New York: Free Press.

Tripp-Reimer, T., Johnson, R., & Rios, H. (1995). Cultural dimensions in gerontological nursing. In M. Stanley & P. F. Beare (Eds.), *Gerontological nursing* (pp. 28–36). Philadelphia: Lippincott.

Tweed, T. A. (1999). General Introduction. In T. A. Tweed & S. Prothero (Eds.), *Asian religions in America: A documentary history* (pp. 1–12). New York: Oxford University Press.

White, V. K. (1998). Ethnic differences in the wellness of elderly persons. *Occupational Therapy in Health Care, 11*(3), 1–15.

Williams, D. R. (1994). Measurement of religion. In J. S. Levin (Ed.), *Religion, aging, and health* (pp. 114–140). Thousand Oaks, CA: Sage.

Wong, P. T. P. (1989). Personal meaning and successful aging. *Canadian Psychology, 30*(3), 516–525.

Wong, P. T. P. (1998). Spirituality, meaning and successful aging. In P. T. P. Wong & P. S. Fry (Eds.), *The human quest for meaning: A handbook of psychological research and clinical applications* (pp. 359–394). Mahwah, NJ: Erlbaum.

Zorn, C. R., & Johnson, M. T. (1997). Religious well-being in non-instutitionalized elderly women. *Health Care for Women International, 18,* 209–217.

第十一章

老年人的臨終照護

臨終照護是老年學社會工作的一部分

　　老年學社會工作者主要著重在幫助老年人以及他或她的家人，在面臨生命中許多生物心理社會改變上的挑戰時，可以得到最高的生活品質。然而，面對老年人即將死亡的嚴峻事實，卻是老年學社會工作不可避免的一部分。這對於初學者以及有經驗的社會工作者來說，都是最困難的挑戰。協助老年人或家屬面對失去摯愛，是一種持續提醒每個人終究都難免一死的方式，就算不是現在，將來有一天也要面對。也有些人則無法走出失去父母、配偶或伴侶、甚或是子女的傷痛。

　　一個社會工作者對於他自己或是所愛的人死亡會感到恐懼，進而呈現讓人逐漸產生不適的感覺，所以，就像第一章所說的，這是許多社工人員不願意從事與老年人相關工作的原因。這一章要探討的是臨終的議題、瀕臨死亡、哀傷、預先醫療指示的重要性，法律與個人方面的資料可以幫助家人與朋友瞭解一位老年人在瀕臨死亡的時候，希望他的家人幫他做些什麼。

　　這一章便是以瀕臨死亡老年人的身體、心理，以及精神狀況需求開始作描述。一旦發生死亡，社工人員在哀傷的過程中便開始了重要的角色作用，因為這段期間對喪失摯愛親人的人來說，接踵而來的便是一段哀傷與追悼期。

　　本章所提到的安寧療護，是一種不只是為老年人，同時也是為即

將面臨死亡的所有年齡的人體貼與人性化的方法。預先醫療指示在本章的下一個部分，則以一種倫理討論的方式來面對社工人員處理死亡的議題，包括對於屏弱老年人分派健康照護資源的不足，以及協助自殺。

社工人員在面臨死亡與哀傷問題時所扮演的重要角色，在本章中都有重點式的描述，包括社工人員在面對這些議題時自我照護的重要性。

死亡的過程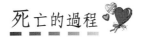

死亡對老年人的意義

雖然老年人對於自己或摯愛即將面臨死亡，就像其他年齡的人面臨死亡一樣會痛苦與倉皇失措，但是老年人在面對這個議題時，比起其他年齡層的人比較不會有否認的經驗。根據Erikson（1963）的說法，一個人在面臨死亡的時候，重要的是要讓老年人獲得老年期的自我統合，因為老年人在面臨老化所產生的生物心理社會挑戰時，他們不可避免地就會想到自己的死亡。他們會確實的覺察到自己從幼兒時期，一直到組成自己的家庭、結交朋友，然後面對家人的死亡並遭遇體能健康狀態的下滑。個人或專業的人生回顧引導過程，是用來協助老年人正視未完成的事情，並設法讓自己的人生沒有留下任何遺憾。死亡對老年人來說並不是什麼意料之外的事情，大多數的人早就想到這個問題了。

可惜的是，每當老年人想討論他們對於死亡的看法與感想時，專業人士或家人往往都漠視或用沒有建設性的說法，像是「你還會活很久」，或是「你可以活到100歲」來回應。在許多敏感的專業社會工作的情緒議題中，例如，家庭暴力、物質濫用、或是精神疾病等，專家們通常都需要引起個案注意這些議題。老年人往往都會想要討論有關死亡與瀕死的問題，但協助的專業人士卻會努力的避開（Chirchin, Ferster, & Gordon, 1994）。

老年人比較不怕死，有兩個可能原因。第一，老年人覺得自己已經活了大半輩子了（Cook & Oltjenbruns,1998; Hayslip & Peveto, 2005），他們從小孩到成人階段已經有了許多的機會與挑戰，有機會談戀愛、組成家庭，甚或是追求生涯規劃。預期死亡的到來並非是在生命還沒有機會

發展之前就將它截短。第二，老年人在他們的年紀變大時，對於死亡的體認會加強（Hayslip & Peveto, 2005; Steeves & Kahn, 1999）。他們會知道最近有哪位朋友或家人過世了。老年人比較有可能想到自己的死亡，對死亡的焦慮感比較低，但對死亡的期待反而比較多，並且會對於自己的死亡作一些實質上的安排，例如，立遺囑或是安排喪禮（Hayslip & Peveto, 2005）。在這裡要強調的是接受死亡並不代表對於破壞性的事情有免疫，而是接受死亡並非只是發生在別人身上的事實（Jeffreys, 2005）。

有些老年人可能會樂於接受死亡，而不是對死亡感到害怕（Silverman & Klass, 1996）。那些面臨慢性疾病或是已經失去配偶或伴侶的老年人，會覺得自己的人生已經不再是種恩賜。身體上的搏鬥或忍受寂寞之苦，都可能讓老年人耗盡精力。雖然這些老年人不會想到結束自己的生命，但他們會希望死亡可提早到來。即使是那些沒有憂鬱情形或是生病的老年人，也都會有一種「我已經做好隨時離開的準備」的心理。雖然他們對自己的人生感到滿意，並且維持積極參與社交活動的熱情，但是在心理上，他們還是有死亡的準備。

生理與心理上的瀕死現象

生理與心理上的瀕死現象因人而異，但是在死前幾個禮拜或是幾個月，有許多的身體或行為現象則大致相同（Karnes, 1986）。當然，這裡指的不是急性因素所造成的死亡，比如像心臟病或嚴重的中風。

一個人在死亡前一到三個月，潛意識中會知道死亡已經是無可避免了，他或她會開始與家人和朋友隔絕，這是分離過程的一部分（Karnes, 1986）。儘管這段時間家人會覺得必須與他多聚聚，但是他知道自己的時日不多，並已作好離開的準備，這時，他的睡眠時間會比平常多，或者是閉上眼睛靜靜的休息而不太願意談話。他可能沒有興趣進食，也有可能食物不合他或她的胃口。

死亡前一個禮拜，瀕臨死亡的人可能會開始失去判斷方向的能力，而且大部分時間都在睡覺。他或她會出現混亂的情況，並開始與已經過世的人對話（Karnes, 1986）。這種現象讓家人很困擾，因為瀕臨死亡的人的反應就像是已故的人真的來到現場一樣。但這就是瀕臨死亡

的一種正常現象,家人不應該反駁這種現象。這個階段的症狀包括血壓低、體溫不正常、過度出汗、不正常的皮膚色澤,以及呼吸不均勻。

死亡前幾天會出現迴光返照、精力充沛,方向感失序與混亂的現象也會一併消失(Karnes, 1986)。這種情況會讓人誤以為病患的情況已經好轉,而且不會如原先預期的時間死亡。其實突如其來的能量通常都是短暫的,緊接著便是不安定性的提升,例如,呼吸不規則、循環不良,以及反應遲鈍等。當這些症狀出現時,死亡也就即將發生了。

瀕死老年人的需求

身體上的需求。儘管老年人不論是否對死亡感到害怕,身體上的不適以及疼痛的拖延才是預期死亡到來的最大恐懼。

即將過世的人需要知道所有的疼痛都會被處理(Cook & Oltjenbruns, 1998; Olson, 1997)。一直到接受安寧療護(本章稍後會討論),如何處理一位即將面臨死亡病患的疼痛問題才會被正視。當社會正因為擔心藥物上癮之際,一位瀕死病患的受苦看起來顯得特別諷刺。

儘管他們已經在老化過程的身體變化上作了一些調適,瀕死的老年人依然會顧慮到身體的形象,以及別人對他們的看法(Cook & Oltjenbruns, 1998; Olson, 1997)。儘可能協助老年人維持良好的個人衛生與可以接受的外觀,是提升老年人自尊的重點之一。乾淨的身體與衣服會讓老年人感覺比較舒服,也不用擔心會因為自己的外表而冒犯其他的人。

情緒與心理需求。即將面臨死亡的老年人的情緒與心理需求,就跟身體需求一樣重要,他們需要儘可能維持對自己的生命有掌控的感覺(Cook & Oltjenbruns, 1998)。在他們的體能與認知能力許可的情況下,可以透過臨終關懷的選擇或是預先醫療指示,讓他們決定自己的生活照護。簡單的決定,像是吃什麼、穿什麼、或是什麼東西要放在他們的床邊,這些都是保留他們獨立與參與自己照護活動的重要方法。

瀕死的老年人需要有機會在他們認為安全的環境以及可接受的情緒下,來談論他們即將面臨的死亡。接受死亡的過程是一種哀傷的歷程,在這個過程中,老年人會感到悲傷、憤怒、生氣、害怕、或是驚慌(Bowlby, 1980; Freeman & Ward, 1998; Steeves & Kahn, 1999)。在本質

上，老年人哀傷的是生命與機會的損失、與所愛的人分開，以及對生命事件掌控的失落，就如同他人哀傷他或她的死亡一般。

老年人可以藉由人生回顧以及懷舊療法的協助，讓他們在最後的日子裡找到生命的意義。藉此，老年人可以有機會與家人或朋友解決「未了結的感情債」。老年人也需要時間來適應他們即將死亡的事實，這通常都需要接受幾個程序（Bowlby, 1980; Kübler-Ross, 1969; Pattison, 1977）。當最後的診斷結果出來時，一開始，瀕死的人都會被這個消息震攝或變得啞口無言；接著，在接受自己即將死亡之前，則是面對死亡事實前的一連串情緒混亂。但是，並不是所有的人都有明顯的過程步驟，也沒有證據顯示需要經過一連串的必要階段才能用一種健康的態度來接受死亡的事實（Worden, 2002）。個別的人也會有不同的階段來面對死亡。哀傷的階段理論與限制，本章稍後會加以討論。

社會需求。瀕臨死亡的老年人儘管有與社會關係相互退縮的過程特性，但老年人還是需要保有跟家人與朋友的互動。朋友與家人在跟瀕死的人接觸時，可能會有不舒服的感覺，而且以退縮當作哀傷的準備過程。由於疾病的蹂躪與自己哀傷的過程之故，老年人會更不喜歡別人接近他們。當雙方都各自呈現退縮現象時，便已被剝奪重要的社會支持。老年人需要看看他們的子女、孫子女、甥姪們，以便提醒自己下一代仍然會延續下去。

精神需求。即使是沒有宗教信仰或精神依歸的人，死亡的時間一到，老年人都會透過禱告、冥想、或是精神諮詢來尋求精神寄託。選擇接受精神輔導的老年人及家人，這都是一種很大的慰藉來源。探究生命的真義，即使是在最後的時日，也是真正達到接受死亡的一個重要部分。

社會工作者在瀕臨死亡的過程中所扮演的角色

提供情緒上的支持

社會工作者在老年人瀕臨死亡的過程中，對於老年人及其家人最重要的角色，就是提供情緒上的支持。老年人及其家人必須能夠開誠佈公

地討論有人即將面臨死亡的感覺及瞭解。這種情緒可能是很嚇人而且是很強烈的，例如，通常家人對於即將死亡的人都會極度生氣，責怪他或她沒能及早尋求醫療救治，或是對於自我毀壞性的抽菸或喝酒行為給予譴責。這種強烈的憤怒可能並不是家人對於瀕死老年人的真正感覺。老年人可能會攻擊家庭中照護他們的人，而且是表現出毫不感激的樣子。情緒的雲霄飛車在老年人與家人的支持系統中，伴隨著死亡過程而來的是變幻莫測、令人不安的情緒。

老年人以及他們的家人要能夠對死亡的議題加以討論。有時候家人對於說出「死亡」這個字眼甚至有困難，更別提在瀕死的老年人面前公開談論。因為彼此都避免直接討論死亡的問題，以至於剝奪了雙方及時的情緒表達。

代表老年人與家人的主張

一位瀕臨死亡的老年人以及他的家人，可能無法平靜地向照護者提出他們的主張。社會工作者可以扮演一個重要的角色，代表家人向其他的專業人士表達老年人及其家人的真正需要。例如，如果安寧療護是家人需要的，但醫師卻還不建議這麼做，這時就算醫師沒有想到這個問題，也要由照護者及家人提出建議。家人或老年人可能對於質疑醫師的決定有所遲疑，但是，社工人員必須尊重專業照護者的意見，老年人與其家人有權在必要時作出治療決策。

提供訊息

另一個重要的代表老年人及其家人的部分，是幫助他們取得醫療情況、治療選擇、預先醫療指示、安寧療護，以及支持服務等諮詢。社工人員與健康照護者在兩相互補的情況下，扮演重要的角色來協助老年人與其家人取得相關諮詢。有時，健康照護者並非不願意幫忙，他們只是太忙，以至於無法確認老年人及其家人是否真的瞭解相關訊息。在飽受瀕臨死亡過程的壓力煎熬下，家人根本不知道該從何下手。社工人員可以協助他們整理並列出更可行的方式，以供家人參考。例如，如果家人考慮採取安寧照護，社工人員便可以提供當地安寧療護機構以及詳細的初步選擇，供他們參考。同樣的，如果老年人或家人需要更多的疾病訊

息，社工人員便可以到醫院或上網搜尋相關可靠資料或手冊，讓他們有更進一步的瞭解。社工人員雖然不能取代健康照護者提供醫療資料，但他們可以幫助家人取得需要的訊息。

社會工作者的自我照護

面對瀕臨死亡的老年人及其家人，是社會工作者最困難的挑戰之一，尤其是對新手來說（Freeman, 2005; Jeffreys, 2005; Kirschberg, Neimeyer, & James, 1998）。雖然社會工作者可以協助老年人及其家人情緒上的支持，並代表他們提出主張、提供資訊，但卻沒有任何介入技巧可以阻止死亡的發生。在面對絕症病患的日常活動時，照護者在身心上會產生巨大的壓力與焦慮（Kirschberg et al., 1998）。社工人員對於這些現象要有其敏感度，並且要採取必要的方法來減輕可能造成的身心耗弱現象。

Olson（1997）發現提供專業協助的那些專家們，包括護士及社會工作者，成功處理瀕死病患及其家人的人，一定有某些特殊的應對態度。她發覺那些人真正瞭解他們對於瀕死病患生命品質的影響力，並且可以在自己的工作與情緒之間取得真正的平衡。死亡是一種令人不悅但卻是人類壽命中自然的部分。

知道個人已經盡力提供合理的協助給老年人及其家人以面對死亡的認知，同時也接受現代醫藥與人類對抗疾病的極限，這兩者都有助於專業人士在健康的狀態下接受死亡的過程。

社工人員在面對瀕死與哀傷的人時，需要表達出自己的壓力。Olson（1997）強調社會工作者利用足夠的營養與運動來維持自己的健康狀態的重要性。增氧運動、網球、慢跑、精力充沛的快走、或是其他的運動，都可以減輕壓力並鍛鍊身體的耐力，同時也是情緒耐力的重要元素。試著以漸進式的肌力放鬆或按摩，有助於減輕身體因為處理情緒與心理問題所造成的壓力。讓專業人士發展自己的支持系統，在必要時可以排解情緒，並有機會討論死亡或瀕死之外的話題是很重要的。

Worden（1991）提供三個建議給協助處理絕症患者及其家人的專業人士。第一個建議是知道自己協助角色上的極限。不可避免的，與瀕臨死亡的個人及其家人共事，是一種深層的內在感受經歷，在過程中難

免會跟他們產生情感上的依附，因此應該要以專業的角度而不是個人的角度來發展與病患及其家人之間的關係強度。第二個建議是，身為一個協助人員，你也要為過世的人感到哀悼。允許表現悲傷與哀悼也是這個工作必要的部分。第三個建議是，知道什麼時候應該尋求其他的協助來處理這些損失與失落。一個人可能要等到病患去世的時候，才會知道自己所投入的情感有多深。

專業的安寧療護工作者也知道，即使是調適得很好的經驗之士，偶爾也需要找到暴露在死亡陰影底下的出口，也就是所謂的死亡需求。如果是護士，指的是調離安寧中心到其他單位幾個禮拜或幾個月；如果是社工人員，則是調換到接觸老年學社會方面的工作，而不要密切地接觸死亡。社工人員也要知道什麼時候該是遠離一下接觸罹患絕症病患的時候了。

喪親與悲傷

老年人及其家人必須學會面對喪失生命中重要他人的長期失落時期，這稱為喪親時期。在喪親期間，個人會經歷深層的哀傷、遺棄或寂寞等傷痛的經歷。跟社會與文化認可儀式相關的行為，都是以喪禮與喪禮的安排作為開始，而在個人承認自己的哀傷並重回生命主流時結束。

表現悲傷

心理與情緒特性。哀傷的人會真正明白他們的感受是前所未有的，在強度以及心情動盪的混亂本質上，會讓很多人相信他們已經失去了理智（照護連結，2008；Freeman, 2005; Jeffreys, 2005）。哀傷的人會顯現許多的情緒反應，包括震驚、否認、悲傷、生氣、內咎、混亂，以及憂鬱（Freeman, 2005; Lund, Caserta, & Diamond, 1993），他們可能會感到優柔寡斷或者不知所措。這些症狀都是因為失去親人後所表現出來的情緒震驚，這種巨大的損失大到令人無法處理，也因為太過痛苦以致無法掌握。哀傷的人通常無法冷靜的思考或是相信自己的判斷，他們往往感覺自己的情緒好像在坐雲霄飛車，一下子感到悲傷，過一陣子又覺得很生氣。但是，也有一些人不會立即有所覺察，他們稱自己是情感

「倒斃」。

另一種哀傷的反應是會聽到或看到已經過世的人（Freeman, 2005）。他們會聽到已經過世的人的聲音，或是看到他們在房間內。這些影像可能是因為熟悉的事物所引起的，例如，聽到關門的聲音，而那個時間正好是已經過世的人以前下班回家的時候，或是聞到已逝者隨身物品的香水味，亦或是沒有任何明顯的刺激物之下也會有此幻覺。有些人對於這種情況會感到極度不安，並擔心自己是不是瘋了；而有些人則樂於藉此機會得到與已故的親人相通的慰藉。社工人員不要把這種情形視為病理反應，反而可以藉此探討這些經歷在哀傷過程中的意涵。

身體上的特性。哀傷期間，人們對於哀傷會有身體及情緒上的反應。睡眠混亂包括不眠症或過度睡眠，都是常見的現象（照護連結，2008；Freeman, 2005）。哀傷的人經常猝睡，但卻無法維持睡眠狀態，常常因為夢到已逝的人或是因為作噩夢而驚醒。無法獲得寧靜的睡眠會導致終日的疲憊或身體虛弱，進而耗損精力（照護連結，2008）。中斷的睡眠型態會伴隨著呼吸困難或有呼吸中斷的感覺，這些症狀都會加劇疲憊的感受（Freeman, 2005; Jeffreys, 2005）。

有些哀傷的人在病患瀕臨死亡的過程中若罹患其他疾病，有時也會出現跟病患相同的身體症狀。例如，倖存者在病患死於癌症之後，可能開始擔心自己也有同樣部位罹癌的情形。這對於真正有憂鬱症狀的老年人而言，尤其是個問題。科學證據顯示，哀傷會抑制免疫系統，使得哀傷的人更容易演變成真正的身體疾病，雖然沒有證據但卻影響已久（Irwin & Pike, 1993; Kim & Jacobs, 1993）。哀傷的人更常見有身體上的疾病，但那可能是因為缺乏睡眠、食慾不振，以及累積的情緒耗損合併產生的。

行為的證實。行為上的哀傷反應有哭泣、從社會互動中退縮（或是過度依賴他人）、敵意、不安，以及對社交活動或關係失去興趣。這些症狀和第五章中提到的憂鬱很類似。基於這個理由，所以，採取介入措施加以分辨憂鬱與哀傷之間的差異就很重要了。前兩年有失落現象的老年人，並不適用傳統的憂鬱診斷，因為這種症狀比較可能是喪親哀傷。

最近剛寡居的老年人以及剛經歷喪失摯愛的人，通常不建議在喪失親人的頭一年作任何生活上的重大改變。要一個哀傷的人安定他們的情

緒並重新確立他們的生活目標，需要一點時間。人們有可能會有股衝動要馬上賣掉房子搬到別的地方，或是從事一些努力以減輕哀傷的痛苦。摯愛的人過世之後，判斷力會受損，所以不建議作劇烈與昂貴的搬遷行為。

悲傷的階段性理論

也許最為人熟知的「哀傷的階段性」，是由Elisabeth Kübler-Ross所發表的接受死亡的過程中所經歷的一系列感覺與行為。Kübler-Ross（1969）建議，個人以對死亡的否認或不相信為過程的開始，等到對於死亡的震驚消退之後，就會開始生氣、憤慨、或是嘗到自己或他人死亡的苦味。Elisabeth在自己的工作中觀察到生氣通常都伴隨著討價還價的情形，人們會情急地拚命想用改變行為的承諾，或是改正從前的過錯來阻止死亡的發生，這就是憂鬱之後的瀕臨死亡過程（或是他人的死亡）的事實。最後的階段是接受，此時便接受了死亡的事實。事實上，它並非是一種逐步的哀傷過程，也不總是以一種可預期的順序發生。

Bowlby的哀傷階段理論。另一種是由Bowlby提出的普遍階段理論（1980）。依照這個理論，Bowlby認為人類有一種需要依附他人的需求，當死亡將這種依附分離之後，一種很明顯的行為就會出現。在哀傷的第一個階段，個人的感覺是震驚或麻木，而不是迷惑與混亂，他們無法明白失落的真正意義。到了第二個階段，個人會渴望跟已逝者聯繫，因此可能會整天看著已逝者的個人物品或照片。對於摯愛的人的懷舊，變成是哀悼者日夜的重心。當他們真正瞭解所愛的人已經離開人世後，就會進入一個解體的時期，或是無情的絕望、深深的哀傷、氣憤或憎恨。在這個階段，哀傷者被迫得面對失去的真相。Bowlby重組了四個階段，期間，哀傷的個人必須要重新定義他們的感覺，並且重新評估他們的生活狀況。此時，便該是學習新角色並獲得新技巧，以擺脫已逝者而重新生活的時候了。

階段理論的限制。事實上，很難看出一個人是介於這兩種階段中的哪一個階段，或是隨時分辨出哀傷的人是在哪一個階段（Jeffreys, 2005）。人們在同一時間可能會出現超過一種階段的現象，或者是游走於階段之間。沒有明確證據顯示每個階段都必須經歷過，才能達到一種

健康處理哀傷的解答（Worden, 1991）。

　　呈現階段性理論的好處是，可以幫助專業人士對於哀傷的過程有更清楚的本質上的認識。如同前面提過的，哀傷是一種過程，而不是一個事件。不論發生的順序為何，階段性理論有其重要性來使人瞭解否認與震驚的元素、深層的氣憤或憂鬱，以及一種有意識的掙扎，以便重新定義並重新將人生加以組合。

　　Worden的四個哀悼工作。Worden（2002）把哀傷的過程概念化成四種行為目標，在治療程序施行前便要達到這些目標。工作一，接受事實，個人必須認知到所愛的人已經過世的事實。損失是無法否認或減少的，要能夠說出那個人已經死亡，並承認所承受的巨大損失。工作二，經歷那種強烈的哀悼痛苦，而且不要減少伴隨著哀傷過程的情緒與身體上的極度痛苦。個人在面對這個工作時，必須表露出他們的哀傷，而不要試圖降低或壓抑哀悼的現象。工作三，個人必須開始去調整失去親人之後的新環境。環境的調整包括接受已經失去某人的新體認，在精神上以及態度上都必須要改變。工作四，轉移到已逝者已經不存在的情緒空間。情感上會永遠跟已逝者聯繫在一起，而且那層與哀傷者的關係是不能取消或改變的。

　　持續連結理論。Silverman與Klass（1996）提出了持續連結理論作為一種取代階段性理論與行為工作的哀傷過程。他們認為哀傷的過程是一段對於失落的持續協調與再協調的期間，而不是解決失落的過程。例如，一位丈夫剛過世的寡婦會感到自己的生命失去了意義與重心，留下她茫然不知所措；等到她習慣了沒有先生的日子以後，她的重心轉移到了社交活動，原先那種強烈的失落感也就消退了一些。她還是會繼續懷念她的先生，但是已經撥出一些時間跟其他的寡婦以及家人共同參與一些活動或聚會了，因此，她正處於一種協調與再協調去接受自己已是一位寡婦的過程。雖然失落永遠無法獲得解決，但是哀傷的形式與作用卻會隨著時間而改變。海灘上的潮汐起落，通常都被用來形容這種持續連結理論。

影響悲傷過程的因素

　　性別。女性比男性更能有效的經歷哀傷過程（Cook & Oltjenbruns,

1998; Jeffreys, 2005），原因是因為女性所發展的社會系統比男性多。因此，除了提供她們更多的支持環境來分享哀傷情緒之外，也給她們更多的機會參與社會活動，進而重回社會主流。

在許多的婚姻關係中，一般都是由女性來處理社交活動（Campbell & Silverman, 1996）。當一位男性的太太過世後，他會發覺他所有的社交活動都是跟其他夫婦一起進行的，這種情況會讓他感到非常不舒服（Byrne & Raphael, 1997）。男性比較無法面對哀傷，是因為社會一般的觀點都認為他們比較可以控制自己的情緒與狀況。寡居的男性比較可能在他們的配偶過世後，因為死亡所造成的身體與情緒上的壓力，導致他們不久之後也會過世（Stroebe & Stroebe, 1993）。女性則比較能夠快速地調適自己成為寡婦的事實，因為她們在心理上早就預演過這個角色了。事實上，女性寡居的可能性也比男性高。眼看其他女性遭逢寡居的情境，也給了女性考慮自己身處其境的機會。在潛意識裡，她們想遲早得自己面對處理財務或積蓄問題。

文化因素。哀悼的過程是在文化內容中發生的，它以敘說或以許多特定的寬恕儀式對死亡作適當的情緒表達（Jeffreys, 2005）。雖然族群之間有不同的文化傳統，但是也因為有它們的存在，而有助於哀傷的人得以進入哀傷的過程。傳統的文化包含的信仰，是有關死亡的意義以及來世的存在（或不存在）。如果一個文化將死亡當成是所愛的人轉世到另一個來生的過程，那麼，死亡就有歡樂與悲傷雙重涵義。文化以及宗教也會影響到喪禮，以及埋葬儀式。天主教、新教徒、猶太教、或是穆斯林的喪禮儀式，都有很強烈的信仰指導原則。如果傳統文化包含了社區中許多人的積極參與，那麼一個哀傷的個人與家人就能夠在將來的死亡事件中，尋求社會網絡在制度上與情緒上給予支持。

一個典型的這種文化傳統，可以在猶太教的追悼儀式中看到（Cytron, 1993; Getzel, 1995）。這些儀式有一個共同目標：尊寵已逝者，同時也安撫悲傷的家人與朋友。猶太教近親者所守的七日服喪期間，則是朋友與家人在喪禮之後表達深層哀悼情緒的時刻。在七日服喪期的最後幾天，朋友們會去拜訪已逝者的家人，分擔他們的哀傷，並提供情緒與技術上的支持。餐飲的準備以及其他的活動，就是由朋友以及其他遠房親戚提供的服務。哀傷的人不需作重大的決定，或是很快的從

哀傷中恢復過來。死亡事件後第一年，哀傷者應避免一些娛樂性的社交活動，以視為對死亡事件一種自我犧牲的表示。哀悼的時間會持續一年，週年之後，哀傷者也該回歸到正常的生活。像猶太家庭那麼注重哀悼儀式的情形，已經不多見了。但是，提供社會支持、哀悼時間的長短，以及從哀悼期恢復正常生活的過程，包含了個人以及公共的回應。

含糊不清的喪失。 哀傷的過程，也受Boss（1990）所說的「模糊的喪失」的影響。葬身於火災或墜機事件中而永遠找不到的屍體，就是模糊喪失的例子。死者的身體不見了，但精神卻依然存在。同樣的，一位阿茲海默症末期的老年人早已失去認知的能力，他的身體還在，但精神卻不見了，這又是另一種形式的模糊喪失。這種型態的喪失，很難對死亡作真正的定義。沒有明顯證據證明已逝者或瀕死的人真的已經離開，所以讓哀傷過程很難向前邁進。

預期的哀傷。 照顧阿茲海默症的人，常會有所謂的預期哀傷，這是一種在病患真正死亡之前拒絕承認病患已經死亡的感覺（Freeman, 2005; Lindemann, 1944; Walker, Pomeroy, McNeil, & Franklin, 1994）。當老年人失去功能的時候，照護者會隨著老年人阿茲海默症的發展而出現階段性的哀傷。當老年人不再有能力照顧自己而愈來愈依賴照護者時，哀傷就產生了。當老年人已經不認得所愛的人，而照護者照顧的人已經變成陌生人時，哀傷也會出現。於是，照護者不斷的重複經歷這種反覆的哀傷經驗（Ponder & Pomeroy, 1996, p.15）。

從阿茲海默症或是其他會使人逐漸失去功能的疾病所經歷的哀傷，在病患過世後也無法杜絕。照護者通常都會對老年人存有一種矛盾的心理（Walker et al., 1994）。有時候當老年人需要更多的照護時，照護者比較不會投入情緒性的照護，因為這個過程是同時存在著「堅持下去、放手吧，以及接近上帝」等矛盾的心情（Rando, 1986, p.24）。

社會支持網絡。 另一個影響到哀傷過程的重要因素，是為哀傷者所設的社會支持網絡（Freeman, 2005; Hayslip & Pevoto, 2005; Jeffrey, 2005）。朋友與家人的安慰，可以很快地平撫死亡過程的哀傷。對於老年人來說，社會支持尤其重要。老年人必須有人在身邊傾聽他們，讓他們表達對死亡的害怕，並給予情緒上的安慰，還要在哀傷期間提供情緒與技術上的協助。專業協助雖然在很多方面提供情緒上的協助，但還是

無法取代家人與朋友的社會支持。

情緒與網絡。哀傷的過程也受到老年人情緒與之前成功策略的影響。感情脆弱而且無法應付任何改變的老年人，更難成功地度過哀傷的過程（Worden, 1991）。那些對生活感到滿意，同時能夠適度接受死亡的老年人，則比較能夠成功地度過哀傷期，並再度重返人生的主流（Cook & Oltjenbruns, 1998）。容易受憂鬱、焦慮影響、或是長期有精神問題的老年人，尤其不容易找到解決哀傷過程的方法。

複雜的悲傷情緒

儘管哀傷的過程伴隨著許多的挑戰，以及無可避免的痛苦情緒，但大多數度過哀傷期的老年人都能重建心理上的損失，並在沒有社會介入以及失去所愛的人的情況下，獲得很好的人生調適（Freeman, 2005; Murrell, Himmelfarb, & Phifer, 1995）。但是那些無法克服哀傷並讓自己「陷入」哀傷過程中的人，就是老年學社會工作者最大的挑戰。

不完整或是未解決的哀傷，就叫作「自毀式的哀傷」。它的特性就是因為延續的哀悼與悲傷，造成了自我毀滅或功能異常的哀傷行為。例如，在哀傷過程中，憤恨的情緒愈來愈強烈且沒有消退的現象。有複雜哀傷的人，通常都會以濫用物品來麻痺或減低痛苦的情緒。哀傷的人可能會有強烈的自責感，認為他們應該避免死亡的發生。複雜與正常哀傷的差異，就在於情緒反應的長度與強度。正常的哀傷反應會變得誇大，因而會阻礙哀傷的解除。依照《精神失序診斷與統計手冊》（Diagnostic and Statistical Manual of Mental Disorder）（DSM-IV-TR）（American Psychiatric Association，美國精神協會，2000），複雜哀傷的症狀包括：

1.多方面的自責，有許多是跟已逝者無關的。

2.一心想著死亡，而不是希望已逝者已經死亡了。

3.強烈的相信倖存者是無價值的。

4.心理性肌肉運動的遲延。

5.延長以及嚴重性的功能損害。

6.持續對抗死者所產生聲音或影像的幻覺。

Worden（1991）認為有三種情況增加了正常哀傷變成複雜哀傷過

程的可能性。第一種是「不可說的」喪失，像是自殺、愛滋病、或其他某種高風險行為加速死亡的情況，也就是死亡的情形對哀傷者是種不堪的狀況。第二種是不被社會接受的情況，比如像流產，或是哀傷者已不復存在的認可關係，如婚外情、前任配偶、或同性戀愛侶（Kamerman, 1993; Rando, 1993）。在這些案例中，他們的情緒關係很少受到關注，因為他們的關係是在社會所允許範圍之外的。Worden認為得不到社會支持的哀傷，就是第三種高風險族群發展出來的複雜哀傷。沒有人知道（或在乎）他們的哀傷，沒有子女以及失去配偶或伴侶、朋友又很少的老年人，也屬於這一群。因為跟外界的連結不多，一位寡居的老年人可能得獨自面對他或她的哀傷。

安寧照護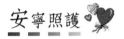

安寧照護的哲學

照護各年齡層的瀕死病患，讓他們獲得身體上、心理上，以及精神上需求的方法，就是安寧照護作業。安寧照護的哲學是基於死亡不應予以加速或延遲，而應該以正常的生命事件來對待。安寧照護著重在提供緩和的照護給病患，而不是試圖要治療病患的疾病（Waldrop, 2006）。安寧照護是基於每個人都有權力、有尊嚴的免於疼痛的死亡。安寧照護是關心瀕死病患的需要，並應該促成這種支持的目標（照護連結，2008）。

安寧照護的指導原則。有四個指導原則可用來照護罹患絕症的病患（Rhymes, 1990）：

1. 病患及其家人是主要的照護單位。瀕臨死亡的人以及他們的支持系統，在死亡的過程中都有特殊的需求。
2. 照護工作由各科間配合執行，包含精神、身體，以及心理健康照護提供者參與整體的社會心理以及精神需求。
3. 痛苦與症狀控制是最重要的。有尊嚴的死，指的是瀕死的人有權力接受儘可能減輕疼痛的醫療以及服務。
4. 喪親後續是病患過世之後提供給家人的支持。情緒以及社會支持

不只在瀕死過程中很重要，對於事件結束之後努力重建後續的生活也很重要。

安寧照護服務

雖然真正死亡的時間可能無法得知，但醫師可能會在病患剩下不到六個月壽命時，提出安寧照護當作參考。平均的安寧照護期間通常都少於兩個月〔National Hospice and Palliative Care Organization，全國安寧照護與姑息治療照護組織（NHPCO, 2004）〕。有些病患則只住了幾天的安寧照護病房便離開人世，也有人一待便超過一年，時間依照病程及其嚴重性而定。一旦提及安寧照護的需要，一至兩天內便會獲得照護（照護連結，2008）。

安寧照護是一種家庭式的方式，團隊成員包含醫師、護士、家庭照護協助、社工人員、教堂牧師、輔導員，以及訓練有素的志工等，共同配合來照顧瀕死病患的身體、情緒，以及精神上的需求（照護連結，2008）。

志工是安寧照護系統中很重要的一個要件。志工可以提供家務整理、喘息服務、或是支持照顧瀕死病患的家庭照護者。安寧照護的哲學是提供重要的支持網絡，供病患及其家人使用，讓他們免於在最後的瀕死過程中經歷危險的隔絕。

痛苦與症狀控制。安寧照護最重要的作用之一，就是控制與絕症相關的痛苦，以及不舒服的症狀。疼痛的處理策略是以醫學來確保止痛藥物的效力，它所強調的重要性是找到合適的劑量來減輕身體上的不適，但也不要讓病患變得語無倫次。醫藥通常都被其他替代性治療方法所取代，以減輕身體上與精神上的不舒服，這在第七章已經提過，包括音樂、藝術或是寵物療法；此外，按摩和運動也常被用來減輕病患與照護者的身體壓力。疼痛以及症狀的處理，主要的目標就是找到綜合藥物以及其他的方法來減輕病患不舒服的感覺。

醫療保險的範圍。醫療保險是專為65歲以上失能或失明的老年人所設立的聯邦政府健康保險。雖然有些案例仍有少部分共同付費的情形，但醫療保險則包含了大部分老年安寧照護的費用。

醫療保險每次通常會允許六十至九十天的安寧照護，但除非個人

支付已經不敷使用，否則並不會規定安寧照護的總承保日數（Waldrop, 2006）。有些私人保險也包含安寧照護，它被認為是一種比醫院更有效的照顧絕症病患的方法。對於沒有任何保險的老年人，安寧照護組織可以幫他們從私人基金會中取得額外的財務支持，它的承保範圍在公、私立保險計畫下變得很寬廣，而有人道、有尊嚴的死，也讓安寧照護成為即將面臨死亡的老年人及其家人的一種選擇。

喪親後續。安寧照護還承諾在死亡事件之後，提供給哀傷的家人後續的服務。一般來說，它提供的協助有喪禮的安排以及持續的輔導，都被視為是後續服務的一部分，這可能會持續一年以上的時間。安寧照護計畫知道，雖然照顧即將死亡的人很困難，但死亡後續的哀傷也需要有專業的社會支持。

社工人員在安寧照護上所扮演的角色

小組的一個整體團隊。基於被特別訓練來評估並提升個人的精神功能，以及他們對於個人服務的大型系統機構的瞭解，社工人員被認為是安寧照護的功能。Waldrop（2006）把社工人員在安寧照護上的角色，定位為大、中、小三個層面。在大層面上，社工人員瞭解健康照護的財務規劃、州政府與聯邦政府的安寧照護合宜政策，以及他們在病患與其他社區機構之間扮演了倡導的重要角色。而利用社工人員的技巧來協調家庭衝突、明確安寧照護的目標方向，並提供情緒支持給小組及家庭成員，就構成了社工人員中層面的角色。在小層面上，社工人員可以無價的提供諮詢給個人及其家人適度的危機介入，並規劃後續的家庭需求。安寧照護是社工人員可以提供的最廣泛的社會心理支持。

喪親老年人的社會工作介入

社會工作的意圖就是讓面臨情緒困境的人遠離痛苦。社會工作讓人裹足不前的，就是眼看著他人受苦，或是不忍目睹他人掙扎在深層哀傷、困惑或生氣的情況中。但除了鼓勵並輔導家中有成員喪生的家屬之外，社工人員還能扮演其他的角色。

提供訊息

哀傷的過程。老年人及其家人需要知道哀傷過程的資訊，並且要能預期失去親人的過程中將會面臨哪些狀況。他們可能想知道這種痛苦的情緒會持續多久，以及他們該如何做才能很快的從喪親中恢復過來。社工人員可以當作一位教師，讓老年人及其家人瞭解哀傷是一段調整生活型態與態度的正常及必要的過程。

瞭解哀傷過程中的一些用語，可以幫助失去親人的人知道不尋常或惱人的情緒，他們可能將它們誤以為是精神上的疾病。家庭成員可能會關心他們年老的親戚，「應該已經恢復了吧？」或「該是回歸正常生活的時候了」；但事實上，他們還在哀悼的過程當中。

喪禮的安排。老年人及其家人可能也需要具體的有關喪禮的安排、執行遺囑、財產轉移、或是其他隨著死亡事件之後相關的重要事情。Bern-Klug、Ekerdt與Wilkinson（1999）提到，社會工作者在協助家人瞭解錯綜複雜的喪禮安排或相關決定上，扮演一個重要的角色。有關喪禮的安排，必須在很短的時間內作出決定。不僅費用昂貴，並需要有熟悉相關社會禮儀的人，而這方面是很少人熟悉的，除非以前處理過的人才知道。當老年人或家人仍然處於死亡事件的震驚當中時，就已被要求要作出一些非常困難（並且不可逆轉的）而且從未作過的決定。社工人員可以提供喪禮的相關資料給家人，以便讓他們選擇比較喜歡的儀式，而不是全部都聽葬儀社人員的建議與決定（Bern-Klug et al., 1999）。

支持性服務。老年人及其家人也需要接觸支持服務資訊，協助他們重整摯愛或親人死亡之後的後續人生。支持服務包括個人或家庭的諮詢、家務整理、預算與財務規劃、居家維護與維修、或是社會娛樂活動等。

家庭成員在哀傷過程中也需要專業上的協助。家庭成員的死亡，通常都會將家人丟入一個混亂情緒的狀態中。每位成員與死者都有特殊的關係，與死者有「未決事宜」，或是有衝突關係的家庭成員可能需要下更多的功夫以避免發展成複雜的哀傷。

利用支持性團體

喪親。大多數喪親的人都需要一段調適期，在這段期間，支持性團體可能也無法有效的給予協助（Caserta & Lund, 1993）。然而，當個人已經準備好而且也有興趣時，支持團體就能夠有助於哀傷過程的進行。由瞭解哀傷過程的人員組成的支持團體，其人員可以在期間協助情緒上的安置（Scharlach & Fuller-Thompson, 1994; Thompson, 1996）。藉由加入自救團體，老年人也可以從有相同喪親經驗的人身上，學習到新的應對技巧、發展新的社會關係，並從已經真正自哀傷中走出來的人那裡得到支持（Gutheil & Souza, 2006）。

哀傷的人很容易拒絕別人的好意，因為他們認為沒有人瞭解他們真正的感受。事實上，確實沒有人能夠真正瞭解另一個人的感覺，但是團體中曾經失去親人的人，就是比較可靠的支持來源。

對於一位預期或正處於複雜哀傷時期的人，治療團體可能就比自救團體來得更加適合。一位訓練有素的治療師，可能比較適合參與有病理反應的哀傷介入。複雜的哀傷不一定會隨著時間而消退，它可能需要特殊的治療性介入，例如，第六章提到的認知行為技巧（Hill, Lund, & Packard, 1996）。

技巧訓練。除了被設計用來幫助哀傷過程的情緒反應的自救團體之外，技能訓練團體也是另一種有效的支持團體類型。技能訓練團體是著重在發展特殊的技能，以重新組合失去親人之後的生活（Hill et al., 1996）。這包括了教導寡婦整理家務的技能，因為她們可能都依賴配偶來做家務雜事，或是讓從未處理過財務的人學習基本的財務技能。包含的技能可能如簡單的準備餐飲或洗衣物，或者是複雜一點的理財投資，以及房地產的處理。不一定要教複雜的技能，重點是讓老年人有機會開始掌握自己的生活環境。這是一種積極的嘗試，以讓老年人參與日常生活的方式來表達哀傷。

預先醫療指示（醫療授權書）

雖然老年人及其家人對於死亡沒有太大的掌控能力，但是根據過

去幾十年的努力，仍有助於賦予老年人權力可以作出對自己臨終治療的重要決定。這些決定包括延長或縮短瀕臨死亡的過程。依照「病患自我決定法」（Patient Self-Deilermination Act of 1990）1990年的結論，接受醫療保險的醫院以及其他健康照護機構，或是醫療輔助基金會，都需要告知病患他們有權決定在他們的疾病已經危及生命時的醫療方式。法律上對於病患有權拒絕額外的治療方法來維持沒有品質的生活，依然有爭議。例如，一位腦部受損病患的家人在病患無法自行呼吸時，是否有權拔掉呼吸器？人們可以在病患沒有希望復原的情況下，拒絕施予病患營養劑及水分而加速病患的死亡嗎？法律上，病患及醫護人員各有其應負的對於絕症病患給予無限期延長壽命的責任。立法的目的是支持病患自我決定的自治權，以及在自己無力決定時，可指派他人代為作決定。

這種立法的最終結果，就發展成「醫療授權書」。這是一種以書面形式，由個人交付給健康照護者及家人當作臨終決定。醫療授權書要在病患還有意識的時候完成，而不是等到病患已經無法書寫時才簽立。醫療授權書有兩種形式：直接式的指示，以及有效的健康照護授權書。

直接式的指示

直接式的指示包含一個「不施行心肺復甦術（Do not Resuscitate Order, DNR）」，以及一份生存意願。一份不施行心肺復甦術是由個人擬訂的聲明，載明如果他停止呼吸或心跳停止的時候，他不要有任何的介入來恢復他的呼吸或刺激他的心臟重新跳動。這可能是個人在知道自己的病情，且知道就算重新恢復心跳或呼吸，也會造成明顯的功能損壞結果所作的選擇。

一份生存意願是一份文件寫著當病患變得無能力時，他或她要或不要接受醫藥治療。這個文件也可當成是一份給醫師、健康照護者或預先醫療指示（照護連結，2008）。生存意願不是賦予任何人對病患作決定的權力，雖然接受或拒絕救治並未受到美國各州政府的立法保障，但它仍可以作為醫療救助上的指導（Williams, 1991）。

如果生存意願並不是被所有的州政府所承認，則由各州自行決定是否在疾病未被判定為絕症的情況下，仍可施行生存意願填寫。在某些承認生存意願的州，並不需由律師草擬，而是有其制式的表格（照護連

結，2008）。社工人員鼓吹州政府訂立更進一步的法條內容，並在其所在地執行生存意願的填寫。

永久授權的健康照護

永久授權的健康照護（The Durable Power of Attorney for Health Care, DPAHC）也就是健康照護代理人或醫療授權，是一種法定文件，可指定他人在病患無力決定時，代為作出有關健康照護的決定。在某些州政府被定為健康照護代理人的人，也需隨時能為無法發言的病患作出醫療決定——即使不是絕症也一樣。一份永久授權健康照護通常都是由律師草擬、見證，就像其他法律文件一樣。

真正的永久授權健康照護表格，是由州政府法律以及其他應該被諮詢的人員所規範的。但是生存意願得以或不可被強行實施，一份永久授權健康照護被視為是一種法定文件（照護連結，2008）。大多數的州政府並未把個人想要或不想要的真正醫療救治列舉出來。重要的是，人們自己要仔細地跟健康照護代理人溝通自己的意願。可惜的是，老年人通常都會認為他們的家人應該知道他們要的是什麼，所以可以幫他們填具永久授權健康照護，因此並沒有提供足夠有關臨終決定的想法給健康照護代理人（Gutheil & Souza, 2006; Molloy, Stiller, & Russo, 2000）。

由於跟老年人或其家人討論這個問題有點困難，所以先填好預先醫療計畫書就變得很重要。社工人員應該與家人、老年人，以及健康照護提供者進行溝通，如此才能讓老年人的意願受到尊重。最理想的情況是生存意願與永久授權健康照護都能明確地列出病患所希望的治療方式。如果一個案例兩種表格都填具時，則以永久授權健康照護為主。

社工人員在預先醫療計畫書上所扮演的角色

提供相關資料來填寫表格並解釋預先醫療計畫書與永久授權健康照護還不夠，一位老年學社會工作者在協助老年人完成（或不完成）預先醫療計畫書上，扮演一個很重要的角色。可惜的是，有許多的老年人及其家人延遲了作出決定，以致到出現嚴重的健康危機時，已經很難對臨終照護作出選擇（Douglas & Brown, 2002）。

Howe與Daratsos（2006）建議，一位老年學社會工作者應該在老年人有健康危機之前就知道預先醫療計畫，將此當作是正規的心理社會

評估過程。當老年人對於醫療環境有所瞭解之後，他們便比較不會對預先醫療計畫感到害怕，也比較願意誠實的說出將來自己想要使用的方式。藉由詳細解釋預先醫療計畫（給老年人儘可能多一些臨終照護的選擇），並探討各種不同的選擇（以機器協助呼吸、營養、補充水分、解除疼痛等），社工人員得確保老年人真的是自己作出決定，同時家人們也參與老年人的決策訂定。許多老年人從來都不希望自己「被一個機器限制住」，但是最終的生活包含的範圍很廣，並不只是人工呼吸器而已。知道各種不同的選擇，給了老年人考慮使用哪種特定治療方式的機會，而不只是全然一味的拒絕「人工方法」。討論的過程也可以幫助老年人確認跟個人信仰價值有哪些符合或衝突的地方（Luptak, 2006）。這是個很好的機會，可以幫助老年人瞭解預先醫療計畫，並協助家人在老年人無法參與臨終生活決定時可以作出好的決定（Braun, Karel, & Zir, 2006）。但是如果老年人不願意填具預先醫療計畫，那麼他的決定也該被尊重。

當有機會探討臨終生活選擇的時候，除了跟社工人員討論之外，老年人也想跟健康照護者作進一步的討論。跟老年人認識已久的醫師或健康照護提供者的專業，可給予老年人信任並平息他們的害怕與擔憂。幫助老年人確認問題，並安排與健康照護者會面，則是另一種合宜的老年學社會工作者的工作（Gutheil & Souza, 2006）。

有時候完成預先醫療計畫最困難的部分，是讓老年人及其家人或朋友之間作出指定，由誰在老年人沒有能力時代為作決定的討論。老年人會很想進行討論，但家人們則是採取高度抗拒的態度（Douglas & Brown, 2002）。社工人員如果能夠協助老年人促成這種家庭會議，便是一種無價的幫忙。談論一位摯愛的人的死亡並不是件容易的事，不論那是多麼遙遠的事。但是，在危機發生之前就討論老年人想要的是什麼，並確認老年人及其家人對於最後的生活的真正意願，就是預先醫療計畫的真正意義。它也是一個有意義的機會，可讓家庭成員探討他們自己的文化傳統、宗教信仰，以及個人的價值觀（Kwak & Haley, 2005）。即使一份正式的預先醫療計畫沒有完成，對於臨終生活問題的討論仍可以讓這個問題更容易被家人探討，並知道他們的決定與老年人的意願是一致的。研究發現，照護者通常是已經與老年人完成預先醫療計畫的家人，因此比較可能完成他們自己的預先醫療計畫（Luptak,

2006）。

完成預先醫療計畫的障礙

儘管有積極的健康照護社會工作專業人士會鼓勵老年人（以及年輕的成人）完成預先醫療計畫，但真正的完成率卻很低。根據一般的估計，只有低於20%的成年人實行預先醫療計畫（Jezewski, Meeker, Sessanna, & Finnell, 2007），其中老年人的比例明顯增加到40%至60%。最高的完成率是有嚴重疾病的白人女性（Douglas & Brown, 2002）；完成率最低的是有色人種的老年人，不論他們的健康狀況如何。

有一些完成預先醫療計畫的障礙已經被指認出來了。最常見的障礙是缺少對預先醫療計畫的認識，以及不知如何獲得並填具表格（Douglas & Brown, 2002; Waters, 2000）。雖然老年人可能會同意他們想要預先告知自己的臨終意願並希望得到尊重，但是很明顯地，很少老年人知道需要什麼樣的文件來完成那個目標。另一個嚴重的障礙是否認與延遲（Molloy, Stiller, & Russo, 2000; Perkins, 1996）。當老年人的狀況良好而且沒有健康危機時，便很難說服他們瞭解預先醫療計畫的重要性。老年人會在表格上寫著「持續和醫師討論這個議題」，但事實上卻沒有。

第二個障礙是因為老年人害怕一旦他們的意願用白紙黑字寫下來後，他們或他們的家人將失去在臨終生活中作任何決定的權利（Perkins, 1996; Waters, 2000）。老年人害怕寫下意願，就表示不論疾病的嚴重性為何，這些意願永遠都不能更改或是使用到任何醫療照護的決定上。最後的障礙是許多老年人只是不想「微處理」他們的死亡（Hawkins, Ditto, Panks, & Smucker, 2005）。儘管他們仍然想要在口頭上說出自己的意願，但他們都會把這種問題的決定權交給健康照護提供者以及家人。Hawkins與同事們（2005）發現，家人幫忙作決定會讓老年人感到比較自在。顯然地，教育老年人及其家人排除這些障礙，乃是社會工作的重要功能。但是老年人的態度與信仰卻不是完成預先醫療計畫眾多阻礙中的唯一障礙。

預先醫療計畫的爭議事項

州政府法律的變動。 預先醫療計畫在美國已經行使超過十年，但是

仍然有其爭議性。每個州政府的法律有其不同的程序、內容，以及永久授權健康照護與生存意願的起草過程與執行。承諾允許病患決定自己臨終生活的重要性，已經快速超越了實行法律所需要的結構（Douglas & Brown, 2002）。為了受到尊重，預先醫療計畫必須確認老年人在當地有接受健康照護而且是正確的完成與被見證，必要時還可供家人及健康照護提供者參考。如果其中有任何條件無法達成，健康照護的意願便沒有受到尊重。

家庭成員的負擔。 預先醫療計畫把困難的治療決定作業從醫師身上，轉移到了病患家屬或是指定的代表身上。有些家庭喜歡承擔這種責任，有些則不想有這種負擔。例如，一位家庭成員被指派為健康照護代理人，但卻從未討論過老年人維持生命治療的意願，他或她便會處於一個不尋常的困難情況。老年人與家人如果有機會在健康危機產生之前便討論預先醫療計畫，他們會覺得比較自在些（Gutheil & Souza, 2006）。

用誰的支出維持生命。 對預先醫療計畫持反對意見的人，爭論的是病患的願望可能會剝奪了家人的權力，因為昂貴的維持生命的費用將會剝奪其他家人的財務來源。例如，長期延續一位昏睡老年人的費用，可能會耗盡了原本用來支付房屋貸款或是受教育的經費來源。

預料之外的狀況。 最後一份生存意願或一個永久授權健康照護，都不能提供足夠的細節來涵蓋任何健康照護規定的可能意外事故，這使得在臨床設定的解釋上變得十分困難（Jezewski et al., 2007）。雖然病患可能堅持不接受加裝呼吸器或插管餵食，但水分供應與營養補充議題卻必須被詳細的加註在永久授權健康照護表格上，否則醫院便必須依法以靜脈注射的方式繼續為昏迷的病患補充營養。在病患失去能力之前，能夠儘可能的將細節以書面的方式寫下來，他們的意願被尊重的可能性就愈大。

種族、倫理，以及信仰在預先醫療計畫上的變異。 預先醫療計畫在道德上並不被一些種族、倫理、或信仰團體所接受或承認。雖然專家們熱心的提倡病患自主權的重要性，但是對於這些人的價值的敏感性也很重要。

在人種差異的研究上，Kwak與Haley（2005）發現，非洲裔美國人因為較低的預先醫療計畫以及安寧照護使用率，導致他們比較想使用維

持生命的治療方式。以歷史的角度來看，非洲裔美國人有理由不信任健康照護系統，而且相信他們接受的是低標準的健康照護。這個變化研究也發現，亞裔以及西班牙裔美國老年人在臨終時，更可能傾向於讓家庭中的決策者來幫他們的臨終生活作決定，而不是指派單一的健康照護者來作出一種適合團體使用的方法。對於華人的老年人，尤其是佛教徒或是道教徒，公開討論死亡被認為是不吉利的事情，於是他們對預先醫療計畫也不感興趣。

死亡與瀕死的倫理兩難

　　隨著科技的進步，讓人類的壽命可以延長，而延長或縮短生命的決定則導致醫療作業正面臨倫理上的兩難。在某些案例中，生命幾乎可以無限期的延長，但耗費的卻是病患與家庭的生活品質。在其他案例中，有些個人會想用消極的方法來加速死亡，以避免飽受疼痛並變成無力決定的情況。然而，分配缺稀的資源給衰弱的老年人，以及醫療輔助自殺（安樂死）的最終決定，仍然是由醫師及病患的家屬來決定，但讓老年人及其家人瞭解這個議題在倫理上的兩難，則是社工人員的重要工作。

分配不足的資源給衰弱的老年人

　　發展預先醫療計畫背後的動機之一，是給老年人以及他們的家人選擇在絕症後期時，要或不要接受治療，而不再只是絕對遵守醫師們的判斷。預先醫療計畫給瀕死的病患機會，以決定他們自己是否要用特別的方法來延長生命，不論費用與可用的資源為何。使用預先醫療計畫在某些案例中，對醫師來說有複雜的臨床決策，但在其他案例則有簡化的方式。

　　對於那些沒有簽訂預先醫療計畫的老年人案例，令人兩難的倫理問題持續挑戰面對絕症的醫療專業與家屬們。

　　限制醫療資源的衰弱老年人案例。很少有醫療倫理專家讓自己去決定誰可以獲得缺稀資源，以及誰值得繼續存活，而誰又不值得存活。有許多的爭論還是落在供給衰弱及瀕死老年人限量的昂貴藥品上面。

　　Harris（1996）建議「公平局論點」，也就是在公平壽命的立場上

所看到的一系列的輪迴，似乎與一場棒球比賽類似。如果老年人有合理的局數（生命的合理長度），基於對年輕人的公平起見，這些老年人應該有限制的獲得昂貴及稀有的醫療資源。這個理論也受到Callahan（1996）的回應，他爭議的是生命事件有其自然的週期，例如，養育家庭、從事一份事業，以及享受朋友與社交活動等。雖然藥物理應可以防止過早的死亡，以及免於受苦的奢求，但延長生命並非專業的倫理義務。換句話說，「無止盡的延長生命並改善老年人的健康，是一種偏執與無止盡的處方。它不接受老化及死亡是人類生命過程的一部分，它給了年輕一代不明智的管理模式。」（p.442）

Callahan建議醫療專業與政府單位當成蒐集社會行動的代表，有義務協助人們活出自然的壽命但卻不強求。他更進一步建議政府僅有鼓勵與支持維持自然壽命醫學研究的責任，但不是著重在無限期的延長人類的壽命。Callahan以及其他的人（Daniels, 1996; Harris, 1996; Lockwood, 1996）代表一種逐漸成長的倫理學家與醫師意識醫療資源不是衰弱老年人的權力，而是各年齡層更廣泛病患的共同資源。雖然這可能是經濟與哲學上的強制立場，但是卻引發醫師與社工人員之間對於阻擋維持生命的醫學科技決策上的疑問。倫理上正確的「公平局論點」數目是多少？由多少年以及什麼樣的事件折衷成「自然壽命」？醫藥或是任何團體可以確實地作出這些決定嗎？

針對衰弱老年人限定醫療資源的案例。針對衰弱老年人限定醫療資源，強調的是依照病患年齡限制維持生命的決定，這是超越了醫療與倫理的界線（Veatch, 1996）。醫藥不能依照任何主觀或客觀的標準來判斷一個人的壽命。人類壽命保留了它傳承的神聖與價值，而不是由他人來決定其價值。

Scitovsky與Capron（1996）指出，對於維持衰弱老年人生命的經濟方面的考量只是推測，它無法決定用來治療衰弱老年人的資源是浪費的。關於無謂的浪費在衰弱老年人身上的資源，有其經濟上的強烈證據，加上這些決定深層的道德考量，讓這些作者得出如下結論：

除非醫療的預後症狀改善了倫理與法律標準，並平息對病患無法「盡所有可能」的害怕，讓社會與國家陷入積極使用安

樂死的深淵，否則醫療舊制將持續被證明是一種傷害性的浪費資源，而不是在幫助某些病患。（Scitovsky & Capron, 1996, p.427）

在跟瀕死老年人及其家人接洽的過程中，毫無疑問地，社會工作者將見證到倫理上的兩難。可以理解為什麼家人會盡其所能地延長老年人的生命，但清楚這些問題的真相也有其必要：有多少醫療資源要用在一位衰弱的老年人身上？而誰又應該支付費用？一直以來都有的爭議是應該讓年輕病患使用這些資源，因為他們還有更長的生命可以對這個世界有所貢獻。但如何讓家人決定放棄摯愛的老年人的救治，而接受跟他們無關的年輕人比較值得救治的假設，這個困境代表了醫藥與救助過程中所面臨的倫理兩難。

醫療輔助自殺

醫療輔助性自殺（PAS）在美國是頗富爭議的醫療與法律系統問題，這個討論的目的是將輔助自殺定義成是一種醫師的主動行為來取得病患的生命。儘管預先醫療計畫允許個人拒絕某種形式維持生命的救治，但也不應合法允許個人要求醫師的輔助來開始瀕死的過程。

全美國有三分之二的醫師贊成將醫療輔助自殺用在罹患無法治療並逐漸衰弱的老年人身上（Bachman et al., 1996; Blendon, Szalay, & Knox, 1992; Cohen, Fihn, Boyko, Jonsen, & Wood, 1994）。但是，1997年美國最高法院駁回醫療輔助自殺是一種合法行為，並將決定使用權留給各地立法機關（*Vacco v. Quill*, 117 S Ct 2293, 1997; *Washington v. Glucksberg*, 117 S Ct 2258, 1997）。到了2008年，奧勒岡是唯一一個在嚴密管控並經由特殊指導下，可以合法使用醫療輔助自殺的州。即使醫療輔助自殺變成全國各州都允許，它的合法性也不應與倫理上的兩難有所混淆，也就是有關由醫師扮演主動輔助自殺的合法角色。除了醫師的角色之外，許多人也都不贊成任何鼓勵或在道德上接受任何情況下由他人取走個人生命的權力。結束他人生命是道德或不道德的行為，在此不作討論，但醫師以及其他健康照護專業人士所牽涉到的加速自殺的倫理兩難，則應該被重

視。

醫療輔助自殺的案例。最常見的醫療輔助自殺爭議，是對於罹患嚴重並逐漸衰弱病患的同情心與人道上的反應（Clark, 1997）。如果醫藥無法治好一個疾病，或提供治療方法以避免受苦，醫療輔助自殺便是一種「對無效醫療的同情」（Brody, 1997, p.149）。換句話說，如果醫藥不能幫助人活得有尊嚴，它也可以幫助人死得有尊嚴。朋友及家人可以免除眼見摯愛的人在身體與認知能力上逐漸退化時，在情緒上的極大痛苦。

尊重個人自我決定的權力，是另一種支持由醫師或健康照護專業人士協助以結束生命的理由（Byock, 1997; Clark, 1997）。這種考慮結束一個人生命的決定，尤其是當某人罹患逐漸惡化的疾病時，最終的決定是在個人，而不在社會。因為人有權決定自己生命的過程，他們有權力在瀕臨死亡的狀況下，自己作決定。

Carpenter（1993）建議把決定自殺的老年人的意見，視為是一種倫理與理性的決策。如果一位老年人面臨逐漸惡化的疾病，並感覺自己已經活得夠久而且很有意義，他不想將冗長且昂貴疾病的費用加諸在家人身上，這時，結束生命的決定便落入自我決定精神的倫理考量上。儘管社會工作尊重並支持個人在自我決定上的權力，但這個醫療輔助自殺議題並未特別載明於全國社會工作倫理法則協會當中。

針對醫療輔助自殺的案例。有關醫療輔助自殺的爭論，著重在兩個元素：不道德的自殺行為，以及為了結束一個人的生命而獲得醫師的協助。有些醫療輔助自殺的反對者認為自殺是不道德與錯誤的倫理行為，包含幫一位正遭受痛苦並且疾病逐漸惡化的案例（Clark, 1997）。所環繞的結論是無法否定這種行為的不道德，因此醫療輔助自殺在任何狀況下都不被允許。許多宗教理念都支持這個觀點，並認定自殺是一種冒犯上帝的罪過。

第二個爭議的元素是集中在參與醫師的不適當性。他們的角色是在保護並維持生命，直到生命結束（Byock, 1997）。社會無法接受醫療行為的參與並寬恕他們蓄意奪走一個人的性命，一方面還要相信醫藥是用來解救生命的。Callahan（1998）基於思想意識的基礎而反對醫療輔助自殺，也就是醫藥無權設定主宰生命的存活。他不認為由一位醫師的協助行為來取走他人的生命，是有道德的行為，即使是在自我決定的標

題之下也是一樣。要求一位醫師協助結束一個人的生命，牽涉的不只是個人問題，醫師也算是另外的一方。一個生命不能只由一個人的決定就被結束，這個行為需要有醫師，而他的主要責任卻是盡可能地保留生命或主動參與結束他人的生命。Callahan（1998）相信這種方式對醫師來說，是一種危險的倫理兩難。

決定讓衰弱的老年人使用昂貴的醫療資源，以及持續爭辯醫療輔助自殺的合法與道德，是社工人員在老年過程方面所面臨的兩個倫理上的兩難挑戰。沒有一致性的同意來支持或拒絕這些倫理上的兩難現象，重要的是，社會工作者要仔細地思考這個問題，並決定個人與專業價值是如何影響他們自己在臨終決定上的倫理立場。

總結

處理臨終問題的決定，是社會工作者在老化過程中所要面臨的最困難的挑戰之一。然而，以一個正常人類壽命的部分來看，社會工作者在瀕死過程以及後續的哀傷期間，提供了支持服務給老年人及其家屬。其中一種最有可能的選擇是安寧照護，這是一種透過各學科之間的團隊對於疼痛與不適的處理，並透過密集的支持服務網絡，專注於保留瀕死病患的尊嚴。

預先醫療計畫給了老年人機會來參與自己臨終生活的決定，依照他們想要的治療方式來接受不可避免的死亡。綜合了生存意願，詳細地列出想要的維持生命救治方式，以及一份永久授權健康照護，指定一個代理人，讓老年人知道他們的意願會被尊重。

以醫師的專業能力來延長或縮短生命，對他們來說是一種倫理上的兩難。老年人及其家屬可能會掙扎在使用維持生命方法加上特殊的救治，卻只換來多活幾天然後就接受死亡的事實。身為老年人及其家屬的重要支持系統，社會工作者見證了家人以及醫師決定過程的困境。另外一個選擇是，醫療輔助自殺呈現出一種新的挑戰。醫療輔助自殺的合法性將留待法律的判定，但在道德上，這個決定則是由考慮請求醫師協助來結束生命的個人所作的決定。社會工作者接觸到罹患絕症的病患、嚴重失能的成人，以及有慢性疾病並逐漸惡化的老年人，將來都會面臨到這些問題。

問題討論／活動

1. 你曾經歷過什麼樣的死亡或瀕死經驗？你個人的害怕與擔心是什麼？你的宗教、心靈、或個人信仰如何影響你對於自己或家人死亡事件的感覺？

2. 拜訪一個安寧照護社會工作者，並找出他在這方面做了什麼？什麼是這個工作最困難的部分？什麼是最令人欣慰的？他如何避免過度勞累，並提升自我照護？

3. 上照護連結網站以及全國安寧照護與疼痛減輕照護協會網站（http://www.caringinfo.org），下載當地的預先醫療計畫細則。你曾為自己或其他人填具過預先醫療計畫嗎？這份文件給了你以及其他人什麼樣的臨終生活選擇？你如何向一位老年人或其家屬說明填寫預先醫療計畫的過程？

4. 設計一個工作站，向老年人及其家屬解釋預先醫療計畫。你會在哪裡設立這個工作站？你要如何向老年人說明這個主題？你還想用這個工作站回答老年人什麼問題？你預期他們會問什麼樣的問題？

5. 討論針對醫療輔助自殺的案例，你認為這是罹患絕症或是疾病逐漸惡化的老年人的選擇嗎？你想看到什麼保護措施，以避免醫師與病患不小心使用了這個選擇？

老年社會工作：生理、心理及社會的評估與介入

340

參考書目

American Psychiatric Association. (2000). *The diagnostic and statistical manual of mental disorders (DSM IV-TR)* (5th ed.). Washington, DC: American Psychiatric Association.

Bachman, J. G., Alcser, K. H., Doukas, D. J., Lichtenstein, R. L., Coming, A. D., & Brody, H. (1996). Attitudes of Michigan physicians and public toward legalizing physician-assisted suicide and voluntary euthanasia. *New England Journal of Medicine, 334*, 303–309.

Bern-Klug, M., Ekerdt, D. J., & Wilkinson, D. S. (1999). What families know about funeral-rela Implications for social work practice. *Health and Social Work, 24*(2), 128–137.

Blendon, R. J., Szalay, V. S., & Knox, R. (1992). Should physicians aid their patients in dying? T perspective. *Journal of the American Medical Association, 267*, 2658–2662.

Boss, P. (1990). *Family stress management.* Beverly Hills, CA: Sage.

Bowlby, J. (1980). *Attachment and loss (Vol. 3): Loss, sadness, and depression.* New York: Basic

Braun, K. L., Karel, H., & Zir, A. (2006). Family response to end-of-life education: Differences b ity and stage of caregiving. *American Journal of Palliative Care, 23*, 269–276.

Brody, H. (1997). Assisting in patient suicides is an acceptable practice for physicians. In R. F. W *Physician-assisted suicide* (pp. 136–151). Bloomington: Indiana University Press.

Byock, I. R. (1997). Physician-assisted suicide is not an acceptable practice for physicians. In R. F. Weir (Ed.), *Physician-assisted suicide* (pp. 107–135). Bloomington: Indiana University Press.

Byrne, G. J. A., & Raphael, B. (1997). The psychological symptoms of conjugal bereavement in elderly men over the first 13 months. *International Journal of Geriatric Psychiatry, 12*, 241–251.

Callahan, D. (1996). Limiting health care for the old. In T. L. Beauchamp & R. M. Veatch (Eds.), *Ethical issues in death and dying* (pp. 441–443). Upper Saddle River, NJ: Prentice Hall.

Callahan, D. (1998). Physician-assisted suicide: Moral questions. In M. D. Steinberg & S. J. Youngner (Eds.), *End-of-life decisions: A psychosocial perspective* (pp. 283–297). Washington, DC: American Psychiatric Press.

Campbell, S., & Silverman, P. R. (1996). *Widower: When men are left alone.* Amityville, NY: Baywood.

Caring Connections. (2008). *Hospice care.* Washington, DC: National Hospice and Palliative Care Organization. Retrieved March 15, 2008, from http://www.caringinfo.org/LivingWithAnIllness/hospice.htm

Carpenter, B. D. (1993). A review and new look at ethical suicide in advanced age. *The Gerontologist, 33*(3), 359–365.

Caserta, M. S., & Lund, D. A. (1993). Intrapersonal resources and the effectiveness of self-help groups for bereaved older adults. *The Gerontologist, 33*, 619–629.

Chirchin, E. R., Ferster, L., & Gordon, N. (1994). Planning for the end of life with the home care client. *Journal of Gerontological Social Work, 22*(1/2), 147–158.

Clark, N. (1997). *The politics of physician-assisted suicide.* New York: Garland.

Cohen, J. S., Fihn, S. D., Boyko, E. J., Jonsen, A. R., & Wood, R. W. (1994). Attitudes toward assisted suicide and euthanasia among physicians in Washington state. *New England Journal of Medicine, 331*, 89–94.

Cook, A. S., & Oltjenbruns, K. A. (1998). *Dying and grieving: Life span and family perspectives.* Fort Worth, TX: Harcourt Brace.

Cytron, B. (1993). To honor the dead, to comfort the mourners: Traditions in Judaism. In D. P. Irish, K. F. Lundquist, & V. J. Nelsen (Eds.), *Ethnic variations in dying, death, and grief: Diversity in universality* (pp. 113–124). Washington, DC: Taylor and Francis.

Daniels, N. (1996). A life span approach to health care. In T. L. Beauchamp & R. M. Veatch (Eds.), *Ethical issues in death and dying* (pp. 444–446). Upper Saddle River, NJ: Prentice Hall.

Douglas, R., & Brown, H. N. (2002). Patients' attitudes toward advance directives. *Journal of Nursing Scholarship, 34*(1), 61–65.

Erikson, E. (1963). *Childhood and society* (2nd ed.). New York: Norton.

Freeman, S. J. (2005). *Grief & loss: Understanding the journey.* Belmont, CA: Brooks/Cole.

Freeman, S. J., & Ward, S. (1998). Death and bereavement: What counselors should know. *Journal of Mental Health Counseling, 20*(3), 216–226.

Getzel, G. S. (1995). Judaism and death: Practice and implications. In J. Parry & A. S. Ryan (Eds.), *A cross-cultural look at death, dying and religion* (pp. 18–31). Chicago: Nelson-Hall.

Gutheil, I., & Souza, M. (2006). Psychosocial services at the end of life. In B. Berkman (Ed.), *The handbook of social work in health and aging* (pp. 325–334). New York: Oxford.

Harris, J. (1996). The value of life. In T. L. Beauchamp & R. M. Veatch (Eds.), *Ethical issues in death and dying* (pp. 435–440). Upper Saddle River, NJ: Prentice Hall.

Hawkins, N. A., Ditto, P. H., Panks, J. H., & Smucker, W. D., (2005). Micromanaging death: Process preferences, values, and goals in end-of-life decision making. *The Gerontologist, 45*(1), 107–117.

Hayslip, B., & Peveto, C. A. (2005). *Cultural changes in attitudes toward death, dying and bereavement.* New York: Springer.

Hill, R. D., Lund, D., & Packard, T. (1996). Bereavement. In J. I. Sheikh (Ed.), *Treating the elderly* (pp. 45–74). San Francisco: Jossey-Bass.

Howe, J. L., & Daratsos, L. (2006). Roles of social workers in palliative and end-of-life care. In B. Berkman (Ed.), *The handbook of social work in health and aging* (pp. 315–323). New York: Oxford.

Irwin, M., & Pike, J. (1993). Bereavement, depressive symptoms, and immune function. In M. S. Stroebe, W. Stroebe, & R. O. Hansson (Eds.), *Handbook of bereavement: Theory, research, and intervention* (pp. 160–174). New York: Cambridge University Press.

Jeffreys, J. S. (2005). *Helping grieving people: When tears are not enough.* New York: Brunner-Routledge.

Jezewski, M. A., Meeker, M. A., Sessanna, L., & Finnell, D. S. (2007). The effectiveness of interventions to increase advance directive completion rates. *Journal of Aging and Health, 19*, 519–536.

Kamerman, J. (1993). Latent functions of enfranchising the disenfranchised griever. *Death Studies, 17*, 281–287.

Karnes, B. (1986). *Gone from my sight: The dying experience.* Stillwell, KS: Author.

Kim, K., & Jacobs, S. (1993). Neuroendocrine changes following bereavement. In M. S. Stroebe, W. Stroebe, & R. O. Hansson (Eds.), *Handbook of bereavement: Theory, research, and intervention* (pp. 143–159). New York: Cambridge University Press.

Kirschberg, T. M., Neimeyer, R. A., & James, R. K. (1998). Beginning counselors' death concerns and empathic responses to client situations involving death and grief. *Death Studies, 22*, 99–120.

Kübler-Ross, E. (1969). *On death and dying.* New York: Macmillan.

Kwak, J., & Haley, W. E. (2005). Current research findings on end-of-life decision making among racially or ethnically diverse groups. *The Gerontologist, 45*(5), 634–641.

Lindemann, E. (1944). The symptomatology and management of acute grief. *The American Journal of Psychiatry, 101*, 141–148.

Lockwood, M. (1996). Quality of life and resource allocation. In T. L. Beauchamp & R. M. Veatch (Eds.), *Ethical issues in death and dying* (pp. 429–434). Upper Saddle River, NJ: Prentice Hall.

Lund, D. A., Caserta, M., & Dimond, M. (1993). The course of spousal bereavement in later life. In M. S. Strobe, W. Strobe, & R. O. Hansson (Eds.), *Handbook of bereavement: Theory, research, and intervention* (pp. 240–254). New York: Cambridge University Press.

Luptak, M. (2006). End-of-life care preferences of older adults and family members who care for them. *Journal of Social Work in End-of-Life and Palliative Care, 2*(3), 23–43.

Molloy, D. W., Stiller, A. K., & Russo. R. (2000). Technology and educating seniors about advance directives. *Educational Gerontology, 26*(4), 357–369.

Murrell, S. A., Himmelfarb, S., & Phifer, J. F. (1995). Effects of bereavement/loss and pre-event status on subsequent physical health in older adults. In J. Henricks (Ed.), *Health and health care utilization in later life* (pp. 159–177). Amityville, NY: Baywood Press.

National Hospice and Palliative Care Organization. (2004). *Alternatives to in-home care.* Available at: www. hhpco.org/i4a/pages/index.cfm?pageid=3344

Olson, M. (1997). *Healing the dying.* Albany, NY: Delmar.

Pattison, E. M. (1977). The experience of dying. Englewood Cliffs, NJ: Prentice Hall.

Perkins, H. S. (1996). Are advance directives becoming an endangered species? *Chest, 109*, 299.

Ponder, R. J., & Pomeroy, E. C. (1996). The grief of caregivers: How pervasive is it? *Journal of Gerontological Social Work, 27*(1/2), 3–21.

Rando, T. (1986). A comprehensive analysis of anticipatory grief: Perspectives, processes, promises, and problems. In T. A. Rando (Ed.), *Loss and anticipatory grief* (pp. 3–37). Lexington, MA: Lexington Books.

Rando, T. (1993). The increasing prevalence of complicated mourning: The onslaught is just beginning. *Omega, 26*(1), 43–59.

Rhymes, J. (1990). Hospice care in America. *Journal of the American Medical Association, 264*, 369–372.

Scharlach, A. E., & Fuller-Thompson, E. (1994). Coping strategies following the death of an elderly parent. *Journal of Gerontological Social Work, 21*(3/4), 85–100.

Scitovsky, A. A., & Capron, A. M. (1996). Medical care at the end of life: The interaction of economics and ethics. In T. L. Beauchamp & R. M. Veatch (Eds.), *Ethical issues in death and dying* (pp. 422–428). Upper Saddle River, NJ: Prentice Hall.

Silverman, P., & Klass, D. (1996). Introduction: What's the problem? In D. Klass, P. Silverman, & S. Nickman (Eds.), *Continuing bonds: New understandings of grief* (pp. 3–27). Washington, DC: Taylor and Francis.

Steeves, R. H., & Kahn, D. L. (1999). Coping with death: Grief and bereavement in elderly persons. In E. Swanson & T. Tripp-Reimer (Eds.), *Life transitions in the older adult: Issues for nurses and other health professionals* (pp. 89–109). New York: Springer.

Stroebe, M. S., & Stroebe, W. (1993). The morality of bereavement: A review. In M. S. Stroebe, W. Stroebe, & R. O. Hansson (Eds.), *Handbook of bereavement: Theory, research, and intervention* (pp. 175–195). New York: Cambridge University Press.

Thompson, S. (1996). Living with loss: A bereavement support group. *Groupwork, 9*(1), 5–14.

Veatch, R. M. (1996). How age should matter: Justice as the basis for limiting care to the elderly. In T. L. Beauchamp & R. M. Veatch (Eds.), *Ethical issues in death and dying* (pp. 447–456). Upper Saddle River, NJ: Prentice Hall.

Waldrop, D. P. (2006). Hospice. In B. Berkman (Ed.), *The handbook of social work in health and aging* (pp. 457–467). New York: Oxford.

Walker, R. J., Pomeroy, E. C., McNeil, J. S., & Franklin, C. (1994). Anticipatory grief and Alzheimer's disease: Strategies for intervention. *Journal of Gerontological Social Work, 22*(3/4), 21–39.

Waters, C. M. (2000). End-of-life care directives among African Americans: Lessons learned. A need for community-centered discussion and education. *Journal of Community Health Nursing, 17*(1), 25–37.

Williams, P. G. (1991). *The living will and durable power of attorney for health care book.* Oak Park, IL: Gaines.

Worden, J. W. (1991). *Grief counseling and grief therapy: A handbook for the mental health practitioner* (2nd ed.). New York: Springer.

Worden, J. W. (2002). *Grief counseling and grief therapy: A handbook for the mental health practitioner* (3rd ed.). New York: Springer.

與老年人的支持系統共事：
配偶、伴侶、家人與照顧者

老年人的支持系統

　　本書中都把老年人當成是個體，幫助他們面對老化過程所帶來的生物心理社會模式上的挑戰。日復一日應付挑戰與開始改變的需求，依然是老年人主要的課題。然而在複雜的社會中，老年人在維持生活品質與獨立運作功能上，究竟是受到社會系統的幫助，還是阻礙？

　　這一章將著重在老年人的支持系統，也就是他們的配偶、夥伴、家人，以及照護者。這些支持系統不僅對老年人很重要，對老年學社會工作者的發展介入也很重要。

　　這一章也會提到隔代教養現象有逐漸增加的趨勢。成人子女因疾病、監禁、死亡、或失能而無法照顧自己的子女時，在鮮少支持的情況下，祖父母便成為照護者。

　　實務工作者必須以「家庭觀點」有效啟動支持系統（Neidhardt & Allen, 1993）。「家庭觀點」的意思是把老年人當成是複雜的多重世代關係中的一部分，並對他或她的生活有很深的影響，而且是互動與支持的主要來源。家庭角色，像是配偶、伴侶、父母、祖父母、叔叔、或阿姨，都是老年人自我概念的重要部分，他們會影響老年人的想法；就算這些角色的特殊相關功能已經停止了，還是會有影響。人類出生在不同的家庭星座（系統），到了成人時期於是產生了自己的家庭類別，進而演變成他們年老之後所感受到的家庭意義。

本章將著重在老年人面對的伴侶關係上的挑戰，不論他們是傳統的婚姻關係，或是長期的男同性戀或女同性戀關係。老年學社會工作者最可能遇到的關係議題，是在提供其他支持服務給老年人的時候。記住這點，重要的是去探討提供支持性諮詢給老年人的目的，並且檢視協助老年人安定成熟關係的特殊介入措施。

跟老年人的家屬接觸時，重要的是包括使用「家庭會議」來保留老年人與家族的接觸，稍後會加以討論。這一章其他的部分則在探討隔代教養的問題，以及其他家庭照護的種類，包括社會工作者在所有支持照護上所扮演的角色。

配偶與伴侶

據統計，有四分之三65歲以上的男性與配偶同住，而女性則只有不到一半的人仍跟她的男性配偶一起生活（Schoenborn, 2004），其中的差別主要是因為性別壽命長短不同所造成的。女性比男性活得更久，所以，65歲以後獨自生活的風險就增加了。到了85歲，不到10%的女性跟她們的先生同住（Schoenborn, 2004）。這個數據顯示，已婚夫婦隨著年齡增長，在一起居住的比率卻降低了；但還是有一些老夫婦依然可以繼續共同生活，一直到遇到特殊的挑戰，包含改變婚姻角色、退休，以及獨立需求的變動等。

男同性戀與女同性戀配偶

很少有研究針對男／女同性戀的晚年生活挑戰加以描述，但是他們面臨到的疾病與失能現象，與異性夫婦極為類似，然而卻沒有異性夫婦可以得到的法定支持系統（Mackey, O'Brien, & Mackey, 1997）。自從2004年麻塞諸塞州承認同性戀婚姻之後，其他州的公民聯盟也陸續增加，男／女同性戀婚姻因此而得到前所未有的法定選擇。但男／女同性戀的婚姻關係依然有諸多爭議的部分。目前這一個世代的老男／女同性戀，往往都認為自己的婚姻是不折不扣的婚姻，而且也不願公開承認，因為他們害怕被其他人嘲笑。

生活上的伴侶與他們的家人，是男／女同性戀年老時重要的支持

系統,而且也必須被承認彼此所扮演的角色的重要性。社會工作者的職志,是尊重所有年齡的人的生活選擇。雖然有些州政府尚未承認男/女同性戀的關係,但是社會工作者卻必須承認。同性戀伴侶也該被視為配偶,並列入任何的規劃考量中。以下要討論的婚姻關係,可以視為同性與異性皆相關的議題。

改變婚姻的角色

回到夫妻兩人的狀態。對於具備傳統父母親角色的配偶來說,他們的財務與親權通常到50多歲時就會開始消退。當成年子女完成學業,開創自己的家庭,依賴父母的支持就變得愈來愈少,這就是正常的家庭生活週期。不論父母關係的需求如何,有些夫妻仍然維持著一個健康、重要的關係,他們會想辦法維持情感上的親密,並對各自的父母角色關係作出承諾。對這些夫妻來說,滿屋子的子女就是他們放鬆的歡樂時光。對其他的夫妻來說,養育子女雖然可以連結他們彼此的關係,但卻也是在犧牲他們個人的關係。當子女離開時,他們面對的可能是一個完全陌生的人。他們清楚彼此當「媽媽」或「爸爸」的角色,但彼此的關係卻不親密。他們之所以選擇在一起,是因為面對重新定義的父母關係,而不是父母關係的相互責任。

退休。同一個年齡層的工作者,對於退休有錯綜複雜的感覺。對畢生出賣體力工作的老年人來說,退休對他們是一種解脫,讓他們終於有時間放鬆,並從事一切與工作和家庭責任無關的事,因此,退休可說是既新又長的娛樂時光。然而有些人則把退休當成是驚慌不安的事,他們把退休當成是重要的生命中生產力的末日。

退休的決定會給老年夫妻帶來一些新的挑戰(Weeks & Hof, 1995; Wolinksy, 1990)。最明顯的是要在有限的財務來源下,定義一個新的生活類型。雖然娛樂的時間增多了,但收入卻減少了。對許多人來說,工作場所是主要的社交來源和互動場域,而退休讓個人必須尋找新的方式來取代與他人的社交關係。但對其他人而言,退休可讓男性和女性重新定義自我形象,而且通常都與職場角色很接近。不論社會經濟狀況如何,經由服務與得知自己畢生所作的貢獻,每個人都能得到個人最大的滿足。

「已退休」的角色所代表的定義，是個人已不再從事以前的工作。對於將大部分時間都投注在工作上的男女來說，找到有意義的活動來填補閒暇時間，也是一大挑戰。金錢上的顧慮、社會孤立的威脅、重新自我定義，以及打發時間，都可能對個別的老年人或夫妻造成壓力。

轉換獨立的角色。照理說，雖然配偶應該在生病或失能時彼此照顧，但是卻很少有夫妻真正在社會心理與身體上給予配偶需要的照顧（Nichols, 1996）。當其中一方需要特殊照護的時候，相互照顧的責任便嚴重瓦解。獨立角色的轉換會造成照護者一方的生氣與怨恨，即使是有很深刻的感情與承諾關係也無例外。比如，當一位老年人的太太生病時，他可能得承擔準備三餐和家務的工作，而這些可能是他還沒準備好接手的工作；老太太可能得在先生罹患阿茲海默症之後，自己面對家庭收支的工作，而這對她來說是一種責任與挑戰。

兩種狀況都需要有新的技能去承擔彼此關係中的新工作，這對雙方來說都是恐懼與不確定因素的來源。隨著嬰兒潮世代快速步入退休期之際，他們所扮演的傳統父母角色，已不再是婚姻生活中的角色了。女性的收入比先生高，而且身居要職的情況早已屢見不鮮，而丈夫可能要負起主要照顧小孩與家事工作的責任。即使如此，不論退休前角色的扮演是哪一種，夫妻倆還是得面對財務、社會角色上的功能限制。

老年夫妻的支持性介入的目標

夫妻雙方的工作內容

大多數夫妻與社工人員共同研究提供其他直接服務的項目，包含協調居家健康照護服務、支持家庭照護、或是專案處理。在這一章，夫妻合作是一種更廣泛的介入努力，而不只是著重在夫妻之間的關係。提升夫妻中一方的支持能力並繼續行使兩人問題的決定與解決能力，是任何協調計畫成功最必要的部分。

在處理老年人的問題時，最重要的是強調任何協調都不應著重在解開或糾正他們一輩子的婚姻功能障礙。研究發現，老年夫妻認為對他們的關係造成最大威脅的是來自外在的力量，而不是內在的力量

（Neidhart & Allen, 1993）。重要的是，協助老年人有能力去維持這份長久的關係，而不是以社工人員的方式去建構更有功能的關係型態。

一般很少將注意力集中在老年夫妻、異性或同性戀雙方的諮詢紀錄上，所以對這些族群的心理社會挑戰也就瞭解不多（Sanbderg & Harper, 1999）。就像本書所強調的，有一種微妙的老齡歧視理論，已經滲入了心理健康諮詢。老年人被認為太老了，以至於無法改變，並且也無太大的能力去改變經年累月的行為模式，或者是因為太過體弱多病或精神狀況不佳，以致無法積極參與治療過程（Weeks & Hof, 1995）。另外有一種危險的推論是，夫妻雙方因為在一起太久了，已經熟悉彼此的不同，所以只是學習去適應對方，對於支持協商以改進雙方關係的需求並不大。

這群老年人當下可能也對尋求專業協助來改善問題關係，抱持著反對的態度。婚姻諮詢可能是適用於「發病」的人，或是那些有用藥、酒精、或不忠問題的夫妻。在一起一輩子的夫妻，自豪能夠「容忍」生命中所面對的挑戰，而比較少有婚姻是快樂的概念。但是當面臨到年齡的威脅時，比如像嚴重疾病，傳統的應對技能便消失了，即使是最持久的關係也會出現不穩定的現象。

老年夫妻有許多和所有年齡層夫妻相同的顧慮，包含溝通、婚姻中的平衡力量、財務，以及性慾（Mackey, O'Brien, & Mackey, 1997）。這些議題持續的在家庭生活週期中被加以協調，然而，老年人所面對的是一種與老化過程有關的另外的社會心理挑戰。

協助老年夫妻面對喪失

協助老年夫妻處理喪失，又不至於讓他們的關係產生不穩定的現象，是支持諮詢的一個重要目標。例如，一位配偶可能會誤以為一旦他或她的配偶無法準備三餐與做家事時，他們兩人就會淪落到護理之家去。介入措施應以不剝奪他們陪伴彼此，並安全地住在自己家中、協助更多有能力的配偶去學習新技能或取得支持服務，能讓老年夫妻在一起並真正面對另一方能力的喪失。當一方不能再處理財務而必須由另一方來面對時，情況也是如此。這時，請求子女或是財務公司的協助，便可以讓兩人繼續生活在一起，同時也彌補了所失去的功能。

一對老年夫妻喪失的可能不是明顯看得到的功能，像是體能或認知能力（Nichols, 1996）。有很多有趣的事件，可以從其中一人退休而整天待在家中看出。常見的是，即將退休的配偶會轉換他或她的「執行與組合能力」，譬如，整理前院、重新整理廚房、或是為對方作出不受歡迎的建議（比如要怎麼做才更有效率）。在職場上失去的責任，會造成另一半的壓力。想要減低夫妻間的壓力，可以幫助他們找到方法來發展一種新的家庭工作模式。

創造駕馭與控制的機會

處理喪失但又不會讓關係不穩，是創造老年人駕馭與控制過程的一部分，這是一個防止老年人憂鬱的明顯因素（Sandberg & Harper, 1999; Weeks & Hof, 1995）。例如，一位生病的太太可能無法準備餐飲，但她還是可以建議餐飲或指導配偶去準備；先生可能沒辦法打掃家裡，但他可以請服務公司來協助並做維護的工作；喜歡園藝的夫婦可能無法在一起整理龐大的菜園，但可以轉而栽種小的盆栽。與老年人共同確認並努力發展駕馭與控制，可幫助老年人避免婚姻上的壓力，並讓他們維持有用的角色扮演。

維持認同

健康的夫妻關係，可以給彼此一個機會在共享生活的關係中下定義。當疾病或失能奪走了婚姻關係中的角色關係時，其配偶會有維持認定感上的焦慮。當家庭中主要的經濟來源退休時會感到焦慮，因為他或她會覺得自己已經不再能有貢獻。不論是採用什麼改變方式和新的方法，夫妻倆必須確保在婚姻關係中持續的維持相同的認定。

老年夫妻的治療性介入

動用資源

有時候，老年夫妻最需要的是資訊的來源。他們通常滿意自己的關係與溝通方式，但有限的收入與體能和認知上的需求卻減弱了他們的應

對能力。在這個案例中，夫妻倆的治療工作，意思就是幫助他們確認需求並取得所需的資源。夫妻倆需要的是支持網絡中的確認和動員協助，並發展出新的支持服務。對於總是自己解決問題的老年人來說，求助的行為對他們而言就代表了失敗。應該鼓勵老年人從家人與專業機構中尋求協助，而當老年人的自尊受到傷害時，社工人員要有敏感度能察覺出來。

老年人也需要找到方法來平衡他們在獨立與依賴之間的改變（Weeks & Hof, 1995）。當老年人開始有需要支持服務的跡象時，一個出於好意但卻具破壞性干涉傾向的專業協助，給了老年人比實際需要還多的協助。雖然這樣可以讓老年人的生活在短期間好過一些，但卻會剝奪他們某些自給自足的層面。例如，一對老夫婦可能無法準備自己的午餐或晚餐，但還是能夠備妥自己的早餐，而就算是簡單的準備早餐的動作，也會讓他們有獨立的自尊。在協助老夫妻尋求資源時，重要的是要避免讓他們產生無奈的感覺。

婚姻生活的回顧與懷舊

回顧婚姻關係的過程，與第六章描述的一般生活回顧類似，只是專門著重在婚姻關係（Arean et al., Hargrave, 1994; Wolinsky, 1990）。其過程是著重在幫助老年夫妻回想起他們是如何相遇的、當初他們相互吸引的理由是什麼，以及早年婚姻生活的種種記憶，這可以讓老年人重新振作起舊的情感，提醒他們是什麼原因讓他們當初彼此吸引。

然後，夫妻倆會被問到重新回想他們的早／中期婚姻生活，想想期間經歷了哪些問題，以及他們如何處理那些衝突與壓力。在個別的生活回顧中，其過程可以幫助夫妻倆確認他們在婚姻生活中彼此扶持的方法，並提醒他們把過去面對壓力的各種技能，再度應用到目前的情況中。這種方法對於面臨老化而感到無助的老年夫妻，尤其有幫助。他們可能已經忘記自己過去如何成功地克服過障礙。重新回想過去的事件，能夠提醒老年人在過去的婚姻生活中曾經有過的協調角色與責任，並加以應用到退休以後、疾病或其他損失發生時。

利用懷舊老夫妻婚姻生活的好處之一是，有「恢復」的機會。例如，一對老夫妻可能會想起從前丈夫被資遣時，家庭陷入失去房子的嚴

第十二章　與老年人的支持系統共事：配偶、伴侶、家人與照顧者

349

重危難。雖然這樣的事件可能會讓人想起生氣和困窘，但是從想起的經驗中卻可以給夫妻確認的機會。或許當時的事件鼓勵了先生去完成大學學業，或是讓太太去工作，好讓家中得到更有保障的財務。雖然夫妻不會認為這個事件是婚姻中值得高興的事，但回想事件產生的動能，則有助於兩人共同再造面對目前與年齡有關困境的技能。

婚姻生活回顧可以用來幫助老年夫妻藉由過去的經驗確認並解決衝突。怨恨和憤怒會一輩子化膿，即使是對關係表示高度滿意的夫妻也是如此。讓他們有機會重新檢視傷痕與失望，同時也給了他們放手並繼續前進的許可證。在前面失業的例子中，太太最後可能會說出當初因為要成為家中收入的來源而必須離開子女，讓她很生氣，但是在憤怒中，她也因此瞭解到因為回到職場而給了她信心，把自己定義為不只是個太太與母親，雖然那也是她喜歡的角色，但卻是不需太多智力挑戰的工作。以四十年後的觀點，從負面事件看到正面的結果，讓她從憤怒中得到理解的無價交換。

訓練溝通技巧

另一種用來幫助老年夫妻改進他們關係的技巧，就是溝通技能的訓練（Gotlib & Beach, 1995; Prince & Jacobsen, 1995）。在持久的關係中，夫妻雙方發展出彼此習慣的溝通方式，只要方式可行，他們就不可能改變。夫妻學會選擇他們的戰場、容納對方的心情，並找出一些暗示的小動作作為溝通模式。然而，因為生病或失能造成的角色改變，就需要雙方試著學會彼此溝通去適應改變。

例如，丈夫知道當他的太太變得無法溝通又憤怒的時候，她一定是在生他的氣。他知道她終究會告訴他是什麼問題，但最好是給她時間讓她自己來找他，所以他就不管她了。在這種情況下，其實他的太太並不是在生他的氣，而是在擔心自己的身體健康，並煩惱他們負擔不起她所需要的藥物。她覺得先生在逃避她，因為他不知道出了什麼事。她不好意思告訴先生她的顧慮，因為他們的經濟很拮据，而且他只在意自己的事情。結果，他們便很少交談，因為兩個人都誤會了對方的感覺與行為。這就是典型需要依賴溝通方式的關係類型。

溝通技巧訓練可以幫助這對夫妻認清事實的真相，並改以不同的

溝通方法來詮釋彼此的行為。丈夫不再認為退縮的情緒是太太生氣的訊號，而是憂鬱或憂慮的訊息；太太也不再認為先生會知道她的沉默是因為擔心金錢或健康問題，而這卻是他們婚姻中習慣表達憤怒的方式。

傳統的溝通方式也可能會在一方遭遇感官限制時受到挑戰。例如，因失智症引起的視覺、聽力、或認知能力上的損傷。比如，丈夫可能會把太太整理家務時不好的習慣歸因於不愛乾淨，但事實上是他太太已經看不清楚了，所以無法把工作做好；太太則可能認為先生把電視機音量開得很大聲，是因為要漠視她的存在，而其實是先生的聽力退步了。發展新的溝通技巧，對於阿茲海默症逐漸加劇的配偶來說尤其重要。在這個疾病的中晚期階段，當病患失去與另外一方互動的能力時，配偶有時會忘了另一半的感覺，並做出傷人或毀滅性的意見。若沒有專業協助，配偶會有一段很長的時間認為這是疾病的一種症狀，而不是一種有問題的關係。

家族會議

除了與這對夫妻合作之外，一個完整的老年工作還包括延伸到家族，以及他們在提供情感與結構支持上的角色。與家族照護者有關的特殊挑戰，在本章後面會有詳細的說明，這個部分則會強調「家族會議」是一種幫助家人面對不可避免的父母年老的改變，並於過程中找出符合那些改變的計畫。雖然家族會議的目的是改善家族成員之間的溝通，並找出適合的計畫，但在解決問題的努力當中，也有其治療的機會。

規劃一個家族會議

一旦發覺老年人需要額外的照護服務時，重要的是要立即召開家族會議，即使是人數有限的「家族」也是一樣。照護的規劃與行動是非常困難的步驟，但是讓所有與老年人有關的人參與溝通，便可以不必單獨由一個人來承擔所有的責任。如果可能的話，所有的家族成員都要參加家族會議，還有要好的朋友、鄰居、或是可以提供有用的觀點與服務建議的親戚。無法親自參加的人，可以透過電話或使用E-mail聯絡。

老年人是否需要照護，需由許多方面來決定。除非老年人罹患了中

／重度的失智症，否則家族會議預期將會是一個喧鬧的情形。老年人應該要參與決定的過程，並且儘量以他們的喜好作為參考依據。畢竟決定的是有關他或她的事情，而且老年人也有權力儘量積極的參與。一旦家族成員開始「為老年人做」，而不是「與老年人一起做」時，老年人很快就會陷入無助並完全放棄作任何決定。本書中已經強調，如果老年人感覺自己完全失去掌控環境的能力時，他們就會陷入嚴重的憂鬱之中。例外的情況就像已經提到過的，就是在老年人已經完全無法參與自己的規劃，或是家人對老年人造成傷害時（家族照護者聯盟，2003）。

家族成員對老年人的問題最清楚，並且最有可能號召家人而且準備好會議的議程。議程內容最好儘可能包含下列資料：

- 老年人最近的醫療情況與預後情形。
- 指出最緊急的需求與其他需要。
- 配合需要的資源選擇。
- 探討與會的每個人所扮演的角色。

會議的首要條件是重點摘要，可指出問題所在並探討可以使用的資源。其次是會議（照護選擇與探討家族成員角色），這是作決定與解決問題的部分。要回答的問題有：什麼是需要的？對於需要，我們有什麼選擇？由誰來讓計畫實行？

不可能一個簡單的會議就足以符合老年人所有適合的照護，而是需經由數次會議或是定期的會議，來認定什麼才是適合老年人快速變化的需求。會議時應該達成對老年人最好的規劃，以及由誰來執行。將計畫用書面方式呈現會有很大的幫助，這樣可以避免將來產生任何困擾（家族照護者聯盟，2003）。

老年人的議題是家族會議中的重點。在大多數的家族中，從幼兒時期起就有各自扮演的角色（不論喜歡與否）。在家族的危機當中，比如像替老年人作規劃，這些角色之間可能會重組，並產生新的角色。雖然每個家族都不一樣，但家族中的某位成員被認定扮演照護者的情形並不少見。同樣的，住在離家很遠而且從不關心的家族成員，忽然變成年老父母需求的專家的情況，也會讓目前的照護者感到十分憤怒。有些家族中的兄弟姐妹長久以來就不關心父母的問題，所以也就很難達成照護老年人的共識，這時候就需要有外人，如社工人員、牧師、或照護經理人

加入來幫他們作進一步的規劃。

隔代教養

在所有面臨到的老年生物心理社會挑戰中，養育孫子女的責任應該算是最困難的。在美國，預估有四百五十萬名小孩住在兩百四十萬的祖父母家中，亦即全美有6.3%的小孩住在祖父母家中（Bryson, 2001）。其他有些老年人早就放棄了執行父母職的責任。以祖父母為戶主的家庭，就表示他們需執行父母的責任，這通常發生在家中的人數、社會與財務來源不足以應付照護兒童的情況。非洲裔美國人的家庭中，幾乎三分之一的祖父母在養育孫子女，西班牙裔則有10%，這在全部的族群中，其比率數是不平均的（Kropf & Yoon, 2006）。這些種族的族群比較可能是屬於低收入與健康不佳的一群。

其責任不僅限於每天提供食物、住處、衣物與情緒照顧給兒童。需求部分則依照雙方的需要來決定祖父母該負的責任。這種「祖父母家庭」，通常都是由於父母的病痛、死亡、藥物濫用、監禁、受虐、忽視、或遺棄所造成的（Dolbin-MacNab, 2006; Korpf & Yoon, 2006）。每個人都是帶著社會情感上的傷痕進入這個新家庭，所呈現的則是令人畏懼的挑戰。

祖父母的挑戰

當老年人成為孫子女們的主要照護者時，他們會比同輩的人經歷更高的憂鬱、焦慮，以及其他的精神健康危機（Waldrop, 2003）。照顧孫子女的情況已經跟他們當初養育自己的小孩時不同了，孫子女可能會因為同輩與社會壓力而變得過度早熟、濫用藥物與酒精、或是輟學。多年前為人父母的技巧，已經不適用於來自不穩定家庭背景的小孩。隔代教養也看出較高程度的憂鬱，一部分是因祖父母感嘆自己所失去的自由、獨立與社會接觸而來的（Kropf & Yoon, 2006）。

這些祖父母也比較可能有健康上的問題，而且隨著後面的養育責任，會讓他們的健康情形更惡化（Kropf & Yoon, 2006; Gibbons & Jones, 2003; Minkler & Fuller-Thompson, 1999）。這些人所呈現出來更大的健康

問題，是因為他們嚴重的慢性疾病併發的現象，以及第二章提到的一般老年人身體壓力等機轉所造成的。感覺無助、慢性疲勞、害怕與孤立，這些常見於隔代教養的一般現象，可能會顯現在他們身體的疾病上。

除了對健康與精神健康造成更大的風險之外，這些家庭還面臨家事、財務與法律上的阻礙。老年人不允許將小孩安置在公共或私人養育機構，使得祖父母必須放棄熟悉的生活安排，而找一個比較不安全而且更昂貴的地方來安置小孩子們。像祖父母之家，係由波士頓居家機構專為低收入祖父母家庭而設的機構（Gottlieb & Silverstein, 2003），是由二十六個單位專門設計來符合老年人與小孩的需求。在那裡，浴室中有扶手，而且還將電線插頭加以覆蓋。提供給小孩的服務（日間托護中心）以及為老年人而設的（有車輛代為跑腿）服務都設在機構中，同時也有支持這些家庭的法律與社會服務。

在許多州，祖父母不符合請領「家庭過渡輔助」貧困家庭臨時援助（Transitional Aid for Needy Families, TANF）的資格，或是未加實施的兒童保護服務系統的養育照護支付，這是許多祖父母積極抵制的（Smith, Beltran, & Kingson, 2000）。雖然社會服務系統把這種所謂的親屬關係照護，當作是比較便宜的方法來照顧那些無法與父母同住的小孩，但跟祖父母同住卻不會比較便宜，因為祖父母的收入有限。據估計，有43%以祖父母為戶主的家庭收入是低於貧窮線的，雖然有祖父在的家庭中，低於貧窮線的比例已經降為23%（Bryson & Casper, 1999）。祖父母同時也面臨法律系統內的不確定狀態（Kropf & Yoon, 2006）。除非他們有小孩的法定監護權，而那往往要經過冗長的訴訟程序，否則他們便無法幫助小孩登記入學，或是在沒有父母允許的情況下取得醫療照護。如果父母是聯絡不到或不合作的，那麼甚至就連取得足夠醫療的簡單程序都無法得到。

孫子女們的挑戰

很顯然地，當孫子女們與祖父母的關係不明確時，他們就是不幸的受害者。父母無法照顧他們，但是他們與祖父母的照護關係卻又沒有正名化，那麼可由誰來授權醫療照護或是註冊入學？他們能跟祖父母在一起多久？由誰決定？他們會再去跟父母一起住嗎？萬一祖父母過世或無

法照顧他們時，該怎麼辦？這種不確定性也會提高孫子女們的焦慮與憂鬱程度。在祖父母家庭中長大的小孩比較會經歷到這些，以及其他的精神健康問題、在學校的差異行為與課業障礙，還有誇大的拒絕與罪惡情緒（Dolbin-MacNab, 2006）。

並非所有這些問題都是直接由隔代教養所造成的，孫子女們從前由父母那裡所得到的經驗，會在被祖父母養育時達到最高點。如果父母過世了，他們的原有家庭就不再相同，而小孩子們也會陷入悲傷。要是父母坐牢或被監禁，小孩子們也會感到羞恥，而要與可能一陣子不會見面的父母維持關係也是種掙扎。如果父母還健在，但卻因為藥物濫用、疏失或遺棄而無法照顧小孩，這時，這個小孩就需要藉由輔導來排除他或她無法被父母照顧的痛苦。小孩或許也會看到父母與祖父母間為了誰來照顧他們而產生衝突（Kropf & Yoon, 2006）。社工人員的角色在處理祖父母家庭時，也包括老年人與孫子女的部分。

社會工作者在支持祖父母家庭生活上的角色

隔代教養有兩個主要需求與一個次要需求。首先，老年人必須要取得資訊，他們要知道有哪些法律與財務支持是適合他們的，他們需要的資訊有父母親角色、學校系統、暫緩履行照護，以及家庭諮詢。第二，他們需要支持。他們要有機會跟其他與他們有相同狀況的老年人，分享他們的喜悅與挫折；他們還要有勇氣面對自己老化過程的挑戰，並且積極的親自執行父母的工作；他們需要專業的建議來處理以往存在於他們、缺席的父母，以及孫子女之間的混亂關係。

Dolbin-MacNab與Targ（2003）提供許多特殊的方法給社工人員與其他專業人士來支持祖父母家庭。第一，指出這些家庭所面對的複雜議題。提供資訊與支持固然重要，但也要瞭解這些家庭可能需要許多外在的專業協助，像是律師或是家庭生活教育者。因此，與其他專業人士合作取得資訊與服務是不可避免的事。第二，祖父母家庭還需要社工人員當作一個提倡者，協助祖父母進行複雜的兒童福利系統、學校或醫療系統的交涉。例如，雖然幫小孩登記入學是如此簡單的事情，但祖父母卻沒有法定權利如此做，這時，找出立即適用於祖父母以及長期的解決辦法就有其必要性。第三，有感於這種困難的祖父母可能會求助，而祖父

母所知的必須得到尊重。最有效的方法是祖父母知道自己不瞭解的是哪些部分，或是他們需要由家庭以外的人來告知他們所欠缺的部分。光是聽祖父母的挫折，就有助於讓他們承認他們在什麼地方需要協助。加強他們的成功經驗，協助他們解決無法解決的問題！

第四，在安全範圍內提供祖父母家庭支持（Dolbin-MacNab & Targ, 2003）。祖父母之所以不想與公共或私人社會服務機構接觸，往往是因為一直以來對他們沒有太好的印象。如果兒童服務處的觀念是首先得讓兒童搬離家中，這時，請求協助就會感覺太冒險了。要是從協助單位的年輕社工那裡得到的結果只是挑毛病，難免會讓人有拒絕求助的可能。祖父母需要支持，並承認他們在二度父母工作上的努力。

第五，要協助專業人士對於擴大的家庭結構予以確認（Dolbin-MacNab & Targ, 2003）。如果缺席的父母仍然健在並且聯絡得到的話，他們便必須持續介入小孩的生活，不論對祖父母或協助單位來說是多麼困難的事，也都要讓他們介入。如果他們無法聯絡缺席的父母，則當成是祖父母與小孩認知結構上的一部分，社工人員必須安撫兩邊的哀傷過程。最後，社工人員與其他的專業人士還需對文化因素造成的影響，有高度的敏感性。有些文化中把小孩送給親戚撫養是很常見的事，親戚包括表姐妹、叔叔伯伯、或祖父母。這時，資料與支持是有需要的，如此就不會有社會污名的問題。在其他的文化中，小孩由親戚撫養則是一種很尷尬和奇怪的情況，祖父母可能會內化這種安排為是他或她個人的失敗，因為自己沒能適當的教養自己的小孩。祖父母可能會覺得他或她失敗過一次了，所以可能會再次失敗於孫子女身上。

儘管有許多挑戰與資源，隔代教養的過程中，仍會發覺樂趣與滿足。尤其是許多的祖母表示，撫養孫子女是她們人生中的智慧時光（Dolbin-MacNab, 2006）。她們感覺從撫養自己的子女所學得的經驗，能讓她們更輕鬆的用來撫養她們的孫子女。大多數的祖父母認為，由他們來養育孫子女會比領養父母來得更好（Korpf & Yoon, 2006; Waldrop, 2003）。知道小孩被安全的在家庭成員的家中照顧，絕對比放在陌生人或寄養家庭中來得好。祖父母依然是祖父母，這個角色帶來的歡樂來自於子孫圍繞、眼看家庭繼續延續，以及孫子女所給的無條件的愛。

把照護者當成老年人的支持系統 💕

　　雖然有許多形式的支持服務可供老年人使用，但是有四分之三體能惡化的老年人主要依賴的是非正式服務系統的朋友與親屬（Tennstedt, 1999; Thompson, 2000）。在美國，有超過五千萬人在照顧慢性病、失能的家人或朋友（U.S. Department of Health and Human Services，美國健康與人力資源服務部，2000）。這些照護者中，有60%是女性（全國照護聯盟與AARP，2004），其中有三分之一是超過65歲的女性（美國健康與人力資源服務部，2001）。這些照護者每星期平均提供十八小時的服務，有五分之一每週提供四十小時以上的服務，相當於一個正職的工作量（全國照護聯盟與AARP，2004）。活動範圍從機構支持，例如，交通上的協助、食品雜貨的採買、整理家務、財務處理、到個人日常生活的基本活動。未支薪的家庭照護金額預估達一年三百六十兆美元，是每年實際花費在家庭照護與護理之家服務費用總合的兩倍（Arno, 2006）。

　　正式與非正式的照護需求，將隨著人類壽命的延長而衍生失能情況的增加，進而逐漸增高。但是，可供老年人使用的照護者數量，卻僅是老年人口增加比例的四分之一而已（Mack, Thompson, & Friendland, 2001）。這是由於嬰兒潮世代的生產力已經下降、地區移動性，以及女性投入勞動市場人數增加的緣故。這個人口統計學上的改變，將對正式服務系統的發展產生深遠的涵義。

以性別當成照護與接受照護的一個因素 💕

　　女性是照護者。 大多數（60%）的照護者是女性、原始配偶、女兒、或媳婦（Conway-Giustra, Crowley, & Gorin, 2002; Merrill, 1997；全國照護連盟與AARP，2004）。這個數字反應出男性照護者，從1997年的23%增加到2006年的40%（Greenberg, Seltzer, & Brewer, 2006）。通常女性照護者在全職的照護工作之外，還兼顧照顧自己的小孩。女性覺得自己有責任照顧年老親屬的情緒與身體健康，她們是依照道德責任來判斷的（Bould, 1997; Greenberg, Seltzer, & Brewer, 2006; Merrill, 1997）。女性

也比較可能跟年老的父母發展並維持深層的情感聯結，所以，她們接受照護責任也會比其他難以捉摸的家庭成員來得有效率（Bould, 1997）。

　　成年的兒子在他們的父親需要照護時，也比較會投入照護的工作。但因為性別上的關係，所以他們比較不可能去照顧自己的母親（Cohler, 1997; Greenberg, Seltzer, & Brewer, 2006; Merrill, 1997）。然而，男性往往比較會透過社區中的正式服務，而不是由自己直接提供服務給老年人（Cohler, 1997; Sanders & McFarland, 2002）。

　　接受照護者。年老的男性比較可能由配偶來提供服務，而不是由他的成年子女來提供，這跟男性一般都是已婚的情況是吻合的。年邁的太太往往都是她們年老配偶的唯一照護者，她們要做的除了家事之外，還包括個人照護的艱鉅工作。Tennstedt（1999）發現，提供給男性的服務不是來自配偶，就是來自其他的女性照護者，她們做的只是看得到的而不是功能性的需求。也就是說，年老的男性比較可能由別人來幫他準備餐飲，乃是因為他不想學，而不是他不會煮。同樣的情況也可在傳統的性別工作中看到，例如，打掃和購物。這種情形可能會在嬰兒潮世代的人年老之後，以及常見於這個世代的陳規角色看法已經不再那麼常見時而有所改變，更有可能是因為更多的女性投入勞動市場的緣故。

　　年老女性的照護者多半來自女兒，而不是配偶。成人子女比配偶更可能擴展照護網絡（包含正式的服務系統）到二或四個其他的照護者（全國照護聯盟與AARP，2004）。這並不是說年老的先生不提供照護給他們的太太，而是因為這種安排比較不可能，因為超過65歲的已婚男性存活人數比較少。

種族與族群之間的照顧

　　非正式家庭照顧在亞裔美洲人、非裔美洲人與西班牙裔美洲人的老年問題上，有增加的情況（全國照護聯盟與AARP，2004）。非正式照顧者的數量比較多是由於文化上照顧的特殊態度，以及老年人比較可能和家人一起住，而不是被送往照顧者服務機構（Choi, 1999）。

　　西班牙裔美洲老年人的照顧。在美國，有超過四分之一的西班牙裔美洲人家庭提供照顧給年老的家庭成員（全國照護聯盟與AARP，2004）。雖然西班牙裔美洲族群中的小群之間有明顯的差異，但家庭單

位的關係則跨越了文化與種族的界線。傳統的西班牙文化強調的是家庭，而不是個人的需求，這也說明了在這個文化中家庭照顧比例較高的原因（Magana, 2006）。另外有一個強烈的質疑是，老年人若由家人照顧是否會生病或失能。這種預期是基於文化概念的相互作用。如果像照顧小孩般照顧年老的父母，他們是否會變得失能（Clark & Huttlinger, 1998; Magana, 2006）。

Clark與Huttlinger強調，當西班牙裔美洲老年人的成人子女出現文化上的變化時，老年人對於照護相互作用的期待與成人子女的責任觀念，會呈現明顯的不一致。西班牙裔美洲家庭成員能夠並願意充當照顧者的可能性就會被限制為受僱性質，而且居住型態也就如同與他們同輩的白種人一樣。

在西班牙的文化傳統中，女兒通常都是老年人的主要照護者（Delgado & Tennstedt, 1997; Magana, 2006; Noelker & Bass, 1994）。Delgado與Tennstedt（1997）建議，社會服務與健康照顧單位「發展服務、專長，並以女性照顧者為受益人」（p.125）。近來，有為兒子們的利益發展的照護支持服務，通常兒子們都屬於無形並妥協的西班牙裔美洲人的照顧族群（Delgado & Tennstedt, 1997; Dwyer & Coward,1991; Dwyer & Seccombe, 1991）。

非裔美洲老年人之間的照顧。大約有30%的非洲裔美洲人家庭提供照顧給老年人口（全國照護聯盟與AARP，2004）。血緣與親屬關係的家族系統，是非裔美洲老年人最重要的社會支持之一（Cox, 1995）。血緣親屬比較可能提供長期的協助支持，而朋友與教友們則是社會情感與短期支持的重要來源（Cox, 1995; Taylor & Chatters, 1986）。

儘管非裔美洲家庭之間存在著高度照顧支持，Johnson與Barer（1990）卻發現，低收入的非裔美洲成人子女往往無法提供有幫助的支持，雖然他們跟父母有很深的情感聯繫。有限的收入以及藥物與酒精所造成的傷害，使得成年子女無法提供老年人照顧。在這種案例中，非裔美洲老年人因為需求與避免子女們的負擔，轉而採用正規的服務系統。

照顧上的壓力來源

缺乏融洽關係。暫且不論老年人的失智症狀為何，照顧關係的壓力來源之一是照顧者與接受照顧者之間缺乏相互作用的關係（Call, Finch, Huck, & Kane, 1999）。在正常的家庭關係中，家庭成員提供了相互與兩代之間的支持。例如，成人子女幫老年人採買物品或提供交通接送，老年人則替他們照顧小孩。當老年人生病或失能時，就會開始依賴成年子女或其他的照顧者，於是原本的相互關係便遭到瓦解。成人子女發覺老年人已經不再能交換照護行動，患有失智症的老年人甚至無法向他們的照顧者表達感激或情感（Mittleman et al., 1993）。

當疾病更進一步發展之後，阿茲海默症患者的配偶照護者會經歷到婚姻關係上的巨大改變（Call et al., 1999; Cummings, 1996; Greenberg, Seltzer, & Brewer, 2006）。阿茲海默症到了中／晚期的時候，照顧老年人的熱忱與支持關係便會消失。當生病的一方情況逐漸惡化時，照顧他的配偶對於病患的照顧關係便不復存在，一輩子的互動關係頓時只剩下單方面的行動。

社會孤立。配偶照顧，尤其是女性常是照顧先生的唯一人選，結果便造成了她們與社會孤立，更演變為後來精神與身體疾病問題的高風險因子（Greenberg, Seltzer, & Brewer, 2006; Moen, Robison, Dempler-McClain, 1995）。如果沒有喘息服務，就無法離開家門一步。晚期的失智症老年人通常都沉默寡言，迫使他們的照顧者也和他們一樣安靜。超過一半的照顧者（不論照顧的是不是失智症的老年人）反應他們幾乎很少有時間給朋友與家人，他們必須放棄假期、嗜好，以及重要的社交活動（全國照護聯盟與阿茲海默症協會，1999）。就算有支持系統，但照護者還是因為照顧工作的需求而無法去使用它們。

成人子女與父母之間的有力關係。照顧年老的父母，可能會喚起存在於子女與父母之間長久以來的問題關係，而且有可能讓情況更惡化（Adamson, Feinauer, Lund, & Caserta, 1992）。Cox與Dooley（1996）把這種照顧者與被照顧者之間的關係品質，定義為照顧安排最重要的壓力

決定因素。成人子女（或配偶）與受照顧者在生病前的相互關係如果是開放又關懷的情形時，便比較不會有情緒上的壓力，或是把照顧責任當成是一種負擔（Cox & Dooley, 1996; Greenberg et al., 2006; Li, 2000）。

讓自己與父母的關係發展出健康獨立的情緒，是青春期和幼兒時期發展挑戰的一部分（Erikson, 1963）。成人子女如果是在情緒與財務獨立的情況下進入成年時期，他們就比較不容易有照顧責任（Rabin, Bressler, & Prager, 1993）。因為有一些舒適的支持系統可以供他們使用，所以，在心理上他們很難接受父母現在需要他們協助的事實。

Blenkner（1965）認為「孝順的」完成是真正長大成人的重要挑戰。真正的孝順，需要成人子女能夠把父母當成資產與生病的個體，而不是把自己當成是照顧他們的子女而已。當成人子女潛意識中無法接受父母也可能會需要他們的協助時，照護就會變成成人子女最沉重的負擔。

照顧接受者的特性。照顧接受者的失能程度，是照顧者承受壓力大小的重要決定因素。把照護患有失智症的人與照顧沒有罹患失智症的人相比較，其差別是很引人注目的。照顧失智症老年人的人，比較會反應個人時間上的限制，且較可能出現精神與身體上的疾病，與其他家人關係上的應變，以及比起其他照顧者更需要調整照顧時間（Greenberg et al., 2006 ; Li, 2000; Tennstedt, 1999）。這種壓力是直接來自於面對惱人的行為，通常是伴隨著阿茲海默症以及其他失智症而來的行為，像是漫遊、攻擊、或言語辱罵（Braithwaite, 1996; Tennstedt, 1999）。

照顧有憂鬱經驗的老年人所面對的壓力，比照顧沒有憂鬱經驗老年人的壓力來得大（Greenberg et al., 2006）。眼看著摯愛的人退縮到憂鬱的寂寞世界時，照顧他的人自然也會受到情緒上的影響。對於老年人的哀傷、昏睡，與因為憂鬱而對大多數活動都興趣缺缺所產生的心理反應，應該也會影響到照顧者、家人，進而造成照顧者婚姻與家庭關係上的緊張。

即使已經身不由己，仍不肯接受協助或是太早放棄獨立行動的老年人，都會造成照護者的壓力（Cox & Dooley, 1996）。照顧者與被照護者之間若能在太多或太少之間取得平衡，那將是最好的狀態。潛意識極力維持自己行動能力並保持積極態度，便比較不會有憂鬱現象，也較少

成為他人的負擔（Cox & Dooley, 1996）。

照顧者的憂鬱

照護者最常見的心理反應是憂鬱（Braithwaite, 1996; Cox, 1995; Greenberg et al., 2006; Rosenthal, Sulman, & Marshall, 1993; Willamson & Schulz, 1993）。在照顧失智症老年人的照護者中，憂鬱比例高達43%至52%，幾乎是相同年齡但未充當照顧者的三倍（Tennstedt, 1999; Toseland & Rossiter, 1996）。就算是沒有照顧失智症老年人，憂鬱比例也是同輩未充當照顧者的兩倍（全國照護聯盟與阿茲海默症協會，1999）。憂鬱是來自照顧者的負擔感、社會隔離，以及自責自己未能對被照顧者做最好的照顧，加上身體與精神上的筋疲力竭所致。

白色人種的照顧者比有色人種的照顧者更容易有憂鬱的情況，但西班牙裔照顧者例外（Magana, 2006）。有色人種的照顧者比較能隨著年齡增長而調適照顧的責任，他們會把這個工作當成是一種義務，而不是負擔（Cox, 1995; Henrichsen & Ramirez, 1992; Richardson & Sistler, 1999）。這個族群的照護者表現出較大程度的滿足，並且視照顧老年親屬為不具侵犯其個人生活的行為，而白色人種照顧者的想法則與此不同（Henrichsen & Ramirez, 1992）。非裔美洲人的照顧者所發展的親屬網絡，比白種照顧者廣泛，也給了他們更多的非正式協助（Chatters & Taylor, 1989; Chatters, Taylor, & Jackson, 1985, 1986）。

如果西班牙裔與非洲裔美洲人的照顧者有憂鬱的情況時，通常都跟他們在角色扮演上的能力不足有關，而不是因為個人時間上的限制（Cox, 1995; Magana, 2006）。這些照顧者認為如果他們有更多的時間與財務來源，他們就能把照護工作做得更好。以種族的特性來推斷照顧工作所產生的壓力，是很危險的。有一些觀察到的差異，可能是沒有將文化敏感性的考量加入評估照顧者是否有憂鬱的情形。有色人種的照顧者比較會表達身體上的壓力，這是無法從照顧工作上直接觀察到的（Cox, 1995）。

照顧者壓力調適的調節器

一份真實的照顧者報告會淡化與照顧工作相關的負面影響，而採用

正面的方式來形容照顧工作（Greenberg et al., 2006; Mckinlay, Crawford, & Tennstedt, 1995；全國照護聯盟與阿茲海默症協會，1999）。照顧工作會給成人子女或配偶一種一定會有好結果的感覺。給所愛的人的服務是有尊嚴的，即使以前是暴風雨的關係也是一樣。有機會去化解一生的衝突或是未完成的工作，對照顧者與被照顧的人來說都是一種宣洩的經驗。

　　情緒支持。那些沒有把照顧工作當成是一種壓力的人，他們會找到成功的方法來調整對於其個人與被照顧者之間的關係壓力。照顧者有支持系統可以運用，包括配偶、伴侶、或朋友，所以會遭遇比較少的壓力。全國照護聯盟與美國退休協會中有三分之二的回報者反應跟朋友或親戚談話，是面對照護經驗時的重要方法，而不到16%的人依賴的則是專業的精神諮詢。藉著親近的家庭成員來緩衝身為照護者的壓力與需求，會比專業的諮詢更有效。

　　有幫助的支持。除了利用家人與朋友，壓力比較小的照顧者似乎比較能夠找出超出他們能力之外的照顧責任（Greenberg et al., 2006; Szabo & Strang, 1999; Tennstedt, 1999）。利用成人日間照護服務或是偶爾給照顧者喘息的機會，都可以避免達到危機的程度，同時也能避免危害照顧者與被照顧者的健康。不論是由家人或正式照顧服務所提供的有幫助的支持，都會產生一種調解負擔過重的感覺。

　　其他的適當因素。禱告也是全國照護聯盟與美國退休協會中，四分之三的照顧者認為可用的對策。就如第十章所說的，確認並找出對老年人的精神層面有益的事，也是照顧老年人的重要工作。另外，有三分之一的照顧者把運動或嗜好當成是有益老年人精神與身體健康的活動，這是很好的例子來保護面對照顧責任時的個人時間。任何可以讓照顧責任得到短暫喘息的活動，都是有幫助的。

照顧者的社會工作介入

照顧支持團體

以老年人的朋友、家庭成員、或配偶來進行照顧工作是值得做的

事，但卻有責任上的挑戰。不只是在身體與精神上會遭遇困難，也會讓照顧者面對因為照顧上的需求而變成與社會隔絕的風險。照顧支持團體提供會員們一個與他人討論的機會，讓他們學會新的方法來處理照顧工作的多樣化需求。

照顧支持團體的目標。照顧支持團體的主要目標是支持照顧者，通常都是在情緒上與具體的建議上使得照顧工作更有效與有益。照顧者需要的是他人的承認，其中交雜的是照顧者的角色情感與合法性。雖然照顧者非常願意執行老年人每日的個人照顧、家事處理，以及財務處理，但是照顧者也一直處於自責沒有盡到最好的照顧工作的狀態。支持團體可以幫助成員們正常化他們的感覺，並找到方法找出並表達他們的感覺。照顧經驗上屬於新手的人則因為沒有經驗，也不知道要到哪裡去學習照顧技巧，支持團體便可以幫助一個新的照顧者克服時間與需求上的障礙，進而重新掌握他們的生活。

支持團體也能夠協助照顧者，並且預防、處理或是降低照顧者的問題行為。Mittleman與同事們（1993）發現，當照顧者對於因為失智症所造成的相關問題行為有更深的瞭解時，不只受照顧的人會得到更好的照顧，而且也比較不會被制度化。

團體成員。成員與支持團體之間的連結，一般都是在於照顧者的經驗。然而，失智症老年人的照顧者所面對的挑戰壓力卻最大，比較有效的方法是由成員們來分擔類似被照顧者的照顧責任（Adamson et al., 1992; Tennstedt, 1999）。沒有失智症的老年人仍然可以和照顧者溝通，並積極參與自己的照顧活動，就算是身體上有嚴重失能情形的老年人也是如此。被照顧者在儘可能維持自己獨立能力時，感受到的照顧經驗比較好，而且他們也可以對照顧者表達感激之意（Cox & Dooley, 1996）。相反的，中期或晚期失智症的老年人除了基本的需求之外，大都已經失去了其他的溝通能力，使得照顧上較少有互動的經驗。這兩種類型的照顧，實際上很不一樣。根據不同的需求，設立多一點不同的團體照顧，應該是比較有效的方法。照顧者團體中所發展出來的支持系統，在團體治療結束後，也可供成員們當成有用的資源繼續加以應用。

照顧者團體對於照顧者特殊的文化背景，也要有敏感度（Cox, 1995）。例如，有色人種的照顧者會覺得與族群以外的人討論家庭問題

很不舒服，尤其是有特殊文化期待與傳統的情況。

當年老的父母是移民或是深受傳統的子女義務影響時，成人子女會不好意思跟外人討論他們的感覺，他們會覺得外人是無法理解的。特殊文化團體也會建議照顧者與他們的家人，以他們的本土語言來討論。將談話內容翻譯成英文，所花的時間與精力會嚴重影響團體成員全心參與支持團體的意願。

支持團體活動。支持團體可以依據特定主題而組成，例如，時間管理、個人照顧技巧、解決衝突、或是利用正式資源來補足非正式的照顧。這些團體主要都提供心理教育的、個人情緒支持，以及特殊的使用訊息給照顧者（Sorenson, Pinquart, & Duberstein, 2004）。其他的支持團體則比較沒有制度，主要是針對團體成員的需求來討論照顧的嘗試與磨難。這種方法對那些需要有真正照顧經驗的人來說具有吸引力，但對照顧老年人仍然會有情緒上的混亂情形。不管一個照顧者支持團體真正的重點是什麼，團員之間有足夠的時間彼此交談是很重要的，因為這樣可以有機會得到支持，並分享彼此的經驗。

領導者的角色。一個照顧者支持團體的領導者有許多的角色。領導者有其教育功能，特別是當照顧者對於過程中的情況需要有所瞭解時，例如，阿茲海默症、中風或心臟疾病。照顧者可能會對被照顧者的情況，有不實的過多或過少的預期改善。新任命的照顧者往往會急於對被照顧者將會面對的狀況得到更多的資訊。團體領導者也是團體成員中的仲介者與提倡者，團體中的成員通常都很難接觸正式的支持服務，或是與不同的照顧合作，團體領導者可以代表團員們以直接與其他的支持服務合作，或是讓團員們更確定取得服務的方式介入。

團體領導者最重要的角色是支持者，在必要的時候還擔任諮詢者。分享照顧工作上的挫折，通常都會揭露照顧者與被照顧者之間的衝突，這點在照顧初期就需被提及。照顧一位會出言辱罵或是極度嚴苛需求的年老父母，壓力是很大的。幫助照顧者認清由複雜的照顧關係所結合的人與人之間的問題，可以幫助團員們在危害到照顧者與被照顧者關係之前，便將這個問題加以解決。

改善照顧者與被照顧者之間的關係

長期與被照顧者有衝突的照顧者，可以經由個別的諮詢來改善這種關係，包括團體工作，以及前面提到的面對照顧老年人產生挫折時的諮詢經驗。

配偶或伴侶關係。角色的改變以及配偶或夥伴關係的預期（本章前面有提過），在某個成員變成另一個成員的照顧者時就有影響。關係的不穩定狀態以及社會行為的改變所帶來的情況，比如阿茲海默症或中風，都可能造成長期的嚴重關係問題（Flosheim & Herr, 1990）。Mittleman與同事們（1993）觀察到團員間的情感，對於後期的失智症並不會造成改變，但是照顧者卻會為疾病對他們的配偶將造成的影響而感到困惑與害怕。對於照顧者與被照顧者的支持諮詢，可以用來認定關係有什麼改變。哪些是保留不變的，以及雙方需要作哪些調整來維持關係的安定。

小孩／父母關係。在成人子女的照顧者之間，小孩與父母的關係品質是預測照顧關係壓力的重要指標（Adamson et al., 1992; Cox & Dooley, 1996; Tennstedt, 1999）。這個品質係受到小孩是否孝順，以及情緒健康與獨立的影響。對於個性尚未成熟或是在情緒上儼然已經是成人的人來說，個性化或家庭諮詢就需要被提及。在著手小孩／父母關係的品質時，有利於改善雙方的照顧經驗，並且得以協助成人子女與父母在還有機會時解決他們長久以來的衝突。成人子女需要社工人員的允許，才能著手這個未完成的工作。當被照顧者也這麼想的時候，社工人員便可以幫助成人子女明確地說出影響到關係品質的情緒障礙。

促進照顧者的自我照顧

社工人員可以鼓勵照顧者照顧他們自己。照顧關係中的壓力經驗是本章的主題。在提供最高品質的照顧給日漸衰弱的老年人時，照顧者往往會忽略了自己的狀況。憂鬱、身體上的病痛，以及緊張的家庭關係，是最常見的問題。照顧者就算自己有事而請求喘息服務，但仍會有內咎的感覺。

照顧者真正瞭解自己提供照顧能力的服務，並在需要時尋求協

助，可以對照顧情況有掌握感，這是一種很重要的照顧者個人福利（Szabo & Strang, 1999）。除了有確認個人資源與動員其他照顧支持的能力之外，還包括一種控制感，也就是以意志與能力去參與未來照顧關係的需求，並採取矯正的行動來預防照顧情況向下螺旋發展。對於照顧不會感到有受苦感覺的照顧者，便已經學會如何維持他們自己的最佳狀態了。

自我照顧的過程不只是花點時間禱告、運動、或遠離被照顧者就好了，它也是社工人員協助照顧者發展心靈的方法。意思是在一個比較大的個人生命當中放置個人的照顧責任，藉以感受到來自他人的協助，並對於個人充當照顧者的表現感到滿意。雖然給予照顧者讚揚與支持是社會工作者的專業責任，但照顧者也必須願意接受並內化這種正面的回饋。給照顧者照顧自己的力量，並允許他們這麼做，便可以預防照顧者感覺有燃料耗盡的可能性。

總結

家庭和朋友是老年人面對日漸衰老或疾病的日常挑戰時，最重要的支持系統。對於共同養育子女的配偶和父母來說，老化過程給了他們重新定義雙方關係的機會，而不只是把對方當成是父母的角色而已。退休夫妻面臨的挑戰不只是如何以有限的財源來過生活，還要找到雙方可以用來打發多出來的閒暇時間的方法。一對從中年邁入老年的夫妻，他們要面對的是獨立的需求，期間一位成員將成為另一位成員的照顧者，這是一種角色與責任的終生挑戰。對於社會工作者的挑戰，則包含協助老年夫妻面對喪失、創造機會發展新的掌控權，並在面臨認知與體能改變時維持自我認知。透過婚姻生活回顧、溝通技巧訓練，以及認知行為技巧，夫妻雙方可以找到新方法讓彼此在未來的日子裡得到最滿意的婚姻。

家庭聚會是一種技巧，它不只是用來指出年老家庭成員的長期照顧決策，還要確認並解決長久以來危害家庭關係的衝突。祖父母家庭模式是老化人口中一種漸增的現象，也就是所稱的隔代教養，這種新的家庭模式會給老年人與孫子女帶來巨大的挑戰。

資訊與支持是社會工作者對於這個家庭模式該扮演的最重要角色。家庭照顧者的角色是家庭從未面臨過的艱難工作。家庭支持團體的創立、照顧者與被照顧者之間支持關係的供應與諮詢，以及提供照顧者自我照顧等，都可當成是社會介入工作來幫助源自許多照顧關係間的壓力。

問題討論／活動

1. 老男同性戀和女同性戀的人生伴侶，面臨到什麼特殊的挑戰？你所在的社區中，有什麼服務可供他們使用？去拜訪社區中的一個長期療護中心，看看有哪些用來幫助員工對於這些老年人的訓練服務或教育計畫正在進行？

2. 想想你所認識的一對已經結婚多年的夫妻，是什麼原因讓他們還在一起？退休或是充當照顧者的新角色調適，對他們造成了哪些挑戰？他們從哪裡得到支持？他們對於兩人能夠相守較長的時間，給了年輕人什麼樣的意見？

3. 調查你的社區中祖父母家庭的資料。是否有特殊的住所，比如祖父母之家？它們是支持團體嗎？如果你曾經身處在一個祖父母家庭，有哪些挑戰？

4. 拜訪一個你的社區中的阿茲海默症協會的社工人員。有什麼支持團體可以供家中有阿茲海默症的家人使用？以照顧者的看法，有哪些一系列的需求是這些家庭需要的？如果可以的話，參加一個支持團體聚會，並找出照顧者間的共同主題，是否有出現哪些事項是本章沒有提到的？

參考書目

Adamson, D., Feinauer, L., Lund, D., & Caserta, M. (1992). Factors affecting marital happiness of caregivers of the elderly in multigenerational families. *The American Journal of Family Therapy, 20*(1), 62–70.

Arean, P. A., Perri, M. G., Nezu, A. M., Schein, R. L., Christopher, F., & Joseph, T. X. (1993). Comparative effectiveness of social problem-solving therapy and reminiscence therapy as treatments for depression in older adults. *Journal of Consulting and Clinical Psychology, 61*(6), 1003–1010.

Arno, P. S. (2006, January 25). *Economic value of informal caregiving.* Presented at the Care Coordination and the Caregiving Forum, Department of Veterans Affairs, National Institutes of Health, Bethesda, MD.

Blenkner, M. (1965). Social work and family relationships in later life with some thoughts on filial maturity. In E. Shanas & G. Streib (Eds.), *Social structure and the family: Generational relations* (pp. 40–59). Englewood Cliffs, NJ: Prentice Hall.

Bould, S. (1997). Women and caregivers for the elderly. In J. M. Coyle (Ed.), *Handbook on women and aging* (pp. 430–442). Westport, CT: Greenwood.

Braithwaite, V. (1996). Understanding stress in informal caregiving. *Research on Aging 18*(2), 139–174.

Bryson, K., & Casper, L. (1999). Coresident grandparents and grandchildren: Grandparent maintained families. *Current Population Reports* (No. P23-198, pp. 1–11). Washington, DC: U.S. Census Bureau.

Call, K. T., Finch, M. A., Huck, S. M., & Kane, R. A. (1999). Caregiver burden from a social exchange perspective: Caring for older people after hospital discharge. *Journal of Marriage and the Family, 61*, 688–699.

Chatters, L. M., & Taylor, R. J. (1989). Age differences in religious participation among black adults. *Journal of Gerontology: Social Sciences, 44*, S183–S189.

Chatters, L. M., Taylor, R. J., & Jackson, J. S. (1985). Size and composition of the informal helper networks of elderly blacks. *Journal of Gerontology, 40*, 605–614.

Chatters, L. M., Taylor, R. J., & Jackson, J. S. (1986). Aged blacks' choice for an informal helper network. *Journal of Gerontology, 41*, 94–100.

Choi, N. G. (1999). Living arrangements and household compositions of elderly couples and singles: A comparison of Hispanics and blacks. *Journal of Gerontological Social Work, 31*(1/2), 41–61.

Clark, M., & Huttlinger, K. (1998). Older adult care among Mexican American families. *Clinical Nursing Research, 7*(1), 64–81.

Cohler, B. J. (1997). Fathers, daughters, and caregiving perspectives from psychoanalysis and life-course social science. In J. M. Coyle (Ed.), *Handbook on women and aging* (pp. 443–464). Westport, CT: Greenwood.

Conway-Giustra, F., Crowley, A., & Gorin, S. H. (2002). Crisis in caregiving: A call to action. *Health and Social Work, 27*(4), 307–311.

Cox, C. (1995). Meeting the mental health needs of the caregiver: The impact of Alzheimer's disease on Hispanic and African American families. In D. K. Padgett (Ed.), *Handbook of ethnicity, aging, and mental health* (pp. 265–283). Westport, CT: Greenwood.

Cox, E. O., & Dooley, A. C. (1996). Care-receivers' perception of their role in the care process. *Journal of Gerontological Social Work, 26*(1/2), 133–152.

Cummings, S. M. (1996). Spousal caregivers of early stage Alzheimer's patients: A psychoeducational support group model. *Journal of Gerontological Social Work, 26*(3/4), 83–98.

Delgado, M., & Tennstedt, S. (1997). Puerto Rican sons as primary caregivers of elderly parents. *Social Work, 42*(2), 125–134.

Dolbin-MacNab, M. (2006). Just like raising your own? Grandmothers' perceptions of parenting a second time around. *Family Relations, 55*, 564–575.

Dolbin-MacNab, M. L., & Targ, D. B. (2003). Grandparents raising grandchildren: Guidelines for family life educators and other family professionals. In B. Hayslip and J. H. Patric (Eds.), *Working with custodial grandparents* (pp. 213–288). New York: Springer.

Dwyer, J. W., & Coward, R. T. (1991). A multivariate comparison of the involvement of adult sons versus daughters in the care of impaired parents. *Journal of Gerontology, 46*, S259–S269.

Dwyer, J. W., & Seecombe, K. (1991). Older adult care as family labor: The influence of gender and family position. *Journal of Family Issues, 12*, 229–247.

Erikson, E. (1963). *Childhood and society* (2nd ed.). New York: Norton.

Family Caregiver Alliance. (2003). *Holding a family meeting.* San Francisco, CA: Author. Retrieved April 10, 2008, from http://caregiver.org/caregiver/jsp/print_friendly.jsp?nodeid=475

Flosheim, M. J., & Herr, J. J. (1990). Family counseling with older adults. *Generations, 14*(1), 40–42.

Gibbons, C., & Jones, T. C. (2003). Kinship care: Health profiles of grandparents raising their grandchildren. *Journal of Family Social Work, 7*(1), 1–14.

Gotlib, I. H., & Beach, S. R. H. (1995). A marital/family discord model of depression: Implications for therapeutic intervention. In N. S. Jacobson & A. S. Gurman (Eds.), *Clinical handbook of couple therapy* (pp. 411–436). New York: Guilford.

Gottlieb, A. S., & Silverstein, N. M. (2003). *"Growing pains and challenges": GrandFamilies House four-year follow-up evaluation.* Boston: University of Massachusetts-Boston. Available at http://www.geront.umb.edu/inst/pubAndStudies/GFHFinal,pdf

Greenberg, J., Seltzer, M., & Brewer, E. (2006). Caregivers to older adults. In B. Berkman (Ed.), *Handbook of social work in health and aging* (pp. 339–353). New York: Oxford University Press

Hargrave, T. D. (1994). Using video life review with older adults. *Journal of Family Therapy, 16*, 259–268.

Henrichsen, G. A., & Ramirez, M. (1992). Black and white dementia caregivers: A comparison of their adaptation, adjustment, and service utilization. *The Gerontologist, 32*, 375–381.

Johnson, C., & Barer, B. (1990). Family networks among older inner-city African Americans. *The Geron-tologist, 30*, 726–733.

Kropf, N., & Yoon, E. (2006). Grandparents raising grandchildren: Who are they? In B. Berkman (Ed.), *Handbook of social work in health and aging* (pp. 355–362). New York: Oxford University Press.

Li, L. W., (2000). Intergenerational relationships and psychological well-being of midlife daughters. (Doctoral dissertation, University of Wisconsin, Madison, 2000). *Dissertation Abstracts International, 61*(8), 3353A.

Mack, K. , Thompson, L. & Friedland, R. (2001). *Data profiles, family caregivers of older persons: Adult children.* Washington, DC: Georgetown University.

Mackey, R. A., O'Brien, B. A., & Mackey, E. F. (1997). *Gay and lesbian couples: Voices from lasting relationships.* Westport, CT: Praeger.

Magana, S. (2006). Older Latino family caregivers. In B. Berkman (Ed.), *Handbook of social work in health and aging* (pp. 371–380). New York: Oxford University Press

McKinlay, J. B., Crawford, S., & Tennstedt, S. (1995). The everyday impacts of providing care to dependent older adults and their consequences for the care recipients. *Journal of Aging and Health, 7*(4), 497–528.

Merrill, D. M. (1997). *Caring for elderly parents: Juggling work, family, and caregiving in middle- and working-class families.* Westport, CT: Auburn House.

Minkler, M., & Fuller-Thomson, E. (1999). The health of grandparents raising grandchildren: Results of a national study. *American Journal of Public Health, 89*, 1384–1390.

Mittleman, M. S., Ferris, S. H., Steinberg, G., Shulman, E., Mackell, J. A., Ambinder, A., & Cohen, J. (1993). An intervention that delays institutionalization of Alzheimer's disease patients: Treatment of spouse caregivers. *The Gerontologist, 33*(6), 730–740.

Moen, P., Robison, J., & Dempler-McClain, D. (1995). Caregiving and women's well-being: A life course approach. *Journal of Health and Social Behavior, 36*, 259–273.

National Alliance for Caregiving and the Alzheimer's Association. (1999). *Who cares? Families caring for persons with Alzheimer's disease.* Bethesda, MD: Author.

National Alliance for Caregiving and American Association for Retired Persons. (1997). *Family caregiving in the U.S.: Findings from a national survey.* Bethesda, MD: Author.

National Alliance for Caregiving and AARP. (2004). *Caregiving in the U.S. 2004.* Bethesda, MD: Author.

Neidhardt, E. R., & Allen, J. A. (1993). *Family therapy with the elderly.* Newbury Park, CA: Sage.

Nichols, W. C. (1996). *Treating people in families: An integrative framework.* New York: Guilford.

Noelker, L. S., & Bass, D. M. (1994). Relationships between the frail elderly's informal and formal helpers. In E. Kahana, D. E. Biegel, & M. L. Wykle (Eds.), *Family caregiving across the lifespan* (pp. 356–381). Thousand Oaks, CA: Sage.

Prince, S. E., & Jacobsen, N. S. (1995). Couple and family therapy for depression. In E. E. Beckham & W. R. Leber (Eds.), *Handbook of depression* (2nd ed., pp. 404–424). New York: Guilford.

Rabin, C., Bressler, Y., & Prager, E. (1993). Caregiver burden and personal authority: Differentiation and connection in care for an older adult parent. *American Journal of Family Therapy, 21*(1), 27–39.

Richardson, R. C., & Sistler, A. B. (1999). The well-being of elderly black caregivers and noncaregivers: A preliminary study. *Journal of Gerontological Social Work, 31*(1/2), 109–117.

Rosenthal, C. J., Sulman, J., & Marshall, V. W. (1993). Depressive symptoms in family caregivers of long-stay patients. *The Gerontologist, 33*(2), 249–257.

Sandberg, J. G., & Harper, J. M. (1999). Depression in mature marriages: Impact and implications for marital therapy. *Journal of Marital and Family Therapy, 25*(3), 393–406.

Sanders, S., & McFarland, P. (2002). Perceptions of caregiving role by son's caring for a parent with Alzheimer's disease: A qualitative study. *Journal of Gerontological Social Work, 37*(2), 61–76.

Schoenborn, C. A. (2004). Marital status and health: United States, 1999–2002. *Advance Data From Vital and Health Statistics, 351.* Washington DC: U.S. Department of Health and Human Services, Centers for Disease Control and Prevention, National Center for Health Statistics.

Smith, C. J., Beltran, A., Butts, D. M., & Kingson, E. R. (2000). Grandparents raising grandchildren: Emerging program and policy issues for the 21st century. *Journal of Gerontological Social Work, 34*(11), 81–94.

Sorensen, S., Pinquart, M., & Duberstein, P. (2002). How effective are interventions with caregivers? An up-dated meta-analysis. *The Gerontologist, 42*, 356–372.

Szabo, V., & Strang, V. R. (1999). Experiencing control in caregiving. *Journal of Nursing Scholarship, 31*(1), 71–75.

Taylor, R., & Chatters, L. (1986). Patterns of informal support to elderly black adults: Family, friends, and church members. *Social Work, 32*, 432–438.

Tennstedt, S. (1999, March 29). *Family caregiving in an aging society*. Paper presented at the U. S. Administration on Aging Symposium: Longevity in the New American Century, Baltimore, MD. Available at http://aoa.dhhs.gov/caregivers/FamCare.html

Thompson, L. (2000). *Long-term care: Support for family caregivers* (Issue Brief). Washington, DC: Georgetown University.

Toseland, R. W., & Rossiter, C. M. (1996). Social work practice with family caregivers of frail older persons. In M. J. Holosko & M. D. Feit (Eds.), *Social work practice with the elderly* (2nd ed., pp. 299–320). Toronto: Canadian Scholars Press.

U. S. Department of Health and Human Services. (2001). *The characteristics of long-term care users*. Rockville, MD: Agency for Healthcare Research and Quality.

Waldrop, D. P. (2003). Caregiving issues for grandmothers raising their grandchildren. *Journal of Human Behavior in the Social Environment, 7*(3/4), 201–223.

Weeks, G. R., & Hof, L. (1995). *Integrative solutions: Treating common problems in couples therapy*. New York: Brunner-Mazel.

Williamson, G. M., & Schulz, R. (1993). Coping with specific stressors in Alzheimer's caregiving. *The Gerontologist, 33*(6), 747–755.

Wolinsky, M. A. (1990). *A heart of wisdom: Marital counseling with older and elderly couples*. New York: Brunner-Mazel.

在地老化：老年人的所得方案、健康保險及支持服務

本書中探討許多老年學社會工作者所扮演的不同角色，包括治療師、團體的領導者、家庭顧問，以及健康與保護服務設施的提供者等。在這些角色當中，社工人員通常都是在老年人及家人的要求下提供直接的服務。

但是，老年人有一些需求並非是直接由社工人員提供的，像是收入來源、健康保險以及健康照顧、交通、整理家務、或送餐服務等。

社工人員在評估這些支持服務時，便扮演了很重要的角色。這就是為什麼生物心理社會在本書中一再被廣泛評估的原因。事實上，社工人員在評估老年人的收入、健康保險、或支持服務，以期儘可能維持老年的獨立生活時，通常都會碰到一些挑戰。當你知道老年人的需求時，就需去探討如何找到老年人需要的錢、健康照顧、或其他服務。

本章一開始便從最普遍的收入來源談起，這些都是合格且適合老年人使用的：老年、遺屬和傷殘保險計畫（Old-Age, Surviriors, and Disability Insurance; OASDI）、熟知的社會保障與社會安全生活補助金（Supplemental Security Income, SSI）。儘管你的老年個案正在接洽某個特定的社會支持服務，他們往往還是會對社會保障或社安補貼救濟金有所疑慮。老年學社會工作者必須對這些條款有充分的瞭解，並加以運用。社工人員也要瞭解基本的醫療保險，尤其是適用所有年齡層面的低收入者健康照顧的處方用藥與醫療輔助的部分。

這一章的下一個部分，探討的是一般的居家照顧，以及一些協助老

年人日常生活的服務項目，這些都是老年社會工作最常接觸到的範圍。這些服務項目都是經由聯邦、州政府與地方的老年服務網，依據1965年美國老年法與後續修訂法所制定的。

在這一章中也會討論住宅的選擇，包括反向抵押貸款，藉此提供貸款給老年人並每月分期攤還。當住在家中已經不再是一種選項時，退休持續照顧社區便是另外一種在地老化的選擇。本章的結論是老年人與專業的社會工作在接下來的世紀都將面臨到的挑戰。

在地老化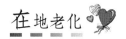

老年學社會工作理念的重要性，就是促使「在地老化」，這主要是強調老年人在適合他們的地方老化，可以讓他們維持最佳的精神健康功能。對許多老年人來說，這個地方可能是他們的家或是公寓，也可能是他們選擇的獨立或輔助住所。重要的是，他們決定要在哪裡終老，即使指的是他們在居住的地方，也仍然需要一些額外的環境支持（Alley, Liebig, Pynoos, Banerjee, & Choi, 2007）。「家」對老年人來說不只是居住的地方而已，更代表了隱私、獨立、安全與自由，因為他們害怕自己晚年時還得遠離他們熟悉的環境。有時候，社工人員還得面臨老年人寧願住在自己快要倒塌的房子，也不願搬到現代化的公寓，即使是一個獨立式的居處也不要。眼看一位老年人堅持住在對他來說已經不安全的地方，是很令人難過的。為何老年人在有機會搬到設備更好的住處時卻不願意？因為那不是他的家。除非是自己的選擇，否則老年人不會遷移到一個對他們有幫助的環境。「在地老化」是取代將老年人移往護理機構的更佳選擇，但前提是老年人必須可以獲得所需要的服務。

老年人的收入來源

老年人最立即的需求是金錢，尤其是當他們已無法工作或是已經退休之後。老年人的收入支持有兩類。社會安全是一種社會保險方案，符合資格的人不需經由資產檢驗就可以獲得保障。資產檢驗會限制老年人獲得社會安全，因為他們可能收入太少或是有太多的資產。有錢的老年人得到的社會福利，就跟一生都屬低收入的勞工一樣。

相反的，社會安全生活補助金（SSI）是一種公共的輔助計畫，限制收入或財產資格以使用這個計畫。退休後老年人的社會安全福利會先被加以討論。

社會安全退休與遺屬年金

在面對日漸增多的老年人數目，對於社會福利的議題上也不再有太多的政治爭論。

1935年，社會保障法以及隨後的增修條文作出了一連串的社會保險與公共協助計畫，其中只有一個是與立法有關的退休計畫。老年、遺屬和傷殘保險計畫（OASDI）提供支付給退休員工：身故以及失能的勞工，每位勞工的薪資得徵收6.2%薪資稅，雇主也支付6.2%（Social Security Administration，社會保障局，2007）。但是，薪資中有一部分是被徵收作為社會保障的。只有達到$102,000時才需被課稅，高收入的人並未依一定比例付稅（社會保障局，2007）。

薪金的稅收繳入一個信託基金，以支付現前及勞工的退休金需求。勞工需工作十年才能享用其社會保障帳戶。工作年限不足的老年人，可由其配偶於老年人退休後使用。合格領取退休金的年齡是65歲，但1960年後出生的人則延長到67歲（社會保障局，2007）。62歲以下退休的人，退休金會打折扣。每月領取的費用依法定退休年齡不足數往前遞減。想要領取退休金的老年人，需在退休前至少三個月通知社會保障局。

2007年時，每位退休勞工每個月大約可領到$1,050，但最高也只能領取$2,185（社會安全局，2007）。這個數字每年會依照生活指數（Cost of living adjustment, COLA）作些許調整，以便配合提升生活費用。退休時領取的金額，是以畢生所賺取的薪資為給付依據。這就是為什麼低收入的勞工們退休後也得面對經濟挑戰的原因。但是，社會保障福利保證會用其他替代方案，讓低收入的勞工獲得較高的安置補助，主要的問題是，西班牙裔與非洲裔美洲的男性壽命較短（AARP, 2006）。意思是說，他們付了相同的金額，但卻面臨活得不夠久以領取他們福利的問題。同樣的公平性問題也發生在女性身上。她們的工資較低，在勞動市場停留的期間也比較短，但是，女性的壽命比男性長，因此，她

們依賴較低收入的期間也比較長。雖然寡居的女性可以領取先生的福利金，但有四分之一未婚或超過75歲的女性還是依靠她們的社會安全金過日子（AARP, 2006）。就像本書所說的，女性與有色人種的經濟困境一直影響到他們晚年。年老並非是老年人最大的問題。

社會安全退休福利不足以成為老年唯一的收入來源，它只是整個退休保障其中的一根「柱子」，還需要有個人保險與儲蓄、持續性收入，以及負擔得起的其他健康保險，才能支持一份足夠的退休計畫（AARP, 2006）。但是，在工作期間內儲存足夠的基金以支付退休後的生活所需，對許多老年人來說是有困難的。2006年時，有60%的受益人，其一半以上的收入是來自社會保障（AARP, 2006）。至於低收入戶家庭，社會保障更可能占了老年人收入的80%之高。與受僱有關的退休金正逐漸消失，許多都被「401（K）退休計畫」（註1）所取代。這些都是配合員工貢獻的自願計畫，如果員工不想參加該計畫，他們也可選擇不要加入，如此一來，個人的儲蓄也就一直都是很低的狀況。

根據估計，目前這群嬰兒潮世代出生的人的經濟資產，若不包含房產的話，大約是$51,000（Bureau of Labor Statistics，勞工局統計，2005）。這群財務資產不足的退休族群，需要社會保障補助。

註1.　401（K）退休計畫：

「401（K）」是美國於1981年創立的一種延後課稅的退休金帳戶，由於美國政府將相關規定明訂在國稅條例第401（K）條中，故簡稱為401（K）計畫。

美國的退休計畫有許多類，像公務員、大學職員是根據其法例供款，而401（K）只應用於私人公司。401（K）是自願性質，雇員可依其個人需求，自由選擇政府核定的個人退休金計畫。內容為要求雇員貢獻金錢至個人的退休計畫，同時公司將貢獻部分資金至每位雇員的401（K），直到雇員離職。而雇員可自行決定貢獻的數目多寡。

401（K）計畫由雇主申請設立後，雇員每月提撥某一數額薪水（薪資的1%～15%）至其退休金帳戶。該提撥金可以從雇員的申報所得中扣除，等到年老提領時再納入所得課稅。舉例來說，某公司員工每月薪資為1,000美元，參加401（K）計畫每月提存薪資的5%（50美元），此時該員的每月薪資所得稅扣繳機準則降至950美元。由於個人年輕時的所得稅率往往較年老無所得時高，因此，401（K）的各種賦稅誘因吸引了許多雇員的參與。

401（K）投資項目選擇頗多，可以是基金、股票、債券、存款、保證產品（美國稱GIC，香港強積金條例稱保本基金），不像香港必須是強積金管理局認可的基金。

社會福利的未來

目前這群嬰兒潮世代的退休人員可以依賴社會安全當成部分的退休配套，然而下一個世代的人將不夠用。2008年社會安全信託局的報告中指出，到了2017年時，有資格領取給付的受領者，其所領取的金額將超過他們繳付到系統裡的所得稅（信託局，聯邦老年遺屬保險及聯邦施能保險信託基金，2008）。這意味著信託基金得累積所得稅以利支付系統計畫，並非是計畫破產，而是到了2017年時會需要更多的錢來支付。之所以會如此快速的耗盡，是因為逐漸增多的嬰兒潮退休人數，而第一批將於2008年達到退休年齡。信託局還預估，到了2041年，信託局即將面臨財源枯竭；意思是說，若無其他新增所得稅或福利減免的話，信託局將面臨破產（Board of Trustees, Federal Old-Age and Survivors Insurance and Federal Disability Insurance Trust Funds，信託局，聯邦老年遺屬保險及聯邦施能保險信託基金，2008）。

雖然各個團體各有其如何改善社會安全系統的建議，某些提案則建議採類似401（K）退休計畫般，將退休收入予以重新組合與私有化，如此一來，便不再只是由聯邦政府來徵收所得稅，員工對於自己的工資稅也有部分的掌控權，個人可以跟他們的私人財務規劃師討論如何投資他們的退休積蓄。對於精明的投資者，這將是個明智的財務選擇。但是，要每個人都能夠作出這種財務決策，則需經過一番激辯。如此一來，責任與風險便轉移到個人身上，而違反了1935年社會安全法的原始目的（Schulz & Binstock, 2006）。其原本立法的用意是用來保障退休人員、員工遺屬，以及失能的「社會保險」。

第二種建議是將現行的薪資水準$102,000的6.2%工資稅提高。目前賺取超過這個金額的人是不需支付額外所得稅的，但是若個人得多付所得稅，雇主也需如此，而他們是反對這個選項的人。其他的選項還包括提高每個人的所得稅、逐漸提高退休年齡到70歲、減少新退休人員的福利水準，以及降低高收入的福利，因為他們的儲蓄與投資比較多（AARP, 2006; Schulz & Binstock, 2006）。這些提案都具有爭議性，因此，為什麼當今的政客（尤其是在選舉年）對這些社會安全「問題」都沉默無言。雖然有缺口，社會保障仍然是老年人主要的收入來源。不管

大眾的意見為何，如果該法案還是得延用到下一世代，決策者還是必須被迫作出決策。

社會安全生活補助金（Supplement Security Income, SSI）

在1972年以前，是由當地的公共福利部門提供聯邦的補助金額給貧窮的老年人或失能的人。因為計畫與當地福利單位有關，聯邦與州政府單位瞭解到這個計畫並未充分的被低收入老年人所使用。對於那些為了養家活口而工作一輩子，但退休後卻沒有錢用的老年人，這種羞愧感讓許多人不參與福利計畫的申請。因此，為了將老年人、失明與失能的人的福利措施與其他傳統的福利系統分開，於是在1972年通過了社會安全生活補助金（SSI）的社會保障法。

這個計畫提供老年人與其他失能的人額外的收入（或對某些案例來說是僅有的收入），也就是由州政府基金補充一些到基本的聯邦支付金額中。低收入或沒有社會保障福利的老年人都有資格申請，而社安補貼救濟金（SSI）也可與社會保障合併使用。雖然許多受領者只符合部分福利的資格，2008年每人的補助金是$637，夫妻則是$956（社會保障局，2008）。

不論是全部或部分福利，補助金最重要的福利是受領者自動符合醫療輔助計畫（也是所謂的醫療輔助，標題十九「家居及社區老年人服務豁免」，或其他州政府特有的計畫名稱），這肯定是比只有醫療保險還要好的健康保險。醫療保險與醫療輔助計畫稍後在本章中還有描述。

很顯然的，如果社會保障福利或社安補貼救濟金是老年人僅有的收入來源，這兩者都無法讓老年人提高他的貧窮層級。對於那些藉由儲蓄或投資取得足夠金額以支付退休生活保障的幸運老年人來說，他們的收入來源是足夠的。但大多數的人，包括婦女以及有色人種卻不完全如此。其他的收入來源對他們則是有幫助的，例如，補助計畫、財產稅減免、食品券、或其他國家支持的計畫，都是為低收入老年人而設計的。老年人可以向當地的社會安全部門申請他們的退休福利和補助金。

醫療保險；A、B與C型

1965年時，「醫療保險」這個為超過65歲以上以及一些失能者而設計的聯邦健康保險，加進了社會安全法。該計畫係由員工、雇主支付的薪資稅，與計畫受益人支付的獎金，綜合而設立的。

該計畫並未包括所有醫療照顧支出，若無其他補助金額，是不夠支付健康保險的。大多數超過65歲以上的人都適用A部分（醫院保險）的醫療保險，而且大多不會被要求另外繳費。A部分支付的是醫院照顧、必要的短期療養照顧，以及一些短期的居家健康照顧。這個計畫有可減免與部分負擔的要求，所以它絕不是一個免費的健康保險。B部分（醫療保險）協助門診病患照顧，2008年時，每月得支付大約$100（醫療保險與醫療輔助計畫，2008a）。B部分醫療保險事前可扣除，而且是共同負擔的，這部分是可自由選擇的。

C部分的醫療保險，醫療補助計畫提供符合資格的老年人加入健康維護組織或其他健康照顧的安排，這些計畫是由受益人付費的B部分與均攤費用的醫療計畫共同形成的。醫療照顧的好處是要減少老年人在醫療保險計畫的全面性健康維護費用。如果健康照顧的提供者被賦予一定金額來照顧老年人，最有力的做法是維護老年人的健康並預防疾病，而不是著重在現有的治療疾病。選擇A部分與B部分的老年人，是因為他們不需支付高額的保險扣除條款。每次去看醫生或住院時，可能有基本的共同負擔費用，但那些應該比A部分與B部分的費用來得低。使用者對於規劃的滿意度與各種不同的健康照顧計畫都不一致。有些老年人參與健康照顧，但仍受限於可選擇的照顧提供者或是某些昂貴的照顧程序是不給付的規範（Gelfand, 2006）。

現行的支付架構根本不足以支付真正的費用（Wacker & Roberto, 2007）。照顧機構喜歡需要最低健康照顧需求的老年人，而不喜歡屢弱或日漸受慢性病影響以致健康逐漸衰弱的老年人。

D型：處方藥的給付

最受爭議的恐怕是D部分，就是在2003年加入，並於2006年開始實施的處方藥給付。更進步的醫學使得老年人得面對更嚴重的醫學問題，例如，心臟病、高血壓、癌症，而這些更進步醫學的代價是很高昂的。光是處方藥的費用，就比他們每月的總收入還多。有良好醫藥保險與健康規劃的老年人可以支付處方藥的費用，但中低收入的老年人則可能得在食物與藥品之間作抉擇。D部分就是指出這種需求，但還是在看要如何符合這個需求。

符合資格的老年人可直接或經由醫療保險得到處方藥的給付。在傳統的D部分計畫中，老年人於2008年每月支付$30，而首次的處方藥費用為$250；介於$251至$2,250之間的處方藥費用，醫療保險補助老年人75%的處方用藥；若處方藥費用達到$2,250與$5,100之間時，老年人便得全額自付。其中$3,600的差額，就是所謂的「甜甜圈洞」（受益人已達到每年的保障限額，但並沒有花足夠的藥物資源）。

若處方藥的費用達到$5,100，醫療保險會補助老年人95%的費用（Centere for Medicare and Medicaid，醫療保險與醫療輔助計畫中心，2008b）。雖然這個計畫特別是用來幫助老年人的處方費用，但$3,600的差異對老年人來說仍是一筆負擔。

補助金額因人而異，所以已婚的夫婦面臨的費用會比較大。但是，該計畫的複雜性卻不會因為給付金額的不同而停用，D部分是由一群私人公司提出的計畫，它不僅是以金額，還以使用藥品來訂定所謂公式集（醫療保險與醫療輔助計畫中心，2008b）。老年人必須決定哪一個計畫適合他們使用。可以從網站上知道可以使用的規劃（http://www.medicare.gov）。讀者們可以就近查詢其居住的州政府。有許多州政府對於低收入的老年人與昂貴的處方藥，都有額外的追加給付。

醫療補助計畫

醫療保險是聯邦的行政計畫，醫療輔助計畫也可稱為醫療協助，這是一種由州政府經營的計畫。州政府醫療輔助計畫從聯邦政府取得基金，但是各州有其各自的範圍，所有補充保障收入的受領人都有資格使

用這個計畫。這個資格是依照個人的收入與資產而定。如果一位老年人的收入有限，又少有其他經濟來源，那麼他或她就可以適用這個計畫（Centere for Medicare and Medicaid，醫療保險與醫療輔助計畫中心，2006）。不像醫療保險般，醫療輔助計畫沒有可扣除條款，而且有一小部分的門診部分負擔與處方用藥，依照各州的計畫條款而定。

醫療輔助計畫支付長期照護，包括護理之家，而不只是醫療保險而已。醫療保險與醫療輔助計畫兩者的結合，或許是對老年人最好的健康保險。

但是，不可能要老年人把他們的錢和資產都送人，以便符合醫療輔助計畫的資格。在申請的過程中，社會保險部門會檢查老年人在申請醫療輔助計畫前五年的資產配置情形。

如果老年人因為立即的需要，必須因為「醫療」而花費了他的資產，那麼他的資格就符合。但是，假如一個老年人數年來都將他的資產給了他人，包含他的家人，那麼他的資格就不符合了。

醫療輔助計畫是用來防止寧願把資產留給家人，而不願支付自己醫療費用的「自製貧困」老年人。一位老年人在死後把財產留給家人，因為他覺得有義務照顧他的家人，這是可以理解的事；但是，當老年人有能力支付自己的醫療費用但卻由政府來負擔，便是一種公平性的爭議問題。

規劃符合老年人需求的健康照顧，是非常複雜的過程。健康照顧的費用是既無法預估又不能限制的。有些人可能到死之前都不需使用太多的醫療照顧，但這些只是少數例外的情形。當老年人活到8、90歲以上時，可以預期會使用到多少的醫療費用。嬰兒潮世代的人會活多久？多少人會需要護理之家或居家照顧？多少是用來支付D部分中的處方用藥部分？設立以後，醫療保險與醫療輔助計畫可以使用多久？這些都是在二十一世紀時會考驗著政策制定者、健康照顧者與納稅人的問題。

老年人的支持服務

有了適用老年人支持收入與健康保險計畫的基本瞭解之後，便可開始著手探討保留老年人獨立與尊嚴的服務項目有哪些。

居家照顧指的是不用醫療服務來協助老年人日常生活活動的服務（Healthy Aging，老年健康，2007b）。服務項目包括：整理家務、個人照顧、陪伴、居家護理、成人健康、起居協調或社交活動。在老年人的照顧中，居家照顧也可以包括喘息服務或照顧者支持項目。

這些服務大多可以直接由家庭去接洽，而不需透過社工人員或老年照顧經理。但若透過老年服務網絡，就能夠協助老年人及其家人聯繫他們需要的服務系統。這些代理機構係由1965年的美國老人法所授權的。

1965年美國老人法所授權的支持方案

現存的主要法定老人服務網絡，是由1965年美國老人法（Old Americans Act, OAA）以及其後的增修條文產生的。這個法令是由美國第三十六屆總統林登‧約翰遜所簽署的，是由聯邦政府提撥金額提供老年人必要的服務項目。這個法條共修訂了十二次，最近一次是在2006年，如今則涵蓋了廣泛的服務與網絡服務項目在它的七項「條款」中（Gelfand, 2006）。在條款一中指出十個主要政策以改善老年人的福利，這些條款是被授權用來符合健康與精神健康需求的。基本上，這些條款支持的是一些居家選擇，以社區為主的服務、受僱情形，以及讓社區中的老年人在退休後繼續參與社區活動等。條款二創建了老人局（Administration on Aging, AoA）以及國家老齡單位（State Units on Aging, SUA）兩個單位，確保全美國的老年人都能得到服務。第II款的修正條文還包括部落結構，讓美國印地安人等鄉村地區也能得到最好的老年服務（Wacker & Roberto, 2007）。美國老人法（OAA）中最大的條款是條款三，是授權真正的服務給老年人。

美國境內的地區都有老人局的發展，在某些州則存在著以州為單位的人類服務機構或規劃辦事處，其他有些州政府則開創特別的政府單位來達到服務的目的。依據各州的特色，特定區域還被劃分出來當作地區老齡機構（AAAs），這些地區老齡機構可能是政府單位，也可能是非營利機構。在一些比較小或人口較少的區域，地區老齡機構也可能就是政府機構本身的地區老齡機構（Gelfand, 2006）。在老人數量比較多的大州，則會有好幾個地區老齡機構。

A部分的條款三指出，由地區老齡機構所設立的以社區為單位的支

持服務。Wacker與Roberto（2007）把這些服務歸納如下：

- 訪問服務：如資料詢問、延伸、交通與護送服務。
- 居家服務：如家政事務、雜物、送餐服務與居家修護。
- 社區服務：包含老年社區、複合送餐、成人日間健康照顧、護理之家申訴專員、法律援助，以及老年虐待預防。
- 照顧者服務：如喘息服務、諮詢與教育服務。

在大多數的案例中，地區老齡機構提供的並非直接服務，而是轉包地區機構來提供服務。前面所列的項目，不是正確代表任何特定地區老齡機構可以提供的服務，你可以跟當地的機構聯絡看看有哪些是適合的服務。

條款三中的C部分是另外的聯邦機構，專為營養部分而設的，包括複合餐飲與送餐服務；而D部分則強調老年人的疾病預防與健康維護服務。有好的營養與健康風險評估及監控，對於促進老年人的健康是很重要的，因為如此一來，特別健康服務的需求就會降到最低。美國老人法的本意不是在老年人生病或失能時提供服務，而是用來促進老年人的健康，這樣他們就不需要事先的醫療照顧，而能夠更成功地「在地老化」。

2006年加入條款三最特別的是E部分，就是「全國家庭照顧支持系統」（National Family Caregiver Support Program, NFCSP）。地區老齡機構提供支持訊息給有老年成員的家庭，全國家庭照顧支持系統則授權並設立服務給家庭照顧者，讓他們得到額外的訊息及照顧支持服務與訓練，並取得喘息服務的照顧。這個規劃對數以百萬計的家庭來說是無價的，在十二章已有深入的討論。

條款四「訓練、研究的計畫」，乃是提供基金給老齡化方面的訓練與研究。這個條款是針對老年人生活的受僱、家庭暴力、居住與需求而設計的計畫。如果有未盡周全的地方，還可將其他新的與創新的規劃加入美國老人法之中。社區受僱服務（條款五）著重在社區受僱機會的發展，把未受僱或技能有限的老年人帶入工作市場。它的最新目標是改進老年人的技能，尤其是絕對必要的電腦與其他高科技產品的使用。

條款六，准予本地的美國人確認本地美國人、阿拉斯加本地人與夏威夷本地人的特殊需求。雖然地區老齡機構必須列出個別地區人口的特

殊需求，但是實際上的需求則遠多於可以提供的需求——也許跟需求一樣重要的是，對當地居民提供需求的控制與服務。部落的領導人則被賦予決定適合的服務項目各是什麼。但是在長期被漠視的情況下，部落的老年人可能對政府政策沒什麼信心。

條款七，老年權利與保護活動，有四個主要的要件說明了最弱勢老年人的關注。其中一個要件是長期照顧申訴專員規劃，這是由州辦公室所成立，並調查護理之家與其他長期照顧機構的申訴案件。

條款七的其他要件包括：防止老年人虐待、老年人權利的疏忽、開發與法律協助，可用來確認老年人虐待的形式。政府外聯單位、諮詢與公共福利協助保險規劃第四部中的第七章，主要是著重在教育，藉此協助老年人能夠比較並評估醫療輔助計畫與退休金保險之間的差別，以及確認並取得他們合法應享的福利（Gelfand, 2006）。

獨立選擇

2006年一項新增的美國老人法是有關獨立的選擇，它反應了消費者導向的選擇趨勢，也就是老年人決定自己照顧系統的選擇。老年人與其家人有權決定是否需要特殊的服務項目，因為是他們自己支付費用的。但是，因為老年人依賴醫療援助，所以適合他們的最佳選擇可能因此而受到限制。

獨立選擇規劃是依照幾個消費者導向計畫而設定的，比如像老年失能中心、自我長期照顧、現金及諮詢示範計畫，以及為老年人規劃的循證疾病預防方案（Evidence-Based Disease Prevention for the Elderly Program）（老人局，2006）。這些都在強調賦予老年人權力去決定長期照顧的方式、提供更多的照顧選擇，並鼓勵老年人改變行為模式以利降低疾病與受傷的風險。這個規劃提供了有競爭性的配對，並在策略架構下發展、實施並被評估。

例如，在一些消費者導向的照顧規劃下，有醫療輔助的老年人有權利僱用或解僱他們的居家照顧，讓自己有更大的決定權選擇照顧服務。他們可以僱用家人來照顧自己，藉此得以減輕家庭的負擔。在其他的規劃下，利用社區服務照顧而繼續住在自己家中，而非因為有必要就直接被送到護理之家。雖然消費者導向的規劃被當成展示規劃已經行之有

年，將它與美國老人法整合之後，可讓低收入老年人也能為自己的照顧作決定，也可以跟你所在的當地政府查詢是否有消費者導向的選擇。

替老年人選擇服務組織：老年護理和服務

美國老人法只是給你一個法定老年服務的概念，各個地區的老年人需要特別的服務系統，如果你知道你所在地區有地區老齡機構，就可以直接跟他們聯繫。有些州則有自己的網路系統來幫你找到可用的老年服務。如果你不知道自己所在的社區有何老齡機構，可以聯絡老年護理定位服務。老年護理定位服務是用來幫助老年人及其家人，讓他們能夠取得專業協助，而不至於無所適從。老年人可能會被眾多的服務項目搞混，所以，老年護理定位服務的員工必須訓練有素，並能夠耐心的跟他們解釋可以選擇的項目。你也可以上網查詢來找到適當的地區老齡機構（老人局，2008），http：//www.eldercare.gov。

老年護理定位服務對於不熟悉照顧系統的老年人尤其有幫助，因為跟社會服務機構聯繫為老年人尋求服務，可能是他們平生第一次經驗。如果老年人的情況是急性的，焦慮程度非常高，這時，找尋複雜但負擔得起的服務會讓人氣餒，有時家人會在還未跟社工人員或其他專業機構聯繫前就自己作選擇。我們必須瞭解陷入危機中的家人是需要空間與支持的。

房屋抵押（逆向抵押貸款）

評估房屋的價值

「在地老化」的最終目的是要讓老年人能留在自己的家中，至少要給他們決定要住在哪裡的最大選擇權。如果老年人有房地產，那可能是他們最有價值的資產。不幸的是，房屋的價值是最難取得的，尤其是還要支付稅金及維護費用。老年人可以選擇房屋抵押，就是所知的轉換抵押。這個選擇可以讓老年人保留房產並獲得現金。

房屋抵押是一種可轉換抵押，也是唯一由聯邦政府的聯邦住宅部門依「都市住宅發展部門」贊助的可轉換抵押。可轉換抵押是一種老年

人房屋貸款，只要老年人還住在房子裡，就不需要償還。老年人會收到一筆錢或按月收到支付金額。當老年人將房屋出售、過世、或搬離房屋時，才需連帶與利息一起償還。換句話說，房產抵押是以房子為抵押的貸款，但是不需有與一般房屋貸款一樣的償還條件。老年人房產的價值，會按照每月給付予老年人的比例而遞減。有些地方的政府限制貸款金額用在房屋修繕與房屋稅金的支付，但有些地方的政府則允許貸款金額用到其他的支出，像是生活費用或健康照顧。即使老年人已經用完了他的房屋價值，只要房屋保持良好狀態，並且所有的房屋稅金也都有繳納的情況下，老年人還是可以繼續居住。

逆向抵押貸款的限制

你可能會懷疑為何擁有房屋的老年人，不想使用房產抵押。老年人是需要慎重考慮的，因為它有許多壞處。第一，當老年人過世後把房子賣掉時，首先需把抵押貸款的相關金額及利息一起付清。意思是說，就算老年人把房子留給他的家人，他的家人得到的也只是扣除給房產抵押之後的餘額而已；如果老年人活得久或貸款金額比較高時，家人可得到的就所剩無幾了。第二，房產抵押並不是便宜的貸款。在付完費用與利息之後，老年人並無法取得房屋全部的現金價值。老年人需承擔得到房子的現金價值但是可否居住的風險。第三，老年人得確保房屋的保險、維護房屋良好的狀況，並付清所有的房屋稅金。如果以上條件未能達到，就算老年人仍然住在屋內，房屋抵押就視同到期，如此一來，老年人還是得賣掉房子，而且還喪失房屋抵押已經支付的金額。

62歲以上的老年人雖然符合房產抵押的資格，但必須在州政府法令的嚴格規範下行使。申請人必須接受至少一小時的財務說明，以確保他們充分瞭解這項複雜的財務安排。對於那些想要取得他們房屋現金價值，將來不會搬入或是不想把房屋留給家人的老年人來說，房產抵押可說是一筆額外的收入。對於房屋狀況不佳、無法繳納稅金、維修、或是想將房屋留給家人的老年人，把房子賣掉並搬到比較便宜的地方則是比較好的選擇。一份可轉換的抵押貸款並非是免費的！事實上，預付的利息與相關手續費用會讓可轉換抵押貸款變成是一種相對昂貴的貸款。

建議：最好是跟所在政府單位作進一步查詢。

退休持續照護社區
（Continuing Care Retirement Communities, CCRCs）

　　並不是所有的老年人都想在自己的房屋「在地老化」。家是一個養育家人的最佳地方，但當家人都離家時，它就不再是理想的終老之地了。

　　沒有道理為了要安全的留在家中而增添浴室把手與樓梯扶手，有些老年人會很想搬到不用鏟雪或掃樹葉的房屋去住。稅金與後續的維修費用會讓老年人認真考慮搬離現在的住所，而搬到保有獨立空間但無需照料的環境。重要的是，老年人自己是作出決定的完整個體，如果由他們自己決定是否要離開家裡、什麼時候離開、到哪裡去，則成功調適改變的機率就比較大。老年人的另一種選擇是退休持續照顧社區。退休持續照顧社區就是所謂的退休持續照顧機構、生活照顧機構、或生活照顧社區（健康老化，2007a）。

　　退休持續照顧社區通常都具備許多不同階段的照顧，可供老年人選擇為「在地老化」機構（Nyman, 2000）。老年人在健康良好的情況下，可以選擇搬進獨立的生活單位。在獨立的生活單位中，老年人可能會需要一些支持服務，但卻得與其他住戶共同操作家事或進食。此外，還有提供健康老年人參與的社交娛樂，以及有大規模的運動設施、就地全服務式餐廳、特殊興趣團體、宗教服務，以及全套的持續活動等。對於負擔得起持續照顧社區，以及想要過比較活潑的生活型態的退休老年人來說，這個獨立生活又提供很好的機會可以結交新朋友，並享受娛樂休閒，所以，退休持續照顧社區是個很好的選擇。

　　當健康與精神健康要求改變時，他們可能就必須搬到輔助生活的機構去。輔助生活的設備通常都有一個影視間，或是一間有小廚房的臥室公寓。退休後持續照顧中的輔助設施乃是強調維護老年人的隱私與獨立，但仍提供他們每日需要的服務。典型的輔助生活服務包括餐飲、整理家務、交通、個人日常生活活動的協助，以及修正的社交與娛樂活動（健康老化，2007b）。退休後持續照顧備有專業的醫護設施，以及必要的密集照顧。搬到同樣社區中的其他部門，意思是指老年人不需重新適應完全陌生的環境。他們既接近配偶、朋友，以及其他的社會支持系

統，又可獲得所需要的服務，亦即可在同一個住宅社區中提供從小到大的完整連續性服務。

這些設施是最昂貴的長期照顧，低收入的老年人無法負擔這些費用。退休後持續照顧可以由營利或非營利機構來經營，但不論哪一種，其財務結構原理都是一樣的。老年人以「買入」入會費的方式進入社區中，費用從兩萬元到數十萬都有。入會費買入終生的合約，退休後持續照護有義務提供老年人所需的照顧。除了入會費之外，每個月還得支付$400到$2,500以上的維護費。每月的維護費是依照老年人所選擇的服務層級而定的。此外，維護費也依長期可能需要密集照顧的風險而定（健康老化，2007b）。如果老年人在還很健康的時候選擇搬進退休持續照顧社區，所需的費用會比身體狀況比較不好時低廉。

退休持續照顧社區的好處

退休持續照顧最大的好處是老年人只需在搬離自己住家時，作一次痛苦的決定。退休持續照顧有義務提供照顧服務給那些簽訂合約的老年人，所以就不需操心要去輔助生活機構或專業護理之家找尋居住的地方。獨立生活提供老年人結交新朋友或與配偶住在一起的機會，不論配偶的健康情況為何，如此一來便降低了與社交活動隔離的可能性。另外一個好處是老年人不用再為房屋的維修、應付房屋稅金、或是自己住家安全等問題而操心。在退休持續照顧環境中，老年人可免於遭受氣溫過熱或過冷，以及走道與通道有危害等不良環境的危害。但是要得到這些好處的代價也是很大的。

退休後持續照顧的缺點

首要的缺點是費用，財務有限的老年人就不能選擇這種照顧方式。老年人通常必須有一大筆的金額，一般是在賣掉房屋後才能搬進這樣的設施。暫且不論費用問題，有些老年人一想到要跟許多老年人一起住就會打退堂鼓。喜歡住在由年輕家庭、中年人與老年人組合而成的社區中的老年人，退休後持續照顧社區對他們來說就可能是一件令人憂鬱的事，這種老年人不喜歡身邊只有老年人。搬進退休後持續照顧是一種昂貴又嚴肅的合法決定。如果老年人簽定搬進持續照顧機構的合約之

後，就不能隨意的搬出了。假若一定要搬出，那麼當初的入會費將會遭受沒收的處置（AARP, 2004）。

以降低不想住在自己的房子時要去哪裡的憂慮來說，退休後持續照顧可說是個不錯的方法。此外，這也讓退休後的人多了一種選擇，只是費用卻很高。至於對那些不想只跟老年人一起生活的老年人而言，它可就不是「在地老化」的最好選擇了。

將面對什麼挑戰？

老年人面臨到的健康、精神健康、家庭、心靈上，以及住宅等方面的挑戰，在本書中都有討論。社工人員有許多機會扮演重要的角色，並找出每位老年人各自的問題，以及適合個案所需的服務。然而，專業的社會工作需要公眾的承諾，透過社會保險與初步的計畫，確保老人服務網絡可以反應出二十一世紀的老化經驗。

世代的差異

當然，老人服務網絡面臨的立即壓力是目前這群老年人與年老的嬰兒潮世代，但是之後的族群呢？現階段的中年與老年人對於下一代的義務是什麼呢？隨著小家庭的普遍、技術的創新，以及更專注的教育與訓練，什麼是X世代和Y世代，以及後來的老年經驗？年輕一代的人，工作年數拉長，但到時社會保障退休福利還存在嗎？出生族群影響並形塑了老年人需要的預期服務種類。沒有人能猜測什麼樣的藥物、酒精、或精神健康問題會持續到未來，但我們可確認的是，每個人在六十年後都是「老人」——我們要如何預測將來的需求？

交通

每個人都同意如果一位老年人有嚴重的身體或認知問題，他們的安全就不應該被排斥。七千萬的嬰兒潮世代老年人的想法，與即將和他們並列為老年人的我們有所爭論。但是數百萬居住在鄉村及小城鎮地區的老年人只能維持自己開車的選擇，如果老年人不想自己開車時，誰來幫助他們作決定？需要由他人載他們到想去的地方的老年人，就表示他們

將變得與社會隔離嗎？社會有什麼義務幫這些老年人安排取代的交通工具？這是當今決策者必須面對的問題。然而，開車（或不開車）對老年人口將會是個嚴重的挑戰。

未來的健康照顧

就像本章所提到的，有許多解決社會保障系統的方法，雖然它們並不被全部的團體所接受。我們知道可以用一些財務上的選擇來解決問題，即使這些選擇並非是受歡迎的政策，但是那些政策卻不是為現在或將來的老年族群所規劃的健康照顧。

健康照顧的需求與相關的費用是個開放性的問題，因為沒有人可以預料誰會生病？誰會需要照顧機構，或是將來會需要哪些固定與特殊的照料方式？而聯邦政府為市民提供的單一付費系統，是否又相同於公共教育與道路修繕的解決方式呢？如果是的話，這意味著美國人將為他們的收入付出更多的稅金，因為聯邦政府的錢是來自於人民所繳的稅金，而我們正是市民。因此，是不是每個人都有資格接受健康照顧，而不論是哪一種的移民狀態或生活型態的選擇？又，是由誰來決定呢？如何提供並成立健康照顧計畫或許是決策者面對的唯一挑戰，但我們卻不能等到現行系統不可行時才來考慮其他的選擇。

生活的質與量

如何支付健康照顧的兩難，會導致一個很棘手的問題：什麼時候生命的品質比長度重要，尤其是在「活著」牽涉到複雜而且高費用的介入方法時？醫藥只是讓病患活著，但在無法改善生命品質時，還要繼續維持病患的壽命嗎？當藥物已經無法治療時，病患可以自己決定要結束生命嗎？每個人都可以依照自己的評估作決定嗎？如果在沒有足夠的經費來治療比較年輕的病患時，尤其是面臨高致命風險的孩子在發病的初期時，但卻得花費昂貴的費用來維持老年人的生命，這合理嗎？這時候，社工人員所面對道德與尊嚴的問題，又應該由誰來作出決定呢？

本世紀最天人交戰的老年社會工作就在前方等待我們去解決。就如本書中提及的許多問題的解答，至今仍尚未被開發與執行。爭議中的社會工作更需要創新的方法來面對傳統與非傳統的挑戰，老化不是一個社

會問題，而是一種發展狀態，當面臨自己與家人老化時，我們需要的是一種創造性的個人反應與對生物社會心理健全政策的反應。社會工作是有希望的，下一個世代的老年社會工作者將會創造出還未被想像的新方法。

就像羅伯特‧布郎尼說的：「與我一起變老，最好的還沒到呢！」

問題討論／活動

1. 進入社會保障部門的網站查詢，依照你的收入，當你退休時，你的福利是什麼？你為自己將得到的金額感到驚訝嗎？若想擁有一份「舒適的」退休收入，你必須擴展什麼其他的退休儲蓄？

2. 許多選擇提供給社會保障改革以利當作退休收入的來源，這些選擇包括個別化系統、提高工資稅，並降低利潤。贊成與反對的論據各為何？本計畫在未來四十年對你的世代有何意義？

3. 對於無力負擔退休後持續照護的低收入老年人，有哪些居住選擇呢？尋找你附近的低收入居住場所，這些選擇是否真的提供「在地老化」的選擇給低收入老年人？

4. 在本章最後的部分提出了一些二十一世紀將面臨的老化社會挑戰，社會對老年人的責任是什麼？對年輕成人的責任又是什麼？請探討社會工作面臨的倫理兩難事宜。

第十三章 在地老化：老年人的所得方案、健康保險及支持服務

參考書目

AARP. (2003). *Fact sheet on reverse mortgages*. Washington, DC: Author. Retrieved April 28, 2008, from http://www.org/money/revmort_basics/a2003-03-21-revmortfactsheet.html

AARP. (2004). *Continuing care retirement communities (CCRC)*. Washington, D.C. Author. Retrieved April 28, 2008, from http:www.aarp.org/families/housing_choices/other_options/a2004-02-26-retirementcom

AARP. (2006). *Social Security: A background briefing*. Washington, DC: Author. Available at http://www.aarp.org/money/social_security/social_security_a_background_briefing.html

Administration on Aging. (2006). *Choices for independence*. Washington, DC: Author. Available at http://www.aoa.gov/about/legbudg/oaa/Choices_for_Independence_white_paper3_9_2006.doc

Administration on Aging. (2008). *Eldercare locator*. Washington, DC: Author. Available at http://www.eldercare.gov

Alley, D. Liebig, P., Pynoos, J., Banerjee, T, & Choi, I. H. (2007). Creating elder-friendly communities: Preparations for an aging society. *Journal of Gerontological Social Work, 49*(1/2), 1–18.

Board of Trustees, Federal Old-Age, and Survivors Insurance, and Federal Disability Insurance Trust Fund. (2008). *The 2008 annual report of the Board of Trustees of the Federal, Old-Age, and Survivors Insurance, and Federal Disability Insurance Trust Funds*. Washington, DC: U.S. Government Printing Office.

Bureau of Labor Statistics. (2005). *Comparing retirement savings of the baby boomer and other cohorts.* Washington, DC: Department of Labor. Available at http://bls.gov/opub/cwc/cm20050114ar01p1.htm

Centers for Medicare and Medicaid. (2006). *Medicaid program.* Washington, DC: U.S. Department of Health and Human Services. Retrieved April 29, 2008, from http://www.cms.hhs.gov/medicaidGenInfo

Centers for Medicare and Medicaid. (2008a). *Medicare eligibility.* Washington, DC: U.S. Department of Health and Human Services. Available at www.medicare.gov/medicare_eligibility

Centers for Medicare and Medicaid. (2008b). *Prescription drug coverage.* Washington, DC: U.S. Department of Health and Human Services. Available at http://www.medicare.gov/pdphome.asp

Gelfand, D. E. (2006). *The aging network: Programs and services.* New York: Springer.

Healthy Aging. (2007a). *Continuing care retirement communities..* Santa Monica, CA: WISE & Healthy Aging. Retrieved April 28, 2008, from http://www.helpguide.org/elder/senior_services_living_home.htm

Healthy Aging. (2007b). *Services to help seniors stay at home.* Santa Monica, CA: WISE & Healthy Aging. Retrieved April 28, 2008, from http://www.helpguide.org/elder/continuing_care_retirement_communities.htm

Nyman, J. A. (2000). Continuing care retirement communities and efficiency in the financing of long-term care. *Journal of Aging & Social Policy, 11*(2/3), 89–98.

Schulz, J. H., & Binstock, R. H. (2006). *Aging nation: The economics and politics of growing older in America.* Westport, CT: Praeger.

Social Security Administration. (2007). *Retirement: Calculating your retirement benefits.* Washington, DC: Author. Retrieved April 28, 2008, from http://www.ssa.gov

Social Security Administration. (2008). *You may be eligible to get Supplemental Security Income (SSI).* SSA Publication No.05-11069. Washington, DC: Author.

The Older Americans Act of 1965, Pub. L. No 89-73, Stat.218

The Social Security Act of 1935, Pub. L. No. 74-271, Stat.620

Wacker, R. R., & Roberto, K. A. (2007). *Community resources for older adults: Programs and services in an era of change* (3rd ed.). Thousand Oaks, CA: Sage.

國家圖書館出版品預行編目資料

老年社會工作：生理、心理及社會的評估與介
入／Kathleen McInnis-Dittrich著；洪明
月譯. ――初版.――臺北市：五南圖書出
版股份有限公司, 2011.08
面；　公分
譯自：Social work with older adults

ISBN 978-957-11-6217-1 (平裝)

544.85　　　　　　　　　100001790

1JCV

老年社會工作
生理、心理及社會的評估與介入

作　　　者 ― Kathleen McInnis-Dittrich

審 定 者 ― 林萬億

譯　　　者 ― 洪明月

發 行 人 ― 楊榮川

總 經 理 ― 楊士清

總 編 輯 ― 楊秀麗

副總編輯 ― 陳念祖

責任編輯 ― 劉芸蓁、李敏華

封面設計 ― 莫美龍

出 版 者 ― 五南圖書出版股份有限公司

地　　　址：106台北市大安區和平東路二段339號4樓

電　　　話：(02)2705-5066　　傳　真：(02)2706-6100

網　　　址：https://www.wunan.com.tw

電子郵件：wunan@wunan.com.tw

劃撥帳號：01068953

戶　　　名：五南圖書出版股份有限公司

法律顧問　林勝安律師事務所　林勝安律師

出版日期　2011年8月初版一刷
　　　　　2022年3月初版四刷

定　　　價　新臺幣540元